高等医药院校"十三五"规划教材

中国传统文化概论

（供中医学、针灸推拿学、中西医临床医学等专业用）

主　编　贾成祥　崔　为

中国中医药出版社

·北　京·

图书在版编目（CIP）数据

中国传统文化概论/贾成祥，崔为主编．—北京：中国中医药出版社，2020.9（2022.10重印）

高等医药院校"十三五"规划教材

ISBN 978-7-5132-6257-6

Ⅰ.①中…　Ⅱ.①贾…②崔…　Ⅲ.①中华文化—医学院校—教材　Ⅳ.①K203

中国版本图书馆 CIP 数据核字（2020）第 096221 号

中国中医药出版社出版

北京经济技术开发区科创十三街 31 号院二区 8 号楼

邮政编码　100176

传真　010-64405721

河北品睿印刷有限公司印刷

各地新华书店经销

开本 787×1092　1/16　印张 17.25　字数 392 千字

2020 年 9 月第 1 版　2022 年 10 月第 2 次印刷

书号　ISBN 978-7-5132-6257-6

定价　58.00 元

网址　www.cptcm.com

服 务 热 线　010-64405510

购 书 热 线　010-89535836

维 权 打 假　010-64405753

微信服务号　zgzyycbs

微商城网址　https：//kdt.im/LIdUGr

官 方 微 博　http：//e.weibo.com/cptcm

天猫旗舰店网址　https：//zgzyycbs.tmall.com

编写说明

中国传统文化对于中国古代科学技术具有普遍的指导意义和引领作用，对于中医学术理论和临床实践更是如此。中国传统文化与中医学相互渗透，一方面，中医学深深地植根于中国传统文化的沃土；另一方面，中医学理论所包含的文化内涵又丰富了中国传统文化。

本教材系统梳理中国传统文化的发展脉络，阐述其重要的思想内涵。根据中医药专业的实际需要，力求在思想道德、知识潜能和思维方法三个方面为学生提供素质支持，使其在思想深处建起传统文化的框架，通过学习中国传统文化获取学习中医知识的源头活水，获取认识中医学和学习中医学的方法，奠定学习中医学理论的文化基础。

本教材全面整合中国传统文化的相关知识和理论，按照思想流派及其发展过程进行编排。全书共分九章，具体编写分工：第一章绪论，由贾成祥、葛晓舒、魏孟飞编写；第二章易学文化，由段晓华、车志远编写；第三章儒学文化，由薛芳芸、冯春编写；第四章道家文化，由王明强、张苇航编写；第五章佛学文化，由崔为、苏春梅、史双文编写；第六章兵家文化，由王珍喜、包红梅编写；第七章墨家文化，由罗宝珍编写；第八章法家文化，由姜辉、王丽编写；第九章杂家文化，由周祖亮、林家虎编写。最后由主编修改和审定全书内容。本教材根据各家学术思想的具体情况，首先介绍其基本内容，然后对其概括、归纳，阐述其文化价值，并结合其与中医学的关联，探求中医学理论的文化基础和文化内涵。

中国传统文化概论是中医药专业的基础课，也是对大学生进行素质教育的基础课。本教材曾于 2012 年由全国高等中医药教材建设研究会组织编写出版，为"新世纪全国高等中医药院校创新教材"，适用于高等中医药院校的所有专业。

基于多年教学实践的应用，为了教材质量的进一步提升，根据规划教材项目要求，我们对教材进行了修订，目的在于强化科学性与思想性的统一、文化知识与中医理论的统一、传授知识与培养能力的统一、知识逻辑与教学实际的统一，以益于广大师生的教与学。

参加本教材编写的院校有河南中医药大学、长春中医药大学、北京中医药大学、南京中医药大学、山西中医药大学、云南中医药大学、广西中医药大学、成都中医药大学、黑龙江中医药大学、湖北中医药大学、上海中医药大学、安徽中医药大学、福建中医药大学、陕西中医药大学、湖南中医药大学、内蒙古医科大学和黑龙江大学。

学无止境，教材也必然随着教学的逐渐深化而不断建设。恳请使用本教材的教师和学生提出宝贵的意见和建议，以便再版时修订提高。

《中国传统文化概论》编委会

2020 年 4 月

目　录

第一章　绪　论 ▷▷▷▷

　　文化是一个民族和国家的价值取向和精神支柱，是一个民族和国家的灵魂，集中体现了国家和民族的品格。文化的力量，深深熔铸在民族的生命力、创造力和凝聚力之中，是团结人民、推动发展的精神支撑。一个民族文化的迷失意味着这个民族的衰亡，可见文化对于一个民族的延续和发展是多么的重要。面对西方文化的严峻挑战，重新确认中华传统文化的现代价值，发挥天人同构、时空共通、三才合一的文化作用，承续中华民族精神信仰体系，促进人与自然的和谐、科学与人文的互通、中西方文化的融合，是历史交付给炎黄子孙的光荣使命。

第一节　文化知识概述

一、文化的概念

　　学术界并没有对"文化"下一个统一的定义，在中国，"文化"一词最早来源于《周易·贲卦·象传》"观乎天文，以察时变；观乎人文，以化成天下"。最早把"文化"连成一个词的是西汉刘向的《说苑·指武》："文化不改，然后加诛。"20世纪初，著名学者梁启超将"文化"定义为："文化者，人类心能所开释出来之有价值的共业也。"胡适说："文化是一种文明所形成的生活的方式。"梁漱溟则认为："文化乃人类生活的样法。"毛泽东在《新民主主义论》中说："一定的文化（当作观念形态的文化）是一定社会的政治和经济的反映，又给予伟大影响和作用于一定社会的政治和经济。"在西方，"文化"一词最早来源于拉丁文 cultura，英国文化学家泰勒（E. B. Tylor，1832—1917年）第一次对"文化"下了一个科学的定义："文化或文明，就其广泛的民族学意义来说，是包括全部的知识、信仰、艺术、道德、法律、风格以及作为社会成员的人所掌握和接受的任何其他的才能和习惯的复合体。"20世纪50年代，美国文化人类学家克罗伯（A. L. Kroeber，1876—1960年）提出了"文化"包括语言、社会组织、宗教信仰、婚姻制度、风俗习惯以及生产的各种物质成就的看法。苏联哲学家罗森塔尔·尤金认为："文化是人类在社会历史实践过程中所创造的物质财富和精神财富的总和。"近年来，国内大多数学者都认为，"文化"包括了一个民族或国家的历史、地理、风土人情、传统习俗、生活方式、文学艺术、思维方式、行为准则、价值观念等。

二、文化的本质

《周易》中说:"观乎人文,以化成天下。"可见,文化是"人文化成"的意思,也就是人化,是与"自然"相对的范畴。也就是说,凡是人为的、非自然的就是"文化"。正如德国学者斯宾格勒所说:"文明是文化不可避免的最终命运。""文明是一种人性发展(即一种文化发展)所达到的最外在、最不自然的状态。"这里所说的自然包括两个方面的内容:一方面是人之外的自然,是不依赖人而存在的自然界;另一方面是人自身的自然。这就是说,文化既是对外界自然的人化,又是对人类自身的文明化。《孟子·滕文公上》云:"后稷教民稼穑,树艺五谷,五谷熟而民人育,人之有道也,饱食、暖衣、逸居而无教,则近于禽兽。圣人有忧之,使契为司徒,教以人伦——父子有亲,君臣有义,夫妇有别,长幼有序,朋友有信。"由此可知,"文化"包含着最基本的人文教化之义,而文化的精髓就是道德化。老子曾经提出"是以万物莫不尊道而贵德"的命题,荀子则将"道"与"德"二字连用,"故学至乎礼而止矣,夫是之谓道德之极"。"道"表示事物运动变化的规律,"德"表示对"道"认识之后,按照它的规律恰当地处理人与人之间错综复杂的关系,德是对道的遵循和应用。宋徽宗注《西升经》有《序》称:"万物莫不由之之谓道,道之在我之谓德。道德,人所固有也。"将"道"和"德"视为人所共有的禀赋。古人把德与道直接相通,认为德是内在于人的道。德从道中来,是道的体现,是道在不同层次的标准和要求。"道德的基础是人类精神的自律。"这是马克思主义对道德的现象和本质的深刻揭示和高度概括。道德属于社会意识形态,是调整人与人、人与社会之间关系的行为规范的总和。

"文化"是相对于经济、政治而言的人类全部精神活动及其产品。文化在本质上属于社会意识的范畴,是对社会存在的反映。文化不仅是一种物质现象,更是一种精神现象。中国传统文化就是中华民族在历史发展过程中形成和积淀下来的带有鲜明个性特征和稳定性特征的精神文明形态、物质文明形态和行为文明形态。

三、文化的结构

所谓文化的结构是指构成文化的基本要素及其层次,包括物质生产文化、制度行为文化和精神思想文化之间的有机排列。

(一)物质生产文化

物质生产文化是指人类物质生产过程及其物质产品,其中凝聚了人类认识自然、改造自然的精神因素,但主要显示物的实体性质。它在物质生产领域内表现了物质文明发展的状况,反映了人们的信仰以至风俗民情,揭示了人类的认识、思维、观念所达到的层面与深度。换言之,物质生产文化就是指在博物馆所能见到的文物资料,从这些资料可以直观地看到和领略到生产力发展的水平以及人类文化的发展脉络。比如,中国的"四大发明"、丝绸、陶瓷、"文房四宝",埃及的金字塔等。

（二）制度行为文化

人类在社会实践中建立的各种规章制度、组织形式以及在人际交往中形成的风俗习惯，构成人类的制度行为文化。制度行为文化包含两个层面：制度文化和行为文化。制度文化是根据一定的观念和需要建立起来的国家制度，比如政治制度、经济制度、法律制度、教育制度、婚姻制度等，还包括社会组织机构和工作部门的设置以及与之相应的制度、规章、条例等。行为文化是在制度文化影响下形成的民族的、地域的风俗习惯、行为礼仪、交往方式和节日庆典等。这种行为文化从属于一定的文化体系，往往超越制度文化的变更而存留下来，更具有历史传承性。例如，先秦的《周礼》《仪礼》《礼记》"三礼"记载了社会政治、经济、文化、风俗、礼法等多种制度，反映的就是中华民族丰富而缜密的制度文化，而《仪礼》中涉及的冠、婚、丧、祭、乡、射、朝、聘等礼仪则属于行为文化，又叫礼俗文化。

（三）精神思想文化

人们在长期的社会实践活动中孕育而成的价值观念、思维方式、宗教信仰、审美情趣、道德情操、民族性格等都属于精神思想文化，它所反映的是人们的内心世界。精神思想文化又可分为意识形态和社会心理。其中，意识形态与制度文化相对应，社会心理与行为文化相对应。

文化其实就是人类在社会历史发展过程中所创造的物质文化和精神文化的总和，包括物质生产文化、制度行为文化和精神思想文化三个层面。其中，物质生产文化是一种可见的显性文化，它往往随着生产力这一最活跃的因素的变革而迅速变革，在文化结构的三个层次中处于最外层。制度行为文化随着社会变革也会发生变化，只是变化相对缓慢一些，属于中间层面。精神思想文化则长期地沉淀于各民族文化的深层，构成各民族独特的心理结构，属于不可见的隐性文化，是文化结构中最核心的部分，最难发生变化。文化差异的关键就是精神思想文化的不同。

四、文化的特点

基于各种文化现象的分析，尤其是在各种文化形成的早期，或者说是文化的原创时期，文化呈现出一些明显的特征。

（一）民族群体性

文化具有鲜明的民族性。文化是一个民族在长期共同生活过程中创造的，具有鲜明的民族特色、民族风格和民族气派，是维系民族生存和发展的精神纽带。文化最显著的特点是民族群体性。斯大林说，民族是"人们在历史上形成的一个有共同语言、共同地域、共同经济生活以及表现在共同文化上的共同心理素质的稳定的共同体"。文化成了民族划分的一个重要标志，这本身就说明了文化的民族性特点。例如，中国的汉族、回族、壮族、满族、维吾尔族、蒙古族、藏族等都有其不同的文化特色。世界上的任何文化都是民族文化，是民族道德、民族情感、民族心理、民族信念等因素长期交融汇聚而成，是每个民族在长期的生存发展中不断形成的共同的文化精髓。

特定的民族文化反映着特定民族的政治传统、思维定势、伦理观念、价值取向和国民品性等深层次的民族文化底蕴及其价值体系。一个民族、一个国家，如果没有了自己的文化，就等于没有了自己的精神支柱，就等于没有了灵魂，就会失去凝聚力和生命力。

（二）地域限定性

长期生活在某一个地方的人们，因地理环境、气候特点等所表现出来的不同特点会影响人们的生活方式、思维模式、行为方式和道德观念，所以文化总是带有地域环境的特点。比如，西方文化和东方文化的差异，就明显地表现出地域性特点。就中国文化来讲，有南方文化（又称长江文化）和北方文化（又称黄河文化）之分，有京派和海派之分，又有齐鲁文化、燕赵文化、荆楚文化、巴蜀文化、吴越文化。这种差异可能是从语言到饮食、从行为到思想、从礼俗到观念等全方位的差异。生活在同一地域或者同一文化背景下的人们，从思想到行为往往是趋于一致的。中国的饮食文化历史悠久、风靡世界，疆域范围内包括了高原、盆地、山区、丘陵、湖泊、江河、海域等各种各样的地形，不同地形的气候条件和自然资源影响着人们饮食风格的形成。由于饮食习惯对自然环境有着很强的选择性和适应性，各地食物资源的产出就决定了当地饮食的主流。如内蒙古自治区以游牧方式发展畜牧业，他们的饮食结构以牲畜肉和乳制品为主；东南地区以海产品为主要食物来源。另外，由于气候条件的影响，人们的口味也各不相同。北方天气干燥，容易出汗，因此菜肴多偏咸；西部以盐碱性黄土地为主，为平衡生理酸碱度而多喜食醋；湘黔蜀一带湿气重，因此人多食辣。徐珂在《清稗类钞》中说："食品之有专嗜者焉，食性不同，由于习尚也。兹举北人嗜葱蒜，滇、黔、湘、蜀人嗜辛辣品。粤人嗜淡食，苏人嗜糖。"故有"南甜北咸，东辣西酸"的说法。

（三）历史传承性

历史传承性特点也称之为文化的传统性特点。文化在历史中发展，文化就是历史，传统是文化的核心。社会作为人类文化现象的产物，总是基始于某种精神元点与价值逻辑，其深层结构要素总是与其历史渊源有着传承和因果关系，因此传统文化就是人类社会的遗传基因。由历史形成的文化模式深刻地影响着人们的社会行为方式，尤其是以哲学、宗教、道德、伦理为核心内容的思想文化，它与物质文化、制度文化不同。物质文化和制度文化会随着历史的发展而过时，失去它的直接作用，但思想文化中所蕴含的代代相传的思维方式、价值观念、行为准则等却根深蒂固地潜藏着，这种潜藏的基因说不定在哪一天就会明显地显露出来，这就是"文化遗传"的现象和规律。

文化总是与一定的政治、经济制度和社会制度紧密联系的。没有文化的传承，就没有文化的积累。文化的传承表现为传统习俗、传统建筑、传统文艺、传统思想等方面的继承。一个民族的文化作为这个民族社会实践的反映，必然深深地打上该民族的烙印，成为维系该民族生存和发展的精神纽带。中国传统文化是中华民族几千年来在特殊的自然环境、经济模式、政治结构、意识形态等共同作用下形成的。

（四）现实变异性

文化不仅有着自身明显的历史传承性，而且又具有一定的现实变异性。尽管文化具有明显的传统特点，甚至可以说传统是文化的核心，但并不是说文化就是一成不变的。

生产力与生产关系的矛盾运动，决定着社会制度的变化，也决定着文化的变化和发展方向。每当社会制度发生新旧更替时，代表新的政治、经济力量的新文化，会通过反对代表旧的政治、经济力量的旧文化的斗争，有力地促进文化的进步。

传统文化的相对稳定性既保留着基本特征又能够因时而变，在发展过程中不断吐故纳新。文化在发展过程中，随着人类认知水平的提高，不仅有新文化的创造，也有旧文化的消亡。中国传统文化的发展是在继承的基础上不断自我更新和自我变革的结果。比如，中国的语言文字发展不仅有其连续性，并且也有其变异性，由甲骨文到金文、由金文到小篆、由小篆到隶书、由隶书到楷书、从繁体到简体，整个变化发展过程脉络清晰。

五、文化的功能

文化的功能是指文化在人们的社会实践中所发挥的重要作用，文化的功能是巨大的、多重的，大致有传承功能、教化功能、凝聚功能和调控功能。

（一）传承功能

文化的传承功能是指文化可以被认知、继承和传播的功能，或称之为文化的认知和传播功能。文化记录着人类的活动历程，当人类过去的活动已经成为历史的陈迹，只有在文化中还能存留着这些前尘往事的印痕。这种传承功能不仅是超越时间的，而且是跨越空间的。现在之所以能够领略到古代先民所创造的灿烂的古代文化并继承下来，靠的就是文化的传承功能。

人类创造的物质文化具有直接的传承功能，一种劳动工具、一种生活用品、一种特色建筑、一种艺术装饰都可以使人感受到昔日故地的风土人情、沧桑历史甚至思想观念。如中国古代钱币外圆内方的造型既表现了古人天圆地方的宇宙观，又体现了中华民族的民族精神。

文化的传承是指文化在继承的基础上发展，在发展的过程中继承，这就是文化传承。文化传承包括"文化继承"和"文化发展"两个方面。文化传承不是原封不动地承袭传统，而是有所淘汰、有所发扬，取其精华，去其糟粕。文化传承必然要继承优秀的传统文化，并在继承的过程中不断推陈出新、革故鼎新，创造出体现时代精神的新文化。

由于文化是渗透在社会各个层面的东西，所以社会的各个领域也都从不同侧面反映和表现出文化的信息，在科学的各个门类中也都传承着文化母体的因子。例如，中医药学在其发展的过程中，不断汲取当时的哲学、文学、数学、历史、地理、天文、军事学等多种学科知识的营养，同时又溶进了中华民族优秀传统文化的血脉之中，成为传统文化不可分割的一个组成部分。在中医大学生中讲中国传统文化的一个最重要的目的就是要通过文化的传承功能，让学生深入了解中国古代文化的基本精神，为学习和研究中医学开辟门径。

（二）教化功能

教化功能是指文化对人的教育感化作用。文化虽然是人创造的，但当某种文化一经形成，就会反过来影响人、塑造人，发挥其教化功能。人从出生开始就无可选择地生活在一定的文化环境中，家庭、学校、社会都是一定的文化环境，社会上的各种规章制度、风俗习惯都不同程度地制约着、影响着人们。

文化的教化功能不仅表现在文化的外在层面，如物质文化和制度文化，而且更重要的表现在思维方式、行为习惯、价值观念、审美趣味这些深层结构上。从根本上讲，文化就是对人进行教育和塑造，使之文明化的过程。比如，艺术作为文化的一种形式，其最主要、最基本的特征是它的审美价值。除此之外，还必须认识到艺术的教化功能。艺术在提高人的美学素养、促进其全面发展的同时，还能够深化人们对生活的理解，认识什么是好的什么是坏的，什么是善的什么是恶的，什么是高尚什么是卑劣，什么是正义什么是邪恶，从而受到真、善、美的熏陶和感染，潜移默化地引起思想感情、人生态度、价值观念等的深刻变化，引导人们树立积极向上的人生态度，树立正确的人生观、价值观，塑造完美人格，升华人的灵魂，对于个人的发展具有重要作用。对个人来说，人的社会属性源于文化属性，这是人的最高属性。传统文化是人在社会中的元价值和终极身份证。对传统文化的继承和弘扬，其实就是人对自我精神价值的肯定。

（三）凝聚功能

文化的凝聚功能是在文化认同的基础上，某一文化体系对其文化共同体成员所形成的统摄力、吸引力和感召力。这种力量促使文化共同体成员紧密地团结起来，自觉维护其文化共同体的利益。同一个社会群体的人们，在同一文化类型或模式中得到教化，从而产生相同的思维方式、价值观念、行为准则和审美情趣等。他们紧紧地团结在一起，形成一种集体意识和力量，这就是文化的凝聚功能。文化凝聚的基本原理就是指一种建立在组织成员信仰之上的共同的价值观念。张岱年先生在《儒家与现代化》一书中说："一个凝聚力，一个同化力，都不是简单的，都有其思想基础。"就中国文化的凝聚力来看，这个思想基础主要是儒家文化。先进文化是凝聚和激励人民的重要力量。中国传统文化是中华民族身份的象征，是最广泛团结全国人民的旗帜，是激励各族人民建设伟大祖国、实现民族复兴的强大精神支柱。一个民族只有物质和精神都富有，才能成为一个有强大生命力和凝聚力的民族。

文化的凝聚功能在民族群体中表现得尤为明显。中华民族文化的凝聚功能主要表现为伟大的爱国主义精神。中国历史上曾经出现的国共合作就体现了民族文化的凝聚功能。中华民族历尽劫难仍生生不息，靠的就是这种民族的文化凝聚力凝聚起来的血肉长城。如今，台湾同胞、港澳同胞、海外侨胞之间存在着血浓于水的亲情和亲和力，正是这种民族文化凝聚力的生动体现。

从文化本身来看，影响文化凝聚功能的主要因素包括两个方面，即文化体系内部结构的有序性和文化内容的先进性、民族性。某个民族的文化一旦失去其凝聚功能，就意味着这个民族开始走向衰落。

（四）调控功能

文化的调控功能主要靠制度行为文化和精神思想文化来实现。原始社会没有阶级，没有国家，自然也就没有法律，靠的就是原始的宗教信仰进行调控。西周奴隶制高度发展，当时的政治家、思想家周公制礼作乐，制定了一套完整的周礼，推行了一套维护君臣宗法和上下等级的典章制度。在中国漫长的封建社会里，礼乐制度是主要的调控手段。历史上的宋明时期所推崇的理学，即是文化调控作用的具体体现。

即便在今天的法制社会，仍然需要文化的调控，法律只能是对道德底线的最后保证。如果没有文化的调控，这个社会将会出现许多混乱，因为有些属于道德的问题是法律所无能为力的。羞耻心、荣辱感、是非观念这些都是精神型的文化，对社会起着重要的调控作用，这就是伦理文化与法制文化同构共存。法律只能是保障社会公平的底线，更说明了文化调控的重要意义。

文化对社会生活有着重要的调控作用。社会是人的社会，而每个人所处的环境、自身素质和精神物质需求又不尽相同，所以在社会中必然存在人与自然、人与人、人与社会的种种矛盾，而且还存在人自身的情感欲望与理智的矛盾。如果这些矛盾不能妥善解决，这个社会的常态就会被打破。从人类社会发展的历史看，人们解决这些矛盾常常采取多种手段，而依靠文化的力量去化解这些矛盾是其中不可或缺的方面。要化解人与自然、人与人、人与社会等种种矛盾就必须依靠文化的熏陶、引导、教化、激励的作用，发挥先进文化的凝聚作用，通过有说服力的、贴近民心的方式，将真诚、正义、公正等文化因子潜移默化地植入民众的心田。只有这样，一个社会才能健康、有序、和谐、持续发展。

第二节　中国传统文化概述

一、中国传统文化的形成

文化是各种意识观念、各种哲学思想长期积淀的结果，而这种意识观念和哲学思想必然有其形成的客观诱因和条件。

（一）自然固有的地理环境

地理环境主要是某一地域的自然环境。地理环境是人赖以生存和发展的基础，也是人类的意识或精神产生的基础，在人类文化的形成、发展和文化交流中起着不容忽视的重要作用。一个国家和民族所处的地理位置、气候、自然条件等因素是塑造一种文化模式的关键要素之一，不同的地理环境下有不同的文化模式，地理环境不仅影响着人类活动的空间范围，而且影响着人们的生活方式和思想观念。

中国处在亚洲大陆的东部，地形复杂多样，平原、高原、山地、丘陵、盆地五种地形齐备，山区面积广大，约占全国面积的 2/3；地势西高东低，大致呈三个阶梯状分布。西南部的青藏高原，平均海拔在 4000 米以上，为第一阶梯。大兴安岭-太行山-巫山-云贵高原东线以西与第一阶梯之间为第二级阶梯，海拔在 1000~2000 米之间，主要为高原和盆地。第二阶梯以东，海平面以上的陆地为第三级阶梯，海拔多在 500 米以下，主要为丘陵和平原。此外，秦岭-淮河一线是中国地理的南北分界线，以此为界，分为南方和北方，无论是自然条件、生产方式，还是地理风貌以及人民的生活习俗都有明显的不同。

中国属季风性气候，大部分地区处在北温带，气候温和，四季分明。中国是一个地域辽阔的国家，地理位置比较优越，特别是东部地区，气候温暖多雨，夏季与雨季同步，为农业的发展提供了适宜的条件，黄河中下游地区无疑是先民生活的最适宜地区。在中国传统文化产生和发展的过程中，农业文化是基础，因为它是以满足人们最基本的生存需要（衣、食、住、行）为目的的，它决定着中华民族的生存方式，塑造着中华民族文化的自身。

原始人在御寒能力十分低下的情况下，只能选择温暖的地区生活。当时的黄河中下游一带自然植被茂密，遍布郁郁葱葱的森林和草原，其中生长着众多种类的亚热带植物和动物。河流纵横交错，黄河中下游地区的土壤主要是黄土，含有大量的氮、磷、钾等作物所需的营养元素，有一定的天然肥力，不需要进一步分化即可生长植物，只需用木、石等简单的工具就可耕作。加上土层深厚，便于蓄水，在当时的生产力条件下，黄河中下游地区最适宜人类获取生活资料和发展生产。中国既辽阔又闭塞的地理位置、层递式的地势特点和有规律的气候特征对中国传统文化的孕育和形成起着举足轻重的作用。

（二）长期封闭的自然经济

自然经济是指以自给自足为生产目的的一种经济模式，是与以交换为目的、以营利为宗旨的商品经济相对的一种经济结构，是私有制经济的一种表现，是市场范围比较小的一种经济形态，是社会生产力水平低下和社会分工不发达的产物。该种经济形态占统治地位的持续时间涵盖了原始社会、封建社会，以及早期的资本主义社会与半殖民半封建社会。由于自然经济是与商品经济相对而言的，因此，从广义上讲，凡是以使用价值为目的的生产，或者以获取使用价值为目的的交换也属于自然经济的范畴。从这个含义上说，其不仅包括农民家庭手工业，还包括独立的工场手工业。马克思在《资本论》里写道："家庭手工业劳动和工场手工业劳动，作为农业（它是基础）的副业，在古代和中世纪的欧洲……就是这种自然经济赖以建立的生产方式的条件。"

自然经济社会里，生产者的生产劳动是为了满足和维持自身生存最基本的需要，以及家族、家庭最基本的物质需求。自然经济的主要生产方式是农业和手工业相结合。列宁说："在自然经济上，社会是由许多单一的经济单位（家长制的农民家庭、原始村社、封建领地）组成的，每个这样的单位从事各种经济工作，从采掘各种原料开始，直到最后把这些原料制造成消费品。"

中国的封建经济就是自然经济，其生产单位就是自然的基本的家庭。人们衣食所必需的物品，其全部生产过程都是在家庭内部完成的。比如，粮食从种到收，再到加工成食品；棉花从种到收、从纺线织布到制作成衣，这一切都完全靠家庭成员自身来完成。他们不必要也从来没有意识到要与外边的世界发生联系和交往。《汉书·食货志》里曾这样说过："一夫不耕，或受之饥；一妇不织，或受之寒。"男耕女织的经济结构形式是当时农民的主要生产方式，主要生产目的就是为了解决吃饭、穿衣这一基本生活问题。

正如恩格斯在《家庭、私有制和国家的起源》中所说的："农业是整个古代世界的决定性的生产部门。"在自然经济状态下，由于生产力低下，生产规模十分狭小，同时各个经济单位又彼此处于分散、孤立的状态，因此，因循守旧、墨守成规、闭关自守等也就成了这种经济所必然具有的特征。自给自足的自然经济最突出的特点是生产目的的自给性、生产方式的个体性和生产过程的封闭性。与自给自足、封闭内守相联系，必然产生惰性、保守和不开放的意识和观念。在中国封建社会，重农抑商政策的长期推行也是中国人古朴民风和保守思想得以形成的一个重要因素，也是中国传统的自然经济长期性和稳定性的根源。这种保守的思想观念只能起到稳定社会秩序、巩固封建统治、阻碍社会进步的作用。

（三）根深蒂固的宗法制度

在人与人的关系中，最基本、最原始的是人与人之间的自然关系，即以婚育为前提所形成的血缘或血亲关系。在中国传统社会里，这种自然形成的血缘关系不断地被强化、延伸，以至于上升演变为一种制度——血缘宗法制度。这一制度绵延数千年而不变，从而构成中国传统社会的一大基本特征。

血缘宗法制度是以血缘关系的远近亲疏作为区分高低贵贱的准则法度。宗法制度的实质在于族长对宗族的政治、经济、宗族祭祀活动等拥有绝对的支配权，也就是对整个宗族或成员实行着家长式的统治。这种权利上与国家政权相结合，下与每一个宗族成员相联系，形成了一个与国家权利相辅相成的统治着每一个宗族成员的特殊的权力机构。

宗族是指拥有共同的祖先，有着共同血缘关系的人的集合体。宗与族互为依存，同宗者必同一血缘，共祭同一祖庙；同族者必有共同的所尊之祖、所敬之宗。在"宗族"这一概念中，祖先崇拜和血缘关系被有机地结合在一起，血缘关系是祖先崇拜的基础，祖先崇拜又是强化血缘关系的纽带。就这样，祖先崇拜和血缘关系不断地被强化、延续，成为中国传统社会赖以存在的核心，并形成了绵延几千年的血缘宗法制度。

后来血缘与国家政权结合起来就形成了国家政权中的宗法世袭制度。在中国，夏禹死后，他的儿子启夺取了王位，废除了尧、舜时代的王位"禅让制"，开始实行王权世袭制，有着血缘关系的父子、兄弟之间承继王位的制度就这样形成了。王位和官职的世袭，便形成了中国社会的家天下。王族是国家政权组织的主体，由它联系着许多旁系、支系贵族，构成家族统治网。宗法制度下的宗子继承法，使得"上品无寒门，下品无世族"。

宗法制度社会有三大特点：其一是父权系统和孝道观念。这是宗法社会的基础，在以血缘关系为纽带组成的大家庭中，家族即父亲居于统治地位，拥有至高无上的权力。作为人子必须孝顺父亲，服从家长，恪尽孝道。在这样的大家庭里，还有一套严格的贵贱尊卑等级制度，一切都要按辈分大小，还要严格区分嫡庶长幼的尊卑关系，实行着嫡庶有别、长幼有序的血缘宗法原则。其二是夫权。封建的血缘宗法社会是以男权为中心的社会，上至君王，下至大小官吏以及宗族中的族长、家长都是由男性担任。妇女自从原始氏族公社结束以后就一直处于从属依附的地位。丈夫对妻子有着占有和支配的权力，而妻子只能在家中操持家务、侍奉公婆、生儿育女、为男人传宗接代，严守着"三从四德"的律条。其三是君权。君权是父权的延伸，"君为国父，父为家君"。在传统的封建社会里，君王拥有至高无上的权力，所谓"普天之下，莫非王土；率土之滨，莫非王臣"。君王的意志就是法律。

儒家学说的政治理想就是把血缘宗法思想贯彻于整个社会生活之中。汉代董仲舒提出的"三纲五常"，强调的就是君权、父权、夫权。这就是以血缘关系为基础、核心和纽带而提出的维护封建统治的清规戒律。每一个社会成员都不可能脱离这种血缘宗法体系而摆脱其统治。

血缘宗法制度是中国社会最基本、最普遍、最重要的社会组织制度。它是一系列国家制度和其他社会制度的重要基础。宗法关系和宗法观念存在于社会的政治、经济、法律、文化等诸多领域，成为中国传统社会的一个基本特征。它既有历史必然性的一面，又有落后、保守、愚昧的一面，对中国传统文化的发展产生了复杂的影响。宗法制度的本质特点是宗族组织和国家组织合而为一，宗法等级和政治等级完全一致。

（四）源远流长的文化传统

文化传统不同于传统文化，前者的落脚点在传统，后者的落脚点在文化。文化传统是指贯穿于民族和国家各个历史阶段的各类文化的核心精神。每一个民族和国家的文化一方面会因为时空的变化而出现差异，另一方面又表现出一定的稳固性和延续性，这就是文化传统所起到的作用。文化传统既存在于一切传统文化之中，也存在于一切现实文化之中。文化传统是民族精神，是一种力量，它引导着人们的思维方法，支配着人们的行为习惯，控制着人们的情感抒发，影响着人们的审美趣味，规定着人们的价值取向，呈现着人们的终极关怀。文化传统是在得到社会的推崇和提倡、被全民认同和响应中，经过日积月累而形成的。一个民族的文化品质是在文化传承中确立的，丧失文化传统就意味着一个民族在精神层面的衰落和消亡。

在浩瀚博大的中国传统文化中，尽管思想流派纷呈，但唯有儒家文化源远流长，成为中国传统文化的主干和主流。章学诚毕生致力于学术原委的探讨，得出"战国之文，其源皆出于六艺""后世文学，必溯源于六艺"的结论。《文史通义》云："道体无所不该，六艺足以尽之。诸子之为书，其持之有故而言之成理者，必有得于道体之一端，而后乃能恣肆其说，以成一家之言也。""诸子者，六艺之支流，文章之渊薮也。"说明儒家文化是中国传统文化的源头。

在中国传统文化发展的历史长河中，各种思想在斗争中互有消长，此起彼伏，而儒家文化血脉不断，传承线索清晰可见。从"祖述尧舜"到"宪章文武"，从"宗师仲尼"到"罢黜百家"，再到宋明理学"为往圣继绝学"，儒家文化就像一条蜿蜒流淌的大河，"青山遮不住，毕竟东流去"。尤其成为中国社会政治生活中的主流文化，更有中国历史上的每一次文化合流都是在儒家文化的框架内进行。这样一来，儒家所倡导的自强不息、厚德载物、天人合一、和而不同、中庸思想、忧患意识、重义轻利、人伦礼仪等已经深入到人们的内心里，沉积在人们的生活中，表现在人们的行动上，内化为中华民族的精神动力。由于这样的文化传统的内在驱动，后世中国文化的发展都始终遵循其基本的价值取向和思维路径。

二、中国传统文化的发展

中国传统文化在长期的发展过程中，不仅不断地吸取和融合祖国母体文化中的各种思想营养，同时也吸收了外来文化中的有益成分。一方面表现为对外来文化如佛学的吸收，另一方面表现为与中国历史上各家思想学说的融合。其中，儒、道、佛思想的相互作用和相互间形成的互补关系，奠定了中国传统文化的主体内容。在某种意义上甚至可以说，如果不深入研究中国的儒、道、佛就难以全面、深入地把握中国传统文化。

中国传统文化在其历史发展过程中还表现出一个突出特点，就是不管历史如何推移变化，它始终体现出鲜明的时代精神，随着历史的发展，不断地赋予新的内容，充实着自身的理论形态。

纵观几千年中国历史，中国传统文化也同历史的演进一样，经历了许多重要的历史发展阶段：先秦子学、两汉经学、魏晋玄学、隋唐佛学、宋明理学、清代实学，以及近代的各种思想学说。

（一）先秦子学

先秦时期主要是指春秋战国时期。这是中国历史上第一次重大的社会变革和文化转折时期。从春秋五霸到战国七雄，私有经济迅速发展，"学在官府"发展到"学在私门"，"士"阶层兴起，文化由一元到多元，诸子并存，百家争鸣，与社会变革的新时代相表里，达到空前繁荣的水平。这是中国传统文化的开创时期，是中国文化的元典时代，对中国文化的发展起着奠基作用，是几千年中国传统文化发展的源头活水。

子学又称诸子百家之学，因春秋战国时期有诸多思想流派，其代表人物被尊称为"子"而得名。《荀子·解蔽》称："诸侯异政，百家异说。"西汉史官司马谈著《论六家要旨》，首次提出先秦、汉初学术上的六个主要派别：阴阳家、儒家、墨家、名家、法家、道家。稍后的刘歆在六家之外又加了农家、纵横家、杂家、小说家，共为十家。班固《汉书·艺文志》曰："诸子十家，其可观者九家而已。"故又称"九流十家。"

冯友兰曾说："在中国哲学史各时期中，哲学家派别之众，其所讨论问题之多，范围之广，及其研究兴趣之浓厚，气象之蓬勃，皆以子学时代为第一。"班固《汉书·艺文志》分析原因，指出："皆起于王道既微，诸侯力政，时君世主，好恶殊方，是以九家之术蜂出并作，各引一端，崇其所善，以此驰说，取合诸侯。其言虽殊，辟犹水火，相灭亦相生也。仁之与义，敬之与和，相反而皆相成也。《易》曰：'天下同归而殊途，一致而百虑。'今异家者各推所长，穷知究虑，以明其指，虽有蔽短，合其要归，亦《六经》之支与流裔。"

先秦诸子百家之学是适应春秋战国时期社会变革需要而出现的文化繁荣，他们从强烈的社会责任感和政治实用性出发，积极探求治理天下的思想与方略。同时，又以积极奋发的学术态度，极力摆脱原始巫术和宗教崇拜的传统，注重构建人、社会与自然的学说体系，开启了先秦时期的理性精神，中华民族的价值取向、公理体系和思维模式至此已经基本形成。

（二）两汉经学

秦汉以前的诸子时代，儒家虽为"显学"，但仅作为诸子百家的一个思想流派而存在。西汉王朝建立后的近 70 年，实行的是黄老之治，中央集权被严重削弱。在这样的历史背景下，儒学引起社会、朝廷的关注，一些儒家典籍开始被立于学官，为儒学官学化、儒术的独尊奠定了基础，也为儒家登上政治舞台创造了条件。到汉武帝时期，社会、政治、经济等条件和思想学术领域的各种条件逐渐成熟，武帝开始建构适应封建大一统的思想体系，于建元五年（前 136 年）"置五经博士"，并于元光元年（前 134 年）接受董仲舒"推明孔氏，抑黜百家"的建议，"罢黜百家，表彰《六经》"，提倡儒家思想。从此，儒家学说逐步成为西汉后期的统治思想。这便是所谓的"罢黜百家，独尊儒术"。

经学是解释、阐述和研究儒家经典的学问。儒家典籍原有"六艺"，即《诗》《书》《礼》《乐》《易》《春秋》，后来《乐》佚失。《宋书·乐志》说："秦废经典，乐经用亡。"而实际上，在当时称经的儒家典籍只有《诗》《书》《礼》《易》《春秋》五经。经学之名始见于《汉书·儒林传》："宽有俊才，初见武帝，语经学。"经学不同于孔子之学，也不同于孟子、荀子之学。如果把孔子、孟子、荀子之学称之为原创儒学的话，那么经学就是经过汉儒改造的产物。

汉代经学已经不再是子学时代的儒家思想，而是在特定社会政治背景下具有明显的新特征。

首先，经学的政治化。儒学被确立为思想文化领域的主导地位，主要是因为儒家经典最具特色的"通经致用"的内在价值，它是融合价值观念与政治制度的一种文化创造，因而是一种制度体系和价值体系的结合体。清代经学大师皮锡瑞在论及汉代政治与经学的关系时说："当时儒者尊信六经之学可以治世，孔子之道可为弘亮洪业，赞扬迪哲之用。朝廷议礼、议政，无不引经，公卿大夫士吏，无不通一艺以上。虽汉家制度，王霸杂用，未能尽行孔教，而通经致用，人才以为后世所莫逮。"经学在汉代的发展离不开当时的政治、历史环境。在汉代儒学经学化的过程中，儒家文本典籍被不断地经典化和神圣化。

其次，经学的神秘化。重视"天人之学"，研究"天人"关系，是汉代学术的时尚，经学也概莫能外。如董仲舒用阴阳五行学说改造传统儒学，建立了以天人感应为特征的经学体系。扬雄的《太玄》云："皆引天道以为本统，而因附续万类、王政、人事、法度。"他们都将天道与人事相结合，构筑了天人互动的学说体系，所以不可避免地带有某些神秘主义的倾向。

其三，经学治学的手段是文字学的方法。经学家们注释经书往往从释字出发，通过解释文字的形义关系、音义关系，达到解释、阐发经书义旨的目的。所以有人把这种方法称为"分文析字"，后人则把这种学术方法称为"汉学"，与着重于阐发义理的"宋学"相区别。汉代先后成书的《说文解字》《尔雅》《释名》等书为中国最早的字典、辞典，它们都是解释经书的工具书。

其四，经学在学术传承上重视家法师说。皮锡瑞说："前汉重师法，后汉重家法。先有师法，而后能成一家之言。师法者溯其源，家法者衍其流也。"日本学者本田成之著《经学史论》，根据皮锡瑞的解释，更加明白地表述道"由一师所传的教授"叫作师法，"而复分派"叫作家法，"最初的唤做师法，在后的为家法""即大宗和小宗的关系"。余嘉锡先生说："家者合父子师弟言之。父传之子，师传之弟，则谓之家法。""学不足以名家，则言必称师，述而不作。虽笔之于书，仍为先师之说而已。"

(三) 魏晋玄学

魏晋玄学是魏晋时期出现的一种崇尚老庄的思潮，是研究高深玄远的哲学问题的学说。玄学根源于老庄之学，由汉代道家思想、黄老之学演变发展而来，成为中国哲学和文化思想史上的一个重要阶段。王弼的《老子注》曾提出："玄者，物之极也。""玄者，冥也。默然无有也。""玄"乃深奥奇妙之义，玄学是探索万物根源、本体等深层问题的玄远之学。

东汉末年至魏晋时期是中国历史上的乱世，上层统治阶级的腐败和伪善，在毁灭其自身政权的同时也玷污了儒家学说的权威声誉。随着东汉大一统王朝的腐朽和覆灭，统治思想界近四百年的儒学也开始失去了魅力，由此，人们开始怀疑儒家学说，而从老子创立的道家学说中探讨天地人生的道理。士大夫对两汉经学的繁琐学风、谶纬神学的怪诞浅薄以及三纲五常的陈词滥调也普遍感到厌倦，于是转而寻找新的"安身立命"之地，开始醉心于形而上的哲学论辩。以嵇康、阮籍为代表的"竹林七贤"等风雅名士相聚一处，谈论玄道，当时人称之为"清谈"或"玄谈"。玄学正是当时的知识精英冲破传统的思维方式，对宇宙、社会、人生所做的哲学反思，在正统的儒家信仰发生严重危机之后，为士大夫重新寻找精神家园。由于他们以《老子》《庄子》《周易》即所谓"三玄"为主要研究对象，故被称之为玄学。

魏晋玄学的核心内容牵涉哲学的各个领域，包括本体论、知识论、语言哲学、伦理学、美学等，如本末有无的关系问题、自然与名教的关系问题、言与意的关系问题等。玄学对万物根源性问题的探讨深受老、庄思想影响，王弼的《老子注》、郭象的《庄子注》为魏晋玄学重要论著，更为老、庄最为重要的注疏。而当时名士诠释儒家典籍，如何晏的《论语集解》，王弼的《周易注》《论语释疑》《周易略例》等均援引道家思想以解释儒家观念，援道入儒、汇通孔老乃为当时重要议题。在"贵无"思想的影响下，玄学家们鄙视世俗，故作旷达，清谈风度代替了缙绅礼仪，抽象思辨的玄谈代替了章句训诂的朴学，士人多追求一种"不与时务经怀"的生活，这对后世知识分子的心灵世界的塑造及其生活情趣的培养都产生了深刻的影响。

（四）隋唐佛学

关于佛教最初传入中国的时间问题最为权威的说法是两汉之间。在西汉张骞通西域之后，已经在西域传播几个世纪的佛法东来是很有可能的。就陆路交通乃当时主要交通孔道而言，把佛教之传入中国大体定在两汉之交也是较为可信的。中国佛教史研究界一般认为，东汉汉明帝永平年间，遣使往西域求法，乃佛教传入中国之始。汤用彤先生仔细梳理之后认为，"汉明求法，吾人现虽不能明当时事实之真相，但其传说应有相当根据，非向壁虚造。至若佛教之流传，自不始于东汉初叶"。至于佛教传入中国的原因，宋人张文定说："儒门淡薄，收拾不住，皆归释氏耳。"汉武帝之后，汉朝开始走下坡路，而且愈演愈烈，虽有光武中兴，但从总体上来说，国运日趋衰落，以至越来越不可收拾。

魏晋南北朝是中国历史上又一个政局动荡、思想活跃的时期。这一时期，在思想领域，士大夫颠连困厄之极，生活难系，儒家严肃之名物训诂之学，不能适应时代思潮的需要与生逢乱世之人生观，儒学之衰落也是势所必然。因此，在玄言清谈继之而起成为一时的潮流的同时，"约言析理，发明奇趣，此释氏智慧之所以能弘也。祖尚浮虚，佯狂遁世，此僧徒出家之所以日众也"。这就是佛教在中国得以传播的社会根源和文化基础。

佛教自印度传入中国以后，经历了一个逐渐适应、发展的过程，经过南北朝快速发展，到隋唐时期，佛教以崭新的风貌繁荣昌盛起来。隋唐佛教的繁荣是以国家的统一和空前富强为社会背景的。隋朝的统一结束了近300年的战乱和分裂，进入内地的各民族已基本与汉族融合为一。一种以儒家为主体，辅之以佛、道的思想文化格局大体稳定下来。佛教融会儒家和道教学说，开始了完善化的过程，与其相应的一整套文化艺术形式一起，影响民俗，熏陶民族性格。佛教的适应力和生命力很强，在和平年代，它可以是锦上添花似的装饰，在战乱年代，它又能给挣扎于涂炭中的生灵带来精神的慰藉。这一时期的佛教经历了隋唐换代、安史之乱、唐武灭佛和黄巢起义，虽然备尝苦难，屡遭厄运，但并没有从根本上动摇佛教持续兴盛的总趋势。隋唐佛教建起了独具特点的各大宗派，如三论宗、天台宗、法相宗、禅宗等，创宗立派，发展僧众，著书弘教，创造新的理论体系。隋唐时期创造性的佛经翻译，是对外来佛教经典的补充和发展，是满足中华本土特殊需要的重要表现，代表了隋唐佛教理论的发展方向。禅宗是完全中国化的影响最大的佛教宗派。到了唐代，佛教不仅在中国取得了与本土文化比肩的地位，而且这一时期的章疏论著言行逐渐被当成正式的佛教经典流传开来，更直接地影响着中国佛教此后的发展，影响着东方邻国，特别是朝鲜、日本和越南。以隋唐宗派佛教为基调的汉传佛教，在亚洲东部开拓了新的领域。

（五）宋明理学

宋明理学是以儒家思想为基础，批判地吸收道家和佛学思想而形成的在宋明时期占主导地位的儒家哲学思想体系，是儒学在隋唐以来逐渐走向没落的一次伟大复兴，是中国传统文化和中国哲学发展的又一个高峰，是宋明时期文化精英在思考和解决现实社会问题与文化问题中所凝聚的哲学智慧。宋明理学使儒学重新走上正统地位，对此后的中国古代社会的发展产生了深刻的影响。

魏晋时期玄学盛行，南北朝时期佛教繁荣，隋唐时期儒、释、道三家并存，儒学在汉代形成的独尊地位受到严重挑战。于是，在中唐时期就出现了以韩愈为代表的以排除佛教为宗旨的儒学复兴运动。待大宋王朝建立后，宋初统治者从中唐以来藩镇势力的严重后果和大宋政权取得的亲身感悟中总结教训和经验，确立了"兴文教，抑武事"的治国方略，使当时的文人士大夫充满了历史使命感，提出了"为天地立心，为生民立命，为往圣继绝学，为万世开太平"的宣言。其中，"为往圣继绝学"的"往圣"就是指孔子、孟子，"为往圣继绝学"就是要接续、继承、复兴和弘扬儒家的文化和思想，表现了理学的一种文化自觉。

北宋时期，儒家学者在复兴儒学、抨击佛道的同时，又冲破汉唐儒学的束缚，融合佛道思想来解释儒家的义理，丰富了儒学的内涵，形成了以理为核心的新儒学体系——理学。理学是儒、道、佛三教合一的产物，是儒家思想汲取道教、佛教的有益内容，并注入哲学因素，囊括天人关系所形成的更为理性化、思辨化的思想体系。

宋明理学是儒学发展的一个极其重要阶段，其将早期儒学进一步系统化和理论化，并极具思辨性，标志着儒学进入了更为成熟的形态。

宋明理学的建立经历了"宋初三先生"（胡瑗、孙复、石介）、"北宋五子"（邵雍、周敦颐、张载、程颢、程颐），到南宋朱熹集成为程朱理学，加上陆王心学，构成了宋明理学的主要内容。

宋明理学较之以前的儒学有着明显的特点。

首先，理学是儒学的哲学化、思辨化。传统儒学经由理学家们的改造，理论体系从伦理道德上升到形上哲学，体现了宋明理学家们融合创造的哲学智慧。

其次，宋明理学是以伦理道德为哲学核心的儒学。理学所强调的天理实质上包括了社会人伦之理，也就是儒学的伦理道德学说。它涵盖了儒家所提倡的伦理道德，以及其中的"所以然"与"所当然"的道理。宋明理学家在儒学的伦理道德学说方面，提出了一系列有逻辑层次的哲学范畴。无论是理学哲学的本体论、道德基础的人性论、"存理去欲"的修养论、"格物致知"的认识论、成贤成圣的境界论，还是修齐治平的功能论，都是以伦理道德为核心内容的。

其三，宋明理学作为儒学发展的一个阶段，带有明显的佛道化的特点。理学吸收借鉴佛教与道教的形上之学，建构了儒学的伦理道德的形上学；借鉴佛道二教的传教谱系，创立了儒家学说的传道体系，即儒学的"道统"；受佛教禁欲主义的影响，针对"灭天理而穷人欲"的人伦失守提出了"存天理，灭人欲"的道德主张。

（六）清代实学

清代儒学是中国传统儒学的重要历史阶段，既是力矫宋明理学空谈心性的产物，也是发扬汉代朴学章句训诂的产物，因其重新诠释儒家经典，重振儒家经世致用的学风，故名清代实学。

中国历史发展到清代，封建制度已经日渐衰落，新的社会制度因素及其思想观念正在萌发。清代学术既是清代社会经济与政治制度的反映，也是对晚明理学思潮流弊深刻反思的结果。晚明正值宋明理学极盛而衰，学者习惯于空谈义理而不务实际。清代学者基于明亡的历史教训，在批判宋明理学空疏之弊的基础上，从文化学术的各个领域，全面由虚返实，匡时济世、通经致用是清代儒学的强劲呼声。

清代实学提倡治学要经世致用，将治学与道德培养联系起来，强调"六经之旨与当世之务"的结合，认为治学和道德培养都是为了经世济民。黄宗羲倡导经世致用，开创一代求实学风，批判宋代理学空谈性命和不以《六经》为根底的治学态度，说"儒者之学，经纬天地"，"必破一分程朱，始入一分孔孟"。学者们认为，只有弘扬传统儒学才是真正的救国之方，抨击新学、西学为"功利倡而廉耻丧，科学尊而礼义亡，以放荡为自由，以攘夺为责任，斥道德为虚妄，诋圣贤为国愿"。他们还反对宋明理学的空谈性理，在治学方法上，"每一事必详其始末，参以证佐"（《四库全书总目提要》），同时又从宋学中继承了辨疑的优点，既提倡"考查一字之义，必本六书，群经以为定诂"（《清儒学案》）的求是精神，又提倡学与思相结合的辨疑精神。盛极一时的乾嘉学术，在训诂、考据、音韵、文字诸方面所取得的成就是空前的，其治学方法也是缜密严谨的，对后世的语言学、文献学产生了深远影响。

这一时期的中国文化表现出三大特点：一是启蒙思想的兴起，代表人物主要有黄宗羲、顾炎武和王夫之三人，被称为"三先生"。他们反对"家天下"而主张"公天下"，反对"重农抑商"而主张"工商皆本"，在学术上提倡"经世致用"，痛斥"空谈性理"。二是在文学艺术上表现出了强烈的反叛意识，诸如《红楼梦》《聊斋志异》等都表现了对封建伦理纲常、封建秩序、科举制度的批评。三是对传统文化的总结。无论是出于对清朝政府的不满，还是出于对空泛理学的反对；无论是出于对传统文化的留恋，还是因为清朝政府以文治装点门面，这一切都在客观上促使当时的知识分子潜心于对先秦以降的全部文献进行整理与研究，尤其是对儒家经典进行了全面而系统的梳理，无论是从古文字和音韵入手以求经义，还是调动巨大的人力、物力编纂类书和辞书，这些都是中华文化史上的盛事。清代《四库全书》的纂修，尤其是与之相辉映的大型目录书《四库全书总目提要》的编纂，"辨章学术，考镜源流"，探求中国传统文化的渊源流变，对中国传统文化进行了全面而系统的清理和总结。

然而，思想上的封闭、科学上的保守、知识上的复古、教育上的僵化，导致对传统汉学的整理再整理，研究再研究。从汉学到汉学，从训诂到训诂，眼界不能开阔，知识不能更新，科学不能发展。尤其是清朝的封建专制制度扼杀了明末清初出现的早期启蒙思想，使得在关内已经趋于腐朽的封建制度又延续了近三百年之久。这不能不说是中国近代文化停滞和落后的一个重要原因。

以上是中国思想文化发展的大致历程，从先秦的初创到清代的总结，中间经历曲曲折折，起起落落。然而在中国文化这个历史长河的蜿蜒流淌中，儒家思想一直处于主导主干的地位。儒家学说从先秦初创时的颇具影响到汉代独尊地位的取得，从玄风的盛行到佛教的传播，从新思想的吸收到对外来文化的包容，最终趋于一统，形成了儒学文化的新形态。中国文化就是这样以儒家文化为主干、以道家文化和佛家文化为支脉，共同灌注了一条人类滚滚大河，儒家文化就是因为它具有海纳百川的胸襟和精神，才与时俱进，就像一棵常青树，保持着常青的活力。

三、中国传统文化的特征

源远流长、博大精深的中国传统文化，是中华民族在漫长的历史进程中创造的巨大而丰厚的物质与精神财富，是中国古代文明的标志，与中国传统文化形成的原因相联系，中国传统文化表现出明显的特征。

（一）内陆型文化

内陆型文化也称大陆文化。对文化有各种划分方法，最重要的一种划分方法是根据生成的地域分为大陆文化和海洋文化。大陆文化是指以大陆为生成背景的文化，海洋文化是指以海洋为生成背景的文化。这种不同的生成背景包括地形地貌、气候气象、自然生态等。从地理环境看，中国传统文化产生并成熟于与外界隔绝的东亚大陆，古代中国人称这片国土为"四海之内"，是典型的"大陆民族的文化"。

中国位于东亚大陆，东临浩瀚无边的太平洋，西有高耸入云的青藏高原和广袤无垠的戈壁沙漠。中国国土的陆地界限基本上是以河流、山脉、沙漠、戈壁等自然屏障作为分界线的。如东北有鸭绿江、图们江、乌苏里江和黑龙江；东部和东南部是一片汪洋；北面有沙漠和戈壁；西部和西南部有帕米尔高原、喜马拉雅山脉和横断山脉。封闭性的国土环境是中国传统文化赖以形成的不可忽视的重要因素。古代中国在地理上半封闭的隔离机制、自给自足的自然经济以及浓厚的血缘宗族意识铸就了中国人平稳求实的内陆型文化性格，形成了独立自主、稳定绵延的文化形态。

总之，中国因其地理环境因素，造成了与其他民族文化的隔绝，形成了独特的内陆型文化风貌。因为受到高山、大海、沙漠的阻隔而造成封闭性，封闭、内敛、保守是内陆型文化的基本品性。

（二）农业型文化

特有的地理位置使中国成为世界上农业发展最早的国家之一。独特而封闭的地理环境使中华民族既不可能选择西域各族那样的游牧生活，也不可能选择古希腊、古罗马人那样的海洋商业贸易谋生之道，只能依土傍河选择农业生产作为生存之本。黄河、长江流域为中国农业文化的摇篮，与尼罗河、底格里斯－幼法拉底河、恒河流域同为世界四大古文明中心地。

农业起源于没有文字记载的远古时代，发生于原始采集狩猎经济的母体之中。中国的古代传说中有所谓"神农氏"，他遍尝百草，历尽艰辛，终于选择出可供人们食用的谷物。接着又观察天时地利，创制斧斤耒耜，教导人们种植谷物，于是出现了农业文明。黄河流域和长江流域遍布原始农业的遗址。著名的有距今七八千年的河南新郑裴李岗和河北武安磁山以种粟为主的农业部落、距今七千年左右的浙江余姚河姆渡以种稻为主的农业部落，以及稍后的陕西西安半坡遗址等。20世纪80年代，河南省舞阳县贾湖村发掘的贾湖文化遗址，是距今九千年左右的新时期时代遗存，发掘出中国最早的碳化稻米，以及石磨盘、磨棒、石铲等工具。之后，又在湖南澧县彭头山、道县玉蟾岩、江西万年仙人洞和吊桶岩等地发现了距今上万年的栽培稻遗存。裴李岗文化时期的石器种类丰富、磨制精细，现存于河南博物院的石磨盘、石磨棒是这一时期的典型器物，主要用于谷物的脱壳，是中国现存最早的成套粮食加工工具。整套石器线条流畅，琢制精细，反映出古人娴熟的石器加工技巧和较为先进的粮食加工技术。从中可以发现，裴李岗文化时期，从农业生产到粮食加工全过程的工具应有尽有，表明此时已经进入锄耕农业阶段，反映了当时中原地区较为先进的农业生产水平。中国农业有着悠久的历史。农业文化的发展不仅为历代亿万人民提供了物质生活资料，也为科学和文化的发展创造了有利条件。

恩格斯说过："农业是整个古代世界的决定性的生产部门。"由于农业生产的状况直接关系到民之生计和国家的兴衰存亡，因此历代统治者都把发展农业当作大事来抓，努力督促和组织农业生产。随着农业在社会经济中越来越占重要的地位，中国古代的重农思想日益发展，到西汉时期已形成较为完整的体系。统治者认为，农业的发展有利于安定民生，也有利于稳定和巩固其统治地位，故也为手工业的发展提供原料和市场。农业是国家富强、实力雄厚的源泉，也是国富民强的标志。世界上任何一个国家都没有像中国这样在几千年的历史中始终把农业放在社会政治、经济生活的首位。"天下重农耕"是中国传统文化的一个重要特征。重农抑商的思想、自给自足的小农经济形态贯穿中国封建社会的始终。

人们根据文化观念和生产方式的内在联系，又把人类文明分为农业文明、商业文明和游牧文明等。农业文明与其他类型的文明不同，首先表现在其价值观念上。农业文明追求的是自给自足、丰衣足食，商业文明追求的是利润最大化；农业文明恪守"天道酬勤"的理念，商业文明寻求的是"投机取巧"的商机。其次是随之而形成的民族精神。以农业为立国之本的观念对中国传统文化产生的影响主要表现在两方面。其一，从农业生产中了解认识了春生、夏长、秋收、冬藏的自然规律，农业生产的节律性形成了中国人按部就班、循序渐进、因循守常、缺乏开拓的性格特点。其二，农业型文化决定了中国人的恋土情结和乡土意识。《尚书大传》论"五行"曰："水火者，百姓之求饮食也；

金木者，百姓之所兴作也；土者，万物之所资生也：是为人用。"指出"土"在五行中的重要性。《国语·郑语》云："故先王以土与金、木、水、火杂以成百物。"表明"土"在人们的生产和生活中比其他四行更为重要。这是农业生产以土为本思想的体现。受此影响，中医学极为重视"土"（脾土），并有"后天之本""四时脾王"之说。

（三）宗法型文化

宗法本是一种以血缘关系为基础的家族制度。宗法制度是宗族中血缘亲属关系与政治阶层中尊卑关系的结合体。宗法文化是中国古代以祖先崇拜为载体、以西周宗法制度为典型、经历代儒学家不断改造而绵延下来的，以一定地域为基础、以血缘关系为纽带并以维护父权、夫权、君权的等级社会为特征的文化体系。中国是一个祖先崇拜源远流长的国家，血缘关系是祖先崇拜的生理和心理基础。氏族时代的祖先崇拜，之后物化为宗庙，后又衍化出宗祠。理论化、组织化的宗庙宗祠制度，是宗法制度赖以存在和发展的社会基础。

宗法文化深刻地影响着中国的家庭结构和社会结构，也影响着社会心理和意识形态，成为维护封建统治的社会基础。中国是一个以农业立国的文明古国，重农抑商的思想、自给自足的小农经济体制孕育出一个重视血缘关系、强调群体意识、以宗法制度为基础的等级社会。中国社会的基本结构始终是以血缘为纽带的家庭，服务于这种宗法制度的是伦理。权势在中国起重要的作用，中国等级制度森严，每个人在社会中都有其固定的身份、地位、权利和义务。

汉以后的统治者逐步完善了以维护皇帝权威和封建秩序为主旨的宗法制度。董仲舒创立的纲常教义的核心是"三纲"，即"君为臣纲，父为子纲，夫为妻纲"，确定了以天下之小家维护皇室大家的伦常基础，为以后的儒学家完善家族政治化和国家家族化奠定了理论基础。"以孝治天下"就是强调这个核心的典型表述。从此，家族制度和国家制度融贯为一，形成了"家国同构"的社会结构。中国的宗法社会结构、农耕经济模式、壮大家族势力的需要，使"传宗接代""忠孝节义"成为中国人的思维定式，"长幼有序""内外有别"决定着中国人的行为规范。

宗法制度对封建专制政治和封建等级秩序的维护起着重要的作用，《永定邵氏年谱》载《祠规六条》云："立宗原以佐治。"《朱子家礼》卷一《通礼杂录·祠堂》云："若宗子法立，则人知尊祖重本。人既重本，则朝廷之势自尊。"这些都表明阐扬宗法的目的在于由家族、宗族进而推演到国家，以此"佐治"，以此尊朝廷，借血缘纽带，维护社会秩序，巩固专制政权。

宗法型文化模塑了中国的国民性格。亲亲、尊尊是中国国民的基本准则，家族的前辈代表着真理，具有绝对的权威，令后辈顶礼膜拜。《礼记·冠义》说："自卑而尊先祖。"要求人们自我克制，以先祖为尊。光宗耀祖成为国人孜孜以求的人生终极目标。

由于父权和孝道观念是宗法社会的核心内容，所以造就了崇圣尚古、重视传统的民族心理。"述而不作，信而好古""勤求古训"，人们总是要到三代去寻找理论依据，所谓"言必称三代"。严复曾深刻地指出："中国由来论辩常法，每欲中求一说，必先引用古书，'诗云''子曰'，而后以当前之事体语言，与之校勘离合，而此事体语言之是非遂定。"在文学上，拟古之风盛行文坛，宋人主张诗须"无一字无来历"，明人倡导"文必秦汉，诗必盛唐"，以复古为时尚，由此可见古人尊古的文化心理。

（四）道统型文化

"道统"是宋明理学家称儒家思想授受的系统。"道统"一词由朱熹首先提出。他曾说："子贡虽未得道统，然其所知，似亦不在今人之后。"（《朱文公文集·卷三十六》）"道"，是指作为儒家思想核心的"仁义道德"。千百年来，传承儒家之道有一个历史的发展过程。这个过程正如朱熹的弟子黄榦所说："尧、舜、禹、汤、文、武、周公生而道始行，孔子、孟子生而道始明。孔孟之道，周、程、张子继之；周、程、张子之道，文公朱先生又继之，此道统之传历万世而可考也。""道统"是以儒家学说为正统的中国文化的特点。

由于儒家文化源远流长和受到历代的提倡与重视，故儒家文化成为中国文化的正统。以儒家为正统的观念是以排除佛教为目的而确立的。唐代是佛教发展的鼎盛时期，创宗立派，寺庙林立，信徒众多，译经隆盛。佛教的盛行对唐代社会产生了重要影响，不仅影响到中国的政治、经济，更重要的是严重冲击了儒家思想，影响到中国本土的儒家文化的地位。韩愈认为，佛乃夷狄，甚不合于圣人之道。"佛本夷狄之人，与中国语言不通，衣服殊制，口不言先王之法言，身不服先王之法服，不知君臣之义，父子之情"。韩愈认为，佛教在唐代，与老氏一道，"其害已不下于杨墨"，故"愈乃欲全之于已坏之后""虽灭死万万无恨"。如何"全之于已坏之后"？韩愈认为，应当"人其人，火其书，庐其居，明先王之道以道之"，坚持以强制手段取缔佛教。韩愈是要抵制佛教，以重建儒家的正统地位，以"明先王之道"。韩愈认为，"道莫大乎仁义，教莫正乎礼乐刑政"。他认为，"孔子传之孟轲"的"道"是孔子之后到韩愈时千余年来的唯一正统。韩愈的道统说好似晴空一声霹雳，唤醒了儒家沉睡的道统意识，使儒家学者从较长时期的昏沉中惊醒。受韩愈道统说的影响，儒学发展至理学，道统意识尤为凸显。苏东坡在《潮州韩文公庙碑》中云："自东汉以来，道丧文弊，异端并起。历唐贞观、开元之盛，辅以房、杜、姚、宋而不能救。独韩文公起布衣，谈笑而麾之，天下靡然从公，复归于正，盖三百年于此矣。文起八代之衰，而道济天下之溺。"以继承道统而自命的儒家学者具有强烈的担当意识，认为自己是道统的继承者，传承道统、弘扬道统是义不容辞的学术使命，有义务将儒者之道继承下来，并发扬光大，然后传接下去，也即张载所说的"为往圣继绝学"。直到近代，著名的革命家孙中山也曾说："中国有一个道统，尧、舜、禹、汤、周文王、周武王、周公、孔子相继不绝，我的思想基础就是这个道统，我的革命就是继承这个正统思想来发扬光大。"

孔子所创立的儒家学说是中国传统文化的正统，凡是与儒家思想相抵触的思想、学派都被视为异端而遭受排斥，所谓"别有学术，便是异端"。它可以包容和吸收其他的文化思想，但总是在封闭中开放，在排斥中吸收，绝不允许其他文化思想与之分庭抗礼。实际上，道统思想并不局限于儒家，道统意识在学术研究和学术讨论中的负面作用也普遍存在，那种唯我独尊、视不同意见者为异端，试图以一己之言建立学术界权威话语的做法，是学术正常发展的障碍，这在学术研究中是应当摒弃的。

四、中国传统文化的基本精神

中国传统文化的基本精神就是中华民族的民族精神。这种精神的内涵，学术界仁者见仁，智者见智。综合学者们的研究成果，可概括为刚健有为、厚德载物、中正和谐、"天人合一"、人文理性和忧患意识。

（一）刚健有为

中国文化以儒家文化为正统，刚健有为、自强不息是儒家文化一贯的精神。孔子就是极力提倡积极有为并身体力行的思想家。他特别重视"刚"，他的生活态度是"学而不厌，诲人不倦"；"发愤忘食，乐以忘忧，不知老之将至"；"食无求饱，居无求安，敏于事而慎于言，就有道而正焉"。孔子重视"刚"的品德，认为"刚毅木讷，则近仁"。曾子说："士不可以不弘毅，任重而道远。仁以为己任，不亦重乎？死而后已，不亦远乎？"（《论语·泰伯》）孔子的这种思想，《易传》得到进一步发展。《象传》提出了"刚健"的观念："刚健而文明""刚健中正"，以及"自强不息"的原则："天行健，君子以自强不息。"

孔子提倡的这种思想为后世儒士所接受和推崇，也成为中国传统文化的基本精神之一。孟子养"浩然正气"，提出："居天下之广居，立天下之正位，行天下之大道。得志，与民由之；不得志，独行其道。富贵不能淫，贫贱不能移，威武不能屈，此之谓大丈夫。"（《孟子·滕文公下》）"故天将降大任于斯人也，必先苦其心志，劳其筋骨，空乏其身，饿其体肤，行拂乱其所为，所以动心忍性，曾益其所不能。"（《孟子·告子下》）"生，我所欲也；义，亦我所欲也，二者不可得兼，舍生而取义者也。"不屈不挠、矢志不渝地追求理想的实现，渴望建功立业成为仁人志士的价值取向。屈原"路漫漫其修远兮，吾将上下而求索"，有着"虽九死其犹未悔"的坚韧精神和顽强意志。汉代的司马迁在《报任安书》中写道："文王拘而演《周易》；仲尼厄而作《春秋》；屈原放逐，乃赋《离骚》；左丘失明，厥有《国语》；孙子膑脚，《兵法》修列；不韦迁蜀，世传《吕览》；韩非囚秦，《说难》《孤愤》；《诗》三百篇，大抵圣贤发愤之所为作也。"司马迁与许多高尚人士一样，能正确对待受辱，能站在人生价值的高度，忍辱负重，以超人的毅力完成了巨著《史记》，给后人留下了宝贵的精神财富。李白"长风破浪会有时，直挂云帆济沧海"（《行路难》），即使是满怀悲愤的"欲渡黄河冰塞川，将登太行雪满山"，也可以看出他对建功立业的渴望，所以他的诗歌风格是"悲中寓豪"。陆游通过对梅花的歌咏抒发了自己不屈的人生追求："零落成泥碾作尘，只有香如故。"在弥留之际还不忘告诫儿子："王师北定中原日，家祭无忘告乃翁。"爱国词人辛弃疾年逾花甲，仍不忘自叹"凭谁问：廉颇老矣，尚能饭否"，以廉颇自喻，报国之情弥烈，忧国之愤弥深；民族英雄文天祥在敌人的威逼利诱面前高吟："人生自古谁无死，留取丹心照汗青！"以磅礴的气势、高亢情调表现出自己的民族气节和舍生取义的生死观，在生命的最后一刻仍然慷慨悲唱人间《正气歌》，为国家、为民族从容就义。龚自珍在为振兴中华的愿望不得实现之时，吟诵着"落红不是无情物，化作春泥更护花"，表达了自己即使是花落归根，最后化为春泥，也还要去滋润未来的花，去孕育未来的五彩缤纷的春天。凡此等等，不可胜数，无数的仁人志士，以那种惊天地、泣鬼神的"浩然正气"铸就了中华民族的脊梁，播撒着民族的希望。正是靠着这种强大的精神力量，才使中华民族在数不清的灾难面前不低头、不气馁、不沉沦，表现了中华民族顽强进取、蓬勃向上的精神风貌，铸就了中华民族百折不挠、愈挫愈勇、屡创弥坚的民族品格。

（二）厚德载物

"厚德载物"语出《周易·坤》："地势坤，君子以厚德载物。""坤厚载物，德合无疆。"意思是说，君子当厚植自己的美德，以高尚深厚的德行承载万物，并在道德修养上不断追求，直至达到最高的人生境界。突出道德在完善个体人生和维持社会秩序方面的重要意义，这既是儒家文化的主要特色，也是整个中华文化的根本精神。

中华主流思想的根本是如何做人，如何修养德行，如何建构仁义诚信的理想社会。《论语》开篇即说："学而时习之，不亦说乎？""学"与"习"包含了"知"与"行"两个方面。"学"即学做人，"习"是指通过实践、练习将做人之道理落在实处，在"学习"的过程中，人生才能充满有意义的幸福感，即"不亦说乎"。可以说，"学"与"习"在儒学中被提到了信仰的高度，孔子"十又五而志于学"，此后一直"学而不厌"，直至达到"从心所欲不逾矩"的自由境界。人的一生就是学习如何做一个道德更高尚之人的过程，故儒家之"学"不仅仅是学音韵训诂等"小学"，更重要的是成就大人君子人格的"大学"。《礼记·大学》开篇即曰："大学之道，在明明德，在亲民，在止于至善。""自天子以至于庶人，壹是皆以修身为本。"首先肯定人性之中有光明的德行，然后通过修身工夫，不断彰显这一最高的"明德"。在宋明理学家看来，仁、义、礼、智、信等美德就是天理的体现，通过反躬内省、诚敬、慎独等修身工夫，个体就可化除由躯体所带来的气禀之性对纯粹清虚的天地之性的遮蔽，从而使自身纯粹至善的天地之性得以彰显，使自身与德行意义上的义理之天相合，达到"天人合一"的至高境界。

儒、释、道三大主流思想在对待每个人自我德行的完善上是一致的，认为人人皆可为尧舜，人人皆具道性、佛性。所以，道德修养并非仅是社会精英的事情，道德教化也是一项社会事业。通过民间社会、宗教与文化的各种方式，如蒙学、家训、家礼、戏文、乡约、民俗、行规等，以"仁爱"为核心的五常、四维、八德等价值观念逐渐渗透到了百姓的伦常日用之中，成为具体的、活生生的人生智慧。中华民族以仁义为最高价值，崇尚君子人格，肯定"三军可夺帅也，匹夫不可夺志也""富贵不能淫，贫贱不能移，威武不能屈"的大丈夫精神，弘扬至大至刚的正气、舍我其谁的抱负，甚至提出"不识一个字，亦须还我堂堂地做个人"。与西方宗教型文明相比，中华文化乃是一种道德型文明。正是全社会的道德信仰才使古代社会在治乱更替中保持着基本的秩序，使中华文明绵延数千载而传续不绝。

"厚德载物"的重德传统在中医学中也有突出体现。修身是行医之前提，德行乃医术之基础。梁代学者阳泉说："夫医者，非仁爱之士不可托也。"《小儿卫生总微论方·医工论》也说："凡为医之道，必先正己，然后正物。"所谓"正己"是指"能明理以尽术也"，所谓"正物"是指"能用药以对病也"。清代医家吴瑭在《医医病书·医德论》中论述"德"与"才"的关系时说："天下万事，莫不成于才，莫不统于德。无才固不足以成德，无德以统才，则才为跛尪之才，实足以败，断无可成。有德者，必有不忍人之心。不忍人之心油然而出，必力学诚求其所谓才者。医也，儒也，德为尚矣。"正因为"德"比"才"更为根本和重要，所以历代医家多在其著作中专门探讨医德问题，如东汉张仲景的《伤寒杂病论·原序》、晋代阳泉的《物理论·论医》、唐代孙思邈《备急千金要方》中的"大医精诚"、明代龚廷贤《万病回春》中的"医家十要"、明代陈实功《外科正宗》中的"医家五戒"和"医家十要"、清代喻昌的《医门法律》，以及徐大椿《医学源流论》中的"医家论"和"医非人人可学论"等。中医将治病、救人、济世看作三位一体的职业价值，有"上医医国，中医医人，下医医病"（《备急千金要方·诊候》）之说。李时珍在《本草纲目·序》中说："夫医之为道，君子用之以卫生，而推之以济世，故称仁术。"医乃仁术，故古代医家大多具有强烈的社会责任感，以救济天下为己任。例如，张仲景面临东汉末年战事频仍、疫病流行、死亡枕藉的现实，"感往昔之沦丧，伤横夭之莫救，乃勤求古训，博采众方"，撰写《伤寒杂病论》传于后世。明代医药学家李时珍，看到历代本草错谬之处颇多，忧心如焚，认为事关人命，不可等闲视之，因而搜罗百氏，采访四方，"岁历三十稔，书考八百余家，稿凡三易。复者芟之，阙者缉之，讹者绳之"，用毕生精力撰成医药学巨著《本草纲目》。

（三）中正和谐

中正和谐是中华人文精神的核心价值观，其内涵包括"中"与"和"。所谓"中"就是中正，不偏不倚，无过无不及，恰到好处；所谓"和"就是和谐，指不同元素相互配合达到均衡统一、协调共处。《礼记·中庸》说："中也者，天下之大本也；和也者，天下之达道也，致中和，天地位焉，万物育焉。"人的生存合理性是由其与天地万物共生关系的整体合理性决定的，与天地万物协调相融是人合理生存的基础。"和合"思想成为中国传统文化中最重要的思想内容和价值取向。

"中正"一词来源很早，《书·吕刑》云："明启刑书，胥占，咸庶中正。"《周易·豫卦》云："不终日，贞吉，以中正也。"《周易·离》云："柔丽乎中正。"孔子说："君子中庸，小人反中庸。""中庸之为德也，其至矣乎，民鲜久矣！""过犹不及。"中庸是大道，中庸是正道，中庸是至道，是判定是非的标准。西汉扬雄的《法言·吾子》云："交五声、十二律也，或雅或郑，何也？曰：'中正则雅，多哇则郑。'"

"和"的观念同样产生很早。《国语·郑语》中记载，西周末年的太史伯阳父，亦称史伯。他在议论王朝之弊时精辟地指出："夫和实生物，同则不继。以他平他谓之和，故能丰长而物归之；若以同裨同，田乃，尽乃弃矣。故先王以土与金、木、水、火杂以成百物。是以和五味以调口，刚四肢以卫体，和六律以聪耳，正七体以役心。""于是乎先王聘后于异姓，求财于有方，择臣取谏工而讲以多物，务和同也。声一无听，物一无文，味一无果，物一不讲。""和实生物，同则不继"这一命题对中国文化的影响是相当深远的。只有"和"，事物才能发展；只有"和"，才有华美的乐章、华丽的文采、鲜美的味道；只有多样的声音，文采、味道的和谐统一，才能产生美。孔子指出："君子和而不同，小人同而不和。"《周易·乾》有云："乾道变化，各正性命，保合太和，乃利贞。"要想"利贞"，就必须做到"保合太和"。《左传》曰："八年之中，九合诸侯，如乐之和，无所不谐。"《论语》曰："礼之用，和为贵。"《周礼》曰："以和邦国，以统百官，以和万民。"这些表达了古代先民对宇宙自然、人类社会和谐的向往。

"中正和谐"是中国传统文化基本精神的重要内容之一，它包括天人关系的和谐、人际关系的和谐以及无过不及的行事原则。天人关系的和谐就是传统所说的"天人合一"，人际关系的和谐就是家庭伦理和社会伦理，无过不及的行事原则就是中庸思想。

（四）天人合一

把人和社会、自然看作一个整体，坚持"天人合一"整体趋同思维，这是中国传统文化表现出的又一基本精神。所谓"天人合一"就是将天地万物和人看成是一个有机的整体，从而以天道规定人道，以人道体认天道。人类自身的存在与社会的发展并不是孤立进行的，它与自然有着紧密的联系，是自然的一部分。人类在大自然中生长、活动，既受到自然的种种恩赐，同时也不时地受到自然灾难的威胁。人类的命运与自然的变化状况往往联系在一起，人类对自然存在着极强的依赖关系。老子曾经指出："人法地，地法天，天法道，道法自然。"天道自然的法则也是人类生存的规则。"天人合一"的思想不仅影响制约着中国的政治，而且还影响了社会生活的方方面面，因而它是中国古代文化思想的一个重要组成部分，也是中国传统文化精神的主要内容之一。

1."天人合一"是中国传统文化的世界观　在传统文化看来，天是万物之根源，一切事物都根源于天，自然的规律和发展体现着并制约着包括人类社会在内的一切事物的发展变化。天赋人性，人的一切都是由天的意志决定的。因此，人类的一切活动都要服从于天。"天人合一"具有了宗教和神学的性质。同时，人们往往把自己的行为提升到最高境界，这就是"替天行道"或"赞天地之化育"。当然，上天对人类也具有潜在的监督和管理职能，而且赏罚严明，扬善惩恶，"皇天无亲，惟德是辅"。所以中国古代的君王为了群聚人心，取信于民，就称自己为真龙天子。他们"裁成天地之道，以左右民"，是代表上天来管理和帮助人民的。

2."天人合一"是中国传统文化认识事物的方法论　"天人合一"思想不仅是中国古代人们认识问题、解决问题的理论基础和理论依据，是人们的行为准则，而且是中国古代科学发展的理论基础。比如，尊重客观规律、顺应自然、与时消息等，尤其是以此为基础形成的中国传统医学的整体观念。阴阳学说、五行学说，说到底就是讲事物之间的有机联系，它本来就是哲学的范畴，具有普遍的方法论意义。就中医学而言，从人的生理到养生、从人的饮食作息到生活行为、从疾病产生的机制到疾病的诊断治疗，无不体现整体观念。将天、地、人三者结合起来是《黄帝内经》论述问题的一大特点。《素问·宝命全形论》云："人以天地之气生，四时之法成。""夫人生于地，悬命于天，天地合气，命之曰人。"因此，人与天地是相对应的，"天有阴阳，人有十二节；天有寒暑，人有虚实"。因而"人能应四时者，天地为之父母。知万物者，谓之天子"。不仅人与天地相对应，"人生有形，不离阴阳"，而且"天地合气，别为九野，分为四时，月有小大，日有短长，万物并至，不可胜量"，乃至五脏与四时之间都存在着相对应的联系。所以对疾病的诊断、治疗也应当"法天则地，随应而动"。唐代的王冰在评价《黄帝内经》时就着眼于其中的天人相应特点。他说："不谋而遐迩自同，勿约而幽明斯契。"明代张介宾的《类经·序》中评价《黄帝内经》也是着眼于这一特点。他说："其文义高古渊微，上极天文，下穷地纪，中悉人事。"

3. "天人合一"思想对现代哲学有着重要的参考价值 "天人合一"思想认为，人是自然界的一部分，强调人与自然的和谐统一，重视人的行为要服从自然界的普遍规律，对于纠正把人与自然截然对立的错误观点、对于遏制现代人类科技主义的过度膨胀具有重要的启迪作用，对于树立生态意识和科学发展观有着重要的参考价值。既要改造自然，又要顺应自然；既不屈从于自然，又不破坏自然，以天人协调为最高理想，这就是"天人合一"思想的现实意义。由此可见，"天人合一"思想中蕴含着朴素的唯物主义成分。同时，"天人合一"思想促使人们去研究自然，探求自然的奥秘，从而推动了中国古代自然科学的发展。

中国传统医学从"天人合一"这一具有普遍意义的哲学观念出发，提出了整体观念，成为中医理论的一大基本特点，指导着人们对生理、病理的认识，指导着人们的养生活动以及对疾病的诊断和治疗。如《素问·四气调神大论》就重点论述了顺应四时节气调气养生。其中说："春三月，此谓发陈。天地俱生，万物以荣；夜卧早起，广步于庭，被发缓行，以使志生……此春气之应，养生之道也。逆之则伤肝。""夏三月，此谓蕃秀。天地气交，万物华实，夜卧早起，无厌于日……此夏气之应，养长之道也。逆之则伤心。""秋三月，此谓容平。天气以急，地气以明，早卧早起，与鸡俱兴……此秋气之应，养收之道也。逆之则伤肺。""冬三月，此谓闭藏。水冰地坼，无扰乎阳；早卧晚起，必待日光……此冬气之应，养藏之道也。逆之则伤肾。"以至于在中医理论中把天之四时与地之五行、人之五脏、五味统一起来，建立了其中的对应关系，成为认识疾病、诊断疾病、辨证施治的理论依据。中医学不仅把"天人合一"的思想用于中医实践，而且还进一步发展，认为人体内外也是一个统一的、相互密切联系的有机整体。例如，朱丹溪在《阳有余阴不足论》中以"日，实也；月，缺也"来论述"阳有余阴不足"，并且说："人身之阴气，其消长视月之盈缺。"所以说，"天人合一"是一种方法论。因此，"究天人之际"一直是中国古代文人的一个重要话题，以至于人们已经自觉地认识到："善言天者，必有验于人；善言古者，必有合于今；善言人者，必有厌于己。"（《素问·举痛论》）强调天人相应、古今相合、人己相参的整体意识。

（五）人文理性

人文理性是人类对自身真、善、美的永恒追求。这种追求表现出人类对外在自然和内在自然的自觉超越，使人的感性生活具有日益丰富而高级的文化品位，从而把人与自然界区别开来。

人文理性本质上是一种自由的精神、自觉的精神、超越的精神。首先是重视人所特有的文化教养，使人越来越远地脱离自然本能而异于禽兽。其次是对人的生命、尊严、价值、情感和自由精神的崇尚和尊重，与关注人的全面发展、生存状态及其命运、幸福相联系。其精髓在于"人的发现"。

中国文化的人文传统是指中国全部传统文化的核心价值都是围绕着人的社会存在而建立起来的，它不刻意于宗教与神灵的寄托，也不追求纯自然的知识体系，而是专注于人的社会关系的和谐与道德人格的完善。以儒家思想为代表的中国传统文化将关注的中心由神转向人类社会，而道家也表现出抑神扬人、以人为本的思想倾向。

1. 重视人的实体存在　重视人的实体存在就是通常所说的人本精神。中国传统文化坚持以人为本，人被看作天地间一切事物的根本。天地之间人为先，天地之间人为贵。先秦时期思想家普遍认为，人和人类不是一般的生命体，都高度肯定人在自然界占有崇高的地位，具有卓越的价值。他们认为，人是世界上一种特殊的生命体，把人称之为宇宙精华，认为在人身上凝聚了天地灵秀之气。人类与自然万物相比较，人类的地位最崇高，人为万物之灵，人贵物贱。儒家把人与天地相并列而称之为"三才"。人具有天地一样的崇高地位，像天地一样伟大，人的存在具有世界上其他物类不可比拟和取代的普遍意义和价值。道家也认为，人类在世界上具有自己的特殊地位。除了道和天地以外，人是最伟大的。老子说："道大，天大，地大，人亦大，域中有四大，而人居其一焉。"因此，人类在任何时候都不能把自己与其他动物相混同，更不能把自己置于其他生命体而受其支配。人应该自立，人尤其应受到尊重。这种以人为本的人文精神，使得人们对于生命非常重视，形成了"贵生"的思想观念。"生"是最高的道德范畴，《易经·系辞下》说："天地之大德曰生。"其实无论中国传统文化中的儒家、道家还是佛家，无一不重视生命。这种"贵生"观念直接推动着人们去探讨和研究医学、养生学。同时，这种人文精神对医学道德观念的形成也起了积极作用。医德的形成和古人对医德的重视是基于"贵生"思想的。正如《医学入门》中所说："医司人命，非质实而无伪，性静而有恒……未可轻易以习医。"作为人文精神的基本点和出发点应该是对人的生命和精神的重视，也就是先把人看作是"人"。医学被称之为仁术，就是因为"医为性命之学，生成之主，道大任钜"，所以医学道德就显得尤其重要。《汉书·艺文志·方技略》提到"方技者，皆生生之具"，认为医术就是救人性命的技术。中国古代的"生生"思想，通过对生命、生存本质的深刻把握，把人与人、人与物、人与自然的关系统一起来，在一种宏大的生存视角与博爱胸怀的层面上，实现了人对自身世俗立场的价值超越，从而使人在对待自我、他人、自然的态度上，有了更为符合万物一体这种终极走向的智性选择。

2. 超越宗教神学　除了人与物的关系比较之外，人在自然界中的地位又在人与神的关系比较中凸现出来。在人神关系上，儒家和道家都表现出抑神扬人、以人为本的思想倾向。所谓以人为本就是重视现实人的生存和发展，调节现实人的关系，丰富现实人的精神世界。中国传统文化所规定的伦理观念和道德信仰，使人们既有父母之爱、手足之情这样的伦理亲情，又有贫富不移、威武不屈的大义节操，这就是人文理性的突出表现。

人类文明发端于神话和宗教。而宗教的基本精神和功能就是通过对超自然的神灵的顶礼膜拜与狂热信仰，以解脱现实中的痛苦和对社会、人生乃至世界的迷茫。在封建时代，差不多所有国家和民族都处于宗教的统治之下，唯独中国例外。中国自西周开始就出现了"重民轻神"的思想，西周统治者的信条是"敬德保民"。"民之所欲，天必从之"。《礼记》说："周人尊礼尚施，事鬼敬神而远之，近人而忠焉。"到了春秋战国时期，这种理性主义和人文精神表现得更为突出，《左传》中有多处记载了当时人们对神的怀疑和藐视。如《左传·庄公三十三年》记载的虢国的史嚚说："国将兴，听于民，将亡，听于神。神聪明正直而一者也，依人而行。"《左传·昭公十八年》写道："天道远，人道迩。非所及也，何以知之？"《论语》也有多处记载了孔子轻鬼神的思想，如"子不语乱、力、怪、神""未知生，焉知死""未能事人，焉能事鬼""敬鬼神而远之，可谓知也"等。

中国传统文化的另一主体道家也将人作为关注的中心。道家的代表人物老子反对天道有知，提出了天道无为的思想。甚至连从印度舶来的佛教，为了适应中国的情况也不得不改变其完全"出世"的面目，与中国的人文精神结合。禅宗就是其典型代表宗派。禅宗的"明心见性""顿悟成佛""佛向心中求，莫向身外求"的观念正是以人为本的具体体现。中国古代许多思想家都具有无神论的观点和立场。他们重视现世人生的意义，高度评价人类在宇宙中的地位和作用，坚持以人为本，而不是以神为本。这是中国传统文化的主流。《黄帝内经》里也说："天覆地载，万物悉备，莫贵于人。"这种摆脱了宗教神学体系的中国文化明显地表现出人文理性的精神。

尽管在中国后世也有一些记录神仙和神话的书籍，但这些书籍大致有两个方面的意义：一是像班固《汉书·艺文志》所说："神仙者，所以保性命之真，而游求于其外者也。"是"聊以荡意平心"，是为了让人们在思想上有所超脱，得到心理的平衡，是"生生之具"。二是像蒲松龄在《聊斋志异》序中所说："集腋为裘，妄续幽冥之录，浮白载笔，仅成孤愤之书。寄托如此，亦足悲矣！"鲁迅也评价说："花妖狐魅多具人情。"这些怪诞的神鬼故事都是借仙界写人间，都是人间生活的曲折反映。在中国，即使有一些类似于宗教的东西存在，但它始终处于俗文化和隐文化的层次，这种摆脱了宗教神学体系的中国文化明显地表现出人文理性的精神。

3. 注重礼乐教化　人具有自然万物所不具备的灵性，又超越了宗教神学对人的精神统治，中国传统文化依靠人文道德理性支撑人们的精神信仰，维系社会关系，这就自然而然地产生了中国传统文化的礼治精神。

礼治精神是中国传统文化的重要内涵。在儒家看来，礼治精神是人类社会最理想的境界，是人类区别于动物的本质特征。所谓礼，原本是指人与人、国与国之间交往的一种仪式，又称之为礼仪。中国传统社会非常注重这一点，所以中华民族向来有礼仪之邦的美誉。所谓礼治则是将这种礼仪加以改造，使之升华成为一种社会理想乃至社会制度，然后予以实施和推行，这就是礼治精神。"周之政法，即谓之礼"。《汉书·艺文志》说："安上治民，莫善于《礼》，移风易俗，莫善于《乐》。"从其有助于教化，《礼》与《乐》的社会功用而言，二者是相提并论的，这就是"六经之道同归"的含义。

"人文"一词最早在《易经》中出现。《易经》贲卦的象传说："刚柔交错，天文也；文明以止，人文也。观乎天文以察时变，观乎人文以化成天下。"唐·孔颖达的《周易正义》说："'观乎人文以化成天下'者，言圣人观察人文，则《诗》《书》《礼》《乐》之谓，当法此教而'化成天下'也。"

作为一种社会理想和制度的礼治精神，其实质是强调社会的有序，维持社会的秩序。这种社会秩序，在儒家看来，就应该是上下有序，父子有伦。用孔子的话说就是君君、臣臣、父父、子子。汉代儒家在此基础上又增加了妻妻的内容。可见，礼治社会的实质是要维持一种极其严格的等级制度，所谓秩序就是等级的不可违犯。礼治精神的出发点，礼治精神所主张和坚持的社会秩序本来是一种亲和的社会关系。在这种社会里，"君仁臣忠，父慈子孝，兄爱弟敬，夫和妻柔，姑慈妇听"。整个社会都充溢着爱，洋溢着和，没有争斗，没有仇恨，时时可以听到欢声，处处能够看到笑脸。

礼治系统非常复杂，仅就《礼记》所反映的内容就有冠礼、婚礼、丧礼、祭礼等。此外，还有人君之礼、人臣之礼、人子之礼、男女之礼、少长之礼、主客之礼等。而从历史实践来看，礼中最主要的是孝。"夫孝，天之经也，地之义也，人之行也。君子务本，本立而道生"。所以传统文化中人们特别注重孝。以孝廉选拔官吏，以孝廉教化民众。此外，传统文化中人们非常注重男女之别。礼治社会的维持，从根本上讲，就是要求每个人都要"修身"，加强自身修养，使每个人都具有一种自觉的精神。

与礼治精神相关联的还有乐治，中国传统文化非常强调音乐的作用。古人认为，"声音之道，与政通也"。音乐可以"经夫妇，成孝敬，厚人伦，美教化，移风俗"。甚至说："移风易俗，莫善于乐。"礼与乐的结合形成了中国传统社会的礼乐制度。中国传统社会在贯彻礼乐制度的同时，并没有完全放弃法制，只是在礼治与法治的比较中，中国传统社会更注重礼治，这又是基于儒家"人性本善"的认识。这样礼、乐、法就形成了一套社会管理系统。

（六）忧患意识

"忧患"一词很早就出现在《易传》和《孟子》中。《易传·系辞下》说："作《易》者，其有忧患乎?"《孟子·告子下》说："入则无法家拂士，出则无敌国外患者，国恒亡。然后知生于忧患，而死于安乐也。"受地理环境和自然条件的影响，农业生产在中国的历史和社会经济中始终占据着主导地位，长期成为中国社会经济的基础和支柱。各种农作物的生长与自然环境的关系十分密切，而天气的变化在科技不发达的古代又是很难预知的，所以中华民族也形成了一种固定的思维模式，即忧患意识，也就是居安思危。人们考虑问题不是拘泥于眼前，而是着眼全局和长远利益，体现在统治思想和治国方略方面，就是常备不懈、防患于未然等等。所以中华民族历来反对急功近利、杀鸡取卵的短视做法，提倡集体主义，以民族、国家利益为重。忧患意识也成为人们居家生活的一条重要原则，人们过日子要"量入为出"，民谚也多有"饱带干粮暖带衣""有粮常想无粮日""手中有粮，心中不慌"等。因此，忧患意识是一种生存的智慧。

忧患意识是智慧精英在责任感和使命感的驱使下，面对现实的盲目所发生的一种理性思考，是以沉毅的思想对待现实社会和人生的一种理智的富于远见的精神状态，是充满了辩证思维和中和思维的理性精神。忧患意识是观察与思考的升华，是理智与情感的论争，是理想与现实的冲撞。它既超越了对现实苦难的无益沮丧，使人对理想充满希望而负重前行；又平抑了对眼前利益的盲目乐观，使人对未来有长久之计而未雨绸缪。尤其能够使人们的生活和情感从物质的、感性的、生理的层面转向精神的、道德的、理性的层面，使人生表现出坚实而厚重的境界。

忧患意识在今天仍然具有积极的现实意义。首先，在中国和中华民族落伍于世界先进国家的严峻现实面前，需要有强烈而深沉的忧患意识和历史使命感、责任感，不畏惧，不屈服，发扬忧国忧民的精神，肩负起时代的重任，刚健有为，自强不息，为争取民族的伟大复兴而努力。儒家思想中的忧患意识大多表现出对国家和民族的关怀，要拯救国家于危难，拯救生灵于涂炭。其次，在当前人类被科技主义和经济效益所激励，陶醉在"科技成果"、金钱迷梦和物质享受之中的时候，应该而且必须对人与自然的生态危机、人与社会的文明危机、人与人的道德危机、人之心灵的精神危机等表现出强烈而深沉的忧患意识，消解人们的盲目乐观和急功近利，帮助人们树立科学发展观和可持续发展的观念。道家的忧患意识最早就是老子和庄子以哲学家的睿智透析了社会的文明进步所潜藏的弊端而表现出深沉而冷静的思考。现代文明正使人们在物质的、感性的、生理的层面追求眼前的一时享乐，这样最终会导致人类的自我毁灭。对此，必须有一个清醒的认识，有一种忧患意识。智者见于未萌，中医学中未病先防、既病防变的思想就是忧患意识在生命科学领域的具体表现。

五、中国传统文化的思维方式

思维方法和价值取向是文化的核心和灵魂，思维方式决定了文化的发展方向，价值取向直接影响着文化的整体风貌。思维方式是人类在生活和生产活动中关于如何理解、研究、解决问题的立场、观点、方法的思维体系。

所谓立场，是指观察对象、研究问题的立足点、着眼点，它决定着从什么角度提出问题，提出什么问题，把注意的中心放在哪里。所谓观点，是指理解和解答问题所持有的观点，它决定着怎样理解问题，从什么方向去寻找答案，把答案预想为什么。所谓方法，是指解答问题、获得答案的途径、法则、手段，它在立场和观点的指导下，开辟解答问题的道路，求得答案。一定的思维方式是一定的立场、观点和方法的统一体。

中国传统文化的思维方式就是中华民族的思维方式，是中华民族认识世界的方法论，也是指导中华民族分析问题、解决问题和为人处世的行动指南。中国传统的思维方式主要包括整体思维、辩证思维、直觉思维、中和思维和象数思维。

（一）整体思维

整体思维又称系统思维，没有整体观念就不会形成系统。整体思维是把所有事物作为一个有机的、成体系的系统组合，注重事物本身原有的完整性和系统性，用普遍联系、相互制约的观点看待宇宙和万事万物的思维方式。中国传统的整体思维不仅把整个世界看成一个有机整体，认为构成这个世界的一切事物都是相互联系、相互制约的，而且把每一个事物又各自看成一个小的整体，除了它与其他事物之间具有相互联系、相互制约的关系以外，其内部也呈现出多种因素、多种层面的普遍联系。整体论的认知特点具有整体、连续、动态、有序的特征，体现了主客一体、定性定量结合、"天人合一"的关系。无论是宇宙还是世界，无论是国家还是家庭乃至个人身心，都是内外相互联系的一个系统和整体。整体思维的基本法则是对立统一，包括对立双方相互依存、对立双方融为一体、对立双方折中融合、对立双方主次有序。整体思维是中国传统文化思维方式的基础和核心，是中国古代所具有的独特的思维形式，包含着丰富而深邃的哲学内涵。认清这一思维特点和规律，能帮助我们正确认识和理解中国古代的诸多文化现象。

整体思维具有连续性原则、立体性原则和系统性原则。所谓连续性原则，是从纵的时间层面把所有事物视为一个有机延续而不间断的发展过程。所谓立体性原则，是从横的空间层面把所有事物和具体事物内在诸因素之间视为一个庞大而复杂网络。所谓系统性原则，是从纵横两方面对客观事物进行层次和结构的整体把握。中国传统文化形成了阴阳、五行、八卦等整体结构模式，这些模式反映了自然界乃至人类社会的一切事物的共同性，宇宙整体和作为整体的具体事物具有统一的结构，遵从相同的演化法则，并由此导出天人一理、家国同构、身国同构、宇宙全息的结论。整体思维对中国的历史、文化和生活的影响是巨大而深远的。中国古代科学技术的发展与这种思维方式也是密不可分的。中国古代的科学家以阴阳五行观为其自然哲学的基础，以相感相通和相生相克的整体思维考察自然现象的性能及其变化过程，从而在天文学、气象学、医学、化学、地学、物理学和生物学等领域作出了自己的贡献。

1. 整体思维是中国古代对宇宙自然的认识论　整体思维突出表现为"天人合一"。所谓"天人合一"是人与天道本质的生养、赞育、共运的关系，即人与自然的整一、协调、有机的联系。董仲舒说："天地之气，合而为一，分为阴阳，判为四时，列为五行。"程颢说："天人本无二，不必言合。"人和自然万物都是天造之物，禀一脉之气生，故人能与天地万物贯彻相合。人生天地之间，禀受自然灵气而生，依赖自然滋养而长，不能脱离自然母体。《周易·系辞下》在解释八卦起源时曾说："古者包牺氏之王天下也，仰则观象于天，俯则观法于地。观鸟兽之文，与地之宜，近取诸身，远取诸物，于是始作八卦，以通神明之德，以类万物之情。"这里所描述的是通过仰观俯察自然、社会、人生，从而得到适应于宇宙、人生的普遍原则。《周易》所表现出来的思维模式就是一种包罗天、地、人在内的整体思维模式。《易传》提出"三才之道"，认为天、地、人存在着普遍的联系，视天、地、人为整体。这种思维的集中体现就是"天人合一"。"天人合一"对当代世界文明的启示意义已经引起广泛的注意。整体思维注意从整体上把握事物的性质、事物之间的关系及其发展规律。部分是整体中的一部分，任何一个部分都反映整体。正是这种包罗了全宇宙的整体思维模式形成了中国传统文化认识、思考、解决问题的出发点。根据这样的整体思维模式去视听言动，也就能自然而然地达到"与天地合其德，与日月合其明，与四时合其序，与鬼神合其吉凶。先天而天不违，后天而奉天时"的圣人境界。"天人合一"的思想使中国传统文化强调人对自然的敬畏、顺应、协调和感激。

2. 整体思维是中国传统人文精神形成的基础 人生活在社会之中，社会又对人产生着深刻的影响。由于对人类与社会、自然之间这种相互依存的关系的认识，中国传统文化在强调人是天地中心的同时，也非常注重个人与社会、自然之间的和谐，注重个体对于群体的责任和义务。这也是中国社会非常注重次序、等级的根源。人类社会从混沌到有序的过程、中国古代社会从纷争到统一的过程中无不体现出这一整体思维所发挥的潜在作用。《周易》把阴阳、天地、乾坤、水火等对立的两面都做了整体的论述，强调宇宙是一个由天地、山泽、雷风、水火组成的相对和谐的统一体。与之对应的人类社会中存在的君臣、父子、兄弟、夫妇之道也是由近及远的相互联系在一起的。所有这些都是在宇宙的一个整体原则指导下有序地运行着，这是中国传统人文精神的根源所在。

中国古代的"天"具有自然和社会两种属性，从社会观的角度来看，"天"是人格化的、有德行的实体，它是一切社会法则和价值的来源。而"天人合一"是指天道法则与社会法则、天道模式与社会模式的一体性。董仲舒说："道之大原出于天，天不变，道亦不变。""天人合一"体现了天道与人道的一致，是人道对天道的遵从。儒家把天道看成是社会伦理道德及价值的终极根源，以天道模式来构建、理解人类社会。自然以大化流行、阴阳相感化生万物；圣人感人心而天下和平，宇宙自然博大宽厚，无所不包。天地日月与君臣等级相伴，四季运行与刑德相应，一切均以天为蓝本。甚至个人道德、民族精神都由天地之德来引领，"天行健，君子以自强不息""地势坤，君子以厚德载物"是对"天人合一"的具体诠释。

3. 整体思维是中医理论整体观念的重要基石 中医学的整体思维是中国哲学整体思维在医学领域的具体应用与体现。中医学非常重视人体自身的统一性、完整性及其与自然界的相互关系，认为人体是一个有机的整体，构成人体的各个组成部分之间在结构上不可分割，在功能上相互协调、互为补充，在病理上相互影响。而且人体与自然界是密不可分的，自然界的变化随时影响着人体，人类在能动地适应自然和改造自然的过程中维持着正常的生命活动。这种机体自身整体性和内环境统一性的思想即整体观念。

中医学的整体观念表现在人与外部环境和人体本身内部环境两个层面，中医学论述脏腑组织之间的协调统一性，揭示人体与外界时空环境的统一性，既注重人与自然外界的和谐统一性，又注重人体自身内部各组织的有机联系。这种整体观念贯穿于中医学对生理、病理、诊断、治疗和养生防病等整个理论体系之中。《素问·宝命全形论》和《灵枢·外揣》等篇都做了具体的论述。

首先，中医学把人体生命活动与自然界、人类社会的变化作为一个相互联系的整体运动来认识，非常重视人与外界环境的密切联系，强调人与外部环境有机的统一。人生活于自然环境中，当自然环境发生变化时，人体也会发生与之相应的变化。同时，人是社会的人，社会环境的优劣或剧烈变化等会影响人体的功能活动，以及人的健康与疾病。整体观念的形成主要是基于"天人合一"和"气一元论"这种整体思维对宇宙的认识。人与万物一样，同得天地之气以为气，正如杨继洲在《诸家得失策》中所说："吾人同得天地之理以为理，同得天地之气以为气，则其元气流行于一身之间，无异于一元之气流行于天地之间也。"因此，天时地利、社会环境、心理情绪、生活习俗无不与人的生理、病理密切相关，因而从养生防病到疾病的诊断治疗都不能不考虑到这些因素。《黄帝内经·素问》的《四气调神大论》和《宜法方异论》分别从时间和空间两个角度进行论述，非常清晰和透辟。

其次，中医学把人的身体看作一个有机的整体。由于脏腑、组织和器官在生理、病理上的相互联系和相互影响，人体某一局部的病理变化，往往与全身的脏腑、气血、阴阳的盛衰有关。因此，虽然是局部的病证，却往往着眼于全身进行治疗。人体是一个有机的整体，在治疗局部病变时也必须从整体出发，采取适当的措施。

中医学运用整体思维的方法建立了藏象、经络等生理学模式，阴阳失调、正邪盛衰等病理学模式，六经辨证、八纲辨证等诊断学模式，调和阴阳、补偏救弊等治疗学模式。

整体思维无论是在理论上还是在实践中都具有积极意义，但它不注重分析，不注重对处于统一整体中的各个部分做深入细致的研究；同时缺乏实证精神，只注重理念的思辨，并有一些不顾事物内在本质的差异比附，从而导致诸多学科领域出现神秘性，使人感到玄奥。这在一定程度上影响了科学的发展和所得结论的科学性。所以在继承传统文化整体思维方法的同时，必须强调科学分析的方法和实证的精神。

(二) 辩证思维

辩证思维是以整体观念为基础，研究事物与事物之间以及事物内部的对立双方关系，认为事物总是处在不断运动、变化和发展之中的，其根源在于事物内部的矛盾与对立。其基本的特点是将事物放在一个整体系统当中，从其与外部事物的相互联系及其内在矛盾的运动、变化中进行研究，以便从本质上系统而完整地把握和认识事物。中国传统文化总是把自然、社会和人看作密切贯通的整体，认为整体系统的各要素之间存在着既对立又相统一的关系。

1. 辩证思维揭示了事物生成、发展和变化的规律　自古至今的中外哲学，所要解决的是三个根本问题：一是宇宙和生命的起源与演进问题，称之为宇宙生成论；二是现实世界的本质属性问题，称之为宇宙本体论；三是社会与人生的理想问题，称之为人生价值论。这就是说，事物生成、发展和演变的规律一直是有识之士积极探讨的问题。

在春秋战国时期，思想家们就开始探究万物生成的基始物质，认为"气"是万物生成的本源。老子将"气"纳入其哲学体系，强调万物负阴而抱阳，冲气以为和，提出"无中生有"的观点，认为"道"是"独立而不改，周行而不殆"的，并提出"反者道之动"的著名命题。《管子·内业》篇认为，气能"下生五谷，上为列星；流于天地之间，谓之鬼神；藏于胸中，谓之圣人"，同样认为气是万物之本源。荀子也认为气是构成万物的总根源。他在《荀子·王制》篇中指出："水火有气而无生，草木有生而无知，禽兽有知而无义；人有气有生有知亦且有义，故最为天下贵也。"

在中国古代哲学中，"气"是看不见、摸不着的东西，其内涵是模糊的，可以说是古人对宇宙万物生成之本源的一种假想，但是这种假想的"气"却是物质性的存在，而且这种物质性的"气"不是静止的，而是运动的。这种"气"不是某一物体的具体体现，然而它却渗透在每一个具体的物体之中，无处不在，正如《吕氏春秋·尽数》所说："精气之集也，必有入也。"一切事物都不可能没有精气，如果没有了精气，这种事物将不复存在。同样，精气又必须以具体的事物为依托而存在。也就是说，中国古代哲学中所说的"气"是一种普遍存在的、视之不见的、与物象不可分割的、主宰世界万物的法则。中医学把中国古代哲学的"精气"学说应用到对生命科学的论述之中，"人以天地之气生""天地合气，命之曰人"。认为"精气"是构成人体的基本物质，是生命活动的基础，气为形之主，形为气之舍。中医学还进一步把哲学中所说的一元之气分为元气、宗气、营气、卫气，并对具体的气的功能、运动形式进行了详细论述。

中国古代哲学中所说的"气"，本身还包含一种辩证的统一。首先，作为一个整体，"气"是无处不在的。同时"气"的内部又具有无限可分性，这就是阴阳。不仅天地分阴阳，四季分阴阳，而且一天之内也分阴阳；不仅人群之中分阴阳，而且具体到每一个人体也分阴阳。人体内外分阴阳，脏腑分阴阳，即使是每一个脏器也可以再分阴阳，如心阴、心阳、肝阴、肝阳、肾阴、肾阳。阴阳学说是中国古代哲学辩证思维最突出的表现，五行学说也同样表现着辩证思维。五行学说在具体论述物质属性和关系时，都是一对一的相生相克关系，也是讲对立统一。正是由于阴阳的消长变化和五行的相生相克，正是因为这种辩证的对立双方的存在，才推动着万事万物的产生、变化和发展，因而《素问·阴阳应象大论》说："阴阳者，天地之道也，万物之纲纪，变化之父母，生杀之本始，神明之府也。"

2. 辩证思维揭示了对立面的相互转化及其对立统一　中国传统文化从事物相联系的整体观念出发，在对事物发展变化的规律进行探讨总结之后，提出了"相反相成""物极必反"的观点，揭示了事物对立面的相互转化及其对立统一，在辩证思维史上具有重要的意义。

从《易经》所蕴含的辩证思维看，其内容已从不同角度揭示了事物的对立面，强调事物的对立统一，如阴阳、刚柔、大小、远近、出入、进退、往来、上下、吉凶、祸福、泰否、生死、存亡、损益等，确定这些范畴，说明古人已能用辩证的观点来分析和把握事物。其中，《易经》强调的阴阳对立面的交互作用，对后世辩证思维的发展产生了深刻影响。老子作为中国古代的思想家，其思想的核心就是朴素的辩证法思想。他深刻揭示了事物对立面的转化和统一，如《老子》第2章提出："天下皆知美之为美，斯恶矣；皆知善之为善，斯不善矣。有无相生，难易相成，长短相形，高下相倾，音声相和，前后相随，恒也。"第58章提出："祸兮，福之所倚；福兮，祸之所伏。"第42章提出："万物负阴以抱阳。"这说明，老子充分注意到了一切事物都包含着相互对立的两个方面，同时又指出对立面之间具有相互依存和相互转化的关系。老子未能指出事物转化的条件和原因，反映出当时辩证思维的局限性。

对立面的相互转化及其对立统一还表现在中国传统思维对"物极必反"的认识上。"物极必反"思想的萌芽可追溯到《易经》和老子。《易经·丰卦》说："日中则昃，月盈则食。"《老子》第55章提到"物壮则老"。《战国策·秦策》云："物盛则衰，天之常数也；进退、盈缩、变化，圣人之常道也。"韩非子则认为，万物必有盛衰，万事必有弛张。《素问·阴阳应象大论》云："寒极生热，热极生寒。""重寒则热，重热则寒。"所以，张介宾在《类经附翼·医易》中说："动极者，镇之以静；阴亢者，胜之以阳。"受《周易·系辞传》的启发，周敦颐在《太极图说》中阐释了宇宙生成原理："无极而太极，太极动而生阳，动极而静。静而生阴，静极复动。一动一静，互为其根；分阴分阳，两仪立焉。"中医理论把人体生命历程看成是气的"升降出入"过程，并把建立在此基础上的阴阳对立统一的动态平衡状态作为健康和治疗的目标。人体的阴阳二气存在对立、转化、资生和制约的关系，始终处于彼此消长的不断运动变化状态；五行之中存在相生相克关系，并且生中有克，克中有生，构成了一个能量交流、功能制约的藏象模型，即人体生命模型。

3. 辩证思维反映了主体和客体的相互关系 辩证思维对主客体相互作用的认识主要表现为人与自然的关系，尤其是天人关系。从人与自然的关系看，由于生产力和认识能力的低下，古代先民普遍存在原始宗教式的天神崇拜和天命观念。受其影响，中国古代思想家一方面认为自然规律是不可抗拒的，天是自然界的最高主宰者，是个人生死祸福的主宰者，所以要"知天命"；另一方面，又认为人类对自然有一种能动作用，倡导积极进取的人生态度，甚至知其不可为而为之，与命运抗争。孔子如此，墨子也是这样。墨子主张"非命"，反对听天由命的天命论思想。荀子提出"制天命而用之"这一人定胜天的思想。刘禹锡进一步提出了"天与人交相胜"的主张。他认为，人类和自然界各有自己的特殊规律，天的职能在于生育万物，人的职能在于治理万物，两者既相互区别，又相互联系、相互作用，揭示了主体与客体相互依存、相互影响的辩证关系。

从辩证思维的角度看，天与人在某种程度上存在着一定的异质同构、互相沟通的关系。人们对春、夏、秋、冬等气候的变化是非常敏感的，文学家们常常自觉不自觉地以审美的眼光对自然现象给予移情。陆机在《文赋》中说："遵四时以叹逝，瞻万物而思纷，悲落叶于劲秋，喜柔条于芳春。"这种移情的审美观中也存在着主体与客体的互动关系。天时的变化可以引起人们情绪的变化，反过来，人们心绪的变化也会联系到自然的天时。景物可以改变人的心绪，同一景物也会因心绪而异样。这些都体现了辩证思维的精神。

4. 辩证思维对中国传统文化的影响 辩证思维作为中国传统文化的重要内容，渗透于传统文化的各个领域，其对中国传统文化的构建所产生的影响是多方面的。但总的来说，正是由于辩证思维的惯性，才使中国传统文化对外有着一种博大的胸襟，有着很强的海纳百川样的包容性，而对内又有着一种超越性。只有发扬这种对外的包容和对内的超越精神，才有可能使中国传统文化永远保持旺盛的生命力。

从传统文化自身发展看，儒家和道家无疑是中国传统文化的两大派别，这两大派别既对立又统一，共同存在于传统文化的统一体之中。因此，儒道互补成为传统文化的重要内容，也是统治阶级对文化进行宏观管理的有效手段，甚至成为古代知识分子重要的价值取向。中国知识分子的内在精神大多表现出外儒内道的特点，即"达则兼济天下，穷则独善其身"。这种外儒内道、儒道互补，既体现了儒道二者的对立统一，又在一定程度上有利于维持人的心理平衡。

从传统的中医理论看，辩证思维显示出它独特的重要价值。中医学辩证思维强调把事物当作一个有机整体，把生命、健康和疾病看作普遍联系和永恒变化的过程，并主张从组成事物整体的各个要素之间的相互联系、相互作用上理解事物的本质及其发展变化规律，还认为事物的发展变化是一个"反复"的转化过程。中医理论不仅把人体生命活动与自然界的变化作为一个相互联系的整体来认识，而且揭示了联系和运动的不可分性，也就是阴阳二气的相错、交感、激荡、消长，推动了生命体的运动变化。这种把联系与运动结合在一起的思维方式是难能可贵的。人体局部的疾病可影响到全身，全身的体质状况又会影响到局部病变，所以中医治病讲究不但治其标还要治其本，既要对局部病变进行治疗又要进行整体调理，反对头痛医头、脚痛医脚的治病方法。《黄帝内经》还讲究人体与自然的平衡关系，把人体与外部环境联系起来，要求按照自然界的变化规律，调控人的饮食起居和精神活动。这种辩证思维揭示了人体与自然的对立统一，注意到了人体内部各器官以及人体的内与外、气与血的相互联系及其相互作用，并且注重对人体疾病也要进行辩证的诊断与治疗，从而确定了阴阳、内外、表里、虚实的辨证方法和"虚者补之，实者泄之""热者寒之，寒者热之""同病异治，异病同治"等治疗方法。因为"阳根于阴，阴根于阳；无阳则阴无以生，无阴则阳无以化"，所以《素问·阴阳应象大论》说："故善用针者，从阴引阳，从阳引阴，以右治左，以左治右。"就连中药里的"四气五味""升降浮沉"的特性也是辩证思维的具体应用。

（三）直觉思维

直觉思维是指无需逻辑判断与理性思维而对事物做出整体和本质把握的一种思维方法，是对突然出现的事物、现象和问题及其关系的迅速识别、敏锐洞察、不假分析而直接感悟的一种思维方法。相对于理性思维具有明确的思维方向、充分的思维依据而言，直觉思维是不假思索和分析、不用逻辑推理而得出结论，是在没有任何理由和原因的情况下对事物所做的一种直接的判断和整体的把握。直觉思维是"未经自觉的思考或研究而产生的对某种事物的即时了解的能力"。简言之，直觉就是直接的觉察，具有偶然性、突发性和深刻性的特征。在西方注重逻辑和实验的文化背景下长大的罗曼·罗兰，看透了理性思维方式的局限性，因而非常重视东方文化中直觉的创造力。他在《宇尔姆的修道院》一书中写道："人们会作出这样一个简单的发现，那就是直觉可以成为一种科学方法，它和我们那些可怜的办法相比较，不但同样地严格，而且更为丰富。"

从思维发展来看，中国传统的直觉思维是在直观与体悟的基础上认识、把握事物的一种思维方式。直观是通过对客观事物的直接接触而获得的感性认识。体悟是指在直观感知经验的基础上，以心灵的感悟和体验对事物进行把握并进行抽象和概括。正如王夫之在《相宗络索·三量》所说："一触即觉，不假思量计较。"通过对个别事物的直观去把握其背后的普遍意义，因此，直觉思维既有直观性又有体悟性，是直观与体悟的统一。直观性是体悟性的基础，体悟性是直观性的延伸。

直觉作为一种心理现象，贯穿于日常生活之中，也贯穿于科学研究之中。人类的许多重大发现以及重大发明的取得，离不开直觉和灵感思维。科学家们总是首先通过直觉以建立科学的假说，然后才有科学的发明与创造。爱因斯坦曾说过："真正可贵的是直觉。"著名物理学家玻恩认为："实验物理的全部伟大发现都是来源于一些人的直觉。""想象力比知识更重要，因为知识是有限的，而想象力概括着世界上的一切，推动着进步，并且是知识进化的源泉。"事实上，原先有人想到的东西最终有人做到，这已经是科学发展的基本常识，今天的异想天开或许就是明天的发明创造，可见想象对人类是多么重要。德布罗意说："想象力和直觉都是智慧本质上所固有的能力，它们在科学的创造中起过而且经常起着重要的作用。"

1. 直觉思维是建立在整体基础之上的直观感悟　由于古代科学技术水平低下，人们对宇宙、人生乃至一切事物的认识不可能进行定量的分析研究，而更多地是通过对宇宙、人生的直观推测去把握。先秦的儒学思想家们，对于最高精神境界的追求是以直觉体验为主的。《周易》虽然包含着古人的辩证思维，但它首先是一种直觉思维。研究《周易》的专家刘大钧在《周易概论》中说："所谓《周易》者，即日月之道普照周天。"这正说明《周易》的作者是以直觉的方式，通过对"日月之道晋照周天"这一自然现象的直观感觉，进而猜测、演绎出"一阴一阳之谓道"（《周易·系辞上》），又进而把事物的发展变化的根本规律概括为阴阳对立的相互作用。在《老子》的辩证法中，同样也蕴含着直觉思维。《淮南子》的作者也自称其书是"观天地之象，通古今之事"。这也可以看作是通过对"天地之象"的直观，进而形成了对人类社会和人生经验的体悟。

南宋哲学家叶适从主观与客观的关系上，探究了由对事物的直观进入内心的思考这一认识过程，在物与道的关系上，肯定了"物之所在，道则在焉"，道不能离物，有物则有道。这就是说，耳目之官虽然不能思考，但通过耳目之官接受外界的东西进而才能形成内心的思考。王夫之通过论述主体与客体的辩证关系，揭示了物质第一性、意识第二性的唯物主义原理。他说："天下无象外之道。""天下唯器而已矣。道者，器之道；器者，不可谓之道之器也。"意思是说，有某种事物存在，才有某种事物的规律。如果根本没有这种事物也就没有这种事物的规律。因此，只能说道是器的道，而不能说器是道的器。所以说"天下唯器而已矣""无其器则无其道"。如果"器"变了，"道"也会随之改变。说明"道"与"器"是存在着密切联系的一个整体。正是因为其整体联系性，所以才从对"器"的直觉中悟出"道"。王夫之认为，形、神、物三者相遇，意识才能产生。也就是说，人的感觉器官、精神思维和客观事物结合在一起，才能产生知觉和意识。这里讲从物到道，从具体的事物到抽象的规律，其中仍然包含着直觉思维的意义，实际上也就是今天所说的要想具有对事物的本质规律进行把握的理性认识就必须先有感性认识，而这种认识往往是对事物外表的整体的认识。

2. 直觉思维是一种审美的艺术思维　在中国传统文化中，儒、道、佛都表现出明显的直觉思维。儒家以微言明大义，道家用寓言说哲理，佛家则说"佛无定所，应物而现""行住坐卧，无非是道"。禅宗以为"有念即有心，有心即乖道。无念即无心，无心即真道"。直觉思维是通过形象来进行的，而艺术的"美就是把无形变成有形"。因此，直觉思维对于艺术的创作和审美是非常重要的，被称之为"美学的摇篮、艺术的保姆"。中国古代文论的思维方式原本就是直觉、印象和感悟。老子的"涤除玄览"、庄子的"听之以气"就具有清除心灵中的理性知识，而以直觉的方式静观自然与道合一的意思，都有直觉色彩。从老庄对道本体的体悟到佛教禅宗"不立文字"、从刘勰的"神思"到严羽的"妙悟"，都标举直觉领悟的艺术精神。黑格尔在他的《美学》中指出："最杰出的艺术本身就是想象。"

以老庄为代表的道家文化，其思维方式主要表现为直观、体验和体悟。庄子尤其善于通过对多种形象的类比和寓意，对宇宙、人生采取超脱的审美态度。其审美的方法就是"心斋"和"坐忘"。《庄子·人间世》有一段颜回和孔子的对话："回曰：'敢问心斋？'仲尼曰：'若一志，无听之以耳而听之以心，无听之以心而听之以气。听止于耳，心止于符。气也者，虚而待物者也。唯道集虚。虚者，心斋也。'"正是凭借着"听之以气"的直觉，才有庄子和惠施精彩的濠梁之辩的最终结论。《庄子·养生主》中有一则庖丁解牛的寓言。在庖丁自己看来，他解牛已经超越了一般意义上的技艺，而是接近于道。他解牛之时"以神遇而不以目视"，而"神遇"就是直觉。

对人生哲理的彻悟和艺术美感的获得总是通过心理直觉实现的。这种心理直觉又称为妙悟。妙悟是佛教用语。佛家把妙悟看作是对真理的透彻理解，是对事物本质最真实的认识，也是认识的最高境界。佛祖在灵山会上，拈花示众，是时众皆默然，只有摩诃迦叶尊者破颜微笑，这是两个智者之间的精神往来。

就艺术创作来看，艺术直觉具有明显的情感性特征。克罗齐在解释什么是直觉时说："艺术的直觉总是抒情的直觉。""直觉之所以是连贯的和完整的，就因为它表达了情感，而且直觉只能来自情感、基于情感。正是情感，而不是理念，才给艺术领地增添了象征着那种活泼轻盈之感。"也就是说，艺术是熔铸了情感的直觉表现，艺术也就必定是直觉的。张若虚的"落月摇情满江树"和杜甫的"无边落木萧萧下，不尽长江滚滚来"等诗句，可以说都是直觉思维的产物。这些诗句的创作没有经过层层分析推理，他们浑然天成源于艺术直觉的直接性和整体性。美国美学家苏珊·朗格认为，直觉是个过程，是逻辑的开端和结尾，如果没有直觉，一切理性思维都要遭受挫折。这足可以看出，直觉思维甚至比逻辑思维还要重要。

3. 直觉思维是中医诊治疾病的经验直观与升华　中国传统文化是中医学的理论基础，中国传统文化的思维方式直接影响到中医，直觉思维也成为中医诊治疾病的主要思维方式之一。《素问·八正神明论》中岐伯曰："请言神，神乎神，耳不闻，目明心开而志先，慧然独悟，口弗能言。俱视独见，适若昏，昭然独明，若风吹云，故曰神。"对耳所不能闻、口所不能言的神妙之处，只能靠"慧然独悟"的"心志"。直觉体悟思维实际上是中医意象思维积淀出的综合性经验直觉和悟性判断，看似神秘，实际是经验纯熟基础上以简驭繁的快速判断。

脉诊是中医学特有的最重要的也是玄而又玄、最难把握的一种诊断方法。《灵枢·邪气脏腑病形》说："见其色，知其病，命曰明；按其脉，知其病，命曰神。"脉诊之所以神妙，是因为脉动没有一个客观的量化标准，况且还因人而异。虽然古人对各种脉象也作了文字的描述，但终究是"在心易了，指下难明"，所以只能靠医生自己的悉心感悟。明代医家谢肇淛指出："脉之理幽而难明，吾意所解，口莫能宣也。"

直觉思维强调心的综合思维功能。《素问·宝命全形论》曰："刺虚者须其实，刺实者须其虚。经气已至，慎守勿失，深浅在志，远近若一，如临深渊，手如握虎，神无营于众物。"其中，对经气到来的慎守、取穴远近的判断、进针深浅的把握都是靠心领神会的直觉。南朝范晔的《后汉书·郭玉传》云："医之为言意也。腠理至微，随气用巧，针石之间，毫芒即乖。神存于心手之际，可得解而不可得言也。"这里所言的"意"在于静心息虑，细细体察感受，专志于诊病。这种"可得解而不可得言"的"意"实际上就来自一种心理直觉。

从诊断到治疗，从扎针到处方，从理论到临床，直觉思维一直贯穿其中，因此历史上许多中医学著作都以"心"名，如朱丹溪的《丹溪心法》、程钟龄的《医学心悟》、薛己的《外科心法》等。

（四）中和思维

所谓中和思维是指认识和解决问题所采取的不偏不倚、执中适度、执两用中、恰到好处的思维方法。中和思维导源甚古，中原大地是中华文明的摇篮，"中天下而立"的地域特点铸就了以中为善、以中为好的中庸、中和观念。早在《周易》就有了崇尚中和的理念，《逸周书·武顺》也明确提出"人道尚中"。"中和"一词最早见于《礼记·中庸》。云："中也者，天下之大本也；和也者，天下之大道也。致中和，天地位焉，万物育焉。"中和思维的基本特征是注重事物的均衡性、和谐性，行为的适度性、平正性。达到"中和"，天地万物就会各得其所，畅行不滞，从而达到《中庸》所说的："万物并育而不相害，道并行而不相悖，小德川流，大德敦化。"即万物都按自己的规律运行而整体呈现和谐。"和"必须是多元的，"物一不讲"。中和思维不只是思维方法，更是一种指导思想。《黄帝内经》所说的"阴平阳秘，精神乃治"，既是对生命本质的认识，也是保护生命健康的指导原则。《素问·生气通天论》云："凡阴阳之要，阳密乃固。两者不和，若春无秋，若冬无夏。因而和之，是谓圣度。"作为一种系统的思维模式集中地体现于儒家的中庸之道。中庸之道概括起来包括时中、中正与中和。

1. 中庸是传统文化中最高的道德标准　　中庸之道被儒家视为君子之道，是儒家修行的法宝，是由孔子提倡、子思阐发的关于人的基本道德和精神修养。"君子中庸，小人反中庸"，能否恪守中庸，成为评判君子与小人的道德标准。孔子说："中庸之为德也，其至矣乎！民鲜久矣"（《论语·雍也》）。中庸是最高的道德境界，"过"与"不及"都不符合中庸之道，人的一切行为都可以分为过度、不及和适中三种状态。过度和不及都是不好的，只有适中、适度才是美好的，才是美德。而实际上人们的行为总是左右摇摆，非左即右，偏激过度，莫能执中。

2. 中庸是艺术美的最高原则　中庸作为艺术美的最高原则，即古人所谓"中和之谓美"。《左传·昭公元年》在讲音乐时说："迟速本末以相及，中声以降。五降之后，不容弹矣。"认为"迟"为"缓"，"速"为"急"，"本"为"低"，"末"为"高"。"迟速本末以相及，中声以降"就是说慢与快、低与高相互连接，缓则急，急则缓，高则低，低则高，有缓有急，有高有低，高低缓急相配合，浑厚高雅的中和之音因此而形成。"迟速本末以相及"就像白居易《琵琶行》中所说的"大弦嘈嘈如急雨，小弦切切如私语，嘈嘈切切错杂弹"，而形成的中和之音也就像"大珠小珠落玉盘"一样的境界。人体的高与低、胖与瘦、白与黑、美与丑、眼睛的大与小等都必须合乎中庸才是尽善尽美。正如宋玉所说的："东家之子，增之一分则太长，减之一分则太短；著粉则太白，施朱则太赤。"正因为符合了中庸的标准，才成为了美女的典范。孔子在《八佾》篇中说："《关雎》乐而不淫，哀而不伤。"《论语集解》引孔安国注曰："乐而不淫，哀而不伤，言其和也。"这就是提倡、赞扬中和之美。孔子的"中和之美"，并不是单指文艺的思想内容而言，而是要求构成一个艺术品的诸因素和谐地统一在这个艺术品的整体内，任何一个因素不能"过"与"不及"。所谓"文质彬彬，然后君子"。

3. 中和思维是中医平衡观得以形成的坚实基础　中医理论把中和、中庸的思维方式运用到人的生理、病理、方药、养生、治疗等各个方面，强调人与自然的和谐、机体内外的平衡、脏腑的协调、气血的和顺。基于"一阴一阳之谓道"；"天之道，其犹张弓与？高者抑之，下者举之，有余者损之，不足者补之"。这一阴阳消长、天道均平的规律以及中庸思想，形成了中医平衡观。《景岳全书·传忠录·阴阳》指出："天地阴阳之道，本贵和平，则气令调而万物生。此造化生成之理也。"中医学有一个明确的健康理念就是阴阳平衡，认为健康人应是平衡协调的有机体。《素问·生气通天论》说："阴平阳秘，精神乃治。阴阳离决，精气乃绝。"这里的"平"与"秘"就包含着阴阳的中和与平衡。《素问·调经论》对"平人"的定义是："阴阳匀平，以充其形，九候若一，命曰平人。"《灵枢·终始》云："平人者不病，不病者，脉口、人迎应四时也。上下相应，而俱往来也，六经之脉不结动也。本末之寒温之相守司也，形肉血气必相称也，是谓平人。"一切疾病的产生都根源于阴阳失调，而对一切疾病的治疗也都是对阴阳的整体调理，使之达到和谐与平衡。

《素问·生气通天论》指出："生之本，本于阴阳。"而阴与阳能够成为生命物质要素的根本在于"和"。《道德经》云："万物负阴而抱阳，冲气以为和。"一切生命的起源都源于"阴阳和"。《道德经》又云："道生一，一生二，二生三，三生万物。""三"就是阴阳化合而成的"和气"。同时，在生命生长的过程中，"阴阳和"则为"平人"，否则即为病人。中医防病治病的手段就是调和阴阳，在治病过程中，用药的原则在于中和。"中病即止"可以说是中医治病的金科玉律。刘禹锡的《鉴药》明确指出："过当则伤和。"治疗所要达到的目的就是恢复和重建"阴阳和"的健康状态。养生也以"中和"为最佳境界，最终要使人达到形与神、动与静以及人与自然调和有序的状态，构建人体和谐的外部环境和内部环境。正如《灵枢·本神》所说："故智者之养生也，必顺四时而适寒暑，和喜怒而安居处，节阴阳而调刚柔。如是则僻邪不至，长生久视。"

（五）象数思维

象数思维是基于"天人合一"的整体观念，运用直观、形象的符号，以及图像、数字等象数工具，通过象、数对事物进行联系、归纳，形成系统，把握事物的相互关联，揭示世界的本质规律，从而构建宇宙统一模式的思维方式。

象数源于占卜。《左传·僖公十五年》云："龟，象也；筮，数也。物生而后有象，象而后有滋，滋而后有数。"杜预注："言龟以象示，筮以数告，象数相因而生，然后有占，占所以知吉凶。"《周易》中凡言天日山泽之类为象，言初上九六之类为数。象数并称，即指龟筮。《旧唐书·职官志三》说："太卜令掌卜筮之法。""皆辨其象数，通其消息，所以定吉凶焉。"

象数是包括天、地、人在内的宇宙万物的符号模型，具有鲜明的整体性、全息性。象数思维以物象为基础，从意象出发类推事物规律，模拟宇宙万物的存在形式、结构形态和运化规律，对宇宙、社会、人生、生命等作宏观的、整合的、动态的研究，具有很大的普适性、包容性。

"象"原本指万事万物表现出的形象。《周易·系辞上》说："见乃谓之象，形乃谓之器。""象"又可分为两个层面：一是符号之象，即人为之象，又称"意象"；二是事物之象，即自然之象，又称"物象"。符号之象主要是指卦象、爻数、太极图、阴阳五行、天干地支等，其作用是概括、说明宇宙自然万事万物所表现的状态和特性，模拟、象征、推演宇宙万事万物的运化规律。事物之象是指万事万物的具体形象。符号之象与事物之象之间有着密切关系，符号之象是事物之象的概括形式，事物之象是符号之象所象征、比拟的对象；符号之象来源于事物之象，事物之象表现为符号之象。象思维就是一个由"物象"提炼"意象"，再由"意象"反推"物象"的过程。象思维带有很大的具体性、直观性和经验性。

"数"也分为两种：一种是实测的、定量的数，一种是表象的、定性的数。象数思维方法中的"数"侧重于定性表象，这种"数"实际上就是一种特殊的"象"。定性表象的"数"又指"易数"，例如阳九阴六之数、阴阳奇偶之数、五行之数、八卦次序之数、天地生成之数、九宫之数、河图之数、洛书之数、大衍之数、六十花甲之数等。数是特殊的象，数将象形式化、简约化，因此也可看作是意象的一种。数思维就是运数思维，即运用"数"进行比类、象征，运数思维实际上是一种特殊的取象思维。

"象数"一词连用大约出现在汉代。《易纬·乾坤凿度》说："八卦变策，象数庶物，老天地限以为则。"象与数的统一是象数思维的重要特点，"象"与"数"都是表述事物功能、属性、关系及其变化规律的符号。

象数思维对中医学的形成与发展具有十分重要的影响，中医通过类推脉象、面相、声音之象、形体之象、色泽华彩之象等得到藏象、证象，用以说明人体内在的脏腑气机和病理变化。中医学通过能够被人们直观观察到的外显"物象"，如舌象、脉象等，比类概括出阴阳之象、五行之象、藏象等"意象"。中医素有"人身小宇宙，宇宙大人身"之说。作为中医理论圭臬的《黄帝内经》不仅将人体内脏看成是一个有机的整体，而且将人与宇宙自然看成是一个相互感应、相互影响的大系统，而构建这个系统的基础就是象数整体。

由于象数思维具有重功能关系、轻形体结构的优越性，中医学才能够发现某些西医无法理解的关系和无法解释的现象。比如"左肝右肺"明显与人体结构不符，但却与肝主升、肺主降的动态功能相符，也与河洛八卦的左为震木为肝、右为兑金为肺的象数模型相符。象数思维以表示行为功能的动态形象为本位，以形体器官和物质结构为辅从，将人体生理、病理的一切"象"都归属为阴阳两大类。中医五脏六腑、十二经络都是依据功能、动态思想建构的。中医学的望、闻、问、切四诊能通过人体外"象"的细微差别，发现体内病变的大量信息。其中，许多体感身受的临床"证候"是目前现代医学定量定性的生理生化检查在客观指标上无法标准化的。中医以"象"建构了天人相合相应、人的各部分之间相合相应的理论体系，取象可以不断扩展，没有范围限制。这种"象"已超出了具体的物象、事象，已经从客观事物的形象中超越出来，而成为功能、关系、动态之"象"。由静态之"象"到动态之"象"，使得无序的世界有序化，使得人体与宇宙的关系有序化。由于象数思维不脱离整体形象去认识事物，而且关注事物与事物之间的横向联系，因而展现的是宇宙万物的整体。重视形象经验，重视横向联系，忽略形体结构，忽略纵向探讨，这是中国传统科学的总体特色。这与功能性、整体性特征又是一致的。"象"往往是功能的、动态的、整体的表象。综合地看，中国传统科学是一种重视形象、功能、整体而轻视本质、结构、分析的科学。

中医在对疾病的认识上也是取象比类的。中医重"证"不重"病"，将各种病证表现归结为不同的"证"。如眩晕欲仆、手足抽搐、震颤等病证都具有动摇的特征，与善行善动的风相同，故可归为"风证"。中医"同病异治，异病同治"的原则，就是根据动态功能之"象"类比为"证"而制定的。因此，有些疾病的病因、症状相同，却分属不同的"证"；有些病的病因、症状不同，却归属为同一"证"。关键在于是否有相同的病机，而不是取决于症状或病因。例如，慢性腹泻、脱肛、子宫下垂这三种不同的疾病，其症状（象）不尽相同，发病的原因也不同，但它们的病机（动态功能）都有可能属于"中气下陷"，故可归为同一"证"，都可用补中益气汤法治疗。由于象思维不做现象与本质、个别与一般的明确区分，在认识过程中能以简驭繁，保存现象的丰富性、完整性，不做任何破坏，使经过辨析而被确认之"象"囊括人体生理、病理情况下的全部要素、变量和参数，从而使中医能够发现某些西医无法彻底解释的现象与关系，如经络现象。

象思维也有局限性，由于过分强调形象、现象的作用，因而在汉、宋时期对事物本质及结构的研究就显得相对薄弱。这种局面到了明代才有所改观。明代科学家将程朱的"格物穷理"引向探讨"物理"的道路。以观察物象为"穷理"的前提，以探求物理为

"格物"的目的，开始注重探求事物的本质特征、构成方式和变化规律。

整体思维、辩证思维、直觉思维、中和思维和象数思维之间是相互联系的。整体思维是其他思维方式的基础，辩证思维建立在整体思维之上，直觉思维更是对事物的整体把握，中和思维是在整体联系中以辩证思维为条件和前提的，象数思维本身就是基于整体观念来构建宇宙统一模式的思维方式。

【思考题】

1. 文化有哪些功能？请以中医文化为例进行分析。

2. 文化有几层结构？请以中医文化为例进行分析。

3. 简述中国传统文化的发展历程和主要内容。

4. 中国传统文化的基本精神是什么？

5. 中国传统文化的思维方式对中医学有何影响？

6. 中国传统文化的形成受到哪些因素影响？

【阅读书目】

1. 张岱年. 中国文化概论 [M]. 北京：北京师范大学出版社，2000.

2. 冯友兰. 中国哲学简史 [M]. 北京：新世界出版社，2002.

3. 金元浦，谭好哲，陆学明. 中国文化概论 [M]. 北京：首都师范大学出版社，1999.

4. 胡潇. 文化的形上之思 [M]. 长沙：湖南美术出版社，2002.

5. 张其成. 中医哲学基础 [M]. 北京：中国中医药出版社，2005.

第二章 易学文化 ▷▷▷▷

易学文化是一个庞大复杂的体系，包括《易经》《易传》和"易图""易学"。易学文化是中国文化的源头活水，中国的所有学术都源于易学理论，易学已经渗透到中国人生活的各个领域。不读易学，便无法了解先秦诸子百家的学术思想；不读易学，便无法了解中国古代的历法知识；不读易学，便无法了解中国古代的建筑理论；不读易学，便无法了解中国古代的美学思想；不读易学，便无法了解中国古代治国安邦的宏韬伟略；不读易学，便无法了解中医学理论；不读易学，便无法了解中国人的民俗风情……总之，不读易学，就无从了解博大精深的中国文化，无法迈入国学的大门。

第一节 易学本体论

一、概述

《周易》是先秦古人对《易》的称谓。《周礼·春官宗伯》记载："（太卜）掌三易之法，一曰连山，二曰归藏，三曰周易。"《山海经》和郑玄的《易赞》《易论》均认为这三易分别指的是夏、商、周三代之"易"，而前两种"易"均佚，因此，文献所称的《易》即指先秦所称的《周易》。

从汉代开始，《周易》被尊为"经"，成为儒家五经之首，称为《易经》，这是广义之称，内容包括《周易》的经文部分和传文部分。狭义的《易经》专指《易经》中的经文部分。本章所称《易经》指狭义《易经》。

《周易》在中国传统文化中的地位举足轻重，《周易》是人类"轴心时代"唯一一本由符号系统与文字系统共同构成的经典，是中国文化史上唯一一本为儒家和道家共同尊奉的经典，是中国科学史上唯一一本对人文社会科学、自然科学和生命科学都产生重要影响的书。它被儒家尊为"六经之首"，被道家奉为"三玄之冠"，其消息盈虚、弥纶三才的生成论，其天人同构、中正和合的认识论，都能从中国文化各学科的思想渊源与理论特征中体现出来。可以说，《周易》是中华传统文化的源头，是历代哲人学术思想的根源。

（一）《周易》的构成与作者

《周易》由经文和传文两部分组成，即《易经》和《易传》。先有《易经》，后产生的《易传》独立成书，并未附于《易经》之后，《易经》《易传》合为一体始于西汉的田何。他将传文与经文各自为篇，费直又把乾卦的《彖》《象》《文言》附于乾卦经文之下，用《彖》《象》《系辞》等传解经。至东汉郑玄，又将坤卦的《文言》和各卦的《象》《彖》等传文附于本卦经文之后。经过汉代学者的整理，"经""传"合为一体，被称为《周易》。流传下来最早的本子为魏晋王弼、韩康伯注本，后唐代孔颖达为其作疏，称为《周易正义》，南宋朱熹的《周易本义》又对《系辞》作了调整。今《周易》通行本将《易传》中的《彖》《象》《文言》附于《易经》各卦经文之下，其余各篇依《系辞》《说卦》《序卦》《杂卦》的次序附于《易经》全部经文之后。

关于《周易》的作者，《汉书·艺文志》提出"人更三圣，世历三古"的观点，认为上古伏羲氏画八卦，中古周文王演六十四卦并作卦爻辞，下古孔子作《易传》。但这种传统的说法并没有确凿的科学依据，目前学术界比较统一的观点是《周易》非一人一时之作，《易经》经后人大致整理加工后，约成书于西周初叶，《易传》是儒生借解经文来阐述儒家思想之作，约成书于战国后期。

(二)《周易》的性质

关于《周易》的性质，自古以来争议不断。客观地看，《易经》与《易传》作为不同历史时期的产物，其性质必然不尽相同。

《易经》的主要内容是六十四卦，而卦又来自于筮。蓍筮是周代盛行的一种占筮之法，卦爻辞也大都是当时掌管卜筮的人在不同时期记录下来的筮辞，可见，《易经》主要是以占筮为主的书。但卦爻辞中有些内容也反映了当时的一些重要历史事件，总结了政治、生活经验，从中还可以看出当时的一些社会伦理道德观念，以及人们认识宇宙变化的思维方式。因此，《易经》又带有一定的哲学成分。

《易传》是对《易经》的解释之作，它是战国时期立足于诸子百家文化的基础上，总结形成的阴阳哲学，并用以解经，使巫术文化跃升到了人文文化的高度。因此，《易传》是一部哲学书。但《易传》的解经作用，不能脱离《易经》而单独存在，它总是力图给经文建立一种内在的逻辑联系。因此，《易传》又带有一定的占筮成分。

可以这样说，《易经》是带有哲学色彩的占筮书，是巫术文化的高度结晶。《易传》是带有占筮色彩的哲学书，是人文文化的高度结晶。

由于《易传》成功地用"易道"对《易经》进行了完美的解释，使人们认为《周易》应该是一部经传合一的完整著作。到汉代，学者将"经""传"合为一体，称之为《周易》，尊之为经，使得《周易》具有了占筮、哲学、史学、科学等多层面性质。

(三)《周易》书名的含义

对于《周易》书名的含义，历来众说纷纭。"周"的含义传统观点有二：一是"周"为周代，是朝代名。如东汉郑玄《易赞》曰："夏曰《连山》，殷曰《归藏》，周曰《周易》。"到唐代孔颖达也持此说，其《周易正义·序》曾言："文王作《易》之时，正在羑里，周德未兴，犹是殷世也，故题'周'别于'殷'。"到宋代，很多学者也持此说，如朱熹《周易本义》认为："周，代名也。"另外，如程颐、朱震等学者均认为"周"是"周代"之义。二是"周"为周普之义。如东汉郑玄《易论》提出："周易者言易道周普，无所不备。"唐·陆德明《经典释文》云："周，代名也，周至也，遍也，备也，今名书，义取周普。"清人姚配中也赞同此说。除此之外，今人还有另外一种观点，认为"周"为周期、周环之义。从上古三易名称推论，"连山""归藏"均未出现朝代名称，那么"周"必定也不是朝代名称，从整个《易经》所表达出的思想观念来看，"周"当为周环、周旋、周期之义，"周易"即指周而复始的变易规律。

"易"的含义说法很多。一者，认为"易"为蜥蜴。此说据东汉许慎《说文解字》析："易，蜥易、蝘蜓、守宫也，象形。"认为"易"象形蜥蜴，蜥蜴能随环境的变化而改变自己的颜色，起到保护的作用，从而其义又引申指"变易"。此说据此认为"易"代表宇宙万物变化万千的意思。二者，认为"易"为变易、易简、不易之义。《易纬·乾凿度》、郑玄的《易赞》和《易论》、唐代孔颖达的《周易正义》均沿用此说。三者，认为"易"为日月，象征阴阳。此说也以东汉许慎《说文解字》"日月为易，象阴阳也"为据，持此观点者较多，如《易纬》、郑玄的《易论》、东汉魏伯阳的《周易参同契》、三国时期的虞翻、清代的姚配中等。四者，引《易传》认为"易"为生生不息、"易"为逆数等。

综上可以这样理解，"周易"的表面含义是周代或周地的占筮之义，深层含义则为周环或周期的变化之义。

二、《易经》

（一）结构

《易经》全书共六十四卦，每卦由卦爻象的符号系统和卦爻辞的文字系统共同构成，包括六十四卦卦符（又称卦画）、卦名、卦辞、三百八十六条爻辞。其中，每一个卦符又由六个爻符组成，卦爻符合起来即是《易经》的符号系统，它也是先民解读宇宙生命的文化记录，是中华文化原始形态和先民原始观念的集中体现。

1. 爻　《易经》六十四卦卦象均由六个最基本的符号组成，这个最基本的符号叫"爻"。爻分阳爻、阴爻。阳爻符号为"一"，阴爻符号为"--"。阴阳二爻是构成卦的最基本的符号，万物的性能都是由阴阳演化而来的。

（1）爻的起源　爻的起源有多种说法，如结绳图画说、男女生殖器说、竹节蓍草说、日月星象说、数字说、算筹说、龟兆说等。尤其是龟兆说从者甚众。此说认为，古人据龟甲裂纹形态断吉凶，并刻录卜辞以记录，而兆线较直，唯有断或连两种，古人由此受到启发，作阴阳爻。这些观点各有各的理由与证据，总的看来，代表阴阳不同属性的"爻"绝非一人一时、凭某一种事物或凭空创造出来的，必是先民经过长时间的仰观俯察，从实际生活中提炼出的认识宇宙生命的符号记录。如同《易传》所言，爻是仿效天下万物运动变化而产生。

（2）爻的特征与作用　爻的特征与作用在于"效"与"动"。《周易·系辞下》

说："爻也者，效天下之动者也。"又说："爻象动乎内，吉凶见乎外。"唐·孔颖达疏云："言爻者，效此物之变动也。"即爻是效仿天下万物的运动变化，通过阴阳爻的六次叠加，组成一卦，体现每卦不同时位的变化情况与吉凶状况。

（3）爻名　爻名由两种数字组成，数字因其所处的位置与性质不同而不同。爻在卦象中由下而上排列，最下面的称为"初"，然后依次二、三、四、五上推，最上面的也就是最后一根爻称为"上"。阳爻符号"—"称为"九"，阴爻符号"－－"称为"六"。由此每一爻便有了爻名，如阳爻自下而上称为初九、九二、九三、九四、九五、上九。阴爻自下而上称为初六、六二、六三、六四、六五、上六。

将阳爻称为九、阴爻称为六的原因说法众多，如朱熹认为，其九者是由河图中五个生数之奇数一、三、五之和也，其六者是生数之偶数二、四之和也。或认为是取法于《易传》中提到的"大衍之数"，通过揲蓍法得出四营之数七、九、八、六。其中，七为春、为少阳，可发展变化为夏之老阳九，九可发展变化为秋之少阴八，八又可发展变化为冬之老阴六，六又可发展变化为春之少阳七。就性质而言，七始终为阳，八始终为阴，为不变之数，而九从老阳变为少阴，六从老阴变为少阳，为可变之数，《易》讲的是变易之道，故取"九"与"六"两个可变之数分别代表阳爻与阴爻。

（4）爻辞　爻辞是说明爻象含义的语言文辞。《易经》六十四卦共三百八十六条爻辞，其中，每卦六条，乾卦与坤卦各多一条用爻。爻辞源于古人占卜时的筮辞，筮辞非一人一时所作，大部分是掌管卜筮之人对多次占卜结果加以记录与整理的结果。因此，大多数爻辞之间并无太大的关联，属于筮辞的堆砌。

2. 卦　卦由爻组成，三爻重叠构成八个卦，叫作八经卦。由六爻组成的卦，或者说由两个经卦重叠而成的卦叫别卦。其中，上经卦叫上卦或外卦，下经卦叫下卦或内卦，共有六十四卦。《易经》经文只有六十四卦，没有八经卦。

（1）卦的起源　对于卦的起源有"取象说""据数说""大衍之数说""乾坤生六子说""太极两仪说""河图洛书说""文字说""日月星象说""数卜说""筮数、奇字说"等，说法众多，甚至有人认为是上次人类文明留下来的唯一文物。这些说法都是猜测，卦的产生必定不是因为某一事一物，而是古人通过综合观察，对宇宙万物运动变化的一种高度抽象化的产物。即如《周易·系辞传》所述："古者包牺氏之王天下也，仰则观象于天，俯则观法于地，观鸟兽之文与地之宜，近取诸身，远取诸物，于是始作八卦。"

（2）卦的特征与作用　卦的特征或作用是什么，很多学者对此作了各种探讨，提出了很多猜想。如钱玄同、范文澜、郭沫若等认为，卦是男女生殖器与生殖力的符示，乾坤二卦代表男女生殖器，其余六十二卦是男女生殖力的象征。《易纬·乾坤凿度》则认为卦是中国最早的古文字，南宋诗人杨万里在他的《诚斋易传》中也提出卦"乃伏羲初制之字"。随着考古文物的大量出土，学者们对甲骨文进行深入研究，证明西周初年已经有六爻数字卦存在，于是有的学者提出卦就是最早的数字。20世纪80年代，有人从现代生物学角度进行诠释，认为六十四卦就是六十四个遗传密码，它揭示了生命的最本质规律。还有人认为，卦爻是二进制与电子计算机之母。诸如此类的提法还很多，这些探讨甚至与现代科技成果相比附，大大超越了对卦爻本身的历史探讨。

传统认为，易卦的作用在于通神明，类万物，以垂教百姓。如《易传·系辞传》言伏羲氏作八卦，"以通神明之德，以类万物之情"。客观地讲，易卦直接来源于龟甲、兽骨上的占卜裂纹，故卦的最初含义是上古先民用来占卜的符号工具。然而从毫无规则的龟兆骨纹到井然有序的六十四卦，其中必然经过了一个十分漫长的过程，而这正是上古先人（传说是伏羲、神农、黄帝等）仰观天文、俯察地理、中观鸟兽、近取诸身、远取诸物的智慧结晶；之后，又随着后人的不断解读而逐渐深化，被赋予了哲理的意义和作用，成为对宇宙自然与生命的综合抽象和简明概括的符号。易卦来源于宇宙万物，同时反过来模拟宇宙万物，是古人探求宇宙生命现象、描述宇宙生命规律的符号模型。

（3）卦名　卦名即是易卦的名称，是对卦爻辞的高度总结与概括，体现了特定的义理和思维方式，是对卦象的第一次解读。对于卦名的来源说法很多，如取象说认为，易卦是以某种物象之名命名的，如乾卦象天，乾本义即为天。取义说认为是综合了卦象之义理为名的，如乾主刚健，而乾字即有刚健之义。筮辞说认为先有六十四卦，然后从爻辞中取出一到两个字作为卦名，如乾卦之名，取九三爻辞"君子终日乾乾"中的"乾"字。占事说认为，卦名由其所占问的事件而取名，如"乾"本为北斗星的别名，乾卦主讲龙象，龙象即龙星，龙星出没表示四时节气的变化，此卦即是占节气变化的，故取名"乾"卦。虽然众说纷纭，但从八卦卦名来看，其概括性强、包容量大、象征性广，代表了宇宙万物间八类不同的象。

（4）卦辞　卦辞是说明卦义的文辞，最初是占筮者对所占事情或结果的记录，全书共有六十四条卦辞，主要涉及狩猎、行旅、经商、婚姻、争讼、战争、饮食、享祀、孕育、疾病、农牧等。其内容按照著名古文字学家高亨所说，可以分为取象、说事、记事、断占四类。其一般体例为先举出暗示意义的形象，或举出用于譬喻的事例，然后写出吉凶的断语。

3. 象与辞　每一卦均由卦爻象与卦爻辞构成，因此，"象"和"辞"是构成《易经》的两大要素。传统的观点认为，卦爻象与卦爻辞之间有着必然的联系。自春秋至清末民国的学者，或通过对卦爻辞的注解，或通过对各种卦爻象的诠释，把卦爻象所象征的物象当作象与辞之间联系的纽带，以此将象与辞联系起来分析判断吉凶，从而寻找象与辞之间的对应逻辑关系，以说明《周易》这部经典的神圣与奥秘所在。由此便产生了不同的解易流派，体现了不同的易学思想。到了近代，则有人提出了与此相反的观点，指出象与辞之间没有必然的联系。其理由是《易经》源于占筮，卦爻辞本属筮辞，占筮所得卦象与卜问的事件、结果纯属偶然，实则并无必然联系。

客观地说，最初象与辞之间的结合只是出于占筮的需要，而后人在长期的整理、加工、修正时，有意将二者逻辑化、条件化。从《易经》全书的逻辑结构来看，它并不是一个完整的理论体系，但也不难看出，《易经》中有的卦象与辞之间的必然性、相关性强一些，有的卦则相对弱一些，完全否定二者的关系或完全肯定都是不可取的。

（二）八卦

八卦为三爻卦，《周礼》称为经卦，又称为单卦、小成卦，是将阳爻、阴爻由下而上叠合三次而组合出的八种新的符号。这八类符号，即是八个卦爻象，配上卦爻辞，即为八卦。

1. 八卦的组成　朱熹《周易本义》载："乾三连，坤六断，震仰盂，艮覆碗，离中虚，坎中满，兑上缺，巽下断。"这首"八卦取象歌"形象地描述了八卦的组成。

☰（乾）、☷（坤）、☳（震）、☶（艮）、☲（离）、☵（坎）、☱（兑）、☴（巽）。

八经卦互相组合，共得到六十四个六爻八卦。六爻八卦的每一卦有两个经即六个爻组成，按排列顺序从下至上为初爻、二爻、三爻、四爻、五爻、上爻。在六爻八卦中，阴爻称呼为"六"，阳爻称呼为"九"，故在具体排卦时，应有"九""六"之分。《易传·说卦传》曰："立天之道，曰阴与阳；立地之道，曰柔与刚；立人之道，曰仁与义。"清代学者阮元也认为，圣人初画八卦，设刚柔两画，象二气也，布以三位，象三才也。由此可见古人之所以要三画而成卦的根源。宇宙由天、地、人三才构成，八卦初爻为地，中爻为人，上爻为天，三才之道皆由一卦而生，在空间上可分为天道、地道、人道三个层次，在时间上代表未来、现在和过去。

2. 八卦的起源　八卦的起源问题历来争论不休，学界并无定论。《易经》并无八卦之说，最早提出八卦的是《易传》，认为是远古伏羲氏始创八卦，并详细地介绍了八卦的象征意义。从八卦这种单卦发展到六十四卦这种重卦，必然经过了一个很长的发展阶段，如果说《易经》成书于西周初年，那么，八卦的出现必定远远早于西周初年。八卦出现后，经过较长时间，演化出六十四卦，又经过很长时间，六十四卦渐趋成熟，有人将之整理加工成较为系统化的《易经》。

关于八卦的原始意义及其缘起，历来有很多推想，说法多种多样。

（1）取象说　就《易传》对《易经》的解读来看，"取象说"影响最大，后世认同者较多。《周易·系辞下》云："古者包牺氏之王天下也，仰则观象于天，俯则观法于地，观鸟兽之文与地之宜，近取诸身，远取诸物，于是始作八卦。"又云："圣人设卦观象。"古人对主宰自己生活的自然现象极其崇拜，以至于通过观察天象、地形、人身与万物后，高度提炼而成八卦，试图通过占筮指导自己的行为，使之符合天地之道，以获得顺利。

（2）太极两仪说　太极两仪说见于《周易·系辞上》。其云："易有太极，是生两仪，两仪生四象，四象生八卦，八卦定吉凶，吉凶生大业。""太极"是阴阳未分化之前的混沌状态，《周易·系辞上》又说"一阴一阳之谓道"。"两仪"即是由太极分化出来的阳和阴。"四象"是阳与阴的进一步分化，阳中又分阳与阴，阴中又分阳与阴，于是成为太阳、少阴、少阳、太阴。"八卦"则是"四象"的进一步分化，太阳、少阴、少阳、太阴又分别分化出阳与阴，于是成为乾、兑、离、震、巽、坎、艮、坤八卦。

（3）乾坤生六子说　乾坤生六子说见于《周易·说卦》。其云："乾，天也，故称乎父。坤，地也，故称乎母。震一索而得男，故谓之长男。巽一索而得女，故谓之长女。坎再索而得男，故谓之中男。离再索而得女，故谓之中女。艮三索而得男，故谓之少男。兑三索而得女，故谓之少女。"此说认为，乾、坤为父母卦，震、坎、艮为三男之阳卦，经由乾之一阳交于坤阴而成，巽、离、兑为三女之阴卦，经由坤之一阴交于乾阳而成，由此而为父母六子共八卦。

（4）河图洛书说 河图洛书说源自《周易·系辞下》。其云："河出图，洛出书，圣人则之。"认为八卦是圣人取法自河图与洛书（图2-1）。据南宋朱熹的《周易本义》，河图是十数图，来自于《周易·系辞》。其云："天一，地二；天三，地四；天五，地六；天七，地八；天九，地十。天数五，地数五，五位相得而各有合。天数二十有五，地数三十。凡天地之数五十有五，此所以成变化而行鬼神也。"河图十数排列如下：一、六居北属水，二、七为居南属火，三、八居东属木，四、九居西属金，五、十居中属土。洛书是九数图，来自古代明堂建制，《大戴礼记·明堂》始将九室配以九个数目。其云："明堂者，古有之也。凡九室……二九四，七五三，六一八。"这个数字组合又称为九宫算。汉代徐岳《数术记遗》说："九宫算，五行参数，犹如循环。"北周甄鸾注曰："九宫者，即二四为肩，六八为足，左三右七，戴九履一，五居中央。"河图说者认为，河图的天地之数包含着八卦。洛书说者则认为，八卦可以通过洛书的四奇数与四偶数推演而出。然后世诸家多不采纳此说。

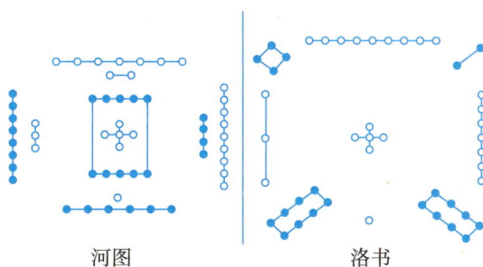

河图　　　　　洛书

图2-1　河图与洛书

3. 八卦的意象 八卦的象征意义自古并无异议，即乾为天，坤为地，震为雷，巽为风，坎为水，离为火，艮为山，兑为泽。除了这些最基本的象征意义外，筮者还赋予了八卦很多生动形象的意象，如《周易·说卦》云："乾为马，坤为牛，震为龙，巽为鸡，坎为豕，离为雉，艮为狗，兑为羊"。"乾为首，坤为腹，震为足，巽为股，坎为耳，离为目，艮为手，兑为口"。"乾为天、为圜、为君、为父、为玉、为金、为寒、为冰、为大赤、为良马、为瘠马、为驳马、为木果。坤为地、为母、为布、为釜、为吝啬、为均、为子母牛、为大舆、为文、为众、为柄，其于地也为黑……兑为泽、为少女、为巫、为口舌、为毁折、为附决。其于地也，刚卤。为妾、为羊"。内容极其丰富。总的看来，天、地、雷、风、水、火、山、泽的最基本本义是八卦最早的取象意义，也是得到共识的意象。后来随着占筮的需要，占筮者根据八卦不同之性，逐渐将社会与自然界之内的所有事物都分成八类赋予了八卦。如《易传·说卦》认为："乾，健也；坤，顺也；震，动也；巽，入也；坎，陷也；离，丽也；艮，止也；兑，说也。"那么凡是与上述八类性质相类似的事物全都可以用以上八个卦来表示。可以说，八卦是八类性质事物的符号表达，也是八类不同性质的模型。因此，其包容性大，概括性强，象征性广。见表2-1。

表2-1　八卦要素图

卦名	卦画	自然	人体	动物	家人	声音	建筑	卦位		卦数		特性	阴阳	五行
								先天	后天	先天	后天			
乾	☰	天	头	马	父	金属声	京都	南	西北	一	六	健	阳	金
坤	☷	地	腹	牛	母	动土声	城市	北	西南	八	二	顺	阴	土
震	☳	雷	足	龙	长男	擂鼓声	门市	东北	东	四	三	动	阳	木
巽	☴	风	股	鸡	长女	风声	园艺	西南	东南	五	四	入	阴	木
坎	☵	水	耳	鱼	中男	水流声	厕所	西	北	六	一	陷	阳	水
离	☲	火	目	凤	中女	燃烧声	炉灶	东	南	三	九	丽	阴	火
艮	☶	山	手	狗	少男	山石声	门墙	西北	东北	七	八	止	阳	土
兑	☱	泽	口	羊	少女	吼叫声	井	东南	西	二	七	悦	阴	金

4. 先后天八卦

（1）先天八卦　先天八卦又称伏羲八卦。《周易·说卦》曰："天地定位，山泽通气，雷风相薄，水火不相射，八卦相错，数往者顺，知来者逆。是故易，逆数也。"宋代邵雍认为这描述了伏羲八卦的方位，其以左行为顺，右行为逆，说的是一年四季的变化过程。邵雍还据《周易·系辞传》的"易有太极，是生两仪，两仪生四象，四象生八卦"推演出先天八卦的次序，认为这个次序不仅可以解释八卦的产生过程，而且还说明了宇宙的生成过程。

（2）后天八卦　后天八卦又称文王八卦。《周易·说卦》曰："帝出乎震，齐乎巽，相见乎离，致役乎坤，说言乎兑，战乎乾，劳乎坎，成言乎艮。"宋代邵雍认为这描述了文王八卦的方位，相对于伏羲八卦来说，属后天，反映了万物春生、夏长、秋收、冬藏对应四正四隅八方的规律。后天八卦以顺时针排列，每卦分别居于四正四隅方位。震居正东主春分，巽居东南主立夏，离居正南主夏至，坤居西南主立秋，兑居正西主秋分，乾居西北主立冬，坎居正北主冬至，艮居东北主立春。邵雍又据《周易·说卦》的"乾，天也，故称乎父。坤，地也，故称乎母。震一索而得男，故谓之长男。巽一索而得女，故谓之长女。坎再索而得男，故谓之中男。离再索而得女，故谓之中女。艮三索而得男，故谓之少男。兑三索而得女，故谓之少女"提出后天八卦的次序，认为这个次序反映了男女构精、万物化生、阴阳交感、互为体用的次序规律。

（三）六十四卦

六十四卦为六爻卦，《周礼》称为别卦，又称为重卦、大成之卦。即是由阴爻、阳爻自下而上叠合六次而组合出的六十四种新的符号，将这六十四个卦爻象配以卦爻辞，即为六十四卦。

1. 六十四卦的组成　《周易·说卦》曰："《易》六画而成卦。"又曰："《易》六位而成章。"为了区分八卦之卦与六十四卦之卦，古人称八卦为"经卦"，称六十四卦为别挂。从卦画看，别卦由两经卦组成：居下部分称内卦（又称下卦），居上部分称外卦（又称上卦）。如天地否即看成由天地组成的卦画称为否卦。六十四卦每一卦由卦画、卦名、卦辞、爻辞四部分组成。

2. 六十四卦的产生　六十四卦的产生有两种解释。

（1）六十四卦由八卦分化而来。即太极经过三次分化，自两仪而四象，到八卦，成为三爻之经卦；八卦再经过三次分化，成为六爻之别卦。即由八卦分阳与阴，生成十六个四爻卦，再由四爻卦分阳与阴，生成三十二个五爻卦，最后由五爻卦再分阳与阴，生成六十四个六爻卦。

（2）六十四卦由八卦相重而得，故把八卦称为单卦、小成之卦，而把六十四卦称为重卦、大成之卦。由此，《周易·系辞传》在解释卦象时，就把六十四卦还原为上下两个单卦进行解释。将八卦重出六十四卦的作者史上有四种认识：王弼等人认为伏羲重卦，郑玄等人认为神农重卦，孙盛认为夏禹重卦，司马迁等认为文王重卦。究竟由谁重卦，史上并无定论。

《周礼·春官》记载："（太卜）掌三易之法，一曰《连山》，二曰《归藏》，三曰《周易》。其经卦皆八，其别卦皆六十有四。"如果该资料属实，那么表明当时不止一种"易"。马王堆汉墓出土的帛书《易经》，与现行的各种《易经》版本比较，从卦名、卦爻辞到卦序均不同。这些材料也可以表明在六十四卦推演产生之初，并不止一种"易"，经过长时间的发展，其中一种"易"被整理加工、流传下来，这是极有可能的。

从内容来看，六十四卦内容极其丰富，包括农商、军旅、政治、家庭等，这表明人类认识能力比八卦阶段有了很大的提高，不仅看到客观环境对人事吉凶的主宰条件，而且还看到了人的主观行事风格对人事吉凶的影响。尤其六十四卦不再以判断吉凶为目的，而是告诉占筮者不同的行事风格，会导致不同的人事发展方向。因此，六十四卦的高明之处或较八卦时期的进步之处在于告诉占筮者如何趋吉避凶，趋利避害。如果从哲学角度来看，它体现的是一种认识论，并用以直接指导人们的社会生活实践。

总之，六十四卦的出现，不仅表明人类认识能力与分析能力的提高，而且也是古代巫术提升为人文的一个标志。

3. 六十四卦的卦序　六十四卦的排列顺序称为卦序。通行本《易经》的六十四卦起于乾、坤，终于既济、未济。朱熹《周易本义》作"上下经卦名次序歌"。

上下经卦名次序歌

乾坤屯蒙需讼师，比小畜兮履泰否，
同人大有谦豫随，蛊临观兮噬嗑贲，
剥复无妄大畜颐，大过坎离三十备。
咸恒遁兮及大壮，晋与明夷家人睽，
蹇解损益夬姤萃，升困井革鼎震继，
艮渐归妹丰旅巽，兑涣节兮中孚至，
小过既济兼未济，是为下经三十四。

（四）占筮法

1. 揲蓍取卦　《周易·系辞上》记载了用蓍草取卦的古老方法："大衍之数五十，其用四十有九，分而为二以象两，挂一以象三，揲之以四以象四时，归奇于扐以象闰，五岁再闰，故再扐而后挂。乾之策二百一十有六，坤之策百四十有四，凡三百有六十，当期之日。二篇之策，万有一千五百二十，当万物之数也。是故四营而成易，十有八变而成卦。"这是说用五十根蓍草进行占筮，取出一根不用，将能用的四十九根分二（任意分成两堆）、挂一（从任意一堆中抽出一根夹在左手无名指和小指之间）、揲四（分别将两堆蓍草每四个一组分数出来）、归奇（将两堆剩下的余数放在一起），这四个过程叫"四营"，也叫第一变。一变之后，除去挂一、归奇的数，将剩余的蓍草合在一起，再重复一个"四营"的过程，即进行第二变，接着经过第三变之后，剩下的蓍草数只有四种：三十六、三十二、二十八、二十四。然后除以四，也只能得到四种结果：九、八、七、六。九和七为阳爻，八和六为阴爻。经过三变，可以得出一爻，一卦有六爻，所以经过十八变，而成一卦。

大衍之数五十，能起作用的只有四十九根，其一不用的原因，历来说法众多。朱熹在《周易·系辞传》中认为此"出于理势之自然，而非人之知力所能损益也"。"分二"象阴阳之象，"挂一"象天地人三才之象，"揲四"象春夏秋冬四时之象，"归奇"象闰月之象。阳爻之策数为三十六，故乾卦六根阳爻之策共二百一十六；阴爻之策数为二十四，故坤卦六根阴爻之策共一百四十四，乾坤之策共三百六，象一年之数。六十四卦所有的蓍草数共有一万一千五百二十根，象天下万物之数目。

2. 据卦取意　取卦完成后，就需要解卦。确定吉凶的方法一般有三种。

（1）取象法　即根据卦象所象征的事物来判断吉凶。具有象征意义的是八个经卦，因此，此法必先将六爻别卦分解成两个三爻经卦，或称为下卦、上卦，或称为内卦、外卦，然后根据三爻经卦所象征事物之间的相互关系来占断吉凶。

（2）取义法　即根据卦象象征的事物及其代表的意义来判断吉凶。它与取象法的不同在于，取象法是从八卦所象征的具体的物象、事物出发分析和判断吉凶，取义法则是从八卦所象征的抽象的德行、功能、属性、意义出发分析和判断吉凶。取义法源于《说卦》："乾，健也。坤，顺也。震，动也。巽，入也。坎，陷也。离，丽也。艮，止也。兑，说也。"

（3）爻位法　即根据所占爻的位置来判断吉凶的方法。这是《易传》解读六十四卦所采用的重要方法。六爻因所处的地位不同，其代表的意义也不一样。爻位自下而上体现事物从低级向高级变化的发展规律，即万事万物从萌芽、生长、发展、壮大、成功到衰落的过程。其中初、三、五爻为阳位，二、四、上爻为阴位，据《易传》《彖辞》与《象辞》认为，卦爻象与辞之间存在必然的联系，因此，每一爻在本卦象中所处位置与各爻之间均有其不同的关系与意义。

①"当"：《象辞》认为，阳爻居阳位，阴爻居阴位，称为"当位"，又称"得位""得正"，象征事物的发展符合规律，为吉；若阳爻居阴位，阴爻居阳位，则为"失

位", 又称"不当位""失正", 象征事物的发展违背正道, 为凶。阴阳爻的当不当位, 或正与不正, 并不是判断吉凶的绝对标准。

② "中": 《彖辞》与《象辞》认为, 阴阳爻虽不正, 但若居中位, 亦吉。中位指每一卦中的第二、五爻位, 第二爻居内卦之中位, 第五爻居外卦之中位, 均象征事物守持中庸之道, 尤其是六二与九五, 为中正之爻, 尤为贞吉。

③ "应": 内卦与外卦之间, 各对应的爻位有相互比应的关系, 即初爻与四爻、二爻与五爻、三爻与上爻比应。相比应的两爻为阴阳不同性质, 则"有应", 又称为"和", 为吉; 若同属于阴爻或阳爻, 则"无应", 又称"不和", 为凶。若六二与九五, 既中又正且和, 为最佳之"中和"态势。

④ "乘承": 除比应关系之外, 爻之间还有相邻的关系, 上爻对下爻为"乘", 下爻对上爻为"承", 象征事物处在相邻环境时的作用与反作用。《彖辞》与《象辞》认为, 阴承阳、阳乘阴的关系为顺, 阳承阴、阴乘阳为逆, 即上爻为阳、下爻为阴, 则顺且吉; 而上爻为阴、下爻为阳, 则逆且凶。

在解卦时, 以上三种方法并不是独立使用的, 往往三者兼用, 综合解释卦爻象与卦爻辞, 《文言》《彖辞》《象辞》释卦即是如此。

三、《易传》

(一) 结构与性质

1. 结构 《易传》是战国以来解释《易经》的论文汇编, 包括《彖传》上、《彖传》下、《象传》上、《象传》下、《文言传》、《系辞传》上、《系辞传》下、《说卦传》、《序卦传》、《杂卦传》, 共七种十篇, 被称为"十翼"。

2. 性质 《易传》以传解经, 从人文角度, 对反映巫术的《易经》进行了创造性的改变, 提升了《易经》的象数与义理原有的文化意义, 使其反映了"一阴一阳之谓道"的阴阳哲学, 也即"易道"。其实, "易道"并不是《易经》所固有的, 而是先秦儒道等各家思想与文化的总结与升华。

今人余敦康曾言: "从《易经》到《易传》的这一段历史, 相当于一部先秦文化发展史, 可以大体上划分为西周、春秋、战国三个不同的发展阶段, 从人类意识觉醒的角度来看, 可以说其中贯穿着一条人文主义文化由萌芽、兴起到高涨的基本线索。易学的演变与阴阳学说的形成是和这个总的发展趋势相适应的。" 西周时期, 天命神学是占据统治地位的意识形态。至春秋, 阴阳学说开始孕育, 如《国语·越语下》记载了范蠡的观点: "天道皇皇, 日月以为常, 明者以为法, 微者则是行。阳至而阴, 阴至而阳。日困而还, 月盈而匡。" 范蠡认为, 天道就是日月更迭和四时交替的规律, 并将这种规律称之为"阴阳之恒"。这些零星的创新观点, 不同程度地动摇了天命神学的统治地位。此时, 易学也得到了一定的发展, 人们开始从人文的、理性的角度理解《易经》的义理与象数, 但还没有引进阴阳学说。老子第一次提出了有一个高于"天"的"道", 并用阴阳这对哲学范畴解释和描绘了道统之下的自然规律, 建立了与天命神学相对立的思想体系，其阴阳观念作为一对重要的哲学范畴成为当时盛行的学说，被各家所采纳。人们不仅用阴阳哲学来解释自然，并且还将之发展成为一个核心观念，用来建立了一个统贯天、地、人三才之道的思想体系。《易传》的作者即在此基础上，总结当时的先进思想成果，对《易经》的象数与义理进行创造性的理解，提出了一个以卦爻象为形式、以阴阳学说为内核的理论系统，建构了一个涵括宇宙自然、人生社会普遍规律的哲学框架，从而将巫术提升到人文的高度。

《易传》的思想体系博大精深，既宣扬儒家"仁义""中庸""自强不息""尊卑贵贱"等伦理观与政治观，又宣扬道家"太极""阴阳""无思无为""对立统一"等天道观、宇宙观。同时，《易传》又超越了儒道之学，儒家精神多表现为阳刚之性，道家精神多表现为阴柔之性，而《易传》的根本精神则表现为自强不息与厚德载物的中和之美、刚柔相济与阴阳协调的互补之性。它是囊括天道、地道、人道的关于自然和社会普遍规律的整体之学。其中贯穿的可以解释各种现象的总的核心观念和思想精髓对后世影响巨大，并成为中华传统优秀文化根本精神的代表。

（二）十翼

《易传》七种十篇又称"十翼"。"翼"即羽翼，是辅助、解释《易经》的十篇论文。

1.《彖传》　《彖传》又称《彖辞》《彖辞传》。它在《易传》中成书时间最早，大部分篇章出于战国初期，主要解释各卦卦名、卦辞之义，不涉及爻义。全文分上、下两篇，上篇解说《易经》前三十卦，下篇解说《易经》后三十四卦，全文共六十四段。《彖传》释经的特点是用《易经》的卦象、爻象解说《易经》的卦辞，包括以义理、德行释卦义，以爻位释卦义，以形象释卦义等。

2.《象传》　《象传》又称《象辞》《象辞传》。一般认为，其成书于战国时期，但晚于《彖传》，主要解释各卦的卦象和爻象。解释卦象的为《大象传》，共有六十四条；解释爻象的为《小象传》，共有三百八十六条。《象传》释经的特点是：《大象传》释辞主要采用取象法，《小象传》释辞主要采用爻位法和取义法。即《大象传》通过分析卦象解释卦名，并从中引申出能够指导人行为的人情事理，即依天道以明人事；《小象传》多通过爻象、爻位以及爻与爻之间的性质与位置的不同关系解释爻辞。

3.《文言传》　《文言传》又称《文言》，出于战国时期，晚于《彖传》和《象传》。"文"指乾坤二卦的经文，"言"指解说乾坤二卦经文的言词，"文言"即是对乾坤二卦经文之解释，其他六十二卦没有。《文言传》分两部分，一部分为《乾文言》，分六段解说乾卦；一部分为《坤文言》，分两段解说坤卦。《文言》释经的特点是通过解释，阐发卦爻辞的微言大义。

4.《系辞传》　《系辞传》又称《系辞》，成书于战国中后期，晚于《彖传》《象传》。该传是对《易经》的通论，即系联于《易经》之下的言词之意。全书分为上、下两篇，主要用来发挥《易经》之义理。其中总论占筮大义，诠释《易》的来源、卦爻辞的象征意义，阐发《易经》的基本原理、对人事的指导意义等。《系辞传》释经的最大特点是借占筮论哲理，通过《系辞传》的解释，将《易经》的原始占筮功能，提升为探讨天、地、人三才之道的哲理功能，改变了《易经》的根本性质。可以说，《系辞传》是《易传》哲理思想的代表。

5.《说卦传》 《说卦传》又称《说卦》，成书于战国后期，主要解说《易》的来源，八卦的性质、功能、方位、取象特征及所取物象。《说卦传》释经的特点为：创造性地对八卦的时空进行排序，认为万物从出生、生长到成熟、劳倦、成就等一个运行周期序列即是震、巽、离、坤、兑、乾、坎、艮的次序，而这个八卦的顺序又代表了八方与八个节气，从而创立了八卦万物生成模式，影响巨大。此外，《说卦传》还对八卦的性质、特征、功能作了详细说明，赋予了八卦广泛的象征意义，体现出《易》神秘色彩的同时，更以此来规范人们的行为方式，提高人们的道德境界。

6.《序卦传》 《序卦传》又称《序卦》，是解说《易经》六十四卦排列次序的文章。其解经的特点是通过卦象和卦名来解说卦序。它常常将前后两卦联系起来，用十分简约的语言指出各卦的大义，并将六十四卦解释成一个前后有逻辑关系的有序整体，进而说明自然与社会演变的过程以及人伦的等级次序等，从中反映出了古人对事物穷极则反的认识论与辩证的思维方式。

7.《杂卦传》 《杂卦传》又称《杂卦》，成书于战国后期或秦汉之时，主要将两个相邻而又对立的卦象抽取出来进行解说，从而说明六十四卦之间的错杂关系。其特点是以非常简约的语言点明各卦要义，从而反映出古人对立统一、相反相成的思想。

（三）主要观点

《易传》发挥了《易经》的某些思想，并使之成为比较系统的哲理，体现了古人对自然、人事独特的认知方式，表现出位、时、序、中、太极、气、阴阳、五行、三才、反复、变通、太和、变易等等观点与思想，综合这些观点，可以简要概括为以下几个方面。

1. 宇宙生成观 对于宇宙万物生成之源的探讨是一个古老的命题，《易传》对此给出了详细的解释。《系辞》中提出了太极的概念："是故易有太极，是生两仪，两仪生四象，四象生八卦，八卦定吉凶，吉凶生大业。"认为由太极而两仪、四象、八卦不仅是筮法的一个分化过程，也是认识宇宙世界形成过程的一种思维方法。至汉代，易学家明确提出太极为宇宙世界的本源，有的认为太极为一种混沌未分的元气，有的认为太极就是"无"的状态，还有的认为太极是宇宙世界最根本的"理"或"道"，并由此发展出了后世哲学的"气本论"和"理本论"学说。

《易传》以阴阳变易的道理解释《易经》，尤其是《系辞》所言"一阴一阳之谓道，继之者善也，成之者性也，仁者见之谓之仁，知者见之谓之知，百姓日用而不知，故君子之道鲜矣"。明确提出了阴阳对立统一是宇宙的普遍法则，是事物的本性，更是宇宙万物生成的原理。《易传》将阴阳对立无处不在，而又无时不在相互转化的普遍规律抽象为"一阴一阳之谓道"的命题，极大地推动了古代思想史的发展进程，对后世哲学产生了深远的影响。

《系辞》又提出"易与天地准"的观念，认为模拟天地而成的卦爻象与占筮之法是天地法则的集中体现，人们由此可以预测天地之变化，还可以由此创制人类文明，于是出现了道器之别的观念。《系辞上》说："乾坤，其易之缊邪！""乾坤毁则无以见易，易不可见，则乾坤或几乎息矣。是故形而上者谓之道，形而下者谓之器。"指出易道藏于卦爻象之中，二者彼此依赖，互存互亡。其中，易道是无形的，属形而上；卦爻象是有形的，属形而下。它们彼此间的关系是，一切有形的具体的事物属形而下之器，一切无形的存在于器物之中的事物变化法则属形而上之道。这一思想成为中国后世形而上哲学的根源，影响广泛。

《系辞》将生生不已看作宇宙万物最根本的性质，提出"日新之谓盛德，生生之谓易""天地之大德曰生"。指出宇宙是一个不断变化、发展的永恒过程。宋代程颢在其《遗书》中认为，天之道即是生生不息，它代表了创始、抚育、慈爱，它是"善"的根源，也是"仁"的根本。由此，将宇宙生生不息的法则发挥为人类社会的道德根本。

《系辞》从万物繁衍后代的方式感悟到天地相交产生万物的思想，提出"天地缊，万物化醇，男女构精，万物化生"，并强调"天地交而万物通""天地不交而万物不兴"，认为阴阳二气升降往复、刚柔相交的"缊"状态是化生万物的根源，由此，使"缊"成为气论哲学的重要范畴。

《易传》还提出了"元"的概念。《象辞》解释乾坤二卦时提出："大哉乾元，万物资始，乃统天。""至哉坤元，万物资生，乃顺承天。""元"即"始"，乾元肇始万物，坤元资养万物。乾坤的"元"精神，代表了古人对天地开创精神与功绩的推崇和歌颂，并进一步指出乾元"天行健"、坤元"地势坤"的品性，并将其转化为人生准则，认为君子应效仿天地之刚健与柔顺，以自强与博厚的德行做人，从而奠定了中华民族"自强不息""厚德载物"的优秀精神与传统。

2. "天人合一"观　可以说，"天人合一"的观念最早出现在《易经》中。"天人合一"是中国传统文化中表现人与自然关系的核心命题，它强调人类作为主体与自然界客体之间的协调统一。《系辞》认为："易之为书也，广大悉备，有天道焉，有人道焉，有地道焉，兼三才而两之故六。六者非它也，三才之道也。"《易》兼有天、地、人三才之道，"天道"是宇宙变化运行的规律，"地道"是宇宙间万物生长变化的规律，"人道"是人类社会的发展变化规律。此三道的变化规律是相一致的，如《象辞》释谦卦时提出"天道亏盈而益谦""地道变盈而流谦""人道恶盈而好谦"。一卦六画即是天、地、人三才之道各占两画的象征。如《说卦》所言："昔者圣人之作易也，将以顺性命之理，是以立天之道曰阴与阳，立地之道曰柔与刚，立人之道曰仁与义。兼三才而两之，故易六画而成卦。"这说明，《易经》蕴涵了自然、社会、人生的普遍法则，自然之道为阴阳，社会之道为刚柔，人生之道为仁义，此三者统一于宇宙"一阴一阳"普遍法则之下。这是古代"天人合一"思想的充分体现。

《说卦》进一步概括了这些思想，提出圣人作《易》的目的是"穷理尽性以至于命"，即通过穷究事物的规律，认识万物的本性，了解生命的极限和意义，从而顺从天道，安身以立命。人的活动也有客观性的规律，人要服从于普遍规律，这是《周易》

"天人合一"观念的核心观点。豫卦《象传》说："天地以顺动，故日月不过而四时不忒。圣人以顺动，则刑罚清而民服。豫之时义大矣哉！"天地的运动是有规律的，从不违背规律而乱动，所以才有日升月落、旦暮晦朔、四时交替，井然有常，绝无偏差，这就叫天地以顺动。人类社会的活动也有一定的规律，顺应规律，就会刑罚中而万民服，海晏河清，政通人和；反之，违背规律而为，就会政暗民叛，国将不国。人生的最高理想是天人和谐，即达到主体与客体的高度统一，这是《周易》"天人合一"思想所追求的最终境界。《周易·文言》说："夫大人者，与天地合其德，与日月合其明，与四时合其序，与鬼神合其吉凶。先天而天弗违，后天而奉天时。天且弗违，而况于人乎？况于鬼神乎？"这也充分证明了人生的最高理想是天人和谐。

3. 往复变易观　《易传》认为，卦爻象的上下往来、刚柔两性的消息盈虚，决定了卦爻象的变化与相应的吉凶悔吝，并提出了一套关于事物往复变易的理论。这些理论形成了古人对立统一的辩证思想。如《系辞》提出，"动静有常，刚柔断矣"；"刚柔相推而生变化"；"刚柔杂居而吉凶可见"；"刚柔者，立本者也，变通者，趣时者也"。

《象辞》有言："日中则昃，月盈则食，天地盈虚，与时消息。""君子尚消息盈虚，天行也。"它用消息盈虚的理论概括宇宙万物的变易性，指出万物总是处于变化当中，总是会向着盛极而衰、衰极复兴的方向发展，并将这种往复变化称为"天道"。人事须符合天道，人们必须审时度势，了解万物盈虚的趋势与动向，并使人事行动与之相适应。这也体现了古人对物极必反理论的总结与体用，如《系辞》所言"安而不忘危，存而不忘亡"，体现了人事努力符合天道的经验总结。

由此，《易传》提出了往复变易的又一个重要范畴：变通。《系辞》提出："化而裁之谓之变，推而行之谓之通，举而措之天下之民而谓之事业。""阖户谓之坤，辟户谓之乾，一阖一辟谓之变，往来不穷谓之通。"《系辞》认为卦爻的变化叫作"变"，爻象的推移流动叫作"通"，如同大门一开一合，即为"变"，这个一开一合的过程循环不已即是"通"。正如今人陈来所说："变通是指对立面相互更易而没有穷尽的过程，既指卦爻的推移无碍，又同时指天地造化无穷之妙。"因此，人事的变通可以通过爻象的变通而推知。《系辞》还指出了变与通的关系，"穷则变，变则通，通则久"。事物发展到尽头就要懂得变，只有变，才能使整个循环不已的过程通畅，才能保证事物不断地前进与发展。这不仅是自然界的运动法则，也是社会与人事发展的决定性因素。

4. 守位顺时观　《易传》在解释爻辞时极其重视"位"与"时"，并提出了当位吉、失位凶，随时吉、失时凶的观念。"位"的观念不仅指当与不当，还包括应与不应、中与不中，若既当又应且中，就表明事物处于最稳定和合状态。"时"的观念则认为，六爻因其所处位置和条件不同，导致其所处的时机亦不同，顺时而行、因时而变方为"人道"。如《象辞》提出要"损益盈虚，与时偕行"；"时止则止，时行则行，动静不失其时"。

《易传》中的"位"大致可分为两个方面：一方面是"爻"在一卦中所处之位，通过"初、二、三、四、五、上"之别，彰显各爻之间的关联，以示吉凶；另一方面指"人之所立"之"位"。这是将"爻位"的综合考察结果应用于社会生活，指导人们对自己所在之"位"进行全面审视，以适应社会和人生的变动，如《文言》所言君子进德修业，是故"居上位而不骄，在下位而不忧"。相反，若"贵而无位，高而无民，贤人在下而无辅，是以动而有悔也"。因此，《易传》指导人们通过"爻位"而推知"人之所立"之位，从而真正做到得"中正之位"，成就事业。

《易传》提出的"时"大致有两层含义：一者来自于对自然的直观感受，指自然时序的变化，可以解释为时间、时辰、时节等；二者是将这种自然体悟直接运用于人类社会，提出要"与四时合其序"，因此，"时"又指对人事活动的规律性，可以解释为时务、时局、时势等。

《易传》即是用抽象的"时"与"位"的变化解释宇宙、社会、人事的变化。每一卦代表一个"时"，每六爻代表一"时"中的不同"位"；对于人事而言，"时"代表外在于人的自然环境与社会环境，"位"则更多表示人的主观选择。对于"时"，《易传》教导人们要审时以度势；对于"位"，要进行主观上的恰当选择与适当调整，以真正准确地"当位"与"守位"。

总之，《易传》强调的时位观，即是对人与自然、社会关系的处理方式，是个人如何适应外在环境，建立完美人格、太和境界的途径，是古人认识论与方法论的集中体现。

5. 保合太和观　《易传》提出了"保合太和"的观念。《彖辞》说："乾道变化，各正性命，保合太和，乃利贞。"指出天道即为变化，变化的目的是使宇宙万物始终处于一种最和谐的状态。这种状态不仅指自然界的风调雨顺，万物茂盛，也指社会人事的最大和谐状态。《易传》正是将孔子的"和而不同"、老子的"万物负阴而抱阳，冲气以为和"、庄子的"调理四时，太和万物"等儒道两家的"贵和"思想进行了进一步升华，提出"保合太和"的最高和谐境界，而恰恰是这种最和谐的状态，才是宇宙万物周而复始、历久弥新的保障。

《易传》的基本范畴是阴阳，"一阴一阳之为道""生生之谓易"，《易传》的易道就是一阴一阳动态化交感平衡、协同运动所引起的创造宇宙生命的生生之道。阴阳之所以能生生变化，其因正是一阴一阳之间的中和相互作用。易道即是阴阳中和之道。"易之道，可一言而尽也，中焉止矣"。也就是说，中和性是易之道的核心。"保合太和"观突出表现在卦象的爻位上是崇尚中爻。在六爻中，二五爻处于中位，即中爻，而中爻则意味着在结构位置上不偏不倚，意味着事物处于对立统一的最佳秩序中，中爻也往往象征着吉利亨通。因此，从爻位上看，二五两中爻阴与阳当位又相应，这种中和也就是"太和"，也就是指阴阳对立面力量均衡，矛盾双方处于最佳和谐关系中。例如，在乾卦上九"亢龙有悔，穷之灾也"，上九以阳爻居于上位。"亢"就是过于高亢之意，偏离了中和，所以陷入"穷"顿与灾难。故"乾道变化各正性命，保合太和，乃利贞"。只要使阴阳处于"太和"关系中，万事万物就能保持各自的生命本质和存在状态。故程颐释此说："天地之道，常久而不已者，保合太和也。"阴阳高度中和的"太和"正是天地之道"常久而不已"、宇宙万物常存而不毁的根本原因。

6. 彰往察来观　《系辞》将事物变化莫测之性称为"神"，认为"成象之谓乾，效法之谓坤，极数知来之谓占，通变之谓事，阴阳不测之谓神"，并认为"神无方而易无体"，这种神妙的变化不拘一格，点明宇宙万物具有变化不定的属性。

对于"神"的作用，《系辞》说"神以知来，知以藏往"，从而赋予《易经》"彰往而察来，显微而阐幽"的功能。《易传》认为，卦爻辞具有微言大义的作用，通过对以往经验的分析，可以类推所占之事的未来走向，也即《易经》不仅"藏往"，还可以"知来"，其中，"彰往"是为了"察来"。如何"彰往"，《系辞》提出了"几者动之微"的观念，认为"几"是事物吉凶变化的苗头，是动的萌芽与开端，人们只要通过卦爻变化的征兆与启示，就可以把握事物变化的苗头，从而肯定了人力可以在一定程度上凭借过去的经验教训预测事物的变化方向。就当时的历史环境而言，这种认识虽有一定的神秘性，但也具一定的先进性。

凭借《易经》的"彰往""察来"功能，《易传》又进一步提出了圣人制《易》是"立象以尽意"，圣人通过卦爻象，充分表达自己的意愿，来教化鼓舞民众，提高自己的精神修养，进而将《周易》提升为圣人借此教化民众的经典之作。

四、易学

易学是围绕《周易》本体进行研究而形成的一门学问。广义的易学包括《易传》，狭义的易学专指《易传》之外的对《易经》的解释（以下易学均指狭义的易学）。它是随着汉代儒家经学的确立和发展而形成与发展起来的。其不仅是对《周易》的研究，更是一门探求宇宙生命变易规律的学问。从历史角度来看，易学以其博大精深的易学哲学体系，渗透和影响着各时代学术思想的主流。中国古代哲学在很大程度上是随着易学的发展而发展起来的，如儒家的伦理道德、道家的自然无为，甚至佛教都与易学有着紧密的联系。同时，各时期不同的学术思想又在影响、丰富着易学。

随着社会与文化的发展，古代易学史可以分为四个阶段：两汉易学、晋唐易学、两宋易学、明清易学。每个阶段的易学都有其独特的历史特点，并且与当时的社会意识形态发生着重要关系。

汉以后，易学形成了两大流派，即象数派和义理派。象数指卦爻象和阴阳奇偶之数，义理指卦爻辞和经传之文的意义与道理，是对"象数"的解读和发挥。这两大流派在不断的争论与互相影响下，推动着易学的发展，使易学成为一门涵盖天、地、人三才之道的宇宙变易之学。

（一）两汉易学

两汉易学又称汉易，指从汉高祖元年（前206年）至汉献帝延康元年（220年）时期的易学。《周易》因其占筮之书的性质，在秦朝焚书时幸免于难，得到很好的传承与发展。汉初被尊为六经之首，对《周易》的研究遂成专门之学，汉易得到长足的发展。两汉时期，经学兴起，今文经与古文经交相为盛，易学同样出现了代表官方易学的今文易与代表民间易学的古文易两派。

史载汉易皆本于田何，今文易谱系为：田何传周王孙、丁宽、伏生、王同。王同传杨何，丁宽传高相、田王孙。田王孙传施仇、孟喜、梁丘贺。孟喜传焦赣再传京房，于是易有施、孟、梁丘之学，后施、孟、梁丘、京氏四家皆立为博士。古文易有费直、高相二家，其中，尤以费直所代表的费氏易为盛，其谱系为：费直传王璜，再传马融，再传郑玄与荀爽。

西汉易学风格有三：一是象数派，即以孟喜、京房为代表的今文易学。其治易特点是注重从象数的角度解说《周易》经传文，倡导卦气说，并利用《周易》讲阴阳吉凶。二是义理派，即以费直为代表的古文经派。其治易特点是注重从《易传》文意入手解经，以阐发其义理。三是黄老派，即以严君平、扬雄、魏伯阳为代表的易学。其治易特点是注重从阴阳变易的角度解说《周易》，多以道家黄老之学为依据。以上三者影响最大者当属孟京易学，其属官方易学，是象数易学的开创者，可以说代表了易学史上的汉易特色。

孟喜（前90？—前40年？），字长卿。倡导卦气说，即以六十四卦解说一年节气的变化，并以此来解释《周易》原理。他认为，卦象的变化可以反映自然界与人类社会的变化，八卦即是一个小宇宙，自然界中的一切现象皆可以与卦象相通。他以坎、震、离、兑四正卦配属四个季节与四方，每卦六爻，每一爻主管一个节气。其余六十卦配一年的月数，每月配五个卦，每卦主管六日七分，配以七十二候，其中，用十二消息卦代表十二个月，以示一年之中阴阳二气消长的过程。

京房（前77—前37年），字君明，本姓李，为焦延寿的学生，擅讲占候之术，著有《京氏易传》。他吸收阴阳五行学说，创造了许多占算的体例，进一步发展了卦气说，形成了独特的易学体系，成为汉易代表人物。《京氏易传》内容丰富，它以天文历法为理论依据，创建了八宫卦序，蕴涵了日月星辰、天地阴阳、纳甲、纳支、积算等内容，建立起了一个复杂有序的宇宙模式图，不仅极大地促进了易学的发展，而且对后世探讨世界本原与变化的规律问题影响甚大。

西汉末年出现的《易纬》是对《周易》经传文所做的解释，它进一步将卦气说神秘化，并以象数解易，提出太易说、八卦方位说、九宫说等，试图将其理论化。后在东汉时期马融、郑玄、荀爽、虞翻、陆绩等人的努力下，卦气说得到了进一步的发展，出现了一些新的提法，如五行生成说、爻辰说等。但大多因过于繁杂，又多牵强附会之处，没有形成气候。东汉末年魏伯阳撰《周易参同契》，用卦气说解释炼丹术，提出易谓坎离说、月体纳甲说，开启了道教易学的先河。

（二）晋唐易学

到魏晋时期，易学与老庄玄学相结合，以玄学解易，将《周易》原理玄学化，形成义理学派。这时主要的易学倾向有三：一是以王弼、韩康伯易学为代表的玄学义理派；二是以管辂、孙盛、干宝、郭璞易学为代表的象数派，他们不满玄学解易，继续发展汉易象数，推衍阴阳术数；三是以萧衍易学为代表的佛易糅合派，此时佛学兴起，佛教徒常以玄学理论解释佛教理论，并常援引《周易》为据，或解易常同佛教义理相比附，形成佛易糅合的倾向。这个时期，易学发展的主流当属玄学义理派。他们重视《周易》中的哲学思想，注重从义理的角度解说《周易》的原理，反对占卜，不讲卦气，更不谈阴阳吉凶，而是以老庄玄学观点解释经传文义以及相关概念、范畴，不仅一扫汉易象数繁琐的学风，开创了以玄学解易的新风气，而且将易进一步抽象化、逻辑化，创立了义理学派，为易学史打开了一个新局面。自此，京氏易学渐衰，费氏易学大兴。

王弼（226—249 年）是玄学义理派的创始人，著有《周易注》《周易略例》《老子注》《论语释疑》，并将老、庄、易称为道家"三玄"。他多以《易传》的观点解释经文，阐发义理，否定汉易象数说，提出"得意在忘象"的命题，追求"言""意"结合，直接探讨与挖掘《周易》本身的思想内涵，提炼经传中抽象的原则。但王弼注易没有涉及《系辞》《说卦》《序卦》《杂卦》等传，后韩康伯（332—380 年）继而补之，注《系辞》等传，发展王弼取义说，进一步将易理玄学化。王弼易注与韩康伯易注均被收入《周易正义》，视为正统易学，流传广泛，影响较大。

隋唐时期，象数、义理两派互相吸收与肯定，王弼注盛行，义理派占据主导地位。尤其是唐朝的经学大总结，大大推动了易学的发展，出现了两部总结性的研究成果。一部为孔颖达的《周易正义》。他推崇玄学派易学，以王弼、韩康伯二注为本，在疏释的基础上，对《周易》义理进行阐发。同时，孔疏还选择和吸收了《易纬》《子夏传》、京房、郑玄等前人之学，以汉易中的元气说、阴阳二气说解释《周易》原理，进一步发挥和完善了王弼易学。孔疏不仅代表了此时的易学发展方向，而且也是汉易到宋易过渡的标志。另一部为李鼎祚的《周易集解》。该书汇集了前代三十八家注，重视汉易系统中象数派的注释，尤其推崇荀爽、虞翻、郑玄之说，成为唐代提倡汉易象数之学的代表，为保存与传承汉易许多宝贵材料作出了贡献。

（三）两宋易学

宋代易学是中国古代易学发展的新阶段。其学术特点是注重探讨和阐发《周易》中的义理，将汉易中的象数学进一步哲理化、数理化，使古代易学哲学进入一个发展高峰。

北宋时期，象数和义理两大流派呈相互对立局势；南宋时期，象数和义理两大流派呈相互融合与影响的局势。

1. 象数派　象数派以陈抟、刘牧、周敦颐、邵雍、朱震为代表。

陈抟（871？—989 年），字图南，自号扶摇子，宋太宗赐号希夷先生，又称华山道士。据史书载，陈抟有《龙图易》一卷、《龙图序》一文，还有《无极图》《太极图》《先天图》。但皆散佚，其易学见宋元以来学者的引用和研究。

刘牧（1011—1064 年），崇尚河图、洛书，提出各种图式解说《周易》原理，被称为图书易学。

周敦颐（1017—1073 年），着重讲象，著有《太极图说》《易通》，前者以图式解易，后者以文字解易。

邵雍（1011—1077 年），字尧夫，谥康节，著有《皇极经世书》《伊川南壤集》等。其先天八卦、六十四卦次序图着眼于数的变化关系，解释八卦、六十四卦的形成，体现了天地万物形成的过程，具有世界观与宇宙论的意义，而且将汉唐易学中的象数之学进一步哲理化、数理化，被称为先天学派、数学派。

南宋的朱震（1072—1138年），对象数之学作了一次总结和整理，兼收程颐、张载、邵雍三家之说，为象数派易学提供了一套理论体系。

2. 义理派　义理派以程颐和张载为代表。他们继承王弼重义理的学风，但又反对以老庄玄学解易，而以儒学之理来解易。

程颐（1033—1107年），字正叔，世称伊川先生，著有《伊川易传》。他因象明理，以理解易，又引史入易，以史说理，系统论述了自然、政治、人生哲学，构成了一个理学思想体系，形成了理学派的易学体系，对后世影响巨大。

张载（1020—1077年），字子厚，世称横渠先生，著有《横渠易说》《正蒙》等。他主张观象以求义，发挥以阴阳二气解易的传统，提倡气一元论的宇宙观，论述了阴阳二气变化运行、化生万物的过程和法则，阐明了易学哲学中气与象、气与形的关系，形成了气学派的易学体系，在易学史上具有划时代的意义。

朱熹（1130—1200年），字元晦，著有《周易本义》《易学启蒙》《太极图说解》《通书解》等易学著作。他重义理但不废象数，试图调和象数和义理两大学派。他以程颐理本论的易学哲学为基础，融合诸家之长，将易学哲学中宇宙生成论体系转变为理本论体系，以阴阳二气解释宇宙变化规律，对北宋以来的易学及其哲学的发展进行了一次大总结，形成了一个庞大的易学体系，成为后世历代官方易学的代表，影响深远。

此外，还有杨万里、杨简、叶适等，均对易学的发展有所贡献。

（四）明清易学

宋易经过元明两代的发展，一直延续到清初。元明学者多以阐发程朱易学为己任。明代具影响力的属《周易大全》，它是胡广、杨荣等42人奉敕修撰《五经大全》中的第一部，表明程朱派易学，特别是朱熹易学取得了统治地位。明清之际，以王夫之与李光地为代表的义理派易学再度兴盛。

王夫之（1619—1692年），字而农，号姜斋，世称船山先生，著有《周易稗疏》《周易考异》《周易外传》《周易大象解》《张子正蒙注》《周易内传》《周易内传发例》等。他尊义理，但不完全否定象数。他继承气学和象学的传统，对宋明以来的易学及其哲学进行了一次大总结。他将六十四卦构建成一个庞大而又复杂的化生万物的结构体系，以体现天人之理。他修正程朱义理之学，批判心学，并同邵雍易学、河洛之学以及两汉以来的象数之学展开了辩论，营造出一个精深的易学哲学体系，掀起宋易义理学在明清之际的最后高潮。

明清象数派易学的主要代表为明代的来知德和清代的方以智。来知德（1525—1604年），字矣鲜，著有《周易集注》，创造了错综说以解易，影响较大。方以智（1611—1671年）是明清之际著名思想家与科学家。方以智父子的方氏易学继承象学的传统，又吸收数学派的观点，对元明以来的象数之学作了一次总结，创造了以数解易法，标志着象数易学发展的最后高峰。

清代中期，汉学兴起，对《周易》的研究又回到了汉易的传统，朴学派汉易成为清代易学的主流和代表，较有影响的有惠栋、张惠信、焦循等。他们注重对《周易》经传文字的注释与考证，在文字考据方面有所发挥，但理论思维却趋滑坡，没有形成自己的独特体系。晚清以来，新学兴起，朴学派汉易研究道路日益狭窄，渐趋衰退。

1919 年五四运动以后，随着西学的传入，《周易》的研究出现了崭新的局面。尤其是现代易学，在世界范围内，从科学的角度对《周易》的义理、象数、占筮及其在各相关学科领域的历史地位与作用开展了全方位的研究，掀开了易学研究的新纪元。

（五）当代易学

20 世纪 80 年代以后，中国社会出现了前所未有、百花齐放的研易热潮，涌现了一大批德易双修的易坛巨子。如朱伯昆、刘大钧、成中英、唐明邦、李燕杰、郭志成、李廉、刘一恒、牛实为等均是义理研究的一代宗师；张志春、邵伟华、张阆、费秉勋、霍斐然、吴明修、郭俊义、张志哲、张岱年等，均是"学""术"同修的易坛巨匠。同时，全国各地成立了众多的易学研究组织，出现了万马奔腾的喜人气象。

在这种百花齐放的大好形势下，各个流派如果放弃门派之争，互相取长补短，则会使易学研究有更大的成就。因为义理派的理论往往也是象数派的占卜依据；象数派的理论往往可以补充义理派的理论；考古派可以使人们对易学有更正确的认识；古史派可以为易学注入新的内容；考据派则可将易学与现代科技联系起来，为易学指明一个新的发展方向；阴阳易、儒易、墨易、兵易、法易、名易、道易等易学流派可以使我们懂得《易经》的博大精深，从而对《易经》有一个更为完整的概念。总之，易学各流派的融会贯通、取长补短，将会使我们更好地继承易学，更好地发展易学。

第二节　易学价值论

易学的价值主要体现在易学对中国文化的影响，尤其是《易传》体现出来的易道，从各个角度对各个不同的文化领域都有所渗透，有的甚至影响深远，涉及哲学、政治、伦理、宗教、科技、医学、文学、艺术、史学等诸多门类。

易道的核心思想主要表现为"一阴一阳之谓道"。这是一个总贯天、地、人之道的总规律，制约着宇宙万物的发展与变化。其广大悉备，无所不包。它既是世界观，又是方法论。掌握了这个阴阳变化的总规律，就能够察微索隐，以简驭繁。无论是人文社会学科，还是自然生命学科，都能看到易学对其文化的影响，体现易道的价值。

《易传》通过"一阴一阳之谓道"这个命题，强调的是阴阳协调、刚柔相济、自然与社会相辅相成的"太和"境界，体现的是一种以"太和"为最高目标的天与人、自然与社会的整体和谐的人文价值理想，也是中华文化的最高价值理念。正如今人余敦康所言，人们运用易道来观察解释包括人文学科和自然学科在内的各个文化领域的问题，也使得这种价值理想薪火相续，代代相传，广泛地渗透到各个文化领域之中，从而使中国文化就整体而言都贯穿着一种立足于和谐的价值理想。

一、人文社会价值

《周易》对中国古代人文社会科学有直接而广泛的影响，主要体现在哲学、政治、人伦道德等方面。除此之外，对其他社科领域也有一定的渗透。其人文社会价值可以从各领域之特点窥得一二。

（一）哲学与政治

易与中国古代哲学、政治关系紧密，它以"弥纶天地之道"的特性，被古代哲学家用以建立各种哲学体系，并以此来阐发其政治主张。

1. 易理中的哲学思想　《易传》认为，易与天地准，兼有"三才"之道。哲学家们多据此认为，易道是关于世界本源的学问，包括自然现象变化之道与人立身处世、社会变化之道。如孟喜的卦气说，即是通过易道而明天道人事之学。东汉郑玄提出五行生成说，认为大衍之数是五行之气生化万物的法则。玄学代表王弼将人事问题比附卦爻的变化，认为卦爻的变化是人事变化的一面镜子。唐孔颖达提出"易理备包有无"。宋明道学家周敦颐引道家"无极"观念解易，为儒家提供了一个天道与人道的完整体系。理学奠基人程颐则提出卦爻的意义在于"穷理尽性以至于命"，是提高人生修养的学问。朱熹进而提出可以借《周易》而显理，他认为乾卦的元亨利贞是以天道而言，若以人道而言则讲的是仁义礼智。如此等等。这些哲学家对易的解释均提升到了对宇宙人生的哲学层面。此外，哲学家们还以抽象的道器、形而上与形而下、太极阴阳等探讨本体与现象、有形与无形的关系，形成了哲学中的本体论。如汉易阴阳变易的宇宙发生论；玄学贵无的本体论；孔颖达的太极元气论；程颐通过理象体用合一说，提出"有理则有气"的本体论命题；程颢、陆九渊、杨简等心学派易学提出的自然与社会的存在是由于个人意识的存在而存在的唯心主义本体论；明末清初方氏父子与王夫之的气本论则较为全面地解释了本体论问题，将中国古代哲学推向了高峰，也再一次彰显了《周易》对中国古代哲学发展产生的重要影响。

2. 易道和谐的政治文化　《周易》可以用来揭示中国古代政治哲学理论体系的构建。

首先，中国古代政治文化以《易传》的和谐思想为核心，追求以自然界的规律谋划社会的整体和谐，使社会间的各种关系均能够像天地万物一样各守其位，各得其所。如哲学家和政治家利用《易传》阳刚阴柔、阳上阴下、阳尊阴卑的性质比附人事，调和矛盾，并以阴阳相通、万物化生之理倡导刚柔协调，社会和谐发展，否则乱生。如此将对自然世界的客观性认识与政治决策紧密联系起来。如《系辞》所言："夫《易》何为者也？夫《易》开物成务，冒天下之道，如斯而已者也。是故圣人以通天下之志，以定天下之业，以断天下之疑。"政治家们将《易传》提出的"太和"思想作为政治思想的最高目标。如《彖辞》言："乾道变化，各正性命，保合太和，乃利贞，首出庶物，万国咸宁。"为了避免动乱冲突，达到"太和"的目的，政治家们据《易传》，对乱与治的转化规律作了系统的研究，找到了乱的根源，悟出了决策思想和管理思想，赋予《周易》拨乱反正之功。

其次，《易传》从阴阳哲学的角度对民本思想进行了系统论证。《系辞》指出，易有"明于天之道，而察于民之故"的功能，指出万物在阴阳变化规律的支配下生生不已，而社会也应如此，君、臣、民虽有尊卑之分，但如同阴阳一样，是对立统一的互存关系。统治者应体察民情，制定相应政策，这样才能通天下之志，定天下之业。也就是说，加强君、臣、民之间的和谐关系，才是稳固的政治。由此，政治家们又从《周易》中找到了治民之道：谦卑的美德。如《彖辞》解"谦"卦所言："谦尊而光，卑而不可逾，君子之终也。"《彖辞》解"益"卦又言："损上益下，民悦无疆。自上下下，其道大光。"认为君主应放低姿态，仁爱百姓，厚下安宅，这才是治理国家的根本。

此外，《易传》还提出了以伦理教化的方法，诚信的方法，尚贤、养贤的方法，以忧患之心思忧患之故的方法维持社会政治秩序的稳定，对政治的稳定与社会的和谐发展提供了思想理论基础。

（二）伦理与道德

维系古代政治的重要因素之一是伦理，《易传》将《周易》视为性命之书，将人性的本质归结为天命，提出"穷理尽性以至于命"，将偏于"穷理"的道家与偏于"尽性"的儒家思想结合起来，使天人、物我、主客、内外融为一体，建立了"天人合一"的思想，使其伦理思想独树一帜。

1. 性命之理与人性论　《周易》伦理思想的基础即是性命之理，主要见于《说卦》："昔者圣人之作《易》也，幽赞于神明而生蓍，参天两地而倚数，观变于阴阳而立卦，发挥于刚柔而生爻，和顺于道德而理于义，穷理尽性以至于命。""昔者圣人之作《易》也，将以顺性命之理，是以立天之道曰阴与阳，立地之道曰柔与刚，立人之道曰仁与义。兼三才而两之，故《易》六画而成卦。分阴分阳，迭用柔刚，故《易》六位而成章。"《说卦》将天道之阴阳、地道之柔刚、人道之仁义总括于"和顺于道德而理于义""穷理尽性以至于命""将以顺性命之理"这三个理论当中，成为《易传》伦理思想的总纲。

朱熹强调，"和顺"指《易》和顺于道德，如吉凶消长之道而无逆，"理于义"指具体的事物各得其所宜，"和顺道德"如同"极高明"，"理于义"如同"道中庸"，这都是统说性命之理。"穷理、尽性、至命"是分说，"穷理"指穷尽天下万物之理，是从"知"字上说的；"尽性"指做到尽处，是从"仁"字上说的。如能事父，然后尽仁之性；能事君，然后尽义之性。穷得物理，尽得人性，至于天命，所以说道"性命之源"。"昔者圣人之作《易》，将以顺性命之理"。指圣人作《易》，只是要发挥性命之理，摹写那个物事。下文所说"阴阳""刚柔""仁义"，便是性中有这个物事，故"性命之理"，便是阴阳、刚柔、仁义，便是"顺性命之理"，圣人见得天下只是这两个物事，故摹写出来，以发挥性命之理。而"立天之道，曰阴与阳"，是以气言；"立地之道，曰柔与刚"是以质言；"立人之道，曰仁与义"是以理言，即以阴阳、刚柔、仁义之理通贯天、地、人三才之道。总之，朱熹就圣人作《易》的目的解释了以上三个命题，并认为这三个命题是贯通天、地、人之道的性命之理哲学。而《易》将天与人通过"性命之理"有机地统一起来，成为易学伦理思想的理论基础。

人性论主要探讨人在宇宙自然环境中的地位和之所以成为人的本质问题。历来儒家强调人性的人文价值，如孟子主张性善论，荀子主张性恶论；道家强调人性的自然本性，如老庄主张自然本性无善无恶。而《易传》则从阴阳变化的规律提出了与两家不同的观点，认为人性本于自然，但这个继承于天道的自然本性却具有善的伦理意义。对此，《系辞传》作了经典的论述："一阴一阳之谓道，继之者善也，成之者性也。仁者见之谓之仁，知者见之谓之知，百姓日用而不知，故君子之道鲜矣。"《易传》认为，人既有仁义之社会属性，又有阴阳之自然属性，仁义由阴阳发展而来，是一个整体。其中，"继"是天之道与人之性沟通的桥梁，继之者善，不继者不善；"成"是实现人之性的途径，不发挥主观能动性去实现人之"善"，就不可能成就人之性，只能是没有仁与义的物之性。正如今人余敦康所言："《易传》的人性论思想一方面强调人性来源于天道，其本质为善，同时又强调人应从事后天的道德修养，以自强不息的精神使自己的本性完满地实现。"为此，《文言》还树立了"大人"这个"天人合一"的完满典范："夫大人者，与天地合其德，与日月合其明，与四时合其序，与鬼神合其吉凶，先天而天弗违，后天而奉天时。"并且强调，如果真正发挥了人之性，那么就会实现"天且弗违，而况于人乎？况于鬼神乎"的完满人生。

总之，《易传》是儒道两家人性论思想的高度统一与整合，既肯定人的自然本性，又肯定人不同于物的社会属性，同时，还强调道生善、善生性的人性之所由，提出"善不积不足以成名，恶不积不足以灭身"的后天积累作用，全面、系统地论述了人性本质，成为后世探究人性的经典依据。

2. 伦理规范与道德修养　《易传》中蕴含了很多社会伦理规范思想，对礼的起源、礼的内容都有所论述。在《序卦》中提出："有天地然后有万物，有万物然后有男女，有男女然后有夫妇，有夫妇然后有父子，有父子然后有君臣，有君臣然后有上下，有上下然后礼义有所错。"认为天地为万物之本，夫妇为人伦之始，而由夫妇组成的家庭则是社会结构的最基本单位。那么，处理好家庭关系的伦理规范就成为其他社会伦理规范的根本，而家庭伦理规范道德体现在阴阳之别与阴阳之合的对立统一中。《彖辞》在解释家人卦时，结合天地之大义提出了阴阳之别的家庭伦理规范及其影响天下安定的重要意义："家人，女正位乎内，男正位乎外；男女正，天地之大义也，家人有严君焉，父母之谓也。父父，子子，兄兄，弟弟，夫夫，妇妇，而家道正，正家而天下定矣。"家庭的内部是一种对立统一的关系，不仅要明确上下尊卑长幼之序，以使家庭成员有所统率，还必须融洽家庭内部的感情，以使家庭成员有所维系。因此，《易传》又以天地交而万物通的思想说明，有序的伦理关系必须依靠阴阳沟通的原则进行维护，于是每一个角色必须做到自己应该做到的本分，提出"父父，子子，兄兄，弟弟，夫夫，妇妇"，这样才能使家道正，使天下定。由此，《易传》将家庭伦理推广和扩展为社会伦理，提倡发扬骨肉感情以和谐社会。并认为应该以大公至正的胸怀，走中正之道来沟通人们的思想，使天下成为一个和谐的大家庭。如《彖辞》释同人卦时言："同人于门，无咎。"

"文明以健，中正而应，君子正也，唯君子为能通天下之志。"而政治伦理也同样具备中正之道的规范，中为不过，正为不邪，阴阳的行为不能过柔过刚，但又必须合乎贵贱、尊卑之序，这样才能政治稳定、社会和谐。

《易传》认为，人道取法于天道，那么天之德即是人与社会发展应效法与提倡的品质道德。对于天之德，《文言》对乾卦的解释给出了高度的概括："元者，善之长也。亨者，嘉之会也。利者，义之和也。贞者，事之干也。君子体仁足以长人，嘉会足以合礼，利物足以和义，贞固足以干事。君子行此四德者，故曰'乾，元、亨、利、贞'。"元、亨、利、贞即为天之四德。元为万物之始，表现为仁德；亨为万物之长，表现为礼德；利为万物之遂，表现为义德；贞为万物之成，表现为智德。《文言》推天道以明人事，从万物生成、四时推移的角度全面论证了仁、礼、义、智四德，将此四种伦理规范提高到了天道的高度，从而为儒家的伦理规范找到了更有力的依据和更强大的执行动力。

有了伦理规范还不够，如何执行才是最终目的，对此，《易传》也提出了提高道德修养的思想或原则。《系辞》言："夫《易》，圣人所以崇德而广业也。知崇礼卑，崇效天，卑法地，天地设位而《易》行乎其中矣。成性存存，道义之门。"易道是圣人用来提高自己的道德、推广自己的事业的。智慧贵在崇高，礼节贵在谦卑，崇高效法天，谦卑效法地，这样天地尊卑定位，《周易》的道理就在天地之间变化流行。成就天地最美好的德行，并且使它永远地保存下来，这样就找到了通向道义的大门。由此可见，《易传》一方面强调"他律"的重要性，即人要效法天地，依照自然秩序来规范自己的行为；一方面又强调"自律"的能动性，即人还应该自强不息，不断奋发，以实现自己所禀赋的善性。如《系辞》所言"知崇礼卑，崇效天，卑效地"，这就是"他律"，说明"智"与"礼"两种道德均是效法天地之德而来的，而这种道德的修养功夫还必须依靠后天的学习积累，如《象辞》释升卦所言："地中升木，升，君子以顺德，积小以高大。"而《系辞》"成性存存，道义之门"，这就是"自律"。再如《象辞》释晋卦："明出地上，晋，君子以自昭明德"，人如能继承一阴一阳之道，并将之修养而成自己的善性，即有了固有之明德。而明德常有所蔽，这就需要通过内省的功夫，使明德彰显出来。如《象辞》释震卦"洊雷，震，君子以恐惧修省"；释蹇卦"山上有水，蹇，君子以反身修德"；释大有卦"火在天上，大有，君子以遏恶扬善"。这个遏恶扬善的过程即是恐惧内省、反身修德的"自律"功夫。

总之，《周易》以"穷理尽性以至于命"一句话完整地表达了"他律"与"自律"相结合的道德修养思想，强调向外穷究天地之理的"他律"精神和自强不息彰显自性的"自律"精神的完满结合，充分体现了"天人合一"的"太和"精神，成为古代道德修养的最高境界。

（三）其他领域

1. 对文学艺术的影响　《周易》对中国古代文学艺术也有一定的影响，可以从以下四个方面看出二者的渊源关系。

（1）《周易》所体现的"无往不复"的"圆道观"直接渗透到中国人的一切艺术创造中。如古典舞蹈多以圆弧线空间走向为美、以"三道弯"身段造型为美的观念；书法中字里行间的上下左右彼此相映、气脉贯通的章法；诗歌多回环往复的表达之态；散文中起承转合的写作特点；古代建筑中错落有致、起伏有序的造型等，处处可见"圆道观"的影子。

（2）易象对艺术审美的影响也无处不在。易象之特征主要表现在阴阳爻的转化与融合，即"静中有动""动中含静"，这也是中国传统艺术的审美追求。如书法艺术中的草书，尤其能激发人的心理活动，让人感受到大自然生生不息的活力。再如古典诗词的意境美，即以"静中有动""动中有静""虚实相生"为目标，常常以动静之景，展现自然的生命活力。如张若虚的《春江花月夜》中"海上明月共潮生"一句，用一个"生"字，即把夜的静与海的动以一幅非常优美的画面展现出来，同时又配以一轮明月，增添了孤寂、悠远、美艳的象外之象，创造出月升人未还的动人而又哀怨的幽思意境。

（3）《周易》象征手法在古典艺术中的应用也是随处可见。如戏曲中常以一鞭象征马、一桨象征舟，以几个"龙套"象征千军万马；在建筑中的天南地北、日东月西的空间布局与象征意义，即是直接以先天八卦方位为依据而来，故宫中的乾清宫、坤宁宫、交泰殿，更是直接取象于乾卦、坤卦、泰卦。

（4）易数对文学艺术也有相当的影响。如古代明堂的布局大量采用易数，以突出其象征意义；诗歌的平仄韵律也是数的奇偶阴阳的实际运用。

2. 对史学的影响　《周易》与史学的关系是显而易见的，尤其自明代王守仁提出"五经皆史""《易》是包牺氏之史"的观点以后，清代章学诚更倡"六经皆史"，《周易》即被视为史学著作。其主要体现在以下两点。

（1）《易经》卦爻辞中的商周史和历史变革思想清晰可见，如泰卦、归妹卦均提到"帝乙归妹"的历史，明夷卦提到"箕子之于明夷"的史实，同时还反映出历史变革、事在人为的认识思想，如"不明晦，初登于天，后入于地"等。

（2）《易传》表现出历史变通思想，认为自然与社会的变通表现出盛衰的变动。如《彖辞》解释丰卦时言："日中则昃，月盈则食，天地盈虚，与时消息，而况于人乎？况于鬼神乎？"再如解释革卦："天地革而四时成。汤武革命，顺乎天而应乎人。革之时大矣哉。"这是用变通的观点解释社会变革、历史兴亡是历史的必然。同时，《易传》还找出了影响这种必然性的因素，即"人事"。如《文言》释坤卦所言："积善之家必有余庆，积不善之家必有余殃。臣弑其君、子弑其父，非一朝一夕之故，其所由来渐矣。由辩之不早辩也。"由此，《易传》提出统治者应该亲贤人，远小人，保民而治。如《彖辞》释师卦："小人勿用，必乱邦也。"释临卦："君子以教思无穷，容保民无疆。"《易传》的这些思想常为后世历史学家所采纳。

3. 对社会主流思想的影响　《周易》最早被儒家当成经典，孔子所传之易便成为易学的主流，从而也成为儒家思想的核心（如上所述）。以老子《道德经》为主讲阴阳自然之道的思想，成为早期易学的支流。随着玄学、易学的兴盛，《周易》又被尊为道家经典"三玄"之一，进而成为道家思想的核心，由此对道家、道教思想的影响清晰可见。尤其是道教学者大量引用《周易》去说明自己的教义，甚至引用秦汉以后或宋明时期儒家学者的易学成果，如明代所修《道藏》中，全本收载了邵雍的《皇极经世书》、张理的《大易象数钩深图》等。此外，道教史上出现了一批卓有成就的易学家，如汉代的严君平以《易》解《老》，著有《道德经指归》，代表了道家向道教的演化。东汉魏伯阳的《周易参同契》成为后世道教的"丹经王"，陈抟对此有很深的研究，并传有《正易心法》，成为道教易学的重要传人。南宋道士俞琰著有《周易集说》《读易举要》《易外别传》《周易参同契发挥》等。此外，道教符箓派还将易学纳入各种法术之中，促进了占验术数的发展。所有这些不仅是道教史上的星光，而且对易学的发展也产生过重要影响。

除此之外，易学的价值还体现在佛教，尤其是唐宋以后，援易理论述佛教教义的也代不乏人。还有人提出《周易》之源就是文字之源等。这样的说法很多，足可以看出《周易》对各社会学领域的影响和价值。

二、科学技术价值

古代从事自然科学的学者也常常援引《周易》或者易学成果，甚至出现牵强附会的现象，可见，《周易》对古代各个历史时期学术的影响颇深。

（一）天文与历律

1. 天文 古代天文学的知识大部分散在各类文献中，如《尚书》《吕氏春秋》《礼记》等，在《周易》中也有少量记载，如丰卦讲"月盈则食"，说明当时的人们已经认识到月食一般发生在满月。月亮圆的时候就容易发生月蚀，以此比喻事物盛到极点就会衰落。古代天文学主要包括天文观测、天体结构、天体演化和历法的制定四个方面，其与易学的关系可以看出在天文方面的意义。

古人对天象的观察表现出异乎寻常的重视，究其根源，是农牧业生产的需要。农业生产的时令得以确定的最重要的依据就是天象。同时，古人认为天地万物都有神，而且众神对人类活动具有主宰的力量，天象的任何变化都预示着人事的福祸吉凶。所以，观察天文现象的目的主要有二：一为了确定时令，二为了占星以卜人事吉凶。唐代孔颖达在《周易正义》中就指出了《乾卦》六爻与月份的对应关系。闻一多首先指出《乾卦》中的龙就是天上的苍龙星座。夏含夷进一步指出："《周易·乾卦》正是以黄昏时龙体在夜空中的位置来标识冬、春、夏、秋季候的。"说"初九潜龙指冬天""九二见龙在田指春分""九五飞龙在天作为夏天之象"。有些学者也认为，《乾卦》只是将其爻象中的龙位用来比喻人们的命运，供占卜之用。

天体结构理论自古以来有多种假设，如盖天说、浑天说、宣夜说、穹天论、安天论等。这些理论均是从实际观测而来，虽然《易传》讲天尊地卑，似与盖天说相近，但古代天文学家并没有将此二者联系起来。《易传》关于宇宙万物生成论有太极生两仪，两仪生四象、四象生八卦之说，但与天文学史上的一些古代权威性的理论并无多大关系。

关于天体演化论的著作主要为《淮南子》和张衡的《灵宪》。他们认为，天地万物均是从虚无中产生的，首先虚无产生了气，气分化为天地阴阳，阴阳之气下降与上升形成天与地，而日月星辰则由气之精华而成。这些理论后来成为天体演化的权威性理论，它虽然与《易传》无更多联系，但汉代的易学著作《易纬》却依靠这些理论，提出了与《淮南子》相近的观点，认为天地的形成经过了四个阶段：太易、太初、太始、太素。太易阶段还未形成气，太初阶段是气的开始，太始阶段是形的开始，太素阶段则是质的开始。后世的纬书《河图·括地象》《洛书·灵准听》则将天体演化论与《易传》的太极两仪说相结合解说天地的生成："易有太极，是生两仪。两仪未分，其气混沌；清浊既分，伏者为天，偃者为地。"后来的周敦颐在其《太极图说》中又进一步完善了这种观点。其实这些观点并不是太极两仪说对天体演化论的影响，反而是易学家们用汉以来的天体演化观点来充实和论证易学理论。

由上可知，《周易》直接记载天文学内容并不多，与古代天文学理论的形成也没有直接的关系，但人们对天体的认知方式或思维方式却与《周易》表现出来的象数思维是一致的。如认识恒星时将其分为"三垣二十八宿"，二十八宿又分为四象，每象为七宿。东方有青龙七宿，南方有朱雀七宿，西方有白虎七宿，北方有玄武七宿。这种四象星宿虽然没有与卦爻象相配，但却体现出一种广义的象数思维，这与《周易》对人们认识论的影响不无关系。再如十二支，也是一种象数分类，人们用十二支划分天区，称为"十二辰"，分别用子、丑、寅、卯、辰、巳、午、未、申、酉、戌、亥表示天赤道从东向西的周天划分区域。汉代以后，人们还用十二辰记录时间。此外，古代还将天象与地理对应起来，称为"分野"，有十二次分野、北斗分野、九州分野、二十八宿分野、五星分野、十干分野、十二支分野等，这种划分同样体现了象数思维。汉代经学家郑玄则创立了"爻辰"法，将以上划分与卦象直接联系起来，以乾坤的阴阳十二爻配十二辰，将二十八宿按四象对应于四方，后来还有人将其与分野对应。

总之，古人对天体的认知方式充分体现了《周易》的象数思维方式，可以说易学在天文学领域的价值更多地体现在这种认识论上。

2. 历律　古代历法的制定与《周易》联系较为密切。古代一般以月亮的一个运动周期定"月"，即从月圆到下一个月圆为一月，大约为 29 天；以日影长度的回归定"年"，即从中午日影最短或最长的一天开始，到下一个日影最短或最长的一天结束为一年，大约为 365 日。以日出到下一个日出定"日"，并分为十二时辰。

天干十进制纪日法大约产生于夏代。殷商时代则采用干支纪日、朔望纪月、太阳回归纪年的阴阳合历。西周采用"太岁纪年法"、二十八宿纪时法。春秋时期采用"四分历"。战国时期各诸侯国采用"六古历"，亦为"四分历"。秦以后采用颛顼历。汉武帝时又制定"太初历"，从《淮南子·天文训》中可以看出，此时期已出现了二十四节气。此时的易学家孟喜、京房以四进、十二月、二十四节气、七十二候与卦爻相配合，将历法纳入易学体系。西汉后期刘歆作"三统历"，并将历法数据与易数相结合，认为历数是从易数中推导出来的。魏晋南北朝时期，一批天文学家对刘歆的观点进行批评，其中杜预为制定历法提出"验天以求合，非为合以验天"的指导思想，认为历法应以天象为依据。这种"验天求合"的思想为众多天文学家所认同。唐代的僧一行通过实测，制定了"大衍历"，虽然他也将历数与易数相比附，但此历属当时最先进的历法。

(二) 数学

一般认为，大禹和隶首发明了古代数学的运算方法，但赋予十个数字意义与作用的却是《周易》。《易传》将数字拔高为数学哲学的范畴，成为后世数学家们数学观的基础。汉代以来，数学家们往往在自己的著作之首赞美《周易》，宋代黑白点河图、洛书的问世，数学家们又在自己的著作之首赞美这些图，如魏晋时期的刘徽、明代的程大位等，而且在宋代的数学教育中占卜是必修课，由此可见古代数学家重视《周易》的程度。但在他们的数学研究中，涉及如何解题、如何运算的具体问题就与《周易》无关了。但也有些数学家试图用易数去解决天文历法与数学问题，如秦九韶的"大衍求一术"，借占筮方法阐述剩余定理。在《易传》中涉及数的作用与意义的内容主要见于《系辞》关于大衍之数的论述："天一，地二，天三，地四，天五，地六，天七，地八，天九，地十。天数五，地数五，五位相得而各有合。天数二十有五，地数三十，凡天地之数，五十有五，此所以成变化而行鬼神也。大衍之数五十，其用四十有九。分而为二以象两，挂一以象三，揲之以四以象四时，归奇于扐以象闰。五岁再闰，故再扐而后挂。乾之策，二百一十有六。坤之策，百四十有四。凡三百有六十，当期之日。二篇之策，万有一千五百二十，当万物之数也。是故，四营而成易，十有八变而成卦，八卦而小成。引而申之，触类而长之，天下之能事毕矣。"在这里，指出1、3、5、7、9为天数，2、4、6、8、10为地数。天数之和为25，地数之和为30，天地之数为55。乾卦策数共216，坤卦策数共144，乾坤策数共360，约为一年之天数。六十四卦策数共11520，为天下万物之数。《易传》中的这些数学知识只是为占筮所用，因此讲的只是数与数之间的关系以及意义，并没有实际的运算法则。因此古代的数学著作一般也不提及，但也有人对易数颇为推崇。

西汉刘歆认为，《易传》所言"参天两地而倚数"中的"参"即是"叁"，联系天圆地方的说法，认为"参天"指的是圆之数为3。他还造了一个标准量器，在量器的铭文中言："上三下二，参天两地而倚数，圆而函方。左一右二，阴阳之象也。"对于律管，他在《汉书·律历志》中言："易曰：参天两地而倚数，天之数始于一，终于二十有五，其义纪之以三，故置一得三又二十五分之六。""由此之义，起十二律之周径。"他认为，因为易有"参天"之说，而天是圆的，所以关于圆的计算，全部以"三"为规则。刘歆在涉及圆周与直径比时，全部为周三径一的比率。张衡计算球的体积时用到一个正方体与内接球体积之比的公式为8：5，对此，三国时期的数学家刘徽在《九章算术注》中提出，张衡为了使球的体积计算与易数相协调，而不顾数字的准确度。他说张衡"欲协其阴阳奇偶之说，而不顾疏密"。三国时期吴国的王蕃造浑天仪时，经过实际测量，发现圆周率约为3.1555，打破了周三径一的说法。魏国的刘徽求得的圆周率则又较精确，并称之为弱率。在此基础上，祖冲之得出了更加精确的圆周率。刘徽虽然打破了周三径一的数据，但他依然推崇易数，认为"九九术"为伏羲所发明。他在

《九章算术注·序》中说："昔在包牺氏，始画八卦，以通神明之德，以类万物之情。作九九之术，以合六爻之变。"宋代大数学家秦九韶也提出数有"通神明，顺性命""经世力，类万物"的作用。明代程大位在其《算法统宗》的卷首则附有河图、洛书等图，并说数学从河图、洛书开始。

此外，当代学者研究认为，易学与数学最直接的关系莫过于数学作为一个学科的名称，是从易学中借用而来。缘于汉代易学的象数派发展至宋代分裂为数学与象学两个支派，其中数学派自陈抟传至邵雍，大放异彩。之前名为"算术""算学"的学科因邵雍先天易学的兴盛而渐更名为"数学"。《皇极经世书》对后世数学家有很深的影响。如秦九韶就极为推崇邵雍，他发现了大衍筮法的同余结构，并发明了"大衍求一术"的求解程序。总之，易学与数学的关系是相互的，以易理推求数理。同时，在易学研究中也常以数理来解易，如李光迪用勾股定理来解河图洛书，焦循用代数比例和二项式定理来解易，而莱布尼兹则发现其二进制数表与邵雍的易卦系统有着惊人的一致性。这些都表明，易学与数学自古以来都有着分不开的关系，其意义是不言而喻的。

（三）其他领域

1. 化学　《周易》与古代化学的关系较为紧密之处体现在古代炼丹术。汉代兴起炼金术、炼丹术，这些都可以说是早期的化学实验。从炼金与炼丹的过程中，人们总结出了丹砂能化为汞、曾青能化作铜等化学知识，并且出现了对炼金与炼丹过程加以理论说明的专著，这就是《周易参同契》。它是借易学理论去建立自己本学科理论的著作，也可以说是中国古代第一部化学理论著作。这在约两千年前的古代是非常可贵的。

《周易参同契》对炼金与炼丹过程的理论总结主要有二：一是要效法天道，即用阴阳二气的消长来掌握火候；二是用阴阳相配解释丹炉内药物的化合过程。但化学是一门实验科学，一般性的理论无法代替，甚至无法具体指导实际的实验过程，所以《周易参同契》的这些理论诞生后并未受到重视，直到唐代才为内丹学派采纳，用以比喻人体内心肾之气相交运行的过程。此后，《周易参同契》便脱离了化学，成为内丹经书。而古代化学仍然沿着自己的实验与实践方向发展，很少从《周易》中寻找依据。

2. 物理　《周易》对物理学的影响较少，仅是在用阴阳解释运动的成因和过程时，二者发生了某些联系。古代对物质理论的认识，最初有《管子》中的万物本原为水的说法。后来占据主导地位的是五行说，用水、火、木、金、土表述物质的五种不同属性。后来出现了气论说，在《周易》的阴阳观念推动下，用阴阳作用解释运动的成因成为普遍的物质理论。但也出现了很多牵强比附现象，如沈括认为日月没有形体，只是阴阳二气的分分合合。据《周易》阳动阴静的说法，张载甚至认为日比月行得快。解释雪花的六角形状时，人们借《易传》所说，认为六为地数，属阴的原因。这些事例只能说明《周易》的阴阳学说只是一般的哲学理论，并不能直接用以解释某些具体的问题，需要转换成本领域内的具体科学理论，否则，会出现一些莫名其妙的说法。

3. 古代生物学　《周易》变易的思想也影响到了古代生物学。早在《庄子》一书，即已提到了生物之间的转变。如一粒种子在水中可以变成生物，在陆地上可变成苔藓，之后又变为车前草。而车前草的叶子可变为蝴蝶，根茎可变为蛴螬。几经变化后，成为豹子，又变成马，马又生成人。《庄子》的这些变化虽然令人费解，但却说明早在先秦，人们已经认识到生物之间是可以相互变化的，而物种可变的思想恰恰是生物进化论的基本理论。《周易》的作用即是更加巩固了人们对物种可变思想的信任度。

4. 技术发明　对于古代的技术发明，在《易传》里有很多记载，如《易传·系辞传》说，伏羲氏据离卦，用绳子结成网，教百姓打猎、捕鱼。神农氏据益卦，用木头做成锄头与犁杖，教百姓种地务农；又据噬嗑卦创造市场，以利百姓交易。黄帝、尧、舜则据乾坤二卦，制造衣服以供百姓穿用；据涣卦，利用木头做成舟楫以利交通；据随卦驯服牛马，成为人类的坐骑；据睽卦，利用木头与弦制成弓箭，使天下镇服；又据大壮卦，盖了房屋，让百姓躲避风雨；据夬卦发明了文字与竹简。这些上古时代的发明，虽然在秦汉前后的文献中均有记载，但只有《易传》认为是据卦而来，提出"观象制器"说。古代的技术发明是人类社会文明进步的象征，各个历史朝代都有一些有代表性的重要发明，汉代有蔡伦造纸、浑天仪、地动仪、指南车，还有第一代播种机——耧犁、灌溉用的翻车等农用设备；隋唐有第一座敞肩石拱桥——赵州桥、雕版印刷术；宋代发展而成活字印刷术，以及火药、武器的出现等。此外，还有水利工程、园林建筑等重要技术创造，都在古代世界科技史上发出耀眼光芒。就这些发明的某些方面进行研究，几乎都可以与《周易》的阴阳、方圆、方位等发生联系，这只能说明《周易》的卦象具有一般的象征意义，其易理也有普遍的概括意义。但具体考察这些技术创造的渊源，并非观象而来，则又与《周易》没有关联。技术发明必源于人类生产和生活的需要，是随着社会的进步而进步的，并非完全来自《周易》的卦象。

总之，科学领域与《周易》的联系，大多属于用《周易》哲学来解释自己的结果，而不是据《周易》推导出自己的结论，《周易》在自然科学方面的影响多体现在其普遍理论对各学科的指导价值上。

第三节　易学与中医学

一、医易同源

巫文化是世界文明的开端，中国文化的源头亦可追溯至原始时代的萨满式巫文化。如西安半坡仰韶文化遗址彩陶盆上的"人面鱼纹"即被认为是巫师的形象。大汶口文化出土的陶缸可能是巫师的祭器，獐牙钩形器可能是巫师的用具。仰韶文化中流行的一种瓮棺葬，在瓮棺的盖盆上凿有小孔，据考是用来供灵魂出入的。

巫觋是天与人沟通的中介，也是氏族的保护者。从出土的夏、商、周三代及其以前的文物和先秦、汉魏的文献资料看，"巫咸"是比较早的可以通天的萨满。他们通天的方法很多，重要的有占卜、卜筮。如夏、商、周三代流行的骨卜、龟卜、蓍筮。目前发现最早的卜骨是在新石器晚期，它有灼而无钻凿，后来的骨卜就有了钻凿修治。商代流行龟卜，掌管占卜的是"巫"，其在政治、宗教活动中占有重要地位，下设有卜、祝、宗、史等官职。其工具是"四灵"（麟、凤、龟、龙）之一的龟。因为天圆地方，龟也是背圆腹方；天上有"天文"（日、月、星、辰），龟背有"甲文"（纵横交错的天然花纹）；支撑天的有四柱，龟有四肢。由于龟象与天地之象相似，因此，用龟来沟通天地成为商代的风貌。周人则更注重筮占，即用蓍草进行占问。"筮"字从竹从巫，意为巫师以竹占问之义。为什么要用蓍草？《说文解字》云："蓍，蒿属，生千岁三百茎。"段玉裁注云："蓍之谓耆也，百年一本生百茎。"因它的生成期在百年以上，故古人认为它是神灵之物，可以沟通天地鬼神。无论是龟占还是蓍占，都起源于原始社会晚期，是中国巫文化的代表。

（一）易与巫

《易经》中的卦爻象主要据龟甲裂纹而来，卦爻数主要据计算蓍草数的占筮法而来，故可以说卦象源于龟卜，易数源于筮占，易学的源头即为巫文化。

（二）医与巫

医学作为传统文化的重要组成部分，其起源问题必然脱离不了巫文化，尽管医学史界以朴素的马克思主义唯物史观认为医学是先民劳动、生产、生活等实践经验的总结，但医学起源于巫术的事实是不可否认的。正如陈邦贤先生所言："中国医学的演进，始而巫，继而巫和医混合，再进而巫和医分立。以巫术治病，为世界各民族在文化低级时代的普遍现象。"巫和医混合时代，人们"先是用祈祷诅咒来医治疾病，后来人类的知识渐渐进步了，知道生病完全依赖祈祷诅咒是无效的，于是巫渐渐达到医乃至药的地位了。"

再如保存着中华古老思维原型的汉字"医"，它的繁体字作"毉"和"醫"。

"毉"字起源较早，在《管子·权修篇》《太玄经·玄数篇》《广雅·释诂》中都提到了"毉"。此字从"巫"，说明古代的医与巫关系密切。

《说文解字》仅收"醫"字，解释为："醫，治病工也，从殹，从酉。殹，恶姿也。醫之性然，得酒而使，从酉。王育说，一曰殹，病声，酒所以治病也。《周礼》有醫酒，古者巫彭初作醫。"其中，"治病工也"中的"工"在《说文解字》中与"巫"互训，说明"工"即"巫"。而"醫"分为"殹""酉"两部分，其中"酉"是"巫"制作的酒之义。"殹"可分为"医"与"殳"两部分。"医"是个会意字，"匚"表示隐蔽义，引申为盛弓矢的器具，"矢"指弓弩之矢，"殳"为手持八棱而尖的竹制武器之义，"矢"与"殳"均可引申为尖锐锋利的器物，如砭石及后代的金针和外治刀具等。因此可以说，"醫"所从"匚""矢""殳""酉"，都是巫医使用的治病器物。从考古学的研究可知，5000年前的新石器时代已经有了作为医学用途的砭石及外治刀具。可见，"醫"字的意义更加表明了医与巫的紧密关系。

从古代文献中也可以找到巫医的记载。如《山海经·大荒西经》提到大荒之中有个灵山，"巫咸、巫即、巫盼、巫彭、巫姑、巫真、巫礼、巫抵、巫谢、巫罗十巫从此升降，百药爰在"。《山海经·海内西经》又曰"开明东，有巫彭、巫抵、巫阳、巫履、巫凡、巫相，夹窫窳之尸，皆操不死之药以距之"。郭璞注认为，前者群巫上下灵山是采药往来，后者六巫皆神医。而《世本》《说文解字》均认为巫彭作医。再如《说苑》记载上古神医苗父，以菅为席，以刍为狗，北面而祝，病者皆平复。由此可见，上古神医以口念咒语为治疗手段，巫、医一体可见一斑。医学的前身是巫，最早的医生是巫师，最早的医治手段是巫术。

（三）易与医

易与医均源于巫文化。明代医家张介宾（1563—1640 年）在其《类经附翼·医易义》中从阴阳之理的角度明确提出医易同源。他说："天地之道，以阴阳二气而造化万物；人生之理，以阴阳二气而长养百骸。易者，易也，具阴阳动静之妙；医者，意也，合阴阳消长之机。虽阴阳已备于内经，而变化莫大乎周易。故曰天人一理者，一此阴阳也；医易同源者，同此变化也。"张氏此论可以说是对明代之前医易关系的一次大总结。

从实践层面考察，易与医均源于原始宗教巫术，无论是医疗，还是占卜，都是一种实践活动，两者是同源的；从文字载体层面考察，易与医的核心理论著作有相互影响与汇通的现象，无论是中医学的奠基之作《黄帝内经》，还是占筮著作《周易》，两者成书时间前后相随，文字风格相差不多，前者影响后者或两者互相影响是可能的；从理论思维层面考察，易与医均采用了象数思维模式，无论是以藏象经络学说为核心的中医理论体系，还是体现一阴一阳之谓易的象数义理体系，两者均以阴阳五行的象数思维模式为基础，体现了易的天地之理与医的身心之理相统一的认识论。总之，无论从哪个层面考察，医易同源是一个不争的事实。

二、医易汇通

医易关系密切不容置疑，尤其是二者在思维方式层面的相通与互补是医易汇通的关键，分析考察各个不同历史时期医易互相借鉴的史料，是找到医易汇通交叉点的最佳途径。

（一）医易汇通史

自《易传》产生以后，易学沿着哲理化的方向稳健前进；自医学与巫术分离之后，医学沿着"天人合一"的人文科学与自然科学相结合的方向独立演进，二者互相影响，相辅相成，同步发展，在中华文化史上形成了医易汇通的传承特色。

1. 萌芽期 先秦时期是医易汇通的萌芽期，其特点是借卦象以说病象。最早的文献记载见于《左传·昭公元年》有关医和论晋侯之疾的史料。医和认为，晋侯之疾"不可为也，是谓近女室，疾如蛊"。蛊者，"淫溺惑乱之所生也。于文，皿虫为蛊；谷之飞亦为蛊；在《周易》，女惑男，风落山，谓之蛊。皆同物也"。医和将晋侯因沉溺女色而生之疾与《易经》蛊卦中长女迷惑少男的卦名和卦象之理相联系，断晋侯之疾为蛊病。同时，他又进一步阐述其病理："天有六气，降生五味，发为五色，征为五声，淫生六疾。六气曰阴、阳、风、雨、晦、明也。分为四时，序为五节，过则为灾。阴淫寒疾，阳淫热疾，风淫末疾，雨淫腹疾，晦淫惑疾，明淫心疾。女阳物而晦时，淫则生内热惑蛊之疾。"由于这个时期《易传》的主要篇章还未问世，阴阳五行学说还未进入易学体系，医易还未出现深度关联性，因此，如此丰富的医学理论并未进一步与《周易》发生联系。虽然医易汇通在此时期只停留在浅层面的附会，但确属先河之创举，意义重大。

2. 定型期　两汉时期是医易汇通的定型期，其特点是医学理论体系对易学思维框架和范畴系统的吸纳与运用。两汉时期是中医学体系的形成期，此时，《易传》的传播与汉易象数易学的兴盛，无疑对中医学体系的形成有直接的影响与渗透。如今人萧汉明所论，《周易》对传统医学形成的作用有二：一是《周易》天、地、人三才之道与汉易卦气说、九宫图式，为中医学提供了系统思维的范畴系统和综合模型，使中医学不可能停留在对人体的孤立考察之上，而是必须将人置于整个大自然之中。二是《周易》取象比类的方法论与象、数、理综合系统整体性动态原理，为中医学在黑箱状态下探索人体生命现象的奥秘提供了理论依据和结构模型，对经络腧穴系统的完善、藏象学说的系统化、六经传变病理学与六经辨证诊断学的形成起到了很大的推动作用。

此时问世的《黄帝内经》是中医学的奠基之作。该书从成书年代、语言风格、内容篇章到思维模式、理论范畴，无不体现出《周易》的印迹。同期张仲景的《伤寒杂病论》和其他许多医著也都能清晰地找到易学的影子，标志着医易汇通文化格局开始定型。自此，随着中医学的发展，医家对易理的理解和应用也日益自觉和深入，医易汇通进入长期发展阶段。

3. 全面发展期　自魏晋至明代中叶是医易汇通的全面发展期，其特点是易理成为阐明医道的重要理论工具。西晋王叔和多采用易理以明医道。隋代杨上善第一次对《黄帝内经》作了类编与注释，撰成《黄帝内经太素》，其主要观点能明显看到汉易的烙印。他不仅常以卦象说明病证、病机，如用泰否二卦解释癫狂病，还强调无形的"太易"是化生万物之道、有形的太极为合和万物之初、阴阳消息为寒暑虚实之理，并以此来阐明医道。唐代王冰注释《素问》大量引用《系辞传》和《象传》。孙思邈更是重视易学对中医学的作用，在其《备急千金要方·论大医习业》中明确提出："周易六壬，并须精熟，如此乃得为大医。"认为不知易，不足以言大医。之后宋代易学的繁荣成为金、元、明医学流派林立、学术争鸣的直接思想动力。如金元四大家的刘完素、张从正、李杲、朱震亨，明代的李时珍、赵献可等，他们用易学和《黄帝内经》作为理论工具，阐发和创立了各自的学术观点与医学流派，为医易汇通积累了大量经验和丰硕成果。张介宾又从医易同理的角度总结性地提出医易同源说，使医易汇通由自发提升到了一个更加自觉的阶段。

4. 衰落期　明末清初是医易汇通的衰落期，其特点是随着西方文化的传入，医易研究出现了与西方医学相整合的趋势。开山之人当属方以智，他主张中西汇通，但其医学思想体系仍以中医学为主。他推崇象数易学，并以此构建了独特的医易模型，将阴阳对立理论运用于运气学说、经络学说，丰富了中医学理论。此时传统医易学也在某些方面有了一些发展，如沈月光、车质中、胡骏宁的《秘本伤寒第一书》以八卦图示注解

《伤寒论》；由明代吴有性开创的温病学派，到清代又形成了以叶桂、薛雪、吴瑭、王士雄等为代表的温热学分支，常以易理解释病机；唐宗海是鸦片战争以后中西汇通的代表人物，但同时又是一位医易汇通的大家，著有《中西医汇通医书五种》《医易通说》等。他重视气化理论，并引西医解剖生理学加以印证。他还重视以易解医，自称要"为医学探源，为易学引绪"。他考辨河图、洛书，论述七色与八卦方位、先后天八卦的关系，还阐述了人身八卦，对心肾与坎离的关系作了详细探讨，甚或用卦象明藏象，用河洛说经义，用易理释六经辨证的意义等，影响颇大。但中国已进入半殖民地半封建社会，西医学的快速传播，加速了中西医的汇通，到了民国时期甚至出现废止中医案。此时能够客观全面看待不同体系的中、西医学，坚守中医阵地的医家首推恽铁樵。他认为，据自然科学完全否定中医是不对的。他明确指出："中西医学基础不同，外国以病灶定名，以细菌定名；中国则以脏腑定名，以气候定名。此因中西文化不同之故。"但他也不盲目崇古，认为中医应吸收西医之长以求改革。同时，他也肯定《黄帝内经》与《易经》之间的汇通与联系。但毕竟中医学的发展在当时已经步履维艰，医易汇通步入衰落。

（二）医易汇通点

医易汇通的交叉点是研究医易关系的关键，考察和分析医易汇通历史可以清晰地看到，交叉点表现在思维方式层面，这种思维方式即取类比象的思维方法。它是以象数符号为模型，通过取象与运数，将功能关系、动态特性和行为方式相同、相近或相互感应的象归为同一类，再通过《周易》特定的逻辑体系表现出来的认识自然万物的方法。

医易的象数模型主要有三种：一为阴阳模型。这不仅是《周易》的基本符号，也是中医学的最基本模型。它可以用来类分人体的组织结构、五脏六腑、经络、生理功能、病理变化、疾病诊断辨证、治疗原则、治疗方法、药物性能等各个方面，是中医学理论最基本的表述概念或范畴。二为五行模型。用以探讨人体的生理与病理现象，其中主要以五脏为中心，根据五行的生克乘侮关系说明脏腑之间相生、相克的生理联系与病理传变规律。三为河洛卦象模型。它是表述五行的数理与方位的模型。如《灵枢·九宫八风》中洛书八卦与脏腑的配合、《素问·金匮真言论》提及的五脏之"数"即为河图中的五行成数、中医"左肝右肺"的方位与后天八卦方位模型相吻合等。

中医学吸收古代"元气论""天人合一"的哲学传统，通过医易象数模型把握人体，其最大的特点即是将人看成一个有机的、开放的系统，是一个小宇宙，其各个方面均可以通过象数模型的推测与自然大宇宙相对应，因此，表现出重视整体、类比、功能、体悟，而轻视个体、分析、实体、实证的特点，这也正是医易象数模型的特征。

三、象数与藏象

（一）概述

象数是一种生命符号模型，是中国古代人民经过长期观察、思考、高度抽象化、逻辑化的产物，是对宇宙生命"原型"的模拟和描述。

符号可以说是一种记号或标记，有象征性的意义，可以代表自身以外的东西，甚至可以内化为它所代表或象征的对象的一部分，从而成为人们认识该事物的媒介或标志。阴阳、五行、干支即是中国传统的象征符号，而且已内化为中国传统的民族心理结构，并凝化为人们认识宇宙、生命的一种理想模型。

模型是人们为了某种特定目的而对认识对象所做的一种简化的概括性的描述。物质模型是以某种相似的实体再现原型的模型，如地球仪、各种标本等。思维模型是客体在人们思想中理想化、纯粹化的映象或摹写，是头脑思维的产物，人们可以运用它在思维中进行逻辑推理、数学演算等，其可分为形象模型和符号模型两类。如可以代表二元对立的"二"与可以代表三元圆通的"三"就是一种思维模型。生命科学的核心方法即是模型方法，中国传统生命科学即采用思维模型法，主要有阴阳模型、五行模型、干支模型、河洛卦象数理模型，其可以统称为象数符号模型。它是一种定性化的思维模型，是中国传统构建人体生命结构、运动的基本模型，将之运用于中医学，便成为藏象、经络、气血等中医学特有的思维模型。

（二）象数符号模型

1. 阴阳　阴阳观念起源很早，在商周之际，人们就已经通过生产实践总结出了"相其阴阳"的经验。至西周末年，明确提出"阴阳"二字，并用它解释事物运动变化的原因，如《国语·周语》有诸多记载史官以阴阳解释自然现象的史料。春秋、战国时期，《老子》提出"万物负阴而抱阳，冲气以为和"。邹衍又将阴阳五行结合起来，提出五行相胜、阴阳消息的思想。到《易传》与《黄帝内经》，阴阳思想被系统化与理论化，达到空前水平。阴阳不仅成为一种表示规律的"道"，而且还被用来表示两种对立统一事物或同一事物内部两个对立统一面的符号。如《系辞》云："一阴一阳之谓道。""天尊地卑，乾坤定矣，卑高以陈，贵贱位矣。动静有常，刚柔断矣。""乾，阳物也，坤，阴物也。"《素问·阴阳应象大论》云："阴阳者，天地之道也。""天地者，万物之上下也。阴阳者，血气之男女也。左右者，阴阳之道路也。水火者，阴阳之征兆也。阴阳者，万物之能始也。"无论是《易传》还是《黄帝内经》，都认为天地、尊卑、贵贱、动静、刚柔、左右、水火是阴阳的范畴，同时还说明阴阳之间是可以相互转化的。可以说，《周易》主要讨论宇宙阴阳，《黄帝内经》主要讨论人体阴阳，其阴阳之道则一也。

《易传》主要探讨的是一分为二的宇宙发生观。《系辞》曰："易有太极，是生两仪，两仪生四象，四象生八卦。"认为宇宙万物均是由阴阳两种属性在运动变化当中产生的，具体过程则是由太极分化产生阴阳，由阴阳这两种属性进一步分化而成太阳、太阴、少阳、少阴四象。太阳为阳中之阳，太阴为阴中之阴，少阳为阴中之阳，少阴为阳中之阴，上述四者从大的属性来看，还是阴阳两性。《黄帝内经》则又提出"重阳""重阴"的概念，即两种阳性属性同时出现在一个事物上则称重阳，如白天的中午，白昼属阳，日中属阳，此时属重阳。再如夏属阳，暑为阳邪，故夏月感暑可称为重阳。同样，两种阴性属性同时出现在一个事物上则称重阴，如晚上夜半，夜属阴，夜半属阴，此时属重阴。再如冬属阴，寒为阴邪，故冬时感寒邪可称为重阴。四象的进一步分化则为八卦，八可再分化为十六，依此类推，无穷无尽。这就是古人依阴阳符号模型理解宇宙万物生成规律的思想。

在二阴二阳的基础上，《黄帝内经》依阴阳之气的多少盛衰又创新而成三阴三阳，即在原来四象的基础上增加了"阳明"与"厥阴"。划分越细，表述事物就越精确。《黄帝内经》用三阴三阳标记"气"的数量与层次，故它也是一种标记生命的符号模型。《黄帝内经》认为，少阳为一阳，阳明为二阳，太阳为三阳，厥阴为一阴，少阴为二阴，太阴为三阴，从前到后表示数量从少到多，层次从低到高。相比较而言，表达事物的生成序列，三阴三阳比二阴二阳更精确详细，后来中医学描述人体组织结构与生理、病理活动时主要用的就是三阴三阳。可见，三阴三阳的提出对中医学理论体系的形成起到了重要作用。

2. 五行　五行的观念在夏商时代已产生，最早提出"五行"一词并作解释的是《尚书·周书·洪范》。其云："五行，一曰水，二曰火，三曰木，四曰金，五曰土。水曰润下，火曰炎上，木曰曲直，金曰从革，土爰稼穑。润下作咸，炎上作苦，曲直作酸，从革作辛，稼穑作甘。"对于五行的来源说法很多，有"五材"说、"五方"说、"五时"说，还有人认为五行源于太极阴阳说、源于河图生成数说等，这些说法都找不出确凿的证据。客观地说，五行必是源于古人时空意识的觉醒。

自"五行"一词提出以来，人们便自觉不自觉地将之运用于社会生活。《国语·郑语》载史伯提出："先王以土与金、木、水、火杂以成百物"；春秋时期末期，史墨以"水胜火"来预测战争的胜负；战国时期墨家提出"五行毋常胜"的观点；儒家的子思、孟子又提出五常、五德说，认为五行指仁、义、礼、智、信五德、五常；稷下学派的邹衍又将阴阳说、五行说与儒家的五德说整合在一起，提出"五德终始说"，以解释历史不同朝代更替的顺序与功用；西汉刘向、刘歆父子提出"五行相生"说，认为朝代更迭是以母传子，终而复始的；西汉董仲舒则撰专论用五行相生、相胜来解释社会历史"治"的原因；《黄帝内经》则以五行来解释人体五脏六腑的功能结构、病理变化，以及用以作为诊断、治疗的大法。此时，五行已经完全成为具有哲学意义的、固定化的符号模型。

五行的含义属性，自《洪范》以来并无太大出入，其功用也非常广泛。一则可以依五行对事物进行分类，如五方、五季、五时、五色、五味、五化、五音、五脏、五窍、五体、五腧、五德、五魔、五星、五贼等。二则可据五行排列次序说明社会历史、一年四季等的循环周期与兴衰变化。如邹衍以五行相胜之道解说历史朝代的更替，如周代属火德、秦以水德代之、汉又以土德代秦等，依此说，历史就是一个胜负转化的发展过程。三则可依干支五行来表述事物在十二个月中生长、壮大到死亡的过程，以此表示事物新陈代谢的规律。四则可据五行之间的关系类推分析事物之间的变化关系。五行之间有生克关系、乘侮关系、胜复关系。相生关系为木生火、火生土、土生金、金生水、水生木。相克关系为木克土、土克水、水克火、火克金、金克木。相乘关系指一行本身太过强盛，造成其相克的一行被克制太过而虚弱，如火过于强盛，克金太过，造成金的不足，称为"火乘金"。相侮关系指一行反过来对原来克制自己的一行进行反克，原因有两个：一是一行太强，而反克"克我"者，如水克火，当火太强时，反而可以反克水，称为"火侮水"；二是当一行太弱，导致所克一行的反克，如水本身太弱时，不仅不能克火，反而受到火的反克，称为"水虚火侮"。五行的乘侮关系是一种生克制化异常的不协调的关系，中医学常用此解释变化关系。胜复关系指五行在异常情况下相生相制、克制复救、先胜后复的关系，即对所克者的过度克制称为"胜气"，而对"胜气"进行克制的称为"复气"，如水气太过而过分克火，火必受损，而火气所生者土气必会出来制止水气，使水气恢复正常，这就是水、火、土之间的胜复关系。

3. 干支　干支是古人纪时的符号，后用以配合阴阳、卦爻、五行描述宇宙生命的数量、矢量等，成为既独立又能生发的符号模型。传说干支由轩辕氏时的大挠发明。据文献记载，干支是依五行而创立，最早的记载见于殷商时期的甲骨书契。干支的用途最初是用来纪日的。西汉太初元年的"太初历"可以看到干支开始纪月，用干支纪年始于西汉初，但被官方所采纳见于东汉颁布的"四分历"，后来又用以纪时。

干支指十天干与十二地支。十天干包括甲、乙、丙、丁、戊、己、庚、辛、壬、癸，十二地支包括子、丑、寅、卯、辰、巳、午、未、申、酉、戌、亥。十干和十二支依次组合，可得六十个单位，称为六十甲子，体现不同的周期性特点（表2-2）。

表2-2　天干地支纪日

甲子	乙丑	丙寅	丁卯	戊辰	己巳	庚午	辛未	壬申	癸酉
甲戌	乙亥	丙子	丁丑	戊寅	己卯	庚辰	辛巳	壬午	癸未
甲申	乙酉	丙戌	丁亥	戊子	己丑	庚寅	辛卯	壬辰	癸巳
甲午	乙未	丙申	丁酉	戊戌	己亥	庚子	辛丑	壬寅	癸卯
甲辰	乙巳	丙午	丁未	戊申	己酉	庚戌	辛亥	壬子	癸丑
甲寅	乙卯	丙辰	丁巳	戊午	己未	庚申	辛酉	壬戌	癸亥

干支纪日即是以上表中的每个单位代表一天，假使某日是甲子，则甲子以后的日子就依次顺推为乙丑、丙寅、丁卯等，甲子以前的日子就依次逆推为癸亥、壬戌、辛酉等。六十甲子周而复始，可以无限期地记载下去。

用地支纪月称为"月建"，即按照节气将一年划分出的十二个月份和十二地支相配，以冬至所在的十一月（夏历）配子，称为建子之月；十二月配丑，称为建丑之月；正月配寅，称为建寅之月。由此顺推，直至十月为建亥之月，再周而复始。古代夏历正月建寅，商历正月建丑，周历正月建子。至于用干支相配来纪月，则是后起的事。十二个月的地支是固定的，天干则随年变化。以夏历十二月为例（表2-3）。

表2-3　十二地支纪月

月	正月	二月	三月	四月	五月	六月	七月	八月	九月	十月	十一月	十二月
地支	寅	卯	辰	巳	午	未	申	酉	戌	亥	子	丑

用干支纪年时，以十天干称为"岁阳"，十二地支称为"岁阴"。由此组成六十甲子，可周而复始地纪年，至今不废。

干支纪时起源较晚，最初人们只用地支纪时，即用十二地支表示十二个时辰，每个时辰相当于今天的两个小时（表2-4）。

表2-4　十二地支纪时

时段	夜半	鸡鸣	昧旦	平旦	食时	隅中	日中	日昃	晡时	日入	黄昏	人定
地支	子	丑	寅	卯	辰	巳	午	未	申	酉	戌	亥

后来，干支相配纪时，天干依日干支而定，地支则不变。

干支与五行相配还可以表定方位。就天干来看，甲乙属木为东方，丙丁属火为南方，戊己属土为中央，庚辛属金为西方，壬癸属水为北方。就地支来看，寅卯属木为东方，巳午属火为南方，申酉属金为西方，亥子属水为北方，辰未戌丑属土为中央。

干支还可以与阴阳、五行、时间、音律、八卦、脏腑等相配属。

（1）天干配属　①阴阳：甲丙戊庚壬属阳，乙丁己辛癸属阴。②五行：甲乙属木，丙丁属火，戊己属土，庚辛属金，壬癸属水。③方位：甲乙居东，丙丁居南，戊己居中，庚辛居西，壬癸居北。④季节：甲乙属春，丙丁属夏，戊己属长夏，庚辛属秋，壬癸属冬。⑤脏腑：甲为头，乙为肩，丙为额，丁为齿舌，戊己为鼻，庚为胁，辛为胸，壬为胫，癸为足。⑥八卦：乾纳甲壬，坤纳乙癸，震纳庚，坎纳戊，艮纳丙，巽纳辛，离纳己，兑纳丁。⑦河图：甲乙配三、八，丙丁配二、七，戊己配五、十，庚辛配四、九，壬癸配一、六。⑧洛书：甲乙配三、八，丙丁配二、七，戊己配五、十，庚辛配四、九，壬癸配一、六。⑨音律：甲为太宫，乙为少商，丙为太羽，丁为少角，戊为太微，己为少宫，庚为太商，辛为少羽，壬为太角，癸为少微。

（2）地支配属　①阴阳：子寅辰午申戌属阳，丑卯巳未酉亥属阴。②五行：寅卯属木，巳午属火，申酉属金，亥子属水，辰未戌丑属土。③方位：寅卯居东，巳午居南，申酉居西，亥子居北，辰未戌丑居中。④季节：寅卯辰为春、巳午未为夏、申酉戌为秋、亥子丑为冬，一说寅卯为春、巳午为夏、辰未戌丑为长夏、申酉为秋、亥子为冬。⑤脏腑：寅为胆，卯为肝，巳为心，午为小肠，戌辰为胃，丑未为脾，申为大肠，酉为肺，亥为肾，子为膀胱。⑥卦爻：六十四卦每卦六爻分别以阳爻纳阳支、阴爻纳阴支的原则配地支。⑦河图：子丑亥配一、六，巳午未配二、七，寅卯辰配三、八，申酉戌配四、九，一说辰戌丑未配五、十。⑧洛书：子丑亥配一、六，巳午未配二、七，寅卯辰配三、八，申酉戌配四、九，一说辰戌丑未配五。⑨音律：子为黄钟，丑为大吕，寅为太簇，卯为夹钟，辰为姑洗，巳为仲吕，午为蕤宾，未为林钟，申为夷则，酉为南吕，戌为无射，亥为应钟。

此外，天干有自身的化合关系，地支也有相合、合局、相冲、相刑、相破、相害等自身的配合关系，天干与地支又有地支遁干与地支藏干的关系。干支又可与五音十二律相配合，称为"六十甲子纳音"，或"纳音五行""纳音甲子""干支纳音"。

总之，干支不仅适用于天文学、天体运动，还适用于宇宙学、人体生命学，它往往与阴阳、五行配合，共同构成宇宙生命的符号模型。

（三）藏象符号模型

"藏象"即内藏外象。"藏"是隐藏于人体内部的脏腑器官，"象"是外在形象感受，二者内外相应，构成中医理论的基础与核心，是中医对人体生命功能结构的根本认识。

藏象并非指心、肝、脾、肺、肾这五个具体的器官，而是指心功能系统、肝功能系统、脾功能系统、肺功能系统、肾功能系统，是代表这五种功能系统的符号，是一种模型。这正反映出中医重动态功能、轻实体结构的取象比类思维特点，《黄帝内经》称之为"司外揣内""司内揣外"，通过人体外部体征与内部不同功能情况互相揣测推想，认识生命与身体。

1. 藏象与阴阳五行　《素问·阴阳应象大论》指出："清阳出上窍，浊阴出下窍；清阳发腠理，浊阴走五脏；清阳实四支，浊阴归六腑。水为阴，火为阳。阳为气，阴为味。"又云："味厚者为阴，薄为阴之阳；气厚者为阳，薄为阳之阴。味厚则泄，薄则通；气薄则发泄，厚则发热。"说明人体脏腑与万事万物从功能和行为的动态形象上可分类概括为阴和阳两大类，并且在《灵枢·阴阳系日月》篇中将五脏类分阴阳："心为阳中之太阳，肺为阳中之少阴，肝为阴中之少阳，脾为阴中之至阴，肾为阴中之太阴。"太阳是夏天阳气壮盛的象征，与心阳盛的功能相似；少阴是秋天阳降阴升的象征，与肺肃降的功能相似；太阴是冬天阴气壮盛的象征，与肾收藏的功能相似；少阳是春天阴降阳升的象征，与肝的疏泄功能相似；"至"有往复运转的含义，因此至阴为四季，与脾的运化功能相似。《素问·六节藏象论》则通过太阳、太阴、少阳、少阴四象详细论述了五脏的性质。云："心者，生之本，神之变也，其华在面，其充在血脉，为阳中之太阳，通于夏气。肺者，气之本，魄之处也，其华在毛，其充在皮，为阳中之太阴，通于秋气。肾者，主蛰，封藏之本，精之处也，其华在发，其充在骨，为阴中之少阴，通于冬气。肝者，罢极之本，魂之居也，其华在爪，其充在筋，以生血气，其味酸，其色苍，此为阳中之少阳，通于春气。脾、胃、大肠、小肠、三焦、膀胱者，仓廪之本，营之居也，名曰器，能化糟粕，转味而入出者也，其华在唇四白，其充在肌，其味甘，其色黄，此至阴之类，通于土气。凡十一脏取决于胆也。"

《黄帝内经》还以五行类分人体脏腑，从而运用五行关系来分析五大"象"系统，其本性关系为肝属木，心属火，脾属土，肺属金，肾属水。联系五行的属性特色，《素问·金匮真言论》对五脏的配伍属性也作了详细的论述。云："东方青色，入通于肝，开窍于目，藏精于肝，其病发惊骇。其味酸，其类草木，其畜鸡，其谷麦，其应四时，上为岁星，是以春气在头也，其音角，其数八，是以知病之在筋也，其臭臊。南方赤色，入通于心，开窍于耳，藏精于心，故病在五脏，其味苦，其类火，其畜羊，其谷黍，其应四时，上为荧惑星，是以知病之在脉也，其音徵，其数七，其臭焦。中央黄色，入通于脾，开窍于口，藏精于脾，故病在舌本，其味甘，其类土，其畜牛，其谷稷，其应四时，上为镇星，是以知病之在肉也，其音宫，其数五，其臭香。西方白色，入通于肺，开窍于鼻，藏精于肺，故病在背，其味辛，其类金，其畜马，其谷稻，其应四时，上为太白星，是以知病之在皮毛也，其音商，其数九，其臭腥。北方黑色，入通于肾，开窍于二阴，藏精于肾，故病在谿，其味咸，其类水，其畜彘，其谷豆，其应四时，上为辰星，是以知病之在骨也，其音羽，其数六，其臭腐。"《黄帝内经》将功能相同、行为方式相同、动态或静态发生相同、能相互感应的事物归为一类，划分出五脏模型的类属，建立起以五脏为核心的人体的整体功能动态模型，体现了天人相应的整体观念。

2. 藏象与时空　藏象模型反映的是一个小宇宙的人体结构，是一个融合宇宙时空的巨系统，其性质或特点就体现在它是一个时空合一的思维符号模型。

《素问·刺禁论》言："肝生于左，肺藏于右，心部于表，肾治于里，脾为之使，胃为之市。"通过左为阳，主升，而肝系统主升，右为阴，主降，而肺系统主降的道理，确定了左肝右肺，心上肾下，脾居中央的五脏方位。而这种方位关系恰恰与后天八卦河洛象数模式相一致。后天八卦中，左为震，属木，配东，主阳气升发之象；右为兑，属金，配西，主阳气肃降之象；上为离，属火，配南，为阳气上升到最高点之象；下为坎，属水，配北，为阴气下降到最低点之象。河洛模式中，左边正中为木，右边正中为兑，左边阳数自下而上为1、3、7、9或1、3、9、7，阴数自下而上为6、8、2、4或6、8、4、2。这说明，左肝木主阳气自3向7或9上升，阴气自8向2或4下降。相反，右肺金主阳气降、阴气升，阳数自9或7向1下降，阴数自4或2向6上升。另外，以脾配土，居中，而河洛中央为5，是生数与成数的中介，八卦系统独中间的五无卦，却统领四方之卦。脾脏与此相同，居中而运化统治于四时。从此结构来看，五脏方位与河洛八卦方位相同，反映出五脏是据五行之性相配属的，表现出的是五种系统的不同功能。

《素问·经脉别论》提出"四时五脏阴阳"的说法，近人恽铁樵也曾将五脏看成是"四时的五脏"，说明中医学将时间看得比空间还要重要，《黄帝内经》也大量论述了五脏功能系统与自然界四时的阴阳消长变化关系。王玉川先生的《运气探秘》将《黄帝内经》中五脏与时间的关系归纳为五类：一是四时四脏论，将春、夏、秋、冬四时与肝、心、肺、肾相对应；二是四时五脏论，即除四时四脏对应以外，提出脾脏在四时中没有独立的位置，或指四时中各时的最后一个月共72天，或指脾为至阴；三是五时五脏论，将四时配一个长夏而为五时，从而将长夏配脾；四是六时六脏论，将一年12个月平均分为六个阶段，依次分别与肝、脾、头、肺、心、肾相配；五是八风八脏论，将一年二十四节气中的"四立""二分""二至"等八节之风与脏腑相配，立春东北风盛，应大肠；春分东风盛，应肝；立夏东南风盛，应胃；夏至南风盛，应心；立秋西南风盛，应脾；秋分西风盛，应肺；立冬西北风盛，应肾。

由此可见，时空不仅是宇宙自然的基本要素，也是人体藏象的基本要素，中医借鉴表达宇宙时空的象数符号模型构建出表述人体生理、病理的藏象符号模型。

【思考题】

1. 如何理解《周易》书名的含义。

2. 简述《周易》的结构。

3. 何为"十翼"？简述其基本内容。

4. 简述《周易》对人生的指导意义。

5. 如何理解"医易同源"。

【阅读书目】

1. 朱伯崑. 易学基础教程［M］. 2 版. 北京：九州出版社，2018.

2. 朱伯崑. 周易通释［M］. 北京：昆仑出版社，2004.

3. 萧汉明. 易学与中国传统医学［M］. 北京：中国书店，2003.

4. 张其成. 易道主干［M］. 北京：中国书店，2002.

5. 徐芹庭. 易经源流（两册本）［M］. 北京：中国书店，2008.

第三章　儒学文化 ▷▷▷▷

　　儒家学派由孔子初创于春秋，始盛于西汉，繁荣于宋明，至今已有两千五百年的历史。孔子之后，发展变化，派别众多，但均有以下几大特点：一是尊孔子为师；二是奉《诗》《书》《礼》《乐》《易》《春秋》为经典；三是提倡仁义、孝悌、忠恕和中庸之道；四是维护君臣、父子、夫妇、兄弟等伦理关系。在中国封建社会，自西汉起，儒学思想在绝大多数的历史时期属于官方思想，儒家学说处于正统地位。在中国历史的长河当中，儒家文化一直是中国传统文化的主干。由汉朝的五经逐渐发展，最终形成于南宋时期的儒家十三经：《周易》《尚书》《诗经》《周礼》《仪礼》《礼记》《春秋左氏传》《春秋公羊传》《春秋谷梁传》《论语》《孟子》《孝经》《尔雅》。这些典籍中阐述的儒家学说渗透到社会的各个领域，成为社会思想文化的主导，影响至今，远播海外。

　　关于儒家的渊源和思想，《汉书·艺文志》说："儒家者流，盖出于司徒之官，助人君顺阴阳明教化者也。游文于六经之中，留意于仁义之际，祖述尧舜，宪章文武，宗师仲尼，以重其言，于道最为高。"具体到"儒"字的解释，《说文解字》云："儒，柔也，术士之称。"徐灏注笺："人之柔者曰儒，因以为学人之称。""儒"即所谓"学者"。孔子曾教导其学生要做"君子儒"，不做"小人儒"。其实，"儒"的名称在商代即已出现，当时是对一种宗教职业人员的称呼。此"儒"的主要职责是主持祭祀和接待宾客，也要掌握一些掺杂迷信内容的天文知识和礼仪规则。但春秋时期的"儒"已经不再是与政治结合的教职人员，而成为以传授礼仪知识谋生的自由职业者。他们出仕于朝廷，能为公卿尽其忠顺；入居于家中，能对父兄尽其孝悌。凡事尽量按礼的规定约束自己。孔子学派提倡仁义、礼乐、尊尊亲亲，注重德教，讲求修身，因此，后人也就以"儒"作为孔子学派的专称，是为儒家。正如冯友兰所指出："照我们现在的说法，儒家与儒两名，并不是同一的意义。儒指以教书相礼等为职业之一种人。儒家指先秦诸子中之一学派。""后来在儒之中，有不止于以教书相礼为事，而且欲以昔日之礼乐制度平治天下，又有予昔之礼乐制度以理论的根据者，此等人即后来之儒家。孔子不是儒之创始者，但乃是儒家之创始者。"

第一节　儒学本体论

　　由孔子创立的儒家学派，其思想也是随时代的变迁而不断演变发展的。《史记·儒林列传》说："自孔子卒后，七十子之徒散游诸侯，大者为师傅卿相，小者友教士大夫，或隐而不见。"韩非说："孔墨之后，儒分为八。"有"子张氏之儒""漆雕氏之儒""子思氏之儒""颜氏之儒""仲良氏之儒""乐正氏之儒""孟氏之儒"和"孙氏之儒"。班固说"仲尼没而微言绝，七十子丧而大义乖"即指此而言。儒门八派的宗旨大多不可详考，唯孟子和荀子两派得以传世而最为主要。至汉代，经过董仲舒的改造，"罢黜百家，独尊儒术"，儒学取得了独尊的地位。到宋明时期，儒学吸收佛、道思想，改变而成为理学。在此发展演变的过程当中，先秦儒学、两汉经学、宋明理学代表着儒学发展的三个重要时期。孔子、孟子、荀子、董仲舒、"二程"、朱熹、陆九渊、王阳明则是最主要、最核心的代表人物。

一、儒家思想的演变历程

在百家争鸣的历史时期，儒家是诸子百家中颇具影响力的一家，居十家（儒家、道家、墨家、法家、名家、阴阳家、纵横家、农家、杂家、小说家）之首。这一时期的儒学以孔孟之学为代表。《论语》是儒家学派的经典之一，是孔子的弟子及再传弟子整理的言行录，记录了孔子及其弟子的言行，集中体现了孔子的政治主张、伦理思想、道德观念和教育原则等等，是后人研究孔子思想的基本资料。由于对孔子言论思想的理解不尽相同，孔子去世以后，孔门弟子逐渐分化，至战国中后期，形成儒门八派。其中以孟子和荀子两派的影响最大。

（一）先秦儒家思想

1. 孔子及其主要思想　孔子（前551—前479年），名丘，字仲尼，春秋末年鲁国陬邑（今山东曲阜）人。其祖先为贵族，孔子出生时，其家已为平民阶层。幼年丧父，家境贫寒，所以孔子说："吾少也贱，故多能鄙事。"（《论语·子罕》）孔子非常好学，对西周的典章制度有着浓厚的兴趣。大约30岁时开始私人讲学，主张"有教无类"，结束了贵族教育垄断的历史。51岁出任鲁国中都（今山东汶上县西）宰，后升任司空、司寇。因不能实现其政治理想，55岁时带领弟子离开鲁国，游说列国，曾表示："如有用我者，吾其为东周乎"（《论语·阳货》）！13年间，到过卫、曹、宋、郑、陈、蔡、楚诸国，历尽艰辛，结果却无一君主采纳他的主张。再回到鲁国时，已是68岁。但孔子并没有因为政治上的失意而消沉，晚年将主要精力用于教育培养弟子和整理古代文献。孔子一生"以诗书礼乐教，弟子盖三千焉，身通六艺者七十有二人"（《史记·孔子世家》）。在去世前的5年中，整理了重要的古代文化典籍《诗》《书》《礼》《乐》《易》《春秋》，使之成为影响至今的儒学六经。

孔子思想核心是"仁"和"礼"，提出"仁者爱人""己所不欲，勿施于人""为政以德"，反对苛政，提倡以爱人之心调节与和谐社会人际关系，稳定社会秩序。孔子主张"克己复礼"，就是说做人要克制自己，使自己的行为符合"礼"的要求。为了实现"礼"，孔子提出"正名"的主张，即按照周礼的制度把当时已经混淆了的社会等级秩序矫正过来。孔子注重政治与人事，对鬼神抱有敬而远之的态度。孔子并不否认天命鬼神的存在，但他明确表示："务民之义，敬鬼神而远之。"在教育方面孔子提出"有教无类"，认为不分贫富贵贱，人人都有受教育的资格，主张"因材施教"和采取启发诱导的方式去教育学生。

2. 孟子及其主要思想　孟子（前372—前289年），名轲，战国时期邹国（今山东邹县）人，孔子的第四代弟子。孔孟之间的儒学传承关系有史可据的是"孔子→曾子→子思→孟子"。孟子为推行自己的政治主张，曾游说齐、宋、邹、滕、梁、鲁等国，做过齐宣王的客卿。但终因不合时局需求，"天下方务于合纵连横，以攻伐为贤"，他的学说被认为"迂远而阔于事情"，不被当政者所采纳。晚年，他退居讲学，与弟子一起"序《诗》《书》，述仲尼之意"（《史记·孟子荀卿列传》），有《孟子》七篇传世。南宋时朱熹将《孟子》与《论语》《大学》《中庸》合在一起称为"四书"。孟子继承并发扬光大了孔子的思想，建立了一套较完整的儒学思想体系，对后世产生了极大的影响，被后人尊奉为"亚圣"，与孔子合称为"孔孟"。

孔子主张仁，基本内容尚属道德伦理范畴，并没有完全把政治直接建筑在仁的基础之上；至曾子主张以哀怜之心执行刑罚，开始将仁扩大到政治领域；孟子进而将仁的学说运用到政治上，发展为系统的仁政学说。从孔子主张德治到孟子提出仁政，是儒家学说的重大发展。孟子的仁政主张、性善学说、民本思想、自我修养与浩然正气，以及"万物皆备于我"的观点，都是对孔子思想的继承发扬。孟子提出的"仁政说"和"性善论"，为后来中国封建社会儒家的政治思想奠定了理论基础。

3. 荀子及其主要思想　荀子（约前298—前238年），名况，字卿，因避西汉宣帝刘询讳，又称孙卿，战国末期赵国人。荀子少年时代即好学多思，受过礼教的熏陶。到齐国游学，在齐都临淄的稷下宫受到不少学派的思想影响。荀子在稷下十年，讲德修业，三度为稷下学宫祭酒。后来遭逸言而离齐适楚，春申君命他为兰陵令，春申君死后荀子免官，居兰陵授徒著书终生。其著作由后人辑为《荀子》，他的学生中最有名的是韩非和李斯。荀子身处战国末期，在儒学急剧分化中独树一帜，以儒学为基本立场，兼采众家，形成了相当纯粹的荀子思想体系。

荀子学识渊博，继承了儒学并有所发展，还能吸收一些别家之长，故在儒学中自成一派。在人性问题，荀子主张性恶论，认为人性善是教化的结果，因而提出了"隆礼重法"的政治主张。在天道观方面，提出"明于天人之分"以及"制天命而用之"的思想。

（二）汉代儒家经学

西汉初期，统治者选择以"黄老之学"为尊。直至汉武帝时期，大儒董仲舒提出"罢黜百家，独尊儒术"，以适用汉代统一思想的需要，儒家思想开始成为居于主导地位的学术思想，儒学开始成为中国两千多年封建社会占统治地位的学派。

1. 经与经学　经的本义，《说文解字》解释为："织从丝也。"即织布机的纵线。《释名》说："经，径也。如径路无所不通，可常用也。"段玉裁《说文解字注》云："织之纵丝谓之经，必先有经而后有纬，是故三纲、五常、六艺谓之天地之常经。"就书籍而言，经就是指有特殊价值、被尊为典范的著作，故各家各派所推崇的著作均可称为经。在中国的传统文化中,"经"往往专指儒家经典,是对儒学典籍的尊称。

儒学之经,先秦有"六经"之说,指的是由孔子整理编订的古代书籍《诗》《书》《礼》《乐》《易》《春秋》;汉代时,因为《乐》经早佚,"六经"成了"五经"。后来儒家的一些著作也渐被列入经书之列,至南宋时由五经发展为十三经。宋代大儒朱熹编成"四书",即《大学》《中庸》《论语》《孟子》。至南宋光宗绍熙年间,出现了合刊疏注本《十三经注疏》,内容包括《周易正义》《尚书正义》《毛诗正义》《周礼注疏》《仪礼注疏》《礼记正义》《春秋左传正义》《春秋公羊传注疏》《春秋谷梁传注疏》《论语注疏》《孝经注疏》《尔雅注疏》《孟子注疏》。这是中国最重要的一部经学丛书,是经学之集大成。

经学是指训解和阐述儒家经典的学问。儒家的典范著作被奉为全社会的"经"是从西汉开始的。从西汉起,凡对经书作训诂、义理和阐扬的学问皆称为经学,研究经的学者称为经学家。

2. 经学兴起   《汉书·艺文志》记载:"汉兴,改秦之败,大收篇籍,广开献书之路。"废秦"挟书令",礼聘邹鲁诸生,设置经学博士等,于是各家思想又重新活跃起来。为"大收篇籍",朝廷还多次派人至各地搜罗,"使谒者陈农求遗书于天下"。文化建设重新开始,这为两汉经学的发展提供了前提条件。

董仲舒(约前179年—前104年),广川(今河北景县)人,精勤好学,曾三年"不观于舍园",以治《春秋》。孝景时为博士,曾任江都王相和胶西王相,是西汉时期的大儒,中国思想史上的第一位经学大师。他完成了经学巨著《春秋繁露》,并应诏进献了著名的《天人三策》。晚年,以病老辞归,专门从事著述。著作有《举贤良对策》三篇、《春秋决事》十卷(已佚)、《春秋繁露》十七卷八十二篇。董仲舒对儒学的最大贡献是提出了"罢黜百家,独尊儒术"的主张。他在第三次应诏对汉武帝的策问中提出:"《春秋》大一统者,天地之常经,古今之通谊也。今师异道,人异论,百家殊方,指意不同,是以上亡以持一统,法制数变,下不知所守。臣愚以为:诸不在六艺之科,孔子之术者,皆绝其道,勿使并进"(《汉书·董仲舒传》)。汉武帝出于进一步强化中央集权、改换统治思想的需要,采纳了他的建议,并在此后大量任用儒生为官,使得通晓儒家经典成为为官为吏的必要条件之一。儒家思想从此成为中国封建社会的统治思想。西汉后期的刘向、刘歆父子对董仲舒极其推崇。刘歆认为,董仲舒"令后学者有所统一,为群儒首"。东汉王充认为,董仲舒"虽古圣之言,不能过增"(《论衡·案书篇》)。又曰:"文王之文在孔子,孔子之文在仲舒"(《论衡·超奇篇》)。

汉武帝时,罢黜原有的诸子传记博士,设立"五经博士",推行"以经取士",通晓儒家经典成为做官食禄的主要条件。当时博士弟子员共有50人,到成帝时已增至3000人。东汉明帝以后又不断增加,到了东汉末年,太学生多达3万人。如此壮大的学术队伍,即是设置经学博士的结果。

3. 古今经学之争   两汉经学有今文经学与古文经学之分。古今文经学之分,最初源于文字形体的不同。今文经是指用隶书书写的经书。西汉初年,设立太学教授"五经",为了讲授便利,经书都用当时通行的文字隶书改写,所以叫作今文经。今文经实即汉代整理出来的经。

古文经是指用古籀文书写的经书。西汉武帝时，在孔子住宅壁中发现了一批经书，它们都是用先秦时代古籀文书写的，主要是《逸礼》和《古文尚书》。到了西汉成帝、哀帝期间，经学大师刘向、刘歆父子校理群书，又发现了一部用古籀文书写的《春秋左氏传》。籀文汉时已不通用，所以这些经书被称为古文经。

刘歆读《春秋左氏传》后对其十分赞赏，认为《左氏春秋》得到了孔子真意。此书再加上由孔壁所得《逸礼》《古文尚书》和当时尚未立于官学的《毛诗》，便成了古文经学的研究经典。而刘歆倡导古文经，欲立《毛诗》《左氏春秋》等博士，才有今古经学的论争。

今文经学派崇奉孔子，认为孔子是政治家，"六经"皆孔子所作，是孔子治世之说。他们研究经书偏重于"微言大义"，讲究弘扬义理，以便于使经学直接为封建统治者服务，因而深得西汉政府的支持。今文经学派以董仲舒、何休等为代表，最重《春秋公羊传》。古文经学派崇奉周公，视孔子为"述而不作，信而好古"的先师。认为经书是古代历史的记录，因此注重史实考证，讲究名物训诂，与现实政治联系较弱。但到东汉，由于刘秀建国的根本思想出自刘歆，于是古文经学成为学术重心。古文经学派以刘歆、贾逵等为代表，最重《周礼》。

今古经学经过长时期的论争，逐渐由分歧走向融合。其中，作出重要贡献的是两汉经学之集大成者郑玄（127—200年，字康成，北海高密人）。郑玄先学今文，后习古文，通融为一，成为汉代最大的"通儒"，是两汉经学之集大成者。在其杜门不出、隐修经业期间，发生了经学史上又一次的古今文经学之争。好《公羊》学的今文经学家何休，驳难《左传》和《谷梁传》，撰成《公羊墨守》《左氏膏肓》《谷梁废疾》多卷。对此，"（郑）玄乃发《墨守》，针《膏肓》，起《废疾》"。从"通学"的立场对《春秋》三传进行了综合分析。郑玄的深入论述令人佩服，何休见而感叹不已。他说："康成入吾室，操吾矛，以伐我乎！"自此消除门户之见，结束了两百余年的古今文经学论争。

（三）宋明理学

理学是指宋明时期的新儒学。从北宋开始，儒学家注重通过对儒家经典阐释义理，兼谈性命，以儒家思想为核心，糅合佛、道，使其具有了以往儒学所没有的新特点，所以人们称之为"理学"，历史上又称道学，以区别于此前的儒学。

理学的代表人物主要有北宋时期的周敦颐、张载、程颢、程颐，南宋时期的朱熹、陆九渊，明代的王守仁。根据地域分野概括各学术流派：理学开创者周敦颐之学称为"濂学"，张载之学称为"关学"，奠基者程颢、程颐之学称为"洛学"，集大成者朱熹之学称为"闽学"，与朱熹同时的心学体系创始人陆九渊之学称为"江西之学"，陆王心学集大成者王守仁之学称为"阳明学"。根据旧史划分，一般分为程朱理学和陆王心学。张载的关学"宗盟斯文、羽翼道统"，附翼于程朱理学。今人大多将理学分为三大派别：以张载为代表的气本论派、以程朱为代表的理本论派、以陆王为代表的心本论派。其中势力和影响最大的是程朱学派。

理学以儒家的伦理纲常为核心加以精致的理论思辨，为儒家的伦理学提供了本体论的哲学基础，克服了过去儒家重于伦理实践而疏于哲学思辨的弱点。因此，它（主要是程朱理学）成为中国封建社会后半期的官方哲学。理学远传日本、朝鲜等国，产生过广泛影响。理学家对本体论、认识论、辩证法、伦理学的研究，无论广度还是深度都超过以往，在理论方面作出了重要贡献。但作为封建统治者的官方哲学，它是用于维护封建统治的。到了清代中期，理学逐渐衰落，但其影响一直延续到近代。

1. 周敦颐的"太极图"理论　周敦颐（1017—1073 年），字茂叔，原名敦实，后避英宗旧讳而改为敦颐，号濂溪，人称濂溪先生，道州营道（今湖南道县）人，其家世代以儒术为业。为官三十多年，始终未曾显达。晚年在庐山莲花峰下筑"濂溪书堂"，潜心学问，苦读经书，钻研并领悟《周易》。他是濂溪学派之奠基人，也是理学之开山鼻祖，其理学思想承前启后。程颢、程颐曾从其学。周敦颐一生著述不多，除了留下少量诗文外，只有"太极图"一幅，两百多字的《太极图说》一篇，不满三千字的《通书》一卷。《太极图》装载了无穷无限的宇宙，短短一篇《太极图说》却为统治中国几百年的宋明理学构筑了一座深广的理论大厦。周敦颐建构了数百年来一直被作为理学世界观的"太极图"模式，被后儒誉称为"宋理学之宗祖"。

2. 张载的气本论　张载（1020—1077 年），字子厚，理学开创阶段的重要派别——关中学派的创始人，理学奠基者之一。生于仕宦家庭，原籍大梁，"徙而家"于凤翔郿县横渠镇（今陕西境内）。因在横渠传道授业，世称横渠先生；因其弟子大都为关中人，世称其学派为关学。关学学者著作甚多，博及哲学、政治、经济、军事、文学、考古等领域，可惜今已大多遗失。张载的著作仅存《正蒙》《易说》《经学理窟》《语录》和《文集》片段。面对儒学式微、佛老盛行、圣人之道不传的局面，张载立志要"为天地立心，为生民立命，为往圣继绝学，为万世开太平"（《近思录拾遗》）。学术思想上主张"太虚即气"与"天地之性"，张载被认为是北宋时期最深邃、最富有创见性的思想家，他的新儒学对当时及后来的理学家均产生了极大影响。

3. 程朱理学　程朱理学是宋明理学的主要派别之一，也是理学各派中对后世影响最大的学派之一。其发端于北宋周敦颐，始创于北宋程氏兄弟（程颢、程颐），经过弟子杨时、再传罗从彦、三传李侗的传承，到南宋朱熹集其大成。其融合了道学、佛学、儒学思想，初步建立了一套综合探讨宇宙本原、万物生成、人性及封建伦理等问题的理论体系。程朱理学在南宋后期开始为统治者所接受和推崇，经元到明清正式成为封建社会的统治思想。

程颢（1032—1085 年）、程颐（1033—1107 年）兄弟，河南洛阳人。颢，字伯淳，学者称明道先生；颐，字正叔，学者称伊川先生。两人都是理学祖师周敦颐的学生，同为理学的奠基者，世称"二程"。"二程"在哲学思想上继承了老子"道"为万物本原的理论和周敦颐的宇宙生成理论，初步建立了以理为本的"天理论"理学体系。"二程"的思想基本是一致的，著作被后人合编为《河南程氏遗书》，其中所载二人语录，有些未注明为二人中何人之语。"二程"把"理"或"天理"视作哲学的最高范畴，认为天地万物，包括人在内，就其形而上者而言都是理，就其形而下者而言都是气，而形下之气是由形上之理产生的，理无所不在，不生不灭，不仅是世界的本原，也是社会生活的最高准则。"二程"的理学思想体系是北宋时期理学初创阶段比较典型的形态，它勾勒出了程朱理学的轮廓，为朱熹思想的产生提供了理论基础。

朱熹（1130—1200 年），字元晦，号晦庵，晚号晦翁，又称紫阳先生、考亭先生、云谷老人，谥文又称朱文公。南宋理学家，理学集大成者，尊称朱子。祖籍婺源（今江西省婺源县），从其父辈开始，家居福建。朱熹是"二程"的四传弟子，虽说是四传，但人们习惯于"程朱"联称，这是因为朱熹在理学发展史上有着突出的贡献和十分重要的地位。朱熹述而且作，著作颇丰，并大多保存。主要有《四书集注》《大学章句》《中庸或问》《论语精义》《孟子要略》《西铭解义》《太极图说解》《近思录》等。他的语录被编为《朱子语类》140 卷，他的书信、题跋、奏章、杂文等被儿子朱在编为文集一百卷。

4. 陆王心学　陆王心学是指以陆九渊、王守仁为代表的心学体系，一般认为源于孟子，起于程颢，创始于陆九渊，完成于王守仁。"心学"主要强调人的"本心"作为道德主体，自身就决定道德法则和伦理规范，使道德实践的主体性原则凸现出来。陆王心学与程朱理学虽同属宋明理学之下，但分歧较多，陆王心学往往被认为是儒家中的"格心派"（主观唯心主义），程朱理学则为"格物派"（客观唯心主义）。

陆九渊（1139—1192 年），字子静，号象山，世称象山先生、陆象山。南宋江西金溪青田人。与当时著名的理学家朱熹齐名，史称"朱陆"。家道整肃，著闻州里，宋孝宗皇帝称赞其家是"满门孝悌"。陆九渊主张阐发学术思想不受经学形式的局限，不借助注解经书来阐发思想学说，所以他一部注经的书也没有。陆九渊与朱熹同时代，但其学说思想却与朱熹有很大的不同。陆九渊融合孟子"万物皆备于我"和"良知""良能"的观点以及佛教"万法唯识"等论点，提出"心即理"的哲学命题，试图以此证明所谓"天理"即封建社会的等级秩序和道德伦理，都是人心所固有而且永恒不变的，成为宋明两代主观唯心主义"心学"的开山祖师。以"心"为万法之本，其心学思想的根本宗旨就是"发明本心"。

王守仁（1472—1529 年），字伯安，谥文成，浙江余姚人，因筑室绍兴阳明洞，自号阳明子，世称阳明先生。明代最著名的思想家、哲学家、文学家和军事家。他发展了陆九渊的学说，成为心学体系的完成者，陆王心学的集大成者。一生著作甚丰，经后人不断整理，在清代汇刊为《王文成公全书》38 卷，其中在哲学上最重要的是《传习录》和《大学问》。王守仁在《象山文集序》明确宣称："圣人之学，心学也，尧舜禹之相授受。"首先提出"心学"两字，把象山之学作为心学的代表。他将心学凝成四句话，即心学四诀："无善无恶心之体，有善有恶意之动，知善知恶是良知，为善去恶是格物。"并以此作为讲学的宗旨。明代前期思想界极其僵化，自王阳明心学崛起，天下靡然从之。王阳明的心学在明代中后期的思想界曾经风靡一时，广泛流行，一度取代了程朱理学的地位，左右中国思想界长达百年之久，不仅影响了中国近代的历史进程，而且传至日本，形成日本的阳明学，在日本的历史尤其是日本近代历史进程中发挥过相当重要的作用。其学术思想在中国、日本、朝鲜半岛以及东南亚国家乃至全球都有重要而深远的影响。

二、儒家思想的主要内容

(一) 仁礼学说

在孔子的思想体系中，"仁""礼"是两个最重要的概念，构成孔子思想的核心。孔子以"仁"为内在本源，以"礼"为外在规范，仁礼合一。"仁"是孔子对文化的创新，"礼"是孔子对传统的继承发展。"仁礼"思想是孔子最重要的历史贡献，是儒家世代传承的理论基础。

1. 仁学思想　仁学思想是孔子全部学说的核心，奠定了中国古代以人为主体的人文思想基础，并且对中国社会产生了十分重要的影响。但孔子并没有给"仁"下过一个明确的定义，而是针对不同人的不同思想、不同性格特点，对"仁"从不同层面做出了不同的描述解释。从《论语》中可知"仁"这一思想包含有很丰富的内容。颜渊问"仁"。子曰："克己复礼为仁。一日克己复礼，天下归仁焉。为仁由己，而由人乎哉?"樊迟问"仁"。子曰："爱人。"司马牛问"仁"。子曰："仁者其言也讱"(《论语·颜渊》)。"刚毅、木讷，近仁"(《论语·子路》)。"巧言令色，鲜矣仁。""能行五者(恭、宽、信、敏、惠)于天下为仁"(《论语·阳货》)。子贡曰："如有博施于民而能济众，何如? 可谓仁乎?"子曰："何事于仁，必也圣乎! 尧舜其犹病诸! 夫仁者，己欲立而立人，己欲达而达人。能近取譬，可谓仁之方也已"(《论语·雍也》)。凡此等等，不可胜举，都是孔子对"仁"的解释。由此可见，孔子所谓的"仁"是一切美好道德的总称。且孔子说："孝弟也者，其为仁之本与"(《论语·学而》)! 孝顺父母、敬爱兄长是"仁"，而且是"仁"的根本。孔子试图通过血缘纽带建立一套普适于整个社会的普遍必然的伦理秩序，这是仁学的出发点。"孝""悌"通过血缘从纵横两个方面把氏族关系和等级制度构造起来。

杨伯峻先生认为，"仁"的内涵就是"忠恕"。"分别讲是'忠恕'，概括讲是'仁'"(《论语译注》)。孔子自己给"恕"作过诠释："己所不欲，勿施于人"(《论语·卫灵公》)。从另一方面讲则是"己欲立而立人，己欲达而达人"(《论语·雍也》)。

孔子仁学思想的直接目的是想通过对上下尊卑之间的人际关系的调节，维护君臣父子的等级差别，挽救"礼坏乐崩"的社会政治秩序，防止"犯上作乱"。"复礼"的措施体现在社会国家关系上，是"君君、臣臣、父父、子子"对等级名分的端正; 在个人道德修养上，则是要"非礼勿视，非礼勿听，非礼勿言，非礼勿动"。如果每一个社会成员都以实践周礼为己任，自觉地约束自己的行为，天下就能回归到周礼的规范，成为一个仁爱、德治的社会。

孟子所面对的是一个合纵连横、七雄争霸、诈伪并起、民不聊生的战国乱世。人民不仅要受战争之苦，而且还要受虐政之害。孟子认为："民之憔悴于虐政，未有甚于此时也!"而"争地以战，杀人盈野; 争城以战，杀人盈城"，这些都是仁心丧失和霸道横行造成的。为此，他主张废止虐政和霸道，代之以仁政和王道，救民于水火，使天下归仁。他认为，以力假仁者霸，以德行仁者王。王道与霸道的区别在于是否得人心，在于是否用仁，而能否用仁则直接关系到国家的存亡。他说："三代之得天下也以仁，其失天下也以不仁。国之所以废兴存亡者亦然。""保民而王，莫之能御也。"王道之所以能王天下，在于它是符合人性的："人皆有不忍人之心……以不忍人之心，行不忍人之政，治天下可运于掌上。"他认为，霸道是以力服人，虽可能成为大国，但难以持久；王道是以德服人，人们心悦诚服，众望所归，对内就会国泰民安，政平人和，对外就会得道多助，天下无敌。孟子以性善论为根据，在政治上主张实行仁政。仁政是孟子政治思想的核心。那何为仁政呢？孟子解释曰："人皆有不忍人之心。先王有不忍人之心，斯有不忍人之政矣"（《公孙丑上》）。"不忍人之政"即"仁政"也。施仁政就是以仁爱之心治理天下。

孟子为统治者行王道于天下提出了具体的方法，那就是以仁政得民心的方法。孟子一生就是以仁政思想游说诸侯。他说"得其心有道"，并提出了一系列具体措施：停止战争，正经界、行井田、省刑罚、薄税敛、制民之产以使其不受饥寒，谨庠序以明教化，与民同乐。他认为，只要从这些方面做起，实行王道易如反掌。孟子特别强调："是故明君制民之产，必使仰足以事父母，俯足以畜妻子；乐岁终身饱，凶岁免于死亡。""五亩之宅，树之以桑，五十者可以衣帛矣；鸡豚狗彘之畜，无失其时，七十者可以食肉矣；百亩之田，勿夺其时，八口之家可以无饥矣。谨庠序之教，申之以孝悌之义，颁白者不负戴于道路矣。老者衣帛食肉，黎民不饥不寒。然而不王者，未之有也。"

在孟子的仁政王道学说中，包含着一种十分可贵的民本思想。他说："民为贵，社稷次之，君为轻。是故得乎丘民而为天子，得乎天子为诸侯，得乎诸侯为大夫"（《孟子·尽心下》）。"桀纣之失天下也，失其民也。"他甚至说："君有大过则谏，反复之而不听，则易位。"有人问他："臣弑其君，可乎？"他回答说："贼仁者谓之贼，贼义者谓之残，残贼之人，谓之一夫。闻诛一夫纣矣，未闻弑君也。"孟子的这些言辞在当时已经相当激烈了。他警告说："诸侯之宝三：土地、人民、政事。宝珠玉者，殃必及身。"实际上，以民为宝而不以珠玉为宝，这是历代统治者难以做到的，"民贵君轻"的思想是没有哪位君王所乐意接受的。唯其如此，才更见孟子理论的可贵。

2. 礼的观念　《说文解字》曰："礼，履也，所以事神致福也。"是说"礼"是一种"事神致福"的行为，即通过供奉鬼神以获得福气或好运的祭祀仪式。"礼"起源于先民的原始巫术、宗教祭祀神灵的仪式活动。在仪式活动发展成为"礼"的过程中，出现了一批专门掌握仪式活动的人员，仪式活动变为少数人所垄断，成为体现少数人意志的一种活动。到了周朝，周朝统治者认识到了民心向背之关键，提出了"敬德保民"的思想，对宗教性较强的殷礼作了重大的革新，关注的重心由神事转向人，"制礼作乐"以确定社会各个阶层的特殊行为规范，显示其地位的差异。到春秋时，其意义发展为周礼之礼仪，为规定社会行为的法则、规范、仪式的总称。"凡当时列国君大夫所以事上、使下、赋税、军旅、朝觐、聘享、盟会、丧祭、田狩、出征，一切以为政事、制度、仪文、法式者莫非'礼'"（钱穆《国学概论》）。"周公所制之周礼，其内容非仅指祭祀的仪节，实包括有政治制度及一般行为原则而言"（徐复观《中国人性论史》）。

周礼是周初规定的一整套建立在宗法血缘关系基础上的典章制度、礼仪规范。在孔子看来，"礼"与"仁"相辅相成，表里相和，通过"礼"的形式方能获得"仁"的本质。只有有了"礼"，才可能实现"仁"。他说："克己复礼为仁，一日克己复礼，天下归仁焉"。为了"天下归仁"，他又提出一种办法，"己所不欲，勿施于人"，并把它作为"忠恕"之道来行"仁"。从"仁"出发到"归仁"，显然是孔子认为的一种完满的精神境界。

孔子特别推崇周礼，他认为，只有像周礼规定的那样，人们按上下等级、尊卑长幼明确而严格的秩序规定去行事，社会才会安定。所以孔子把恢复周礼作为自己政治思想的最高目标，这也反映出孔子政治思想中保守的一面。对周礼的制定者周公，孔子更是无比佩服："甚矣吾衰也！久矣吾不复梦见周公。"但自春秋以来，周礼遭到严重破坏而出现"礼坏乐崩"。孔子曾伤感地说："天下有道，则礼乐征伐自天子出；天下无道，则礼乐征伐自诸侯出。自诸侯出，盖十世希不失矣；自大夫出，五世希不失矣；陪臣执国命，三世希不失矣。天下有道，则政不在大夫；天下有道，则庶人不议"（《季氏》），所以孔子明确提出要"克己复礼"。

当然，孔子所说的"礼"，在范围和含义上与西周的"礼"有所不同，表现出对古代思想的改造与进步。其一，对西周的"礼不下庶人"，孔子主张对所有的人"齐之以礼"（《论语·为政》），扩大了礼的范围。其二，孔子所说的"礼"的基本含义是礼仪、礼制，突出了现实政治的含义，淡化了崇敬鬼神的色彩。

孔子特别重视"礼"，认为"不学礼，无以立"（《季氏》）。"礼"是人立足于社会的基础。对统治者来说，"上好礼，则民易使"（《宪问》）。"上好礼，则民莫敢不敬"（《子路》）。"礼"是国家稳定的基础，故孔子主张"克己复礼"，要求人们"非礼勿视，非礼勿听，非礼勿言，非礼勿动"（《颜渊》）。而"礼"更有其本质的内涵，那就是"仁"。正如孔子所说："礼云礼云，玉帛云乎哉"（《阳货》）？即言"礼"不仅指用以祭祀的玉帛礼器形式，而有着实质的思想内涵。

孔子礼学的主要贡献是对"礼"的心理基础做出了论证。"春秋时代代表人文世界的是礼，而孔子则将礼安放于内心的仁；所以他说'人而不仁，如礼何'"（《中国人性论史》）？孔子为"礼"找到了一个心理基础、生命基础"仁"，使得"礼"作为一种社会规范和道德规范更具其合理性、权威性、必要性和重要性。另一方面，"礼"的渗入也使得"仁"有所附着而不至于空洞，从而仁礼合一。正如李泽厚先生所言："（孔子）把'礼'的基础直接诉之于心理依靠。这样即把整套'礼'的血缘实质规定为'孝悌'，又把'孝悌'建筑在日常亲子之爱上，这就把'礼'以及'仪'从外在的规范约束解说成人心的内在要求，把原来的僵硬的强制规定提升为生活的自觉理念，把一种宗教性神秘性的东西变为人情日用之常，从而使伦理规范与心理欲求融为一体"（《中国古代思想史》）。

隆礼重法的荀子尊崇孔子，认为他是舜禹一样的圣人，不同于舜禹的只是没有帝王之位而已，所以说舜禹是"圣人之得时者也"，孔子是"圣人之不得时者也"。

孔孟儒家倡王道和仁政，荀子则主张礼法并施、王霸兼用，以礼教和王道为主。"君人者，隆礼尊贤而王，重法爱民而霸，好利多诈而危。欲近四旁，莫如中央，故王者必居天下之中，礼也"。荀子继承儒家关于"礼"的学说，强调以礼和德为治国之本，"隆礼"即把"礼"看作是个人及整个社会生活的最高行为准则。他说："人无礼则不生，事无礼则不成，国家无礼则不宁。"就是说"礼"是修身、行事、治国的根本。他把"礼"看作是道德的最高原则和境界。他说："礼者，法之大分，类之纲纪也，故学至乎礼而止矣。夫是之谓道德之极。"同时，荀子还把"礼"看作是人类行为活动应当依循的最高准则和规矩。他说："故绳者，直之至；衡者，平之至；规矩者，方圆之至；礼者，人道之极也。"孔子讲仁礼结合，孟子重仁义，荀子则崇礼。荀子从社会生活的实践出发解释"礼"的含义、起源和作用，并以"礼"为核心，确立了具有自己特点的道德观念体系。

荀子与孔孟不同，肯定了法在社会生活中的重要作用，因此在礼制中注入了浓厚的"法"的成分，并把"礼"与"法"看成是社会生活中制约人们行为的两大基本规范。他说："治之经，礼与刑，君子以修百姓宁。"还说："君人者，隆礼尊贤而王，重法爱民而霸，好利多诈而危。"但是荀子以为，"礼"与"法"比较，"礼"高于"法"。如果只讲法治，不讲礼治，单单借助于"暴察之威"而没有礼治的"道德之威"，百姓只畏于刑罚，心中无礼义，一有机会，社会就要大乱。"治之经，礼与刑，君子以修百姓宁；明德慎罚，国家既治四海平"。希望通过礼与法的结合来规范社会，维持社会正常秩序。只有以礼义为本，法治才能奏效。礼义是立法的基础。他说："故礼及身而行修，义及国而政明，能以礼挟而贵名白，天下愿，令行禁止，王者之事毕矣。"就是说，无论个人还是国家，如果都能普遍遵守礼义，就会政通人和，令行禁止，天下平安。对个人来说，爱好礼义，其行为自然合法。他说："隆礼，虽未明，法士也。"推崇礼义，即使不具体知道法律条文也会遵守法律。

在继承儒家礼教学说的同时，荀子还指出单靠道德教化之不足："尧舜者，天下之善教化者也，不能使嵬琐化。"故而荀子主张以刑法作为教化的补充："征暴诛悍，治之盛也，杀人者死，伤人者刑，是百王之所同也。""临事接民而以义，变应宽裕而多容，恭敬以先之，政之始也；然后中和察断以辅之，政之隆也；然后进退诛赏之，政之终也。""雕雕焉县贵爵重赏于其前，县明刑大辱于其后，虽欲无化，能乎哉？"如此教化辅以刑法的政治主张，对封建君王来说，无疑比孔孟之道更切实用。

（二）中庸思想

"中庸"一词最早见于《论语》。孔子曰："中庸之为德也，其至矣乎！"（《论语·雍也》）"中庸"思想起源甚古。相传早在氏族社会，帝喾便"溉执中而遍天下"（《史记·五帝本纪》）。尧舜时代又有所谓"允执其中"的说法。（《尧曰》）成书于殷周之际的《周易》一书，更是鲜明地体现了"尚中"的倾向。春秋末年的思想家孔子十分重视对三代文化的传承和弘扬，孔子就是继承了传统的"尚中"观念建构了自己的"中庸"思想体系。

郑玄说："庸，常也。用中为常道也。"即"以中为常"。意思是把执政原则转化为道德原则乃至日常思维法则。郑玄又说："名曰中庸者，以其记中和之为用也。庸，用也。"即"以中为用"。

中庸思想的基本理念是不偏不倚，无过无不及，恰到好处。从《论语》及相关典籍中不难看出，"中"是孔子品评人物、选才交友的标准之一，也是其自我修养的行为准则。如："子贡问：'师与商也孰贤?'子曰：'师也过，商也不及。'曰：'然则师愈与?'子曰：'过犹不及'"（《先进》）。在这里，孔子衡量弟子孰优孰劣的标准是"中"，即"无过无不及"。

中庸强调的是一种和谐的境界。《论语·雍也》记载："子曰：'质胜文则野，文胜质则史，文质彬彬，然后君子。'"清·刘宝楠的《论语正义》云："礼，有质有文。质者，本也。礼无本不立，无文不行，能立能行，斯谓之中。"孔子此言"文"，指合乎礼的外在表现；"质"，指内在的仁德。只有具备"仁"的内在品格，同时又能合乎"礼"地表现出来，方能成为"君子"。文与质的关系亦即"礼"与"仁"的关系。于此一则体现了孔子所竭力推崇的"君子"之理想人格；另一则反映了其一以贯之的中庸思想：即不主张质胜于文，亦不主张文胜于质。《礼记·中庸》云："仲尼祖述尧、舜，宪章文、武；上律天时，下袭水土。""礼之用，和为贵。"可见，孔子非常注重与天地自然的和谐。

中庸是道德的最高标准。《中庸》相传为孔子的孙子子思所作。书中肯定了中庸是道德行为的最高标准，指出"君子中庸，小人反中庸"，主张处理事情不偏不倚，无过无不及，恰到好处的"中和"思想。同时也提出"诚者不勉而中，不思而得，从容中道，圣人也"的"诚"之理念。《中庸》一书中深刻阐述了中庸的积极内涵："中也者，天下之大本也；和也者，天下之大道也。""致中和，天地位焉，万物育焉。"即中和是一种"尽善尽美，道德之至"的根本，有了中和，天地才能各安其所，万物才能正常生长。

中庸是艺术的最高境界。孔子对音乐作品的评价常常以中和之美为原则。如其评价《关雎》说："关雎，乐而不淫，哀而不伤。"所谓"中和之为美"。"和"是中国古代较早出现的一个哲学、美学范畴。"和"的含义可分为四个层次："和"是多元的统一；"和"是对立的统一；"和"实现的是"化合"；"和"是健康生命的形态，是兴旺发达的形态，是幸福美满的形态。"中"的含义很丰富。有了"中"的"和"，是有序的"和"。"和"是"中"之体，"中"是"和"之魂。其中体现了不偏不倚、恰到好处的和谐的美学原则。以"和"为美、以"中"为尺度的"中和"之美的范畴，首先是从音乐的声音和谐开始的，"乐以道和"。从人的生理和心理需要出发，声色之美的感受要符合人的感官要求，使人的精神达到一种中正平和状态。然后将这个范畴推及自然、伦理、政治和人格修养。只有人之身心平和，才有伦理上的君臣父子、长幼尊卑的道德秩序，才能在政治上实现和谐政治之美，即达到政通人和、国泰民安的目的。中和之美强调"和"，是在对立因素中取得和谐统一。中和是中国古代的基本审美形态，在数千年的中国传统文化的发展过程中，逐渐转化为中和、和谐的美学思想，进而形成了独特的文化精神、意识形态和价值取向，产生了丰富的艺术门类和艺术成果。中和、和谐是中国传统文化精神的根本，也是最原初的审美形态，它几乎与中国传统文化同时产生，并一直贯穿在中国审美形态的发展过程之中。

（三）天命观与天人感应

1. 孔子的天命观　天命虽不是孔子政治思想的主要概念，但它对了解和把握孔子政治思想的内在本质却具有相当大的影响。孔子对天命的理解和体认，是在对殷周时期天命观念的批判继承与创造发展中完成的。天命观念产生于原始社会，盛行于夏、商、周三代。先民原以为天帝支配着自然界和人类社会，到了西周时期有了很大的发展，基于对夏、商两个王朝先后覆灭的认识，人们进一步将天命与人事联系起来：不否认天命的存在，但强调人之"德"对天命的作用，认识到只有"敬德"，才能"祈天永命"（《尚书·召诰》）。这是天命观念发展的一个飞跃。到了春秋时期，有了更进一步的发展，出现了天人分离的观念。如子产就曾指出："天道远，人道迩，非所及也，何以知之"（《左传·昭公十八年》）？而这一切都必然影响到孔子的天命观。

从《论语》中可以看出，孔子是相信天命存在的。孔子曾对殷周以来的天命思想深信不疑，他关于天命的用语和表述还明显带有殷周天命论思想的痕迹和影响。这与他早年所受的文化熏陶及仕途多舛、经历坎坷有关。孔子幼年就"多能鄙事"，并"入大庙，每事问"（《论语·八佾》）。孔子认为，天是有意志的人格力量，具有主宰一切的伟力，人的命运都是天命安排的。一个人的贫贱、富贵、夭寿完全与天命有关，绝非芸芸众生之力量所能改变。孔子认为，人的生命中潜藏着某种人事所无能为力的客观限制。"子曰：'吾十有五而志于学，三十而立，四十而不惑，五十而知天命'"（《为政》）。"君子有三畏：畏天命，畏大人，畏圣人言"（《季氏》）。孔子曰："不知命，无以为君子也；不知礼，无以立也；不知信，无以知人也"（《尧曰》）。孔子具有传统的天命思想，天为命运之天或主宰之天。在受到匡人围困时，孔子说："文王既没，文不在兹乎？天之将丧斯文也，后死者不得与于斯文也；天之未丧斯文也，匡人其如予何"（《子罕》）？孔子认为，自己担负着承继古代文化的使命，而这使命是天赋予的。在面临桓魋欲杀之危的时候，孔子说："天生德于予，桓魋其如予何"（《述而》）？在对待公伯寮的态度上，孔子说："道之将行也与？命也。道之将废也与？命也。公伯寮其如命何"（《宪问》）？他的学生子夏曾说过："商闻之矣：死生有命，富贵在天。"（《颜渊》）学生子夏"闻之"，当闻于夫子。孔子的天命观里有了"敬德"的概念。他说："获罪于天，无所祷也"（《八佾》）。他曾发誓："予所否者，天厌之！天厌之"（《雍也》）！孔子的天命观里有了"自然之天"的概念，天是自然规律而已。"子曰：'天何言哉？四时行焉，百物生焉，天何言哉'（《阳货》）？"巍巍乎！惟天为大"（《泰伯》）。孔子的天命观念里有了不以天命为然的成分，他一生孜孜不倦，"知其不可为而为之"（《宪问》）。

孔子并没有把天视为神，对传统的鬼神观念，孔子持明确的怀疑态度："子疾病，子路请祷，子曰：'有诸？'子路对曰：'有之。诔曰：'祷尔于上下神祇。'子曰：'丘之祷久矣'"（《述而》）。"季路问事鬼神。子曰：'未能事人，焉能事鬼？'曰：'敢问死。曰：'未知生，焉知死'"（《先进》）？"子不语怪、力、乱、神"（《述而》）。但对于祭祀，孔子并不反对。"子曰：'非其鬼而祭之，谄也'"（《为政》）。"祭如在，祭神如神在"（《八佾》）。谓祭祀神灵、祖先时，好像受祭者就在面前。郭沫若先生的解释是："他肯定祭祀是求得祭祀者的心理的满足，并不是认定被祭祀者的鬼神之真正的存在"（《青铜时代·先秦天道观之进展》）。

2. 荀子的"天人相分" "天人相分"是荀子唯物主义自然观方面的主张。荀子明确地把人与自然分开，同时又强调人能改变自然。荀子提出"明于天人之分"，把"天"看作是独立于人的自然界。这是对道家思想的继承，同时又继承了儒家的思想，强调"人"能积极改造"天"，从而与早期道家有明显的区别。其重要价值在于强调主体（人）对于客体（环境）的积极改造，强调人的创造性活动。荀子认为，自然世界和人类社会各有自己的职能和规律。"天有其时"（《天论》），即四季、昼夜、寒暑、风雨、水旱等变化，化生万物；"地有其财"（《天论》），即财货资源，生养人类。这是自然天地的职能和特点。可是"天能生物，不能辨物，地能载人，不能治人"（《礼论》），而"人有其治"（《天论》）。在谁产生谁的问题上，强调天之能；在谁主宰谁的问题上，强调人之能。

荀子认为，"天行有常"，"天"是客观存在的自然，日月星辰、山川草木、阴阳风雨、四时变化都属于这个自然世界，"万物同宇而异体"（《荀子·富国》）。宇宙万物不是神造，而是自身矛盾运动的结果。"天地合则万物生，阴阳接而变化起"（《礼论》），故而自然界的变化有其自身的规律，"天不为人之恶寒也辍冬，地不为人之恶辽远也辍广"。人要顺应而不能违背，"应之以治则吉，应之以乱则凶"（《天论》）。并且自然规律不会因任何因素而改变。他说："天行有常，不为尧存，不为桀亡"（《天论》）。不会因为尧的圣明而存在，也不会因为桀的暴虐而消亡。他指出："天有常道矣，地有常数矣。"常道、常数都是指自然界固有的法则、规律。

在天人相分的基础上，荀子大胆地提出了"制天命而用之"的光辉思想，明于天人之分，目的是要人们放弃对天的迷信，积极发挥人的主观能动作用，去控制、改造、征服自然，使之为人类服务。他说："大天而思之，孰与物畜而制之；从天而颂之，孰与制天命而用之；望时而待之，孰与应时而使之"（《天论》）。就是说，与其迷信天的权威，去思慕它、歌颂它，等待天的恩赐，不如利用自然规律，使其得到充分合理的利用。因为"强本而节用，则天不能贫；养备而动时，则天不能病；循道而不贰，则天不能祸"（《天论》）。荀子的这一思想，显然与当时生产和科学的发展有关，表达了改造自然以满足人用的社会要求。

3. 董仲舒的"天人感应"说 汉代董仲舒从宇宙的本源论述到天地、阴阳、五行和人的"十端"。其思想核心是"天人感应"说。董仲舒把天视为至上的人格神："天者，百神之君也，王者之所尊也。"董仲舒认为，天和人同类相通，相互感应。天能干预人事，人亦能感应上天。对于统治者的天子，若其违背了天意，不仁不义，天就会出现灾异，对其进行谴责和警告。"天子不能奉天之命，则废！"（《春秋繁露·顺天》）

如其顺应天意，政通人和，天就会降下祥瑞以示鼓励。以"天人感应"说为基础，董仲舒建立起一套神学化了的封建社会伦理道德观，即"三纲五常"。三纲为"君为臣纲，父为子纲，夫为妻纲"，成为束缚人们思想的绳索。

董仲舒认为，在汉代的社会条件下有两条原则最为重要，那就是"中和"和"大一统"。中是前提，和是结果；中是核心，和是必然。有中必有和，合二为一；非中不能和，和谐方共存。中和是普遍规律，无所不包，天地有中和，社会有中和，人体和人的思想也有中和，要以中和治天下，也要以中和养身体。"大一统"则是为了维护当时已经形成的封建一统的政治局面。董仲舒强调："《春秋》大一统者，天地之常经，古今之通谊也。"整个社会是大一统的，思想也要大一统，天下人的思想要统一于天子，天子要统一于天意。这也是董仲舒的理论能被汉武帝接受的重要原因。

（四）人性论

1. 孟子的性善论 《孟子·滕文公上》说："孟子道性善，言必称尧舜。"为了论证其王道与仁政的合理性，孟子提出了著名的性善论学说。性善论可谓整个孟子思想的理论基础，"四端说"则是孟子对人性善的基本论证。

孔子不以善恶讲性，孟子乃首先以善言性者。孟子认为："人皆有不忍人之心。""不忍人之心"即是仁心。孟子论证曰："所以谓人皆有不忍人之心者，今人乍见孺子将入于井，皆有怵惕恻隐之心"（《孟子·公孙丑上》）。如果人们突然看到有小孩子要掉进井里去，都会马上反映出惊惧同情之心。所以说"人皆有不忍人之心"。而这"怵惕恻隐之心"，即不忍人之心，就是人的"本心"："非所以内交于孺子之父母也，非所以要誉于乡党朋友也，非恶其声而然也"（《孟子·公孙丑上》）。不是因为要结交孩子的父母，不是为了邀誉于众人，也不是因为厌恶听到孩子的哭声才去表现出"怵惕恻隐之心"的。即并非外界因素使然，而是心之本然。

孟子认为："恻隐之心，人皆有之；羞恶之心，人皆有之；恭敬之心，人皆有之；是非之心，人皆有之"（《孟子·告子上》）。"四心"人皆有之。"由是观之，无恻隐之心，非人也；无羞恶之心，非人也；无辞让之心，非人也；无是非之心，非人也。"而"仁义礼智"这"四德"即发端于"四心"，"恻隐之心，仁之端也；羞恶之心，义之端也；辞让之心，礼之端也；是非之心，智之端也"（《孟子·公孙丑上》）。这就是孟子的"四端"说，"四心"为"四德"之端。

孟子认为，"四端""四德"同为人之本有，同为人心之本然。说："人之有是四端也，犹其有四体也"（《孟子·公孙丑上》）。"仁义礼智，非由外铄我也，我固有之"（《孟子·告子上》）。故曰："恻隐之心，仁也；羞恶之心，义也；恭敬之心，礼也；是非之心，智也"（《孟子·告子上》）。恻隐之心就是仁，羞恶之心就是义，恭敬之心就是礼，是非之心就是智。

所以孟子对人性的理解可以分为两个层面解读：其一是人们的恻隐、羞恶、恭敬、是非"四心"生来就有，这种心便是人性。其二是"四心"分别为仁、义、礼、智之端，仁、义、礼、智为我所固有，因此，仁、义、礼、智也就是人性。

孟子认为，"四端"就像刚刚燃烧的火或刚刚流出的泉水一样，还需要"扩而充之"才能够发扬光大。"凡有四端于我者，知皆扩而充之矣，若火之始然，泉之始达。苟能充之，足以保四海；苟不充之，不足以事父母"（《孟子·公孙丑上》）。所以要成为真正的人，就得注意保存"四端"与"四德"这些天赋的道德本性，勿要失去。

"四德"中孟子特别强调仁义，因为他认为"未有仁而遗其亲者也，未有义而后其君者也"。当然其着眼点主要还是政治。与孔子的伦理思想相比，孟子将仁、义并称，"舍生而取义"，明显提高了义的重要性，反映了时代进步的潮流。

孟子强调道德修养是施行仁政的根本。他说："天下之本在国，国之本在家，家之本在身。"希望人人通过自我努力而成圣，则天下归仁。

首先，孟子阐发了一条"生于忧患死于安乐"的哲理。他说："天欲降大任于斯人也，必先苦其心志，劳其筋骨，饿其体肤，空乏其身，行拂乱其所为，所以动心忍性，增益其所不能。"孟子认为，苦难的处境正是自我修养的好机会。

其次，孟子围绕着道德修养提出一系列见解。他认为任何情况下人都应该知耻，坚守正义，保持善心，说："人不可以无耻，无耻之耻，无耻矣。"因为知耻，所以有所不为："人有不为也，而后可以有所为。"有所为，则舍弃生命而不惜："生，我所欲也，义，亦我所欲也。二者不可得兼，舍生而取义者也。"为了提高道德修养，孟子提出要寡欲养心："养心莫善于寡欲。"要做到尽心，知性，知天："尽其心者，知其性也；知其性，则知天矣。存其心，养其性，所以事天也。夭寿不二，修身以俟之，所以立命也。"存心尽心之所以能够知性知天，是因为："万物皆备于我矣，反身而诚，乐莫大焉；强恕而行，求仁莫近焉。"修身求仁之所以快乐，是因为所求者在自己身上"求则得之，舍则失之，是求有益于得也，求在我者也"。而对于居仁行义，孟子指出绝非不能，除非不为："挟泰山以超北海，语人曰：我不能，是诚不能也。为长者折枝，语人曰：我不能。是不为也，非不能也。"

最后，孟子提出了"养吾浩然之气"，做顶天立地的大丈夫的期望。他认为，只有培养起配义与道、至刚至大的浩然之气，才能不屈不挠，勇敢无畏，一身正气，成为一个堂堂正正的大丈夫："居天下之广居，立天下之正位，行天下之大道。得志，与民由之；不得志，独行其道。富贵不能淫，贫贱不能移，威武不能屈，此之谓大丈夫。"在孟子看来，倘若人人成为满腔正气的大丈夫，则霸道可除而王道兴，虐政可废而仁政行，如此使天下归仁，人民安乐，又有何难？孟子的这一思想，对中华民族思想道德的传承产生了深远影响，对培养中华民族的伟大性格无疑具有重要意义。

2. 荀子的性恶论　与孟子"性善论"的观点不同，荀子主张"性恶论"，提出了"人之性恶，其善者伪也"（《荀子·性恶》）的著名观点。荀子认为："生之所以然者谓之性"（《正名》）。这种"生之所以然者"的表现就是："饥而欲饱，寒而欲暖，劳而欲休。""若夫目好色，耳好声，口好味，心好利，骨体肤理好愉佚，是皆生于人之惰性者也，感而自然，不待事而后生之者也"（《性恶》）。可知荀子以人初生时所具有的本能，即与生俱来的原始自然属性为人性。而若顺此人性，就会产生种种的恶。"今人之性，生而有好利焉，顺是，故争夺生而辞让亡焉；生而有疾恶焉，顺是，故残贼生而忠信亡焉；生而有耳目之欲，有好声色焉，顺是，故淫乱生而礼义文理亡焉。然则从人之性，顺人之情，必出于争夺，合于犯分乱理而归于暴。"因此，人性是恶，不是善。

人的"善"又是由何而来的呢？荀子认为，"其善者伪也"。"伪"就是人为，"善"是人为的结果，是由于后天环境的影响，经过长期教化和学习而形成的。尧舜桀纣、君子小人本性都是恶的，之所以后来出现贤与不肖的差别，原因在于"注错习俗之所积耳"（《荣辱》）。即都是由于后天的环境和经验对人性起了决定的作用。"性"是先天赋予的，"伪"是后天人为的；"性"产生恶，"伪"则导致"善"，善恶对立，性伪也是对立的，但不可分。"无性，则伪之无所加；无伪，则性不能自美"（《礼论》）。只有性伪合，才能使天下得到治理。人性本恶，"故必将有师法之化、礼义之道，然后出于辞让，合于文理而归于治"。

因此，荀子提出要"化性起伪"，变化先天的本性，兴起后天的人为。"伪起而生礼义，礼义生而制法度"（《荀子·性恶》）。强调通过后天的努力，"起礼义、制法度"，转化人"恶"的本性，使之为"善"。荀子认为："故性善，则去圣王，息礼义矣；性恶，则与圣王，贵礼义矣"（《性恶》）。意为如果认为人性生来是善的，那就显不出圣人的美德，也就无法说清要制定礼义的原因。如果认为人性是恶的，正可以赞扬圣人的伟大，也为制定礼义找到了根据。《荀子·性恶》说："故圣人化性而起伪，伪起于性而生于礼义，礼义生而制法度。然则礼义法度者，是圣人之所生也。故圣人之所以同于众，其不异于众者，性也；所以异而过众者，伪也。"性恶论为确立封建的伦理纲常和社会制度提供了理论依据。

作为战国时代的两种人性学说，荀子的性恶论和孟子的性善论，其根本分歧在于荀子所说的"性"与孟子所指的"性"并非同一内涵。荀子强调"性伪之分"，"性"是指人初生时所具有的本能，本性即本能；孟子强调天赋"四端"，"性"是指人的本质，本性即本质。性恶论强调"性伪之分"，是以"天人相分"思想为基础；性善论强调天赋"四端"，是以"天人合一"思想为基础。性恶论否认天赋道德观点的存在，性善论承认天赋道德观点的存在。性恶论以人类物质方面的欲求作为研究人性的出发点，认为社会纷争动乱是人们追求物欲的必然结果，所以要隆礼重法；性善论以先天道德观念作为研究人性的出发点，把社会纷争的原因归结为道德观念的丧失，所以要施行仁政。由此可以这样认为：荀子力攻孟子性善之说，实为未解孟子所言之"性"为何指。从某种意义上讲，性恶论较之性善论包含有更加深刻、更为实用的内容。

（五）儒家的宇宙论

以儒家社会伦理为核心，以道家和佛学思想为理论支撑，周敦颐的"太极图说"和张载的"太虚即气"都试图把天地、社会与人性作为一个整体，以论证社会伦理价值体系的合理性和必然性。这是儒家宇宙模式的重要特点。

1. 周敦颐的太极宇宙理论　周敦颐的《太极图》（图 3-1）来源于华山道士陈抟的《无极图》。与道家人物所看重的切切实实的修炼程序不同，儒家人物所需求的是一个内容精湛、具有概括力和包容性的宇宙图式，所以周敦颐得到《无极图》后，便根据

"自上而下，顺则生人"的原则，修改成为新儒学需要的《太极图》，又把《太极图》与《易经》附会，说成儒家之秘传，写成影响中国近千年的《太极图说》："无极而太极。太极动而生阳，动极而静，静而生阴，静极复动。一动一静，互为其根。分阴分阳，两仪立焉。阳变阴合而生水、火、木、金、土，五气顺布，四时行焉。五行——阴阳也；阴阳——太极也，太极本无极也。五行之生也，各一其性。无极之真，二五之精，妙合而凝，乾道成男，坤道成女，二气交感，化生万物，万物生生，而变化无穷焉。惟人也得其秀而最灵。形既生矣，神发知矣，五性感动而善恶分，万事出矣。圣人定之以中正仁义（圣人之道，仁义中正而已矣）而主静（无欲故静），立人极焉。故圣人与天地合其德，日月合其明，四时合其序，鬼神合其吉凶。君子修之吉，小人悖之凶。故曰：立天之道，曰阴与阳；立地之道，曰柔与刚；立人之道，曰仁与义。又曰：原始反终，故知死生之说。大哉《易》也，斯其至矣"（《周濂溪集》卷一）。

太极图

阳动　　　　　阴静

乾道成男　　　坤道成女

万物化生

图 3-1　周敦颐的太极图

《太极图说》是对《太极图》的解说，周敦颐用短短的两百多字，为人们描绘了一个庞大而精密的宇宙生成模式。万千世界，芸芸众生，均根源于"无极"，由无极而生太极，由太极而生阴阳，阴阳生五行，五行生万物。万物在阴阳五行的交感与生克作用下生化无穷，最终又复归于太极和无极。万物当中，以人最具灵气，最能接受太极之理与五行之性，因此人先天地就具有至善的本性。人当中，以圣人的价值和作用最高，所以圣人立人极（"人极"就是做人的标准）。全文前后两大内容，前言天道，构造了新儒学的本体论；后言人道，建立了新儒学的伦理学。此为周敦颐思想体系的集中体现，也是中国思想史上第一次系统、完整地论述宇宙的发生与发展。

周敦颐的《通书》（又名《易通》），主要是阐发、充实《太极图说》的思想，也是对《太极图》的解说。朱熹《通书注》说："先生之学之奥，其可以象告者，莫备于太极之一图。若《通书》之言，盖皆所以发明其蕴，而诚、动静、理性命等章尤著。"如果说周敦颐的《太极图说》展示了理学体系的框架结构，那么他的《通书》则是对一些重要的理论环节作了具体论述，并着重阐述了人性论与道德论问题。周敦颐认为，人有一种超然的本性"诚"（《通书》注："诚者，至实而无妄之谓"），故《通书》开篇即说："诚者，圣人之本。大哉乾元，万物资始，诚之源也；乾道变化，各正性命，诚斯立焉。"而此"诚"的思想来源于《中庸》："诚者，天之道也；诚之者，人之道也"。"诚"源于世界的本原，体现了太极的道德本质，因此，它是圣人立身之德，是"五常（仁、义、礼、智、信）之本，百行之源"。人们的修养只要达到了诚，就实现了心灵的净化，进入了至高至善的道德境界，他就是圣人。

周敦颐的《爱莲说》也是一篇蕴藏着深刻思想内容的佳作，包含着许多佛学思想。莲花是佛教之花，他用莲花比喻人性的至善、清净和不染，以作为理想的圣人之性的象征，而污泥则好比污染人性的欲望。在周敦颐看来，追求人性的至善至美必须去污存净，去欲存诚，使人性达到莲花般的洁净无瑕。

周敦颐出入佛老而返归六经，融《老子》的"无极"、《易传》的"太极"、《中庸》的"诚"及阴阳五行学说为一体，对宇宙万物的生成和变化，以及封建人伦道德等做了系统说明，开创了理学思想体系。随着程颢、程颐等对其学说的继承和发展，周敦颐的名声逐渐显扬。他奠基的濂学对以后七百余年的中国思想史发生了深刻影响，《太极图说》成为理学家的必读之书。书中所使用的范畴，如无极、太极、阴阳、五行、动静、性命、善恶、无思、无为、无欲等，构成了理学范畴、体系的重要内容。他的理学思想在中国哲学史上起了承前启后的作用，清代学者黄宗羲在《宋儒学案》中说道："孔孟而后，汉儒止有传经之学。性道微言之绝久矣。元公崛起，'二程'嗣之，又复横渠诸大儒辈出，圣学大昌……若论阐发心性义理之精微，端数元公之破暗也。"周敦颐创立了一个完整的宇宙模式来对抗佛教思想，其积极意义在于以一种自然造化论来取代宗教神学的世界观。

2. 张载的"太虚即气"与"天地之性"　张载认为，"知人而不知天"是秦汉以来儒家之"大蔽"，而正是这个"大蔽"，造成了儒学命运的千年幽暗，而让佛、道两家的学说一度占据了思想史的主导地位。因此，张载非常重视儒学本体论的重建，以弥补传统儒学天道观的不足。

（1）"太虚即气"　张载认为，宇宙的本原是"气"，从而提出"太虚即气"学说。"太虚"一词最早见于《庄子·知北游》："是以不过乎昆仑，不游乎太虚。"《黄帝内经》中也多次出现，"太虚寥廓，肇基化元，万物资始，五运终天"（《素问·天元纪大论》）。"太虚寥廓，五运回薄"（《素问·五常政大论》）。其指广袤无垠的宇宙空间。张载承继历史，使"太虚"成为古代哲学概念。他说："太虚无形，气之本体。"（《正蒙·太和篇》）认为"气"是充塞宇宙之实体，而"其聚其散，变化之客形尔。""气聚，则离明得施而有形；气不聚，则离明不得施而无形。方其聚也，安得不谓之客？方其散也，安得遽谓之无？"即气有不同的存在形式，聚则为有形之物，而为人所见；散则为无形之物，而为人所不见。但不能因其看不见就否定它是实有。为重建儒学的本体论，张载还尽力批驳佛老的"空""无"，以破辅立。他说："气之聚散于太虚，犹冰凝释于水，知太虚即气，则无'无'。"又说："太虚者，天之实也，万物取足于太虚，人亦出于太虚。"太虚并不是真空，它只是气处于散的状态。"太虚不能无气，气不能不聚而为万物，万物不能不散而为太虚。循是出入，是皆不得已而然也"。太虚之气聚则产生世间万物，有形可见；散则复归入太虚之中，无形可寻。气有聚有散而无生灭，宇宙则是无始无终，气本身不会消失，气就是宇宙的本原和本体。

（2）"天地之性"　张载继承了前人"天人合一"的思想，使之贯通其整个理学体系。作为理学奠基人之一的张载，对理学的主要贡献在于提出"天人合一"的理论架构。张载的宇宙观是唯物论的气本论，他承认自然界和人生的实在性，并强调两者的统一性。张载"天人合一"思想中的人文意蕴还表现在他的二重人性论上。他把人性区分为"天地之性"和"气质之性"。天与人具有共同的物质基础"气"，气的普遍本质构成人与天地万物的本性，即"天地之性"。"天地之性"是人所共有的本性；而人禀气而生，由于阴阳二气清浊厚薄不同，每个人禀受不同，因此形成了各自不同的特殊气质，即"气质之性"。"天地之性"纯粹至善，"气质之性"与人的物质欲望有关，有善有不善。作为君子，不应该把"气质之性"当作性，而应变化"气质"，返求"天地之性"，以达到"德合阴阳，与天地同流而无不通"的境界。

张载认为，"性者万物之一源，非有我之得私也。惟大人为能尽其道，是故立必俱立，知必周知，爱必兼爱，成不独成"（《诚明篇》第六）。天地之性是万物的共同本源，所以大其心、尽其性的圣人把全宇宙看成是自身，视天下无一物非我，而不妄作分别，局限于区区小我。他们自立，就是立全宇宙；他们认识，就是穷神极化，洞悉全宇宙。他们自爱，就是爱全宇宙；他们成功，就是成就全宇宙。所以张载认为，志士仁人要"为天地立心，为生民立命，为往圣继绝学，为万世开太平"；要把自己的事看成是全宇宙的事，把全宇宙的事看成是自己的事。

（3）"民胞物与"和仁孝之理　"民胞物与"的意思是民为我同胞，物为我同类，泛指爱人和一切物类。张载在横渠传道授业时，为训诫学者，曾于其学堂的双牖上写有两篇短文《砭愚》和《订顽》，即著名的《东铭》和《西铭》，因其很好地阐述了儒家的思想大意，所以一向被视为儒家经典篇目，受到众人极高评价。程颐对《西铭》尤其推崇备至。他说："《西铭》之为书，推理以存义，扩前圣所未发，与孟子性善、养气之论同功……得此文字，省多少言语！且教佗人读书，要之，仁孝之理备此，须臾而不于此，则便不仁不孝也。"《西铭》曰："乾称父，坤称母，予兹藐焉，乃浑然中处。故天地之塞，吾其体；天地之帅，吾其性。民吾同胞，物吾与也。大君者，吾父母宗子；其大臣，宗子之家相也。尊高年，所以长其长；慈孤弱，所以幼其幼。圣其合德，贤其秀也。凡天下疲癃残疾，惸独鳏寡，皆吾兄弟之颠连而无告者也。"乾天为父，坤地为母，我乃一小小乾坤之子，与万物浑然处于其中。广大的民众是我的同胞兄弟，自然界的万物是我的亲密同伴。天下的大君是天地父母的长子，他的大臣则是他的家相。尊敬年长者就是尊敬同胞兄长，慈爱孤儿弱子就是慈爱同胞兄弟。圣人合天地之德，贤人特天地之秀。天下所有的残疾孤寡之人都是困顿受苦而无可诉告的兄弟。整个宇宙就是一个大家庭。所以，要爱一切人，爱一切物，爱全宇宙，就像爱自己一样。程颢称道："《订顽》一篇，意极完备，乃仁之体也"（《近思录》卷二本注）。

（六）儒家的天理论

从儒家的价值体系出发，借用道家"道"与"天理"的思想和概念，进行创造性转化和创新性发展，把自然之理和人伦之理结合起来，赋予"天理"以新的内涵，阐述儒家伦理思想的合理性和必然性。这是儒家天理论的本质所在。通常称之为程朱理学。

1. 程颐、程颢的天理论　程颢、程颐兄弟是宋明理学的奠基人，他们以接续道统为宗旨，融合道家和佛学，建立了自己的思想体系。天理论是"二程"思想体系的重要命题，对宋明理学乃至中国哲学具有重大意义。

（1）以"天理"为核心的理学体系　理学中，确立"气"之地位者为张载，确立"理"之地位者是"二程"。"二程"初步建立起以"天理"为核心的理学体系，认为天下只是一个"理"字，"理"是实际存在的，是万物之本原。"万物一体者，皆有此理"（《遗书》）。因此，只有"理"才是真实存在的世界本体。程颢曾说："吾学虽有所受，'天理'二字却是自家体贴出来"（《外书》卷一二）。不过"二程"虽常言"天理"或"理"，但对"天理"或"理"之确切意义，却未明言。从"二程"有关"理"的论述来看，他们所大力宣扬的"理"主要有以下几个方面的含义："理"是不以人的意志为转移的永恒的客观存在，天下万物都必须遵循而不可违抗；"理"是自然界的最高原则，也是社会的最高原则。它包括物的理，又包括封建社会的孝、悌、忠、信等人伦之理；"理"早已"客观"地先于事物而存在，且无人物能益损之；一物有一物之理，一物之理又是万物之理。"一物须有一理"与"天下只有一个理"是形式上对立的命题，当然是各有所指。"天下只有一个理"是指宇宙万物的统一性和共源性，"一物须有一理"是指具体事物的规定性。

"二程"提出这样一个总括天地万物的"理"，其实际意义在于：一是为了解释世界的本原，从而构筑自己的理论体系；二是为了论证社会的统治秩序和伦理道德是合理的、永存的。其政治意义十分明显：用精神世界支配物质世界，抹杀自然界与社会现象的本质区别，从而把自然道德化，把封建伦理绝对化、永恒化，把君臣之道、父子之道说成是不以人的意志为转移的"天理"。其实质都是为巩固封建专制主义服务。

（2）物必有对的合理命题　"二程"认为，"万物莫不有对""理必有对"，提出了物必有对的合理命题，较全面地揭示了事物的对立统一关系。"二程"说："天地万物之理，无独必有对，皆自然而然，非有安排也。""独"即单独存在。"对"即成对偶。有一物就有与之相对立的另一物，万物的对立是普遍的、自然的，不是某种安排的结果。"万物莫不有对，一阴一阳，一善一恶，阳长则阴消，善增则恶减"（《遗书》）。程颐说："天地间皆有对。""道无无对，有阴则有阳，有善则有恶，有是则有非，无一亦无三。"认为天地万物都处于相互对立、此消彼长的关系之中。程颐还说："理必有对待，生生之本也。有上则有下，有此则有彼，有质则有文，一不独立，二则为文。非知道者，孰能识之"（《程氏易传》卷二）？正是由于对立事物的相互作用，才推动了事物的变化和发展。故曰："理必有对待，生生之本也。"程颐还主张物极必反，即对立面的转化。云："物理极而必反，故泰极则否，否极则泰……极而必反，理之常也。然反危为安，易乱为治，必有刚阳之才而后能也。"认为物极而必反也是有条件的。"二程"的这些观点包含着一定的辩证法因素。但"二程"又认为有些对立面之间的地位是固定的不会发生变化。程颢说："夫天生之物也，有长有短，有大有小。君子得其大矣，安可使小者亦大乎？天理如此，岂可逆哉"（《遗书》卷十一）。程颐说："阴阳尊卑之义，男女少长之序，天地之大经也……男在女上，乃理之常"（《程氏易传序》）。"女不能自处，必从男；阴不能独立，必从阳"（《程氏易传》卷二）。这种思想经宋儒的倡扬，潜滋蔓延，逐渐成为左右女性日常生活的精神法则。物极必反的自然法则不能触犯天理所安排的等级秩序。

（3）存理灭欲的思想　"二程"从人性论出发把心区分为相对待的"人心"和"道心"。"人心"是人欲，"道心"是天理。"二程"把封建道德原则和封建的等级制度概称为"天理"。"二程"把凡不符合封建礼教的视、听、言、动皆归于人欲。程颐说："人心私欲，故危殆；道心天理，故精微，无私欲则天理明矣"（《遗书》）。人必须在封建伦理规范中生活，否则就会人欲横流，趋于罪恶。所以要"存天理，灭人欲"。后来，朱熹对此思想加以继承阐发，"存天理，灭人欲"成为朱熹理学思想的重要观点之一。

2. 朱熹的理气论与格物致知　朱熹的理论创造，首先是他综合天理与太极，采用"二程"发明的天理来解释太极。他说："太极只是一个理字。""总天地万物之理，便是太极。"由此，朱熹的本体论学说，由太极本体而为"理本论"。

（1）宇宙一理论　"天理"作为最高哲学范畴的地位，虽在"二程"的学说中得以确定，但对其内涵及功能作出充分论证的是在朱熹的学说当中。朱熹认为，"理"是万物的本原，不仅是宇宙的本原，也是社会道德规范的源泉，一切封建道德的原则、规定及仪节都是"理"在人间社会的展现。在朱熹那里，"理"作为道德总原则的意义最为重要。当然，朱熹对天理至上和绝对性的论证，是为了给人间的道德秩序寻找形而上的根源。

朱熹强调实在的"理"是万物的本原和本体。云："盖有是实理，则有是天理；有是实理，则有是地。如无是实理，则便没有这天，没有这地，凡物都是如此。""理"是第一性的："太极理也，阴阳气也。""太极生阴阳，理生气也。""有是理便有是气，但理是本"（《朱子语类》）。太极是最高最善的理，是天地万物的最高标准："太极只是个极好至善的道理……周子所谓太极，是天地人物万善至好的表德"（《朱子语类》卷九十四）。朱熹所说的太极是无以复加的最高范畴，是天地万物之理的总和，即总领万理的那个"理"。所以朱熹又进一步说："宇宙之间，一理而已。"

（2）理气关系论　"理"是万物之本原，但"理"是一种形而上的抽象的东西，其自身无法构成事物，若要呈现出形而下的具体的事物，则必须依赖于一种具体的东西——气。朱熹继承并改造了张载的"气本论"思想，将"气"纳入其"理本论"思想中，认为宇宙之内有"理"有"气"。云："天地之间，有理有气。理也者，形而上之道也，生物之本也；气也者，形而下之器也，生物之具也"（《文集·答黄道夫书·卷五十八》）。就是说，任何具体事物的生成，要有理，也要有气。理是事物生成的根据和来源，是"生物之本"；它是看不见的本体，故曰"形而上之道"。气是事物生成的材料，是"生物之具"；它构成事物，是有形象可循的，故曰"形而下之器"。万物生成，有理有气，缺一不可。"是以人物之生，必禀此理，然后有性；必禀此气，然后有形"（《文集·答黄道夫书·卷五十八》）。"天下未有无理之气，亦未有无气之理"（《语类·卷一》）。

理与气的关系，朱熹认为两者有主有次，既相区别又相统一。首先从根本上讲，理是先于世界而存在的形而上者，是第一性的，而气是形成万物的材料，是第二性的。理是主要的，气是派生的；理是主宰，气为理所制约。其次从具体事物上讲，两者统一于一体，理气不可缺一。没有理，构不成事物，没有气，同样构不成事物，理与气不能相离。再次从逻辑关系上讲，先有理后有气。"理未尝离乎气。然理形而上者，气形而下者。自形而上下言，岂无先后"（《语类·卷一》）？朱熹认为，未有天地万物之时，已先有天地万物之理，天地万物的生成变化，都是由于理的作用，理是至高无上的万物之源。

朱熹把张载的唯物主义的气一元论学说加以改造以服务于"理"，这使他的"理"的内容更加充实完备，对"理"的论证更加缜密。

朱熹从本体论角度指出："万物皆有此理，理皆同出一原，但所居之位不同，则其理之用不一。如为君须仁，为臣须敬，为子须孝，为父须慈，物物各具此理，而物物各异其用，然莫非一理之流行也"（《朱子语录·卷十八》）。从逻辑上讲，"理一分殊"是"天下只有一个理"与"一物须有一理"的综合统一。从自然观上说，"理一"是万物皆归本于阴阳五行这样一个道理，"分殊"是事物各有其理，同时又体现"理一"这一总理。总合天地万物之理，只是一个理，分开来，每个事物都各有其理。然千差万别的事物都是那一个理的体现。

朱熹认为，总天地万物的那个理，即是太极，太极便是最根本的理。"理一分殊"就是太极包含万物之理，万物分别体现整个太极。朱熹用"理一分殊"生动形象地概括了太极和具体事物的关系："本只是一太极，而万物各有禀受，又自各全具一太极尔。如月在天，只一而已。及散在江湖，则随处而见，不可谓月已分也"（《语类·卷九十四》）。太极包含万物之理，万物便分别体现整个太极，这便是"理一分殊"。

（3）格物致知　"格物致知"是儒家思想中的一个重要概念，源于《大学》"格物、致知、诚意、正心、修身、齐家、治国、平天下"。宋代以后，尽管思想家们各以自己的不同见解来阐发认识论思想，但人们总是把格物之学与"二程"、朱熹的名字联系在一起，可见"格物致知"对后世影响之深远。

朱熹认为《大学》有经、传之分，"格物致知"传有阙文，因而增入他著名的"格物致知"补传："所谓致知在格物者，言欲致吾之知，在即物而穷其理也。盖人心之灵，莫不有知，而天下之物，莫不有理。惟于理有未穷，故其知有不尽也。是以《大学》始教，必使学者即凡天下之物，莫不因其已知之理而益穷之，以求至乎其极。至于用力之久，而一旦豁然贯通焉。则众物之表里精粗无不到，而吾心之全体大用无不明矣。此谓之物格，此谓知之至也"（《四书章句集注》）。这足以表明"格物致知"既是认识事物的认识论又是研究理学的方法论。其中，"天下之物莫不有理"，换言之，"一草一木亦皆有理"。因此，所谓穷理，首先是穷那"一物有一物之理"的理。即要人们透过事物的现象，寻绎出那事物之所以如此的理据。又说："穷物理者，穷其所以然也，天之高，地之厚，鬼神之幽显必有所以然者"（《萃言·卷二》）。朱熹继承这一观点并反复称述而使其广为人知，它的真正意义在于强调一种对万事万物之理的穷究精神："上而无极、太极，下而至于一草一木、一昆虫之微，亦各有理。一书不读，则缺了一书道理；一事不穷，则缺了一事道理；一物不格，则缺了一物道理，须著逐一件与他理会过"（《朱子语类·卷一五》）。格物范围无所不包，无论宏观还是微观世界，无论自然还是人类社会，都应当努力不懈地探求其理。

"人心之灵莫不有知"，这是"致知"的前提。朱子说："知先自有，才要去理会，便是这些知萌露，若懵然全不向著，便是知之端未曾通……孟子所谓'知皆扩而充之，若火之始然，泉之始达'，扩而充之，便是'致'字意思"（《朱子语类·卷一六》）。"扩而充之，便是'致'字意思"，这句话可以作为理解朱熹"致知"的钥匙。朱熹以孟子"四端说"为理论前提，孟子认为：恻隐、羞恶、辞让、是非之心为仁、义、礼、智之四端，为人所本有，但"苟能充之，足以保四海；苟不充之，不足以事父母"（《公孙丑上》）。这里所说的"知"，尚是一种潜在，人心所萌露的是"恻隐""羞恶""辞让""是非"四端之心，还须将此四端之心扩而充之，才能使此心"全体通明"。方法即是"因其所已知而及其所未知"。朱熹说："致知工夫，亦只是且据所已知者，玩索推广将去，具于心者，本无不足也"（《朱子语类》卷十五）。所谓"已知"是指"孩提之童知爱其亲"的"良知"，所谓"未知"是指"具于心者，本无不足"的潜在之知。"用力之久，一旦豁然贯通"，告诉人们如何实现"致知"的目标。朱熹"用力之久，一旦豁然贯通"的理论本于"二程"。他用"二程"的话说："程子谓：'今日格一件，明日又格一件，积习既多，然后脱然有贯通处。'某尝谓：他此语便是真实做工夫来，他也不说格一件后便会通，也不说尽格得天下物理后方始通，只云：'积习既多，然后脱然有个贯通处'"（《朱子语类·卷一八》）。除了"今日格一件，明日又格一件"的格物功夫，朱熹还提出"致知"必须先克人欲。朱熹说："人皆有是知，而不能尽其知者，人欲害之也。故学者必须先克人欲以致其知，则无不明矣"（《朱子语类·卷一五》）。

（七）儒家的心学

心学是儒学的重要学派。儒家心学始于孟子，兴于程颢，发扬于陆九渊，终由王守仁集其大成，与程朱理学分庭抗礼，成为宋明理学的另一重要流派，习惯上称之为陆王心学。它集中体现了儒家宣明教化、修养心性、完善人格、学以成人的最终目标。

1. 陆九渊心学　陆九渊的心学思想来源于孟子，陆九渊曾自称是"因读《孟子》而自得之"，以为孔子之后其学"自曾子传之子思，子思传之孟子，乃得其传者"。孟子认为，人天生有善端。陆九渊在回答"如何是本心"的问题时，就反复背诵孟子的话作答："恻隐，仁之端也；羞恶，义之端也；辞让，礼之端也；是非，智之端也。此即是本心。"又进一步指出："心之体甚大，若能尽我之心，便与天同。"所以他认为，孟子所说的"四端"只是举例而已，并不是说人心只表现为此"四端"，"万物森然于方寸之间，满心而发，充塞宇宙，无非此理。孟子就四端上指示人，岂是人心只有这四端而已。又就乍见孺子入井皆有怵惕恻隐之心一端指示人，又得此心昭然，但能充此心足"（《陆九渊集》）。所言"此心"，陆九渊又称它为"本心"，是说它是内在的，本来就有的。它是道德智慧、纯善意识的本原。诸如同情心、羞耻心、恭敬心、公正心都是"本心"的表现。本心遇到相应的事物就会自然而然地表现出来：见孺子入井，便有怵惕恻隐之心；见丘墓则生悲哀之心；见宗庙则起钦敬之心；可羞之事则羞之，可恶之事则恶之；是知其为是，非知其为非。凡此种种，皆"本心"之体现。

陆九渊继承孟子的"心性论"，提出"心即理"和"宇宙即是吾心，吾心即是宇宙"的思想。陆九渊引《孟子》各节言论以论"心"，最后得出"心即理"的断定："大人者不失其赤子之心。四端者，即此心也。天之所以与我者，即此心也。人皆有是心，心皆具是理。心即理也"（《陆九渊集》）。此心即仁义之心，此理即仁义之理。因此，穷理不必向外探求，只需反省内心就可得到天理。

陆九渊强调学者须先立志，自做主宰。他说："宇宙之间，如此广阔，吾身立于其中，须大做一个人"（《陆九渊集》）。不要"处己太卑，而视圣人太高"。若能发明此心，涵养此心，便同样是圣贤一流人。甚至对待儒家《六经》，陆九渊也不把它当作必须恪守的教条。"或谓陆先生云：'胡不注《六经》？'先生云：'《六经》当注我，我何注《六经》？'"以为人生目标是如何"做人"，而不是如何"作书"。他说："若某则不识一个字，亦须还堂堂地做个人"（《陆九渊集》）。表现出他对人格精神的尊崇。

陆九渊认为，本心自有明德，不必作无益他求；要自主自重，无需学做他人模样。陆九渊指出，对人来说，虽然作为一种天之所予的人之本心是浑然至善的，本心自满自足不假外求。但是对现实的人来说，人人都会因为世俗物欲之戕而有蔽理溺心之害，因此必须使人之本心发扬复明。

2. 王阳明心学 王阳明思想体系的核心是"致良知"与"知行合一"。而其思想体系的基点和出发点则建立在对朱熹格物致知说的批判上面。

（1）"心的本体就是天理" 阳明心学认为，"圣人之道，吾性自足，不假外求"。王阳明在陆九渊的思想上提出了"心即理也，心外无理，心外无物，心外无事"的理念。天理就是人们所苦苦追求的圣人之道，就是宇宙间最高的"天道"。正所谓"心即道，道即天。知心则知道、知天。"所以人人皆生而具有一颗圣心，人人皆生而具有圣人之道，人人皆有成为圣贤的潜力，人人皆可以成为圣贤。这是阳明心学的根基。

王阳明年轻时即有志于圣贤之学，早期尊崇程朱理学，从娄谅学宋儒"格物致知"之旨。为了实践朱熹的"格物致知"，他曾用达摩面壁式的方法去"格"竹子，想以此直超径入，以见天下之"至理"。结果"格"了七天七夜的竹子，什么都没有发现，人却因此病倒。这就是著名的"守仁格竹"。由此王阳明对"格物"学说产生了极大的怀疑，转向象山的心学一系。王阳明说："先儒解格物致知为格天下之物，天下之物如何格得？且谓一草一木亦皆有理，今如何去格？纵格得草木来，如何反来诚得自家意？"

这是对圣学的反思。圣学既是尽心于道德，成己立人，那学圣之功只需在身心上做，而无待于外求。圣人本也不是无所不知，不知草木之理，无碍于作圣，那草木之理也就不在圣学的范围。后来，王阳明经过著名的"龙场悟道"，大悟"格物致知"之旨，"始知圣人之道，吾性自足，向之求理于事物者误也"，思想发生了重大转变。所谓"吾性自足"，是说吾性完全具备作圣的资质，作圣之功不在于外物，而在"求尽其心"。

"尽心"说本质上并不是要对外物疏离，相反，却以人心与万物本然一体为基本观念。王阳明说："圣人之求尽其心也，以天地万物为一体也。"圣人之心表现为对天地万物的普遍关怀："吾之父子亲矣，而天下有未亲者焉，吾心未尽也。吾之君臣义矣，而天下有未义者焉，吾心未尽也。吾之夫妇别矣，长幼序矣，朋友信矣，而天下有未别未序未信者焉，吾心未尽也。"此种表现不是主观的意愿，不是人为的造作，而是圣人"其心之仁本若是"。王阳明说："大人者，以天地万物为一体者也。其视天下犹一家，中国犹一人焉……大人之能以天地万物为一体，非意之也，其心之仁本若是"（《阳明全书·卷二六·大学问》）。王阳明所说的"求尽其心"乃是尽"仁"心，是以"治家国天下"为内容的。孟子所说的"人皆有不忍之心"，这个"不忍之心"就是"仁心"，就是人的本然之心，也就是良知。这一仁心、良知与天地万物是本然一体的，见孺子入井而有恻隐之心，见鸟兽哀鸣觳觫而有不忍之心，见草本摧折而有悯恤之心，见瓦石毁坏而有顾惜之心，如此等等，可见人之一心，本来就是与天地万物一体的。这个心就是《大学》里的"明德"。"大学"就是"大人之学"，也就是成圣之学。所谓"大人"就是能回到天地万物一体境界的人。至于人心与万物是否一体，王阳明认为，这不能以形体为分界，而应从心灵与万物的感通来看，心灵与万物能够感通，便足以证明心物是一体的。

人心与天地万物本然一体，这个体就是人成圣的根据和基础。"明明德"就是立体，建立起一个成圣的根基。所以《大学》中"明明德""亲民"之后"止于至善"，"至善"遂成为"良知"之别称。"龙场悟道"使王守仁对《大学》的中心思想有了新的领悟。王守仁认为，心是万事万物的根本，世界上的一切都是心的产物（心即理），故王守仁强调："心一而已，以其全体恻怛而言谓之仁，以其得宜而言谓之义，以其条理而言谓之理。不可以心外求仁，不可外心以求义，独可外心以求理乎？外心以求理，此知行之所以二也；求理于吾心，此圣门知行合一之教。"

（2）"知行合一"　王阳明非常重视并首次提出了"知行合一"。他说："知者行之始，行者知之成。圣学只一个功夫，知行不可分作两事。"所谓"知行合一"，不是一般的认识和实践的关系。"知"主要指人的道德和思想；"行"主要指人的行为和实践。因此，知行关系指的是道德意识与道德践履的关系，也包括一些思想意念与实际行动的关系。王阳明认为，人不仅要认识"知"，更应当以"行"去实践"知"，必须把"知""行"统一起来。"未有知而不行者。知而不行，只是未知"。明白了一个道理，就应该用行动去实践它。若实践符合这个道理，这样的"知"才是真知。若实践与道理相悖，这样的"知"就不是真知。

针对朱熹的"知先行后"，王阳明说："心虽主于一身，而实管乎天下之理；理虽散在万事，而实不外于一人之心……外心以求理，此知行之所以二也。求理于吾心，此圣门知行合一之教，吾子又何疑乎"（《传习录·中》）？"今人学问，只因知行分作两件，故有一念发动虽是不善，然却未曾行，便不去禁止，我今说个知行合一，正要人晓得一念发动处即是行了，发动处有不善，就将这不善的念克倒了，须要彻根彻底，不使那一念不善潜伏在胸中，此是我立言宗旨"（《传习录·下》）。力倡"知行合一"。

"知行合一"的含义是说知行是一件事的两个方面。知是心之本体的良知，良知充塞流行，发而为客观具体的行动或事物，就是行。王阳明说："如好好色，如恶恶臭，见好色属知，好好色属行，只见那好色时已自好了，不是见了后，又立个心去好；闻恶臭属知，恶恶臭属行，只闻那恶臭时已自恶了，不是闻了后，别立个心去恶……如称某人知孝，某人知悌，必是其人已曾行孝行悌，方可称他知孝知悌，不成只是晓得说些孝悌的话，便可称为知孝知悌。又如知痛，必已自痛了方知痛。知寒，必已自寒了。知饥，必已自饥了。知行如何分得开，此便是知行的本体"（《传习录·上》）。"知行本体"，亦即"知行合一"。

理学是以做圣人为目标的心性之学，因而它的知行观主要是讨论道德认识和道德实践问题。王阳明"龙场悟道"，认识到"向求之于外物皆非也"，第二年应聘主持贵阳书院，即提出"知行合一"，目的就是要求学者抛弃外求的方法，省却气力，在心上做工夫，能知即能行。王阳明在回答学生提出的质疑时说："凡谓之行者，只是着实去做这件事，若着实做学、问、思、辨的工夫，则学、问、思、辨亦便是行矣。行之明觉精察处便是知，知之真切笃实处便是行矣。若行而不能精察明觉便是冥行，便是学而不思则罔，所以必须说个知；知而不能真切笃实便是妄想，便是思而不学则殆，所以必须说个行。原来只是一个工夫。"

王阳明继承儒学传统，提出的"知行合一"说首先解决的是道德意识与道德践履之间的关系问题。在他看来，成就自身德行的过程离不开躬行，而真诚的孝悌行为亦意味着德行的实现，意识与践履相互规定，相互依赖，是不可分割的。

（3）致良知　阳明心学提倡"致良知"。王阳明认为，心学是儒学的核心。他说："圣人之学，心学也。尧舜禹之相授受。"而心学的宗旨在于"致良知"。王阳明说："良知之外，更无知，致知之外，更无学。""致良知是学问大头脑，是圣人教人第一义。致良知三字，真圣门正法眼藏。吾平生讲学，只是致良知三字"（《王文成公全书·二十六卷》）。认为是"千古圣人相传的一点真骨血"，喻之为操舟之舵。人生之舟有此舵，则无往而不利，虽风浪艰险，也可免于没溺之灾。又说："天地虽大，但有一念向善，心存良知，虽凡夫俗子，皆可为圣贤。""致良知"说是其对陆九渊"心即理"思想的发展。

"良知"一词出自《孟子》："人之所不学而能者，其良能也；所不虑而知者，其良知也。孩提之童，无不知爱其亲者；及其长也，无不知敬其兄。亲亲，仁也；敬长，义也。无他，达之天下也"（《尽心·上》）。由此可知，《孟子》所说的"良知"就是"本然之善"的仁义之心，它自身即具有"达之天下"的普遍性。在孟子看来，良知本是一种先验的道德观念，是指一种恻隐之心、羞恶之心、辞让之心、是非之心。而王阳明对此则作了本体方面的发挥，以为吾心之良知，即所谓天理。把先验的道德良知视为代表世界本原的天理，因而良知便成为人人心中不假外求的道德本原。在王阳明看来，良知是是非之心，好恶之心，是判断是非的唯一标准；良知人人俱有，自圣人以至愚人，无不相同；人人同俱良知，人人有个判断是非善恶的自家标准。因此，他强调，良知就是人人所具有的"心之本体"，它先验地存在于人们的心中，人们依良知而行便会产生正确的道德行为，故而无需向外寻求道德行为的来源。

"致良知"源于《大学》的"致知"，但王阳明此说与《大学》本义不一。王阳明的"致知格物"说是针对朱熹的"格物致知"说而发，目的是为了阐发自己的"致良知"说。王阳明指出："致知云者，非若后儒所谓充广其知识之谓也，致吾心之良知焉耳。"朱熹的"格物致知"说强调了知识在人心的道德修养过程中的作用，忽视了人心在这一过程中的能动作用。王阳明在这一问题上，对"格物致知"进行了一番新的解释。他说："无善无恶心之体，有善有恶意之动，知善知恶是良知，为善去恶是格物。"所谓"格物"便是在意念发动处的件件事情中"为善去恶"，避开主观意念中恶的认识，接近善的直接感觉。以这种格物说解释《大学》的"致知在格物"，在意念的发动处为善去恶不欺骗良知感觉，这就是诚意。因此可以说，王阳明的"致知格物"其实就是穷究吾心之良知，从而把《大学》的实践道德思想转变成自己的"格物致良知"的道德修养论，要"致吾心之良知于事事物物"。

王阳明提出"致良知"的主张，认为良知即是天理。他说："所谓致知格物者，致吾心之良知于事事物物也。吾心之良知，即所谓天理也。致吾心良知之天理于事事物物，则事事物物皆得其理矣。致吾心之良知者，致知也；事事物物皆得其理者，格物也。是合心与理而为一者也"（《答顾东桥书》）。他要求人们首先认识和恢复内心所固有的天理，并由此推及自己的良知于事事物物，这样事事物物皆得其天理矣。王阳明有句名言："破山中贼易，破心中贼难。""致良知"的目的就是要唤醒良知，破除恶念，即把自己的一切行为和活动都纳入中国传统社会道德规范的轨道。

第二节　儒学价值论

儒家文化作为中国传统文化的主干和中国古代社会的主流意识形态，其思想已经深入到中国人精神和生活中，成为中国人树立道德理念、处理人际关系、凝聚民族群体的理论依据。其价值体现在中国社会的方方面面，博及政治、经济、哲学、伦理、文学、艺术、史学、医学等几乎所有的领域。

一、儒学的道德价值

儒学最基本的特征就是把道德放在首位，突出道德在人类生活中的优先地位。儒学所推崇的"五常"（仁、义、礼、智、信）、"四端"（恻隐之心、是非之心、辞让之心、羞恶之心）、"三达德"（仁、智、勇）、忠恕之道，以及正心诚意、正己正人、成己成物、修己安人、仁民爱物等，讲的都是人类的普遍道德。儒学主张以德正心，以德修身，以德立教，以德治国，以德治天下。儒学对道德推崇备至，可以说儒学就是道德之学。

(一) "仁"的价值

"仁"是孔子思想的精髓所在，也是孔子政治思想、教育思想、文献整理的思想基础和理论前提。一部《论语》不足两万字，"仁"字出现 109 次。从孔子对"仁"的多种阐述来看，"仁"是一种极为广泛的道德观念，几乎包含了一切优秀的道德品质。"仁"既包括了个人的心性修养、为人处世的态度，又包括了价值评价的标准。可以说，仁学是孔子构建的道德学说。

1. 仁者爱人，以人为本 孔子以一个圣哲的胸怀表现了对生命的无限热爱和珍惜。《论语·颜渊》："樊迟问仁。子曰：爱人"。仁，其本义就是人与人之间的和睦、亲密关系。"爱人"意味着把他人当作平等的人来对待，尊重他人，爱护他人。孔子所倡导的"仁"，还非常重视以人为本。《论语·乡党》记载："厩焚。子退朝，曰：伤人乎？不问马。"可见，孔子重视人身胜于财物。这种爱人、以人为贵的意识，在当时封建统治者重财轻人、视下民为奴才的现实中，具有积极的作用和意义。

2. 推己及人，仁民爱物 《论语·雍也》云："夫仁者，己欲立而立人，己欲达而达人。""己所不欲，勿施于人。"就是设身处地地推己及人。孟子继承了孔子的仁学思想，提出"老吾老以及人之老，幼吾幼以及人之幼"，并主张"亲亲而仁民，仁民而爱物"，即"博施于民而能济众"。张载进一步提出"民吾同胞，物吾与也。"由爱自己推及爱众人再到爱自然界的万物，这是仁的最高境界。

3. 重视人格，有所担当 《论语·卫灵公》云："志士仁人，无求生以害仁，有杀身以成仁。"是指"志士仁人"始终将"成仁"作为自己人生的最高使命，并义无反顾地随时准备愿为这一使命的实现献出自己的生命。这种超越小我的博大的仁爱精神，影响了无数的有志之士，如霍去病"匈奴未灭，何以家为"；李贺"男儿何不带吴钩，收取关山五十州"；顾炎武"天下兴亡，匹夫有责"等就是儒家"成仁""践仁"情怀的最好写照。

儒家"仁"学思想的基本目标就是建构和谐的人际关系和社会秩序，把整个国家建成一个尊老爱幼、和谐相爱、秩序井然的社会。这对于今天倡导的和谐社会的构建有着重要的现实意义。

(二) "孝"的价值

"孝"是中华民族传统文化的重要内容和特征之一，同时也是儒家伦理思想中的基本行为规范和重要道德范畴。在儒家道德体系中，孝悌是仁德的开始和基础。"孝"是作为一个人最基本的伦理道德准则，"孝"是家庭和谐的重要因素，同时也是中华文化的重要组成部分。孔子讲究孝道的目的，就是以此调整整个社会的秩序。儒家文化所倡导的"孝"有以下特点。

1. 孝是发自内心地敬事父母 "百善孝为先""身体发肤，受之父母，不敢毁伤"是孝之始。《论语·为政》云："子由问孝。子曰：今之孝者，是谓能养。至于犬马，皆能有养；不敬何以别乎？"子曰："色难。有事，弟子服其劳，有酒食，先生馔，曾是以为孝乎？"强调不仅在物质上要奉养父母，使其在衣食住行等生活方面达到满意，更重要的是要以发自内心的感恩之心、尊敬的态度、和颜悦色、快乐的心情和合乎礼义的言行来体察、感受父母的内心世界，千方百计地使父母安宁、愉悦、康乐。

2. 孝的更高境界是立身行道　《孝经》云："夫孝，始于事亲，中于事君，终于立身。""立身行道，扬名于后世……孝之终也。"所谓"立身行道"，就是以自己独立的人格、优良的品德、卓越的才华和强烈的责任感成就一番事业，把个人生命与家族利益结合起来，在实现自我生命价值的过程中成就家族的兴盛。

3. 孝是治国平天下的重要手段　孝不仅仅是一种家庭家族的伦理规范，也是一种理家治国的重要手段。《论语·学而》云："其为人也孝悌，而好犯上者，鲜矣；不好犯上，而好作乱者，未之有也。君子务本，本立而道生。孝悌也者，其为仁之本与！"孝道是可以外推的，即"泛爱众"。《孟子·梁惠王上》云"老吾老以及人之老，幼吾幼以及人之幼"，将产生于家族中的孝悌观念推广到整个社会，从而达到以孝治天下。孝是立身之基、家风之本、成就之源，孝是修身、齐家、治国、平天下的根本要道。

当代面对社会老龄化的问题，如何让全社会的老年人老有所养、老有所医、老有所乐，既是国家必须面对的问题，也是每个家庭和每个人必须面对的问题。发扬善事父母、孝敬老人这一传统美德，对于亿万家庭的安定乃至国家的稳定与发展有其重要意义。

（三）"义"的价值

义是人类社会中的一种高贵品质，是儒家文化的又一重要价值。荀子认为人之所以为人者，不在于他能两足直立行走以区别于爬行动物的自然属性，而在于有情义、道义和正义，有是非、善恶、荣辱之辨。荀子有一段著名的关于人禽之辨的话："水火有气而无生，草木有生而无知，禽兽有知而无义，人有气、有生、有知，亦且有义，故最为天下贵也"。

1. 重义轻利　儒家的代表人物一般都把义置于利之上。如《论语》所说："不义而富且贵，于我如浮云""君子喻于义，小人喻于利。"董仲舒说："正其义不谋其利，明其道不计其功。"《太公六韬·文韬》云："天下非一人之天下，乃天下人之天下也，同天下之利者则得天下，擅天下之利者失天下。"清廉自持、接纳忠言、重仁守义、让利于民是中华民族的传统美德，也是君王治理天下应该践行的道德原则。

2. 舍生取义　孟子说："生，亦我所欲也。义，亦我所欲也。二者不可兼得，舍生而取义者也。"当生命和道义两者发生冲突时，对道义的追求就高于了对生命的追求，在只有牺牲生命才能坚持道义的时候，人就应该舍生取义。

（四）"忠"的价值

《说文解字》说："忠，敬也，尽心曰忠。""忠"是中华文化中的优良品德。"忠"是儒家学说的重要内涵与道德范畴。孔子提出君子行事以忠，说话要忠信，行事要笃敬。对国家、民族、家庭、事业，对天地、真理、信仰、职守以及他人都需要做到"忠"。"为国之本，何莫由忠。忠能固君臣，安社稷，感天地，动鬼神，而况于人乎？"

其一，"忠"是"尽己""为人"的由内向外的道德情操和高尚行为，也是人与人之间进行正常交往所必须遵从的行为准则。《忠经·证应章》云："忠者也，一其心之谓也。""忠"的关键在于"一其心"，做事很专注，心无旁骛、敦厚善良、真心实意。孔子强调"与人忠"，即对人要忠诚，在任何情况下都必须一心一意，不能三心二意。

其二，对国家和民族的忠心是"忠"的主要内涵。这是中华民族崇尚的最神圣的价值追求。《忠经·天地神明章》云："天下至德，莫大乎忠。""忠者，中也，至公无私。""忠"在这里是指"大公无私"意。"忠"即内心求善，尽职尽责，尽心竭力。"忠"是天地间的至理至德，上至君王，下至平民，须各尽其忠，同心同德。中华民族自古以来就有精忠报国、舍生取义的优良传统，"天下兴亡，匹夫有责"是历代仁人志士的抱负与情怀。精忠报国是崇高的价值观念，是高尚的爱国思想，是中华民族宝贵的精神财富。

其三，"忠"并非臣对君的盲从。孔子倡导"君使臣以礼，臣事君以忠"，子路问事君，孔子说："勿欺也，而犯之。"意思是忠臣不欺瞒君王，但君王做错事，可以不惜犯颜诤谏。孟子认为："责难于君谓之恭，陈善闭邪谓之敬。"能勇敢地指出君王的过错才是忠臣的恭；能导君明德，避免错误的行为，才是忠臣的敬。孟子还提出"民为贵，社稷次之，君为轻"。荀子在《臣道》中说："从命而利君谓之顺，从命而不利君谓之谄，逆命而利君谓之忠。"历史上的许多谏官、忠臣良相都敢于表明自己的政见，纠正、阻止君的错误，正所谓"从道不从君"。

儒家的道德观是中华民族两千多年来恪守的道德理论基础。孔子所提倡的伦理道德、重义轻利、宽恕忠信、杀身成仁、舍生取义、精忠报国、敬老爱幼、乐于进取等，成为中华民族的共同心态和理想人格。孔子的伦理观念和道德观念对中华民族有强大的凝聚力，倡导的"仁""孝""义""忠"等优秀道德，对社会和谐、生态平衡、经济发展、国力强盛等都具有至关重要的作用。

二、儒学的政治价值

孔子作为伟大的思想家，总结了尧舜以来历代圣君贤主的治国经验，提出了以重民、爱民、富民、教民为核心的仁政德治思想，开启了儒学文化的历史进程。这一思想经孟子发扬光大，荀子整理改造，董仲舒进一步加以理论化、系统化，到汉代儒学取得了正统的官学地位，中国的学术就与政治完全结合在一起，儒学成为封建社会正统的意识形态，统治中国社会两千多年，对中国社会发生了全方位的影响。

（一）"仁与义"的政治功能

儒家提倡的仁与义，除了具有亲和人伦的道德价值以外，还具有调节社会关系的政治功能。孔子讲仁就是"爱人"，孟子讲"亲亲，仁也"，仁的本质就是由血亲之情而放大的同情心和爱心。义是君子的行为准则，是君子区别于小人的根本标志，是"人之正路"，是天下之达道。所以，做人要遵循仁义的原则，治国也要遵循仁义的原则。如果人人践仁，就会实现社会秩序的和谐与稳固；君王能以仁爱之心待人从政，就能获得拥戴，拥有权威，也会缓和君王与臣民之间的矛盾对立。个人如果能做到义，就能在社会上站住脚，就会赢得他人的尊重。作为君王，如果能赢得臣民的尊重，也就赢得了民心，赢得了统治权力。所以仁义思想一直影响着人们的行为，影响着国家的政治。

（二）"民贵君轻"的治世价值

重民思想在中国传统文化中渊源甚早。《尚书·五子之歌》说："民唯邦本，本固邦宁。"先儒周公更是注重"敬德保民"。可以说，"民本"是儒家政治学说的重要范畴，是"德治"的根本。孔子的仁爱治国、礼乐治世思想，是通过道德教化来实现天下大治的政治理想。孟子继承了孔子的德治思想，发展为仁政学说，成为其政治思想的核心。他提出了一个富有民主性精华的著名命题："民为贵，社稷次之，君为轻，是故得乎丘民而为天子，得乎天子为诸侯，得乎诸侯为大夫。""民为贵"就是强调民心向背是政治统治的基础。《孟子·滕文公上》云："民之为道也，有恒产者有恒心，无恒产者无恒心。苟无恒心，放辟邪侈，无不为己。""制民之产"就是耕者有其田，有能够维持生存的日用私有财产。人民只有有了土地，才能安心生产，从而维持家庭的基本生活，才不至到处流离作乱。可见，"制民之产"包括解决人民的土地、衣食、教育等基本生存问题。孟子认为，君主应以爱护人民为先，为政者要保障人民权利。如果君王实行王道仁政，可以得到人民的衷心拥护；反之，如果不顾人民死活，推行霸道暴政，将会失去民心而变成独夫民贼，最终被人民所推翻。

（三）"大一统"的思想价值

儒家大一统思想，对维护国家稳定发挥着巨大的作用，因而能成为中国文化的主干。《礼记·礼运》记载："大道之行也，天下为公。选贤与能，讲信修睦。故人不独亲其亲，不独子其子，使老有所终，壮有所用，幼有所长，矜寡孤独废疾者，皆有所养……故外户而不闭是谓大同。"这是儒家对"大同"社会的典型描述。为了实现天下"大同"，儒家更重视求"大一统"。《尚书·尧典》"协和万邦"开了儒家大一统思想的先河。孔子认为要维持"大一统"，必须要"重礼"，即恢复周礼，这样才能维护社会的正常秩序，巩固国家的统一。不仅如此，孔子还提出了"君君、臣臣、父父、子子"的"正名"思想。"正名"就是为了使人们各安其分，国家"大一统"的局面就不会被破坏。到了汉代，统治者为适应建立统一的中央集权的需要，汉武帝采纳董仲舒的建议，提出"罢黜百家，独尊儒术"，将儒学抬到至高无上的地位，并被确立为国家的统治思想，在意识形态领域实现"大一统"。历朝历代的封建君王在建立"大一统"的国家时都非常注重思想上的统一，尊崇儒学。

由上可见，儒家的"大一统"思想包含着丰富的国家和民族统一理论，是两千多年来维系中华民族团结统一的重要纽带，对于两千多年中国社会的发展有着重大的影响，其深刻而丰富的内涵对于实现民族团结、祖国统一有着十分重要的意义。

（四）礼治、德治与人治的思想价值

儒家"为国以礼"的礼治思想、"为政以德"的德治观、"为政在人"的人治论对中国社会的影响极大，被封建统治者长期奉为正统思想。

礼治的根本含义为"礼"。"礼"作为孔子实现理想人格修养的一个组成部分，更多的是它约束、规范人们外在行为的功能与作用，即使贵贱、尊卑、长幼各有其特殊的行为规范。只有贵贱、尊卑、长幼、亲疏各有其礼，才能达到儒家心中君君、臣臣、父父、子子的理想社会。国家的治乱，取决于等级秩序的稳定与否。儒家礼治文化成为汉以后君为臣纲、父为子纲的君主专制主义的思想基础。

德治就是以道德去感化人教育人，德主刑辅。儒家德治理论的基本精神是引导人们积极向善。首先是要求统治者以身作则，注意修身和勤政，充分发挥道德的感化作用。其次是重视对民众的道德教育。儒家认为，无论人性善恶，都可以用道德去感化教育，以使人心良善，知耻而无奸邪之心。儒家的德治主张对维护封建社会的稳定起到了一定的作用。

人治的重心即是贤人政治。孔子说："故为政在人，取人以身，修身以道，修道以仁。"（《礼记·中庸》）执政的关键是执政者，选择执政者的标准是看他自身的修养，自身的修养以道德为标准，这个道德标准就是"仁"。所以说，贤人政治是德治的延伸。孔子说："为政以德，譬如北辰，居其所而众星共之"（《论语·为政》）。孟子说："惟仁者宜在高位，不仁而在高位，是播其恶于众也"（《孟子·离娄上》）。《荀子·君道》说："有乱君，无乱国；有治人，无治法。"强调治理国家、管理社会在人而不在法，关键在于尊贤重才，选贤任能。作为君王，本身就应该是最贤能的人，也就是圣王。儒家的人治思想强调，统治者个人的道德行为是国家治乱的最终决定因素，因而要求统治者注重个人的道德修为，重视自身的修养，以树立其道德威望。儒家的人治思想对当今社会的法制建设仍有一定的积极意义。

三、儒学的人格塑造价值

人格问题是儒学关注的核心，为所有儒家人物和儒学典籍所讨论。儒学所论之人格，一般来说是指人的品格，是人之言行所表现出来的稳定倾向和一贯特点。理想人格是一个国家、一个民族或一个社会中人们最推崇和最向往的人格模式，它集中体现了该社会文化的基本特征和价值标准，对人们具有巨大的精神感召力。

（一）儒家的理想人格

儒家的社会观、教育观决定了儒家倡导的理想人格，其范畴非常丰富，仁义礼智信、温良恭俭让、忠孝节悌、中庸、忠恕、慎独等等，概括而言，儒家倡导的理想人格是"内圣外王"，即内具圣人才德，外可施行王道，而其中以内圣为本。其实质是一种道德型理想人格，仁与礼是其根深蒂固的主题。

1. 圣贤人格　圣贤是儒家的理想人格，因为儒学本身就是一门成圣的学问。儒家

认为，人有成圣的前提，即人性本善，所以人人可以成为尧舜。儒学认为，"圣人可学而至"，所以人人可以通过努力而成为圣贤。而学圣之道，在正心养性而已。因此，圣贤人格是人道德修养的终极目标和最高的理想境界。从理论上讲，圣人境界是可以达到的，中正而诚，即所谓圣。所谓诚，就是要对圣人之道笃信不疑，然后脚踏实地，做到"仁义忠信不离乎心，造次必于是，颠沛必于是，出处语默必于是"。事实上，只有极少数人可以达到圣人的境界，但是不懈地追求圣人的境界却是每一个人应该具有的道德理想或道德境界。正是在这不懈追求的过程中，自己的行为不断地得到修正，自己的道德境界不断地得到升华提高，自己的人格也逐步地完善起来。

2. 仁人君子　对普通民众，尤其是对知识分子，儒家倡导的人格通常是做仁者、做君子。孔子把仁人君子当作个人道德修养的目标，引导人们在道德上以仁为中心实现全面发展，以成道德完人。孔子讲仁者爱人，讲"君子喻于义，小人喻于利"。孟子讲"恻隐之心，不忍人之心"。认为君子应具有大丈夫的气节，富贵不能淫、贫贱不能移、威武不能屈，杀身成仁，舍生取义，有很强的个性和原则性。总之，重义轻利、安贫乐道、自强不息、坦荡宽容，君子就是才德接近圣人的人。孔子曰："圣人，吾不得而见之矣，得见君子者，斯可矣！"另外，在儒家文化中，君子除了作为整体的人格理想外，更侧重于道德人格理想，这个意义的君子是与小人对立的，即正人君子，是人们修身的主要目标，具有很强的教化意义。

3. 内圣外王　孔子时代并没有明确提出"内圣外王"这一概念，"内圣外王"一词出自《庄子》，儒家借用来阐释儒学，加以改造后将其作为一种理想人格的模式而大加宣扬。儒学"内圣外王"是内以仁义纲常为本，外以仁政王道为用。内圣讲的是道德伦理，特点是约束自己，超越自己；外王讲的是社会能力，基本取向是为天地立心、为生民立命、为万世开太平。内圣是核心，是体；外王是目的，是用。体用兼备，圣王结合，融而为一。其中内圣更根本、更重要。

《礼记·大学篇》所述的"格物、致知、诚意、正心、修身、齐家、治国、平天下"八个条目，被视为实现儒家"内圣外王"的途径。八个条目是一种由近及远、由己及人、由小到大、由个体到群体的修养方法，构成一套完整的封建政治哲学体系。其中，格物、致知、诚意、正心、修身被视为内圣之业，齐家、治国、平天下被视为外王之业。"内圣外王"形象地表达了儒家修、齐、治、平的人生理想，并被视为理想人格而纳入华夏民族传统精神价值系统之中。

（二）儒家理想人格的价值

儒家关于理想人格的思想，在中国漫长的封建社会中，对塑造中华民族的文化心理结构起到了巨大的决定性作用，在历史上孕育出了一代又一代的志士仁人，为中华民族的繁衍生息、生存发展作出了重要贡献。儒家文化中的理想人格标准，成为两千年中国社会中被普遍认同的最高道德准则，成为每一个人检验自己言行的道德标准。

仁人君子，或曰志士仁人，或曰大丈夫，这些称号吸引了历史上众多的有志之士为实现它而砥砺一生。如屈原、岳飞、范仲淹、文天祥等人，他们或不同流俗、洁身自好，或精忠报国、杀身取义，或先天下之忧而忧、后天下之乐而乐，修身养性德昭日月，治国平天下功盖天地，谱写了华夏文明的光辉篇章。

总之，作为中国传统文化结晶的儒家思想，对中华民族的理想人格、思维方式、价值取向以及社会心理等都产生了深远的影响。儒学以伦理道德为中心，提倡用世进取、兼济天下，提倡修齐治平，即便在佛道极盛的南北朝和隋唐时期，依然起着支撑整个社会的主导作用，对社会的稳定和发展有着积极的影响。儒学重气节、重操守的传统成为鼓舞人们自觉维护正义、忠于民族和国家的精神力量。儒学文化中的和谐意识、人本意识、忧患意识、道德意识和力行意识对中华民族的民族性格及民族精神的形成产生了深远的影响。

四、儒学对文史哲及教育的影响

（一）对哲学的影响

儒家哲学的核心是探讨如何才能成为一个道德完善的人，所以在宇宙观、人生观、认识论这三大哲学内容中，对人生观的探究居于儒家的核心地位。从先秦到隋唐，儒家哲人都把绝大部分精力放在探讨人生方面，宋代以后，儒家哲人虽然注重对宇宙论的研究，但最终还是落实到人生上来。儒家对人生观极力探求的行为本身，激励着人们为完善自己的道德人生而自觉、不懈地努力。

儒家倡导的人生价值是多方面、多层次的，表现为各个生活领域、各种社会关系中都有相应的人生价值。比如，在道德领域讲善，在政治领域讲王道，在君臣关系中讲忠，在父子关系中讲孝。这些价值观念在实际生活中，都切实具体地成为人们的行为准则。孔子强调"仁"，他的人生哲学是仁学。战国的孟子，在孔子仁学的基础上倡导仁义，以仁义作为人生的最高理想人格。其后荀子继续倡导人本观念。秦汉以后，儒家人生理想观染上了神学色彩，如董仲舒讲人最为天下贵，但又认为人之命在天。宋儒的人生理想论具有浓厚的封建道德化色彩。明末清初出现的一批哲学家阐述新的人生理想观，具有人本主义思想倾向，如王夫之以"践形"为人生准则，戴震以达情遂欲为人生理想观。两千多年来的儒家哲人，虽然对人生的观点不尽相同，但相同的是他们对人生的价值和意义都进行了真诚的反思，对理想的人生都有着不懈的追求，并由个人而推及社会，形成了一定的社会理想。这些各具特色而又与时俱进的人生观，在不同时期指导和激励着人们为实现人生理想、成就完美人生或成为君子、圣人而不懈地努力。

（二）对教育的影响

孔子是中国伟大的教育家。他打破西周以来"学在官府"的局面，首开私人讲学之风，第一次提出了"有教无类"的思想。在长期的教育实践中，孔子对教学的规律有深刻的见解，他的教育思想以及他对教学规律的运用和掌握，成为中国几千年教育思想的精华，是教育学的宝贵财富。

1. 儒家教育，注重立德树人　孔子教学的内容设计，基本都属于道德范围。《论语·述而》记载："子以四教：文、行、忠、信。"孔子是以"文、行、忠、信"来教育学生，而"行、忠、信"均属道德范畴。至于"文"，则指诗、书、礼、乐等文献典籍，其中大多数内容仍属"仁"和"礼"两大范畴，这些都是德化教育。

班固《汉书·艺文志》说："儒家者流，盖出于司徒之官。助人君顺阴阳明教化者也。游文于六经之中，留意于仁义之际。"教化民众本来就是"司徒之官"的重要职责。《礼记·大学》说："大学之道，在明明德，在亲民，在止于至善。"在儒学的"三纲八条目"中，"三纲"是指"明明德、亲民、止于至善"。弘扬善德以"亲民"，这是教育的核心。"道济天下之溺"的韩愈则明确指出："师者，所以传道授业解惑也。"首先是"传道"。"传道"就是传播思想，用一个灵魂唤醒另一个灵魂。

2. 有教无类，追求教育公平　儒家有教无类思想的提出，顺应了历史发展潮流的进步，适应了社会发展的需要。孔子提出的有教无类包含两种含义：第一，从人的外在性看，有教无类是指在教育对象上，不分地域与国别，不分贵族与平民，人人都应该受教育。第二，从人的天赋素质以及后天的习惯与行为看，有教无类是指无论愚智、无论品行善恶，只要诚心求教，都应当给予教育。这不仅对先秦时期的教育具有积极意义，对现代教育的发展同样影响深远。在经济快速发展的今天，科学技术的发展成为衡量一个国家综合国力的重要标志，而发展教育则是科学技术发展的首要任务，教育公平成为人们最关心的话题。

3. 因材施教，注重个性发展　因材施教的教育原则和方法始于孔子，虽然他没有在理论上提出因材施教的概念，但始终将其贯穿于教育实践活动之中。比如，不同的学生问"仁"，孔子的答案不是千篇一律，而是根据个性不同，对"仁"的解释也随之变化。所以朱熹说："夫子教人，各因其材。"作为一种教育思想，注重在人的差异基础上通过不同的教育方法，促进每个人的发展是科学求实的，是孔子留给后世弥足珍贵的教育思想财富。

4. 重视主体，处处留心皆学问　儒家思想强调学生的主体地位，孔子常说："三人行，必有我师焉；择其善者而从之，其不善者而改之。"也就是说，一个人只要善于自省、明于外察，表现在他人身上的品质都可以作为自己的老师，自己则应该加以分辨和取舍。在中外教育史上，像孔子这样重视学生主体地位的实属罕见，这对于现在要培养创造性人才来说，具有启发意义。

5. 方法多样，行之有效　孔子根据长期教学的经验总结出许多行之有效的学习方法。他所说的"学而时习之""温故而知新""循循善诱"，以及"不愤不启，不悱不发"等都成为教育的格言。更有意义的是，他提倡学与思结合，其名言是"学而不思则罔，思而不学则殆"。孔子所说的思维推论，如"举一反三""闻一知十"等，都是作为教师值得借鉴的教育方法和思想。

（三）对史学的影响

儒学对中国史学的影响是全方位的，从史官制度的建立，到传统史学思想的形成；从对良史的行为要求、评判标准，到治史的方法、史书的体例等都充分体现着儒家思想对中国史学的深刻影响。

儒家对史学功能认识大致包括三方面内容：①以史为鉴：史学为王权政治服务。②经世致用：史学直接干预现实社会。③以史道义：史学为宣传封建伦理道德服务。其中，以史为鉴、经世致用的史学功能促使统治阶级有意识地利用、控制史学，并直接推动了官修史书制度的产生。唐朝以后，史学功能观从以史为鉴发展到经世致用，促进了中国史学与现实社会相结合，史学与国家命运直接相关联。儒家倡导的以史道义，使史学成为宣扬儒家伦理道德的载体。

历史上，史学家司马迁以继承和弘扬孔子事业为己任，全面推崇儒家"六经"，从而形成了中国史学尊孔崇儒、以宣扬儒学为己任的史学传统。思想上的尊孔崇儒直接影响到司马迁的史学实践。①在《史记》的内容体例上，把并非王侯的孔子列入世家，为孔子的弟子们七十七人设立合传，为孔门大儒孟荀单独设立《孟子荀卿列传》，为汉初孔门后学立《儒林列传》，可谓活生生一部早期儒学史，也显示出儒学繁盛的特殊地位。②司马迁把儒学经典作为考订史料的标准："夫学者载籍极博，犹考信于六艺"（《史记·伯夷列传》）。③司马迁把符合儒家思想作为其《史记》收录历史人物作品、收载历史人物的标准。另外，司马迁以儒家思想言论评价历史人物和事件，或直接引用孔子言论及儒家经典，或用儒家道德观、价值观来评判分析。司马迁尊孔崇儒的思想与其史学实践在史学史上影响深远。司马迁之后，历代史家著史无不尊孔崇儒，宣扬儒学，如班固、范晔、司马光等，尽管他们所处的时代不同、社会背景不同、儒学的内涵有着不同的变化而各自呈现出不同的特色，但都把宣扬儒家思想、为统治阶级政治服务作为义不容辞的责任。

中国传统的史学思想是由儒家思想的发展变化决定的。中国史学思想纷纭繁复，但长期支配中国史学的是正统思想。所谓"正统"，"居得其正之谓正，相承勿绝谓之统"（清·鲁一同《正统论》），就是要证明封建王朝在历史上的合法性。正统思想的起源是"始于《春秋》之作"（欧阳修《原正统论》），司马迁的《史记》标志着正统思想的初步形成，董仲舒倡导的新儒学思想，为封建正统史学的产生提供了理论基础。到东汉，封建正统思想完全进入史学领域，并取得了支配地位，正统史学思想成为中国史学的统治思想，封建社会的正统史家无不按照它的标准撰写史书，为当朝皇权政治服务，宣扬封建阶级的统治思想——儒家思想，维护封建统治阶级的伦理道德纲常。

经学对史学的影响，除了经学的思想或原则作为指导思想渗入到史学之中外，还表现在经学对史学著述上的重要性。首先，经学为史学研究提供了丰富的历史材料。儒家经典里保存的文献资料，从多个方面反映着历史的事实，如《尚书》保存的现存最早的政事文献，《左传》保存的古老政治文献，《三礼》里的伦理道德、礼仪制度材料等。其次，治经方法用于治史，丰富了整理古代文献的方法。治经方法用于治史在清代有了极大的发展，并形成了盛极一时的乾嘉考据史学。

（四）对文学的影响

儒学对中国古代文学的影响表现为儒家文学观在中国文学发展史上占绝对统治地

位。孔子及其儒学重视文学的社会功用，建立了最早的文学规范，确立了中国文学的基本原则，为中国文学的发展奠定了基础。

"文学"一词出自《论语》，中国文学的最早纲领"诗言志"，经儒家阐释而流传，孔子整理的"六经"，即是现存最早的文学。"六经"是中国传统文化的源头，也是中国文学的源头。孔子强调《诗经》的功用，认为"不学诗，无以言"（《论语·季氏》）。又曰："小子何莫学夫诗。诗可以兴，可以观，可以群，可以怨。迩之事父，远之事君，多识于鸟兽草木之名"（《论语·阳货》）。文学之功用，可谓大矣。孔子的"美、善"说："子谓《韶》，尽美矣，又尽善也。谓《武》，尽美矣，未尽善也"（《论语·八佾》）。其在中国古代文学史中产生了巨大而深远的影响，由此形成了中国古代以政治功利为目的的文学创作与文学批评传统。孔子的文学思想成为中国古代文学思想的纲领。

其后，孟荀发展了孔子的文学观。孟子强调文学功用，即对社会所起的积极作用及文学创作欣赏与道德的关系，荀子建立了宗经、征圣、明道的价值标准。自从荀子提出宗经、征圣、明道的文学创作原则后，文学创作应以"六经"为准绳，宣扬孔子及儒道，成为中国文学理论家最基本的纲领。如汉代著名文学家扬雄积极倡导征圣、宗经，著名文学理论家刘勰在其《文心雕龙》之"文之枢纽"五篇中，前三篇专论原道、征圣、宗经问题，就是要人们向圣人和儒家经典学习，其文学评论皆以儒家圣人思想为依据。

儒家强调伦理，伦理成为社会意识的核心，所以文学思想注重教化，从而形成了中国文学思想的又一个突出特点，就是把伦理价值作为判断作品的最重要的标准。孔子说："《诗三百》，一言以蔽之，曰：'思无邪'"（《论语·为政》）。"思无邪"就是思虑、思想没有邪曲，合于五伦，合于三纲六纪。而正由此，文学家写作中就要求坚持对君父的尊崇，即使他们有过失、有恶行也不能实录。《春秋公羊传·闵公元年》阐释了《春秋》的撰写原则："《春秋》为尊者讳，为亲者讳，为贤者讳。"这种原则被普遍应用到历史和文学著作当中，对尊者、亲者、贤者不书其恶。同时，对贱者、疏者、不肖者也就不言其善，形成对文学的规范和制约。

五、儒学的科学价值

《论语·公冶长》篇中子贡曰："夫子之文章，可得而闻也；夫子之言性与天道，不可得而闻也。"明焦竑《焦氏笔乘》中也说："天道与性命之理，孔子罕言之，老子累言之。"据此，人们多认为儒家与科学无缘。理性地看待这一问题，由于对自己社会责任的定位不同而决定了价值追求的倾向性，以孔子为代表的儒家致力于构建人类的道德和社会的伦理，所以"罕言天道"也是自然而然的，但不能因此就否定了儒家思想的科学价值。《周礼·保氏》云："养国子以道，乃教之六艺：一曰五礼，二曰六乐，三曰五射，四曰五驭，五曰六书，六曰九数。"《论语·述而》云："子曰：志于道，据于德，依于仁，游于艺。"从中可以看到儒家并不排斥科学技术。在以儒家文化为主流的传统文化背景下萌芽并发展起来的中国古代科学必然受到儒家文化的影响，不仅表现为古代科技发展与儒家文化繁荣的几乎同步性，而且表现在古代科学技术所具有的明显的儒学化特色。

（一）儒家的精神追求与科技的理性发展

成为圣贤君子以平治天下是儒家理想的精神追求。重道轻器、重义轻利、重道轻艺是儒家的一贯思想。《论语·里仁》云："富与贵是人之所欲也，不以其道得之，不处也。贫与贱是人之所恶也，不以其道得之，不去也。君子去仁，恶乎成名？君子无终食之间违仁，造次必于是，颠沛必于是。"孟子继承了孔子对生命的精神价值的追求，提出"舍生取义"。荀子也指出"先义而后利者荣，先利而后义者辱"。董仲舒提出"正其谊，不谋其利，明其道不计其功"。圣贤君子的理想追求必然引领其对物质利益的超越，也必然导致其对作为获得物质利益的重要手段的科学技术的理智和理性。

科学技术在充分展示对自然的强大征服力的同时，也异化人类精神、情感。越来越多的有识之士逐渐体认到，仅凭科技人类无以达到幸福的彼岸，唯有科技理性与人文理性相互融合，相互补益，才能给人类带来永恒的福祉。"不谋其利""不计其功"的精神与道义追求，使中国古人对物质财富的追求表现出高度的理性。孟子说："不违农时，谷不可胜食也；数罟不入洿池，鱼鳖不可胜食也；斧斤以时入山林，材木不可胜用也"（《孟子·梁惠王上》）。荀子说："圣王之制也，草木荣华滋硕之时，则斧斤不入山林，不夭其生，不绝其长也；鼋鼍鱼鳖鳅鳝孕别之时，罔罟毒药不入泽，不夭其生，不绝其长"（《荀子·王制》）。北宋张载提出"民胞物与"的主张："民吾同胞，物吾与也。"这些没有自称为科学的儒家思想告诉我们，真正的科学是尊重自然，尊重自然规律，维护生态平衡，视万物为人类的朋友。否则，就会造成生态破坏、资源短缺。这对于今天的生态建设、实现可持续发展有着科学的指导意义。

（二）儒学文化塑造着科学家的精神品格

伟大的科学家身上总是体现着高尚精神和美德，是人类社会文明中无比灿烂的财富。中国古代的科学家都心系百姓，兴利除害，尊重实践，学以致用，精益求精，艰苦奋斗，百折不回。从中国古代科学家身上可以看到强烈的社会责任感，注重实际的科学精神，坚韧不拔的意志和无畏精神。中国古代的科学技术，在相当长的历史时期都居世界领先的地位，在天文、历法、算学、医学、农学、冶金、陶瓷、建筑、纺织等方面都取得了举世瞩目的辉煌成就，特别是造纸、指南针、火药和印刷术四大发明，更是中国人对世界文明作出的巨大贡献。每一项发明创造都表现了科学家可贵的精神品格。

徐霞客是世界上最早系统论述岩溶和洞穴的伟大的地理学家。在 30 多年的旅行考察中，他徒步跋涉在异常荒凉的穷乡僻壤和人迹罕至的边疆地区。他不避风雨，不怕虎狼，与长风为伍，与云雾为伴，以野果充饥，以清泉解渴。他几次遇到生命危险，出生入死，尝尽了旅途的艰辛。徐霞客的游历，并不是单纯为了寻奇访圣，重要的是为了探索大自然的奥秘，寻找大自然的规律。他在临死前手里还紧紧地握着考察中带回的两块石头。

李时珍是明代伟大的医药学家。他一生历尽艰辛，27 年间为编著《本草纲目》殚精竭虑。李时珍的一生中坚持真理，博采众长，"渔猎群书，搜罗百氏，凡子、史、经、传、声韵、农圃、医卜、星相、乐府诸家，稍有得处，辄着数言"。对于蛊惑民众的装神弄鬼深恶痛绝，特别对那些以炼丹之术诌媚君王的道家方士十分反感，表现了旗帜鲜明的科学精神。书稿完成后的十年又为其出版而四处奔走，可惜在他临终前仍未能看到为之奋斗一生的著作出版。李时珍以区区个人之力，树立起中国古代本草学上的一座丰碑，其光辉业绩与不屈精神为世人敬仰。

具有上述精神品格的科学家在中国古代不可胜数。他们实事求是，追求真理，矢志不移。而他们的这种精神品格都归功于儒家文化的培育和塑造。《论语·泰伯》曾子曰："士不可以不弘毅，任重而道远。仁以为己任，不亦重乎？死而后已，不亦远乎？"

（三）儒家价值取向影响科学研究的动机

价值取向对科学研究起到重要的作用。中国古代科学研究的动机是与儒家文化的价值取向相一致的，大致表现为国计民生的需要和"仁""孝"之德。北魏时期的农学家贾思勰在其所著的《齐民要术》序中阐述其研究农学的目的说："盖神农为耒耜，以利天下……《诗》《书》所述，要在安民，富而教之。""益国利民，不朽之术也。"元朝时期的农学家王祯在其《农书》的自序中说："农，天下之大本也。一夫不耕，或受之饥；一女不织，或受之寒。古先圣哲，敬民事也，首重农，其教民耕织、种植、畜养，至纤至悉。"中国古代科技之所以在数学、天文学、地理学、医学和农学这些学科较为发达，是因为当时这些学科与国计民生密切相关。

古代科学家研究科学的另一个动机是出于"仁""孝"之德。医术是一种仁术，又是一门孝术。"人子当视膳药，不知方术，岂为孝焉"？知医懂药是服侍父母、尽善尽孝的一个重要内容和体现，自古有"为人子者不可不知医"的祖训。东汉医家张仲景研究医学，旨在"上以疗君亲之疾，下以救贫贱之厄，中以保身长全，以养其生"，在于"爱人知人""爱身知己"。魏晋医家皇甫谧在所著《针灸甲乙经》的"序"中说："若不精通于医道，虽有忠孝之心、仁慈之性，君父危困，赤子涂地，无以济之，此固圣贤所以精思极论尽其理也。"可见，他研究医学的动机在于尽"忠孝之心、仁慈之性"。唐朝医家孙思邈也在其《备急千金要方》本序中指出："君亲有疾不能疗之者，非忠孝也。"《外台秘要》序中说："齐梁之间，不明医术者，不得为孝子。"金代医学家张从正更是明确把自己的医学著作定名为《儒门事亲》。其曰："《儒门事亲》者，以为惟儒者能明其理，而事亲者当知医也。"以表明他研究医学的动机在于"事亲"。国计民生的需要与出于"仁""孝"之德，这二者是一致的。

（四）儒家教育为科技发展提供知识基础

科学研究需要有相当的知识基础和专业基础，在儒家文化占主流的背景下，大多数科学家的基础知识甚至一些专业基础知识最初都是从儒家经典中获得的。儒家经典中包含了丰富的科技知识。子曰："小子何莫学夫诗？诗可以兴，可以观，可以群，可以怨。

迩之事父，远之事君，多识于鸟兽草木之名。"（《论语·阳货》）孔子编订的《诗经》除了其文学价值、伦理价值之外，还有"多识于鸟兽草木之名"的自然科学价值。李约瑟说"天文和历法一直是'正统'的儒家之学"，揭示了中国古代天文学与儒学的关系。由于古代的天文、历法研究需涉及大量的儒家经典，所以历史上大多数天文、历法家都是饱读儒家经典的儒者，从张衡到祖冲之，从苏颂、沈括到郭守敬，这些著名的天文、历法家都曾读过大量的儒家经典。他们所撰著的天文、历法方面的著作，采纳了儒家经典中大量的天文学知识。《周易》中包含有数学知识，《诗经》《尚书·尧典》《大戴礼记·夏小正》《礼记·月令》及《春秋》等著作中包含有天文学的知识，《尚书·禹贡》《周礼·夏官司马·职方》等著作中包含有地理学知识，《周易》《礼记·月令》等著作中包含有与医学有关的知识，《诗经》《大戴礼记·夏小正》《礼记·月令》等著作中包含有农学知识。应当说，儒家经典中具备了古代科学家从事科学研究所需要的基础知识以及一些专业基础知识。因此，儒家经典中的科技知识，实际上成为许多科学家的知识背景，成为他们的知识结构中非常重要的组成部分。古代许多科学家的科学研究正是在儒家经典中所获得的科学知识的基础上，经过自己的进一步研究、发挥和提高，从而在科学上作出了贡献。

第三节　儒学与中医学

英国科学家李约瑟在《中国科学技术史》第九章《儒家与儒家思想》中指出："儒家有两种根本自相矛盾的倾向，一方面它助长了科学的萌芽，一方面又使之受到损害。"用李约瑟的话来说明儒学与中医学的关联是再恰当不过了，儒学一方面促进了中医学的发展，另一方面又限制了中医学。当然，在中国古代，几乎所有的科学门类都没有独立的地位，人们探究科技的动机也大致出于三个方面的考虑：一是出于国计民生的需要；二是出于"仁""孝"之德；三是出于经学、理学的目的和境界。古代中医学也大致如此。

一、儒学文化与中医学观念

以济世救人为宗旨的中医学深深根植于中国传统文化的沃土中，是中国传统文化的重要组成部分，体现着传统文化的博大精深；同时在其自身发展过程中又不断丰富着传统文化。儒学是传统文化的主干，处于文化的主导地位，因而中医学与儒学文化的关系甚为密切。

（一）正名思想与中医学脏腑功能描述

儒学文化中有一个很重要的思想就是"正名"。"子路曰：'卫君待子而为政，子将奚先?'子曰：'必也正名乎'"（《论语·子路》)！所谓"正名"，就是正其名分，明其责任。正名思想的实质是要维护社会的伦理等级秩序，使各司其职，各尽其责，而君王至高无上。同时，儒学文化提倡积极入世，做官是封建时代知识分子的精神追求和人生目标。这些重秩序、官本位的思想反映在中医学就是人体的脏腑也有了官阶等级、贵贱之分。《素问·灵兰秘典论》中黄帝问岐伯曰："愿闻十二脏之相使，贵贱何如?"岐伯的回答是："心者，君主之官，神明出焉。肺者，相傅之官，治节出焉。肝者，将军之官，谋虑出焉。胆者，中正之官，决断出焉。膻中者，臣使之官，喜乐出焉。脾胃者，仓廪之官，五味出焉……凡此十二官者，不得相失也。故主明则下安……主不明则十二官危。"借用君主、相傅、将军等不同的官位职名，对人体脏腑的主要功能及其相互关系进行描述。中医理论中的"阳主阴从""气为血帅"的思想也都是儒家正名思想的体现。王夫之《尚书引义·毕命》言："一人之身，居要者心也。而心之神明，散寄于五脏，待感于五官。"

另外，中药组方、药物的作用也以君、臣、佐、使为比喻。"主药之谓君，佐君之谓臣，应臣之谓使"（《素问·至真要大论》）。元代李杲在《脾胃论》中重申："君药分量最多，臣药次之，使药又次之。不可令臣过于君，君臣有序，相与宣摄，则可以御邪除病矣。"

（二）中庸思想与中医学的阴阳平衡观

儒家的中庸思想认为过犹不及，强调中和、和谐是儒学的主要思想方法。《黄帝内经》所建立的阴阳平衡理论就体现了儒家的中庸思想。

《黄帝内经》认为，健康的人就是阴阳平衡的人："阴阳匀平，以充其形，九候若一，命曰平人"（《素问·调经论》）。平人就是阴阳不偏，无过不及，故《灵枢·终始》曰："平人者不病。"一旦阴阳不和、失衡不平，人就处于疾病状态，或曰人就要生病，阴阳乖戾，疾病乃起。《素问·调经论》曰："阴与阳并，血气以并，病形以成。"患病之后，治疗的原则就是调整人体阴阳之间的关系，使其恢复平衡："谨察阴阳所在而调之，以平为期"（《素问·至真要大论》）。治病的最终目标是恢复患者的阴阳平衡，即"致中和"。

中庸或曰中和思想对中医学的影响极深，中医入门必读书《汤头歌诀》首方第一句就是"四君子汤中和义"，中医治病有八法，八法之中有"和法"。

（三）"天人合一"思想与中医学的整体观

"天人合一"的概念最早由庄子阐述，汉儒董仲舒明确提出"天人之际，合而为一"（《春秋繁露·深察名号》），其成为两千年来儒家思想的一个重要观点，并由此构建了中华传统文化的主体。"天人合一"有两层含义：一是天人一致。宇宙自然是大天地，人是一个小天地。二是天人相应，或曰天人相通。是说人与自然在本质上是相通的，故一切人事均应顺乎自然规律，达到人与自然的和谐。

在传统文化中，"天人合一"的内涵比较复杂，反映在中医学方面就是人与自然是一个统一的整体。一方面，人作为自然之一物，必须顺应自然的变化，如"春夏养阳，秋冬养阴，以从其根。"（《素问·四气调神大论》）另一方面，人体本身也反映着自然的变化，比如正常的脉象为"春应中规，夏应中矩，秋应中衡，冬应中权"（《素问·

脉要精微论》），即春弦，夏洪，秋浮，冬沉。此为天人相应，"人与天地相参也，与日月相应也"（《灵枢·岁露》）。而人体本身又是一个有机的整体，它以五脏为中心，"心者，五脏六腑之大主也"（《灵枢·邪客》），通过六腑经络、四肢百骸等构成的各个组织器官的沟通协调，相互联系，相互为用，完成人的各种生理功能，或在病理上相互影响，故在治疗上采用"上病下取，下病上取""从阴引阳，从阳引阴"的治则，在治疗过程中要考虑季节气候、地区地域、个人体质等特点，所谓"圣人之治病也，必知天地阴阳，四时经纪，五脏六腑，雌雄表里……"（《素问·疏五过论》）做到整体论治。

二、儒学文化对中医学的促进

儒学的核心是"仁"，伦理的核心是"孝"，"仁""孝"等儒家伦理观念对中医学的发展起着激励与促进的作用。

（一）仁学与仁术

孔子说，仁者爱人，儒家伦理的一个重要表现就是"仁以为己任"。精通医术是实行仁道之一端，因此，中医学在古代被称为"仁术"。"医，仁术也。仁人君子必笃于情"。（喻昌《医门法律》）

儒家珍爱生命，重视疾病。《论语》记载："子之所慎：齐、战、疾。"后此语被张介宾引用，用以强调病家"知真医"的重要性。《论语·为政》当中还有一段记载："康子馈药，拜而受之。曰：丘未达，不敢尝。"这些都说明孔子对生命是如此重视。重视生命，就是仁爱之心。孙思邈在《大医精诚》中劝诫医生："唯当审谛覃思，不得于性命之上，率尔自逞俊快，邀射名誉，甚不仁矣！"袁枚在给薛寿鱼的信（《小仓山房文集》）中指出："圣学莫如仁，先生能以术仁其民，使无夭札，是即孔子老安少怀之学也。"吴瑭的《温病条辨·序》言："生民何辜，不死于病而死于医，是有医不如无医也。学医不精，不若不学医也。"徐大椿在《医学源流论》自序中说："人之所系，莫大乎生死。王公大人、圣贤豪杰可以旋转乾坤，而不能保无疾病之患。一有疾病，不得不听之医者，而生杀唯命矣。夫一人系天下之重，而天下所系之人，其命又悬于医者下，而一国一家所系之人更无论矣。"仁爱思想激励着人们去深入学习、钻研医术。

儒家重视道德修养，儒学同样激励着医家注重医学道德的养成，由仁而德。唐·孙思邈作《大医精诚》一文，强调"精诚"二字。"精"，谓医术精湛；"诚"，即品德高尚。只有做到了"精诚"二字的医生，才可以称为大医。南宋时期的《小儿卫生总微论方》之"医工论"指出："凡为医之道，必先正己，然后正物……若不正己，岂能正物？不能正物，岂能愈疾？"龚信《明医箴》则曰："今之明医，心存仁义……不计其功，不谋其利。"从张仲景到孙思邈，从李东垣到张介宾，历代医家无不重视医德修养。

（二）学医与尽孝

儒家伦理的另一个重要表现是忠孝之道。在古人看来，研究医学的目的就是"上以疗君亲之疾，下以救贫贱之厄，中以保身长全，以养其生"（《伤寒论·序》）。

从张仲景开始，诸多名医都把忠孝之心作为钻研医道的动力。皇甫谧在《甲乙经·序》中说："夫受先人之体，有八尺之躯，而不知医事，此所谓游魂耳！若不精通于医道，虽有忠孝之心，仁慈之性，君父危困，赤子涂地，无以济之。此固圣贤所以精思极论尽其理也。"孙思邈在《备急千金要方·本序》中指出："君亲有疾不能疗之者，非忠孝也。"在忠孝思想中，对中医影响最大的是孝道。唐代王焘在《外台秘要·序》中说："齐梁之间，不明医术者，不得为孝子。"金元四大家之一的攻下派代表人物张子和把自己的医学著作命名为《儒门事亲》，明代邵辅在《重刊儒门事亲·序》中说："是书也，戴人张子和专为事亲者著……名书之义，盖以医家奥旨，非儒不能明，药品酒食，非孝不能备也。故曰：为人子者，不可不知医。"薛雪在其《内经知要·序》中亦谓："为人子者，可以父母、伯叔、兄弟、妻子及诸眷属付之庸医之手乎？故不可不自知之。"

（三）理学与中医学创新

宋明理学的研究成果与其研究方法对中医学的影响甚大。宋元时期是中医学发展的一个重要历史时期，医学教育、医药理论、临证各科乃至于药学方面都有了突出的进展，进入了一个全面发展的新阶段。在这个发展过程中，中医学和儒学越来越密切地联系在一起。

最具代表性的医家就是朱丹溪。朱丹溪出身理学，弃儒从医，他研究医学之时，"参之以太极之理，《易》《礼记》《通书》《正蒙》诸书之义贯穿《内经》之言，以寻其指归"，从而创立了自己的医学理论。在《阳有余阴不足论》中，朱丹溪把《周易》《礼记》及理学家的思想融入医学，把《礼记》中所言"人唯五十，始乃养阴"与《黄帝内经》中的"阳道实，阴道虚"观点结合起来，联系"古人必近三十、二十而后嫁娶"，进而阐述"阳常有余阴常不足"的医学观点。他把自己的代表医著命名为《格致余论》，并在序言中说："古人以医为吾儒格物致知之一事。"他在《格致余论》的《房中补益论》中说："儒者立教曰：正心、收心、养心，皆所以防此火之动于妄也；医者立教：恬淡虚无、精神内守，亦所以遏此火之动于妄也。"这些充分体现了养性与养生、理学与医学思想的统一。

李时珍的《本草纲目》也体现着宋明理学的影响。卷三十四"木部"曰："木乃植物，五行之一。性有土宜，山谷原隰。肇由气化，爰受形质。乔条苞灌，根叶华实。坚脆美恶，各具太极。"所以李时珍强调格物。他说："医者，贵在格物也。"他还在《本草纲目·凡例》中说："（本草）虽曰医家药品，其考释性理，实吾儒格物之学。"

中医的"命门"学说理论受周敦颐的"太极图"说启迪，在明代取得了突破性认识，医家把"命门"作为人身之太极。孙一奎的《医旨绪余·命门图说》云："夫二五之精，妙合而凝，男女未判，而先生此二肾。"又云："命门乃两肾中间之动气，非水非火，乃造化之枢纽，阴阳之根蒂，即先天之太极。五行由此而生，脏腑以继而成。"赵献可在《医贯》中用太极解释人体，最终认为人身太极即是"命门"。认为"命门""是真君真主，乃一身之太极，无形可见，两肾之中，是其安宅也"。张介宾在《类经附翼·求正录》中曰："命门居两肾之中，即人身之太极也，由太极以生两仪，而水火具焉，消长系焉。故为受生之初，为性命之本。"当然，张景岳在《附翼》书中对"命门"解说不止此一处，综观全书，其对"命门"的解释也不甚清晰，但他明确指出："天之大宝，只此一丸红日；人之大宝，只此一息真阳。""命门"学说的理论创新，使得中医对肾特别重视。"五脏之真，惟肾为根"。太极元气学说也对后世中医学的理论和临床始终发挥着重要的作用。

三、儒学文化对中医学的制约

儒学文化在促进中医学发展的同时也产生了一些不良影响，如孝道观念、贞洁观念、重德轻艺等思想对中医学的发展具有一定的束缚和制约。

(一) 孝道观念对中医学的制约

同样是孝，在促进中医学发展的同时，又使中医学的发展受到阻碍。

《灵枢·经水》曰："若夫八尺之士，皮肉在此，外可度量切循而得之，其死可解剖而视之。其脏之坚脆，腑之大小，谷之多少，脉之长短，血之清浊，气之多少，十二经之多血少气，与其少血多气，与其皆多血气，与其皆少血气，皆有大数。"《三国志·魏书·华佗传》言："若病结积在内，针药所不能及，当须刳割者，便饮其麻沸散，须臾便如醉死，无所知，因破取。病若在肠中，便断肠湔洗，缝腹膏摩，四五日差，不痛，人亦不自寤，一月之间，即平复矣。"由此可知，中医学的解剖水平曾经绝世之高。但是《孝经·开宗明义章》曰："身体发肤，受之父母，不敢毁伤，孝之始也。"《吕氏春秋》引曾子语曰："全身体以守宗庙，可谓孝矣。"受这种观念的影响，中医解剖学一直没有得到正常的发展，更没有形成一个专门的解剖学科。而在当时，即使是实施外科手术的华佗，也会对病人发出"忍病十岁，寿俱当尽，不足故自刳裂"的劝告，正是这种观念的反映。中医解剖学没能得到正常发展的另外一个原因就是中国传统思想视人为高级动物，人为万物之灵，绝不能与动物相比。也没有人对动物作解剖研究，更没有人敢说动物内脏与人的内脏有相似的形态和功能。

另一方面，孝道观念又使治病疗疾偏离了医学的正常轨道，出现了悖理的行为。《礼记·曲礼下》云："君有疾饮药，臣先尝之；亲有疾饮药，子先尝之。医不三世，不服其药。"《周书·柳霞传》云："其母尝乳间发疽，医云：'此病无可救之理，唯得人吮痈，或望微止其痛。'霞应声即吮，旬日遂瘳。咸以为孝感。"更有甚者，即源于《史记》的"割股奉君"和"割股疗亲"。"割股疗亲"的故事，最典型的是在《二十四孝》一书。《名医类案·附录》中的《明处士江民莹墓志铭》记载："民莹乃负病西归。中道应宿刲股进之……病益深，季子应乾、季子妇程氏刲股递进之。"

(二) 贞节观念对中医学的影响

《孟子·离娄上》云："男女授受不亲，礼也。"尤其宋明理学以后，男女之别尤其是男权社会的妇女贞节观念一直影响着中国的女性。程颐曰："饿死事极小，失节事极大。"元代明善《节妇马氏传》记载："大德七年十月，乳生疡，或曰当迎医，不尔且危。马氏曰：吾杨氏寡妇也，宁死，此疾不可男子见。竟死。"鲁迅先生在《我之节烈观》一文中称这种道德为不顾情感的"畸形道德"。另外，在医学诊疗方面，中国古代有蒙帛切诊之说（一般人认为始于宋代）。张杲《医说》引《本草衍义》说："治妇人虽有别科，然亦有不能尽圣人之法者。今豪足之家，居奥室之中，处帷幔之内，复以帛蒙手臂，既不能行望色之神，又不能弹切脉之巧。四者有二阙焉。"《明史·后妃传》记载："宫嫔以下有疾，医者不得入宫，以证取药。"明代陈实功《外科正宗》为妇人诊病提出的规则是："凡遇妇人及孀妇尼僧等，必候侍者在旁，然后入房诊视。倘旁无伴，不可自看。设有不便之患，更宜真诚窥视。虽对内人，亦不可谈，此因闺阃故也。"

（三）艺成而下对中医学的影响

《礼记》云："德成而上，艺成而下。"意思是说，道德方面取得成就居上位，技艺方面取得成就居下位。因为技艺属于"小道"。子夏曰："虽小道，必有可观者焉；致远恐泥，是以君子不为也。"朱熹注："小道，如农圃医卜之属。""小道"是儒家对礼乐政教以外的学说、技术的称谓，是封建社会中儒家对农圃、医卜等技术的贬称。由此可以明白，身怀绝世医技、创制"五禽戏"、发明"麻沸散"的名医华佗，也会"本作士人，以医见业，意常自悔"。戴良的《丹溪翁传》在极力描写朱丹溪的医学成就、倍加推崇朱丹溪的医学之后，全文结语会道出"又可以医师少之哉"的反问。薛寿鱼在给其祖父薛雪写的墓志铭中，竟然会"无一字及医，反托于陈文恭公讲学云云"。

【思考题】

1. 儒家的主要经典著作有哪些。

2. 简述儒学发展的主要阶段、代表人物及其主要思想。

3. 简述儒家仁学思想的现实意义。

4. 简述汉代经学对中国后世学术的影响。

5. 如何理解儒学与中医的关系。

【阅读书目】

1. 冯友兰. 中国哲学简史［M］. 北京：北京大学出版社，2013.

2. 褚斌杰. 儒家经典与中国文化［M］. 武汉：湖北教育出版社，2000.

3. 张涛. 儒家经典研究［M］. 北京：中华书局，2003.

4. 葛兆光. 古代中国文化讲义［M］. 上海：复旦大学出版社，2012.

5. 张岱年. 中国文化概论［M］. 北京：北京师范大学出版社，2014.

第四章 道家文化 ▷▷▷

　　道家是产生于先秦时期一个极其重要的学派。先秦诸子均论道，只有老子以道作为天地万物之本原和形而上之本体，故后人以道家名老子学说及其学派。道家是中国文化史上除儒家之外的另一个最为重要的学派，对中国文化产生了深远的影响。任继愈先生曾指出："儒道两家的思想主导了中国两千多年思想文化的发展。"李约瑟博士在《中国科学思想史》中评价道家说："中国如果没有道家，就像大树没有根一样。"道家哲学为中国古代哲学提供了本原本体论基础，提供了辩证的思维方式，提供了道德、太极、阴阳、有无、理、气、心、性等一系列基本范畴，为中国古代哲学的大厦构建了发展的根基。

第一节　道家本体论

　　道家学派虽形成于先秦，但就目前所掌握的文献资料，"道家"一词首见于汉初，其作为一个学派最早由司马谈提出，并论述其学术主旨与特点。班固在《汉书·艺文志》中亦对道家的源流及其特点进行了论述。道家作为一个历史范畴，在发展中经历了不同的存在形态，大体而言有三个阶段。

　　第一阶段：以老子、关尹为代表的原始道家。老子、关尹是道家学派的理论奠基者和创始人。他们以道作为学说的最高范畴，道是天地万物的本原、本体，也是天地万物运动的总规律。老子、关尹创立学说之后，形成了一个道家学派，这个学派在春秋战国时期的主要成员还有老子的弟子文子、杨朱，关尹的弟子列子，文子的弟子范蠡，以及《黄老帛书》的作者等。

　　第二阶段：道家哲学体系构建的完成与黄老学派的形成。此阶段，道家主要分为两个思想向度：一是继续从形而上的本体论高度深研自然之道，并由修道、体道转向养生养性之学，更进而由养生养性说深入到心性说，完成了本体论、认识论、人生论的理论建构，主要代表人物有杨朱、列子和庄子。二是注重发展老子学说中治国救世的一面，从自然无为的天道中推引出治国救世之道，形成了黄老学派，并成为汉初治国理论的基础。

　　第三阶段：魏晋玄学。汉武帝采取"罢黜百家，独尊儒术"之后，黄老学派走向民间，一是与纬学及方仙道结合，产生了道教。二是与士林儒学相结合，探讨自然无为之道，推进了道家本原本体论的发展；发展至魏晋，进而演变成玄学。

一、老子的思想

道家之称虽始见于司马谈的《论六家要旨》，但道家学说实则产生于春秋末期，其理论创始人和奠基者是老子。老子第一次提出了关于"道"的学说，并形成了以"道"为核心的哲学体系。据《史记·老子韩非列传》记述，老子姓李名耳，字聃，楚国苦县（今河南鹿邑县）人，曾做过东周"守藏室之史"，即掌管收集保存文献资料的官员。今流传《老子》一书，分上、下两篇，共81章，汉以后被称为《道德经》。但从书中用语与具体内容考证，该书非一人一时所著，反映的是前秦时期老子一脉的道家思想。

（一）道

"道"是老子哲学的最高范畴，也是最基本和最核心的概念。《老子》中的另一个基本范畴"德"，是道在具体事物中的体现，是得自于道，依附于道的。至于其他一些范畴，比如无、无为、不争、虚静等都是对道的本质、特性、功能的表述。

1. 道的含义　东汉许慎《说文解字》释云："道，所行道也。"《尔雅》称："一达谓之道。"因此，"道"的本义是指人所走的道路。《老子》虽然使用过其本义，如"大道甚夷，而民好径"（《老子》第53章。以下只注章数。引文出自王弼《老子道德经注》），但更多的是将"道"引入哲学领域，在其本原意义上向抽象的方向升华，形成具有深刻内涵的哲学概念。

老子在《道德经》开篇即介绍其所倡导之"道"。

道可道，非常道；名可名，非常名。无名，天地之始；有名，万物之母。故常无，欲以观其妙；常有，欲以观其徼。此两者，同出而异名，同谓之玄。玄之又玄，众妙之门。（第1章）

明确提出自己所阐述的是玄妙的"常道"，而非众人所谈论的一般性小道。"常"在长沙马王堆出土的帛书《老子》甲本中作"恒"，当以汉时避孝文帝刘恒名讳而改。"常道"即"恒道"，指恒久不变的、贯通古今的、始终永存的大道，即万物之本根和事物运动变化的法则或规律。

2. 道的本质　"道"是"有"与"无"的统一体。"道"究竟是一个物质性的存在还是一个唯心性的假设，这需要从《老子》文本找到答案。

道冲，而用之或不盈。渊兮，似万物之宗。（第4章）

视之不见名曰夷，听之不闻名曰希，搏之不得名曰微。此三者不可致诘，故混而为一。其上不皦，其下不昧，绳绳不可名，复归于无物，是谓无状之状，无物之象，是谓惚恍。迎之不见其首，随之不见其后。执古之道，以御今之有。能知古始，是谓道纪。（第14章）

道之为物，惟恍惟惚。惚兮恍兮，其中有象。恍兮惚兮，其中有物。窈兮冥兮，其中有精。其精甚真，其中有信。自今及古，其名不去，以阅众甫。（第21章）

有物混成，先天地生。寂兮寥兮，独立而不改，周行而不殆，可以为天地母。吾不

知其名，字之曰道，强为之名曰大。（第 25 章）

天下万物生于有，有生于无。（第 40 章）

由此可见，第一，道是兼具物质属性与非物质属性的一种混沌状态。老子一方面提出"道之为物""其中有象""其中有物"，指的是带有物质属性的实体。另一方面，又说道是看不见、听不到、摸不着的一种无形、无声、无体的超感知的东西，是无形、无状、无象的"惚恍"，最终是归于"无物"。第二，道虽虚无，却能运化不息，为天地之宗。

应该说，老子的"道"兼具唯物主义与唯心主义的双重色彩，带有自我矛盾的两重性。他试图从多样复杂的具体实物中抽象出统一的道，出发点是唯物的，但最终却使道抽象脱离了现实世界而成为"先天地生"的一种虚无的存在，又陷入了唯心主义。但它能概括出一个最高实体的"道"作为世界万物的本原，与用自然的特殊实物（如五行学说的水、火、木、金、土和八卦学说的天、地、风、雷、水、火、山、泽）的性质和作用来说明事物的多样性及其统一性的原始唯物主义观点相比，是人类认识的深化。

3. 道的功能　"道"是宇宙的本根与运化的法则。老子认为，宇宙万物的生成归源于道，是道生万物。

道生一，一生二，二生三，三生万物。万物负阴而抱阳，冲气以为和。（第 42 章）

道生之，德畜之，物形之，势成之。是以万物莫不尊道而贵德。（第 51 章）

至于道遵循什么样的法则运行，老子提出了"道法自然"的命题。

人法地，地法天，天法道，道法自然。（第 25 章）

"自然"概念首见于《老子》，其本来的含义是"自然而然""自己如此"，意指万物具有自然生成性和本然自在性。所谓"道法自然"，是指道的运化本身具有自然而然的特性。道虽化生万物，却并不是万物的主宰，道是自然界本身所固有的本原及其规律性的概括。万物"法道"，即是"法自然"，就是自己按照自身的规律自我运化，道是"无为"而任天下万物自在自为的。道的这种特性称为"玄德"。

生而不有，为而不恃，长而不宰，是谓玄德。（第 51 章）

老子是以"自然"的概念消解任何外在权势的干涉与控制，而将支配力归向万物自身，从而赋予万物自我存在与发展的天然合理性与自由度。老子的"自然"论诞生于春秋战国时期"礼崩乐坏"的独特背景和"士文化"的独特语境之下。孕诞于原始农耕生活方式的古代先民敬天、畏天、顺天的思想，至周代被符合血缘宗法制度的礼乐文化系统所替代。"天""神"的主宰地位被颠覆，已失去了对万物的规约性。春秋战国之际，周代的这种宗法制度又土崩瓦解，整个社会"礼崩乐坏"，急需一种新的价值体系来实现对社会的规约。作为士人代表的老子基于历史的责任感，对中国古代文化进行了历史的重构，高于"天""神""礼乐"的"自然"作为一切存在的最高价值原则孕诞而出。这种概念的提出既反对了天有意志、能够主宰自然和社会的"天命"思想，又成为制约君权、规范社会的普遍有效力量。不但上帝、鬼神在道面前没有任何权威，像孔子所敬畏的"天命"和墨翟所宣扬的"天志"，这种带有人格神属性的"天"，在

《老子》书中也是不多见的。就是现实中的君王在道面前也没有任何威势，必须要顺道而行，如第 37 章云："道常无为而无不为，侯王若能守之，万物将自化。"

4. 道的运化方式　道的运化遵循周行、反复的路线，"独立而不改，周行而不殆""大曰逝，逝曰远，远曰反"（第 25 章）。在老子看来，道的运化方式有两个特点：一是无限前行延展，永无休止；二是循环往复，周而复始。这种线形发展与循环运化辩证统一的自然运化模式，是古代先人对自然变化观察体悟的结果，是中国古代人民智慧的结晶。万物顺道而行，其运化的方式也是周行反复。第 16 章云："万物并作，吾以观复。夫物芸芸，各复归其根。"万物从无到有，从有到无，不断"物化"，生生不息。

在道的运化方式上，老子提出了"反者，道之动"的著名命题。老子首先发现无论在社会中还是在自然界，矛盾都是客观和普遍存在的。由此，他提出了一系列的矛盾概念，如大小、高下、前后、生死、难易、长短等。老子认为，事物的矛盾不是孤立、凝固的，矛盾双方处在对立统一之中，是相互联系、相互依存的。他说："有无相生，难易相成，长短相较，高下相倾，音声相和，前后相随。"（第 2 章）老子不但看到万物自身存在矛盾，而且认为矛盾的双方无不向其相反的方面转化。

物或损之而益，或益之而损。（第 42 章）

甚爱必大费，多藏必厚亡。（第 44 章）

物壮则老。（第 55 章）

兵强则灭，木强则折。（第 76 章）

祸兮福之所倚，福兮祸之所伏。（第 58 章）

对立双方向否定的一方转化，是事物生成和发展运动的规律。老子主张，人们应自觉运用这一原理，"将欲歙之，必故张之。将欲弱之，必故强之。将欲废之，必故兴之。将欲取之，必故与之"（第 36 章），并据此提出了"柔弱胜刚强"（第 36 章）、"弱者道之用"（第 40 章）的命题，主张应"守其雌"（第 28 章）、"至柔"，因为"天下之至柔，驰骋天下之至坚"（第 43 章）。

（二）涤除玄览

"涤除玄览"出自《老子》第 10 章，意为洗垢除尘，排除杂念，静观深照。这是观照"道"、领悟"道"必须具有的内心虚静状态，只有排除一切外在干扰，保持心灵虚寂清静状态，才能观照到道的循环往复和发展变化。老子认为，对道的认识不同于认识具体事物，不需要感性认识，只要用心体悟就可以了，即所谓"澄怀观道"。

不出户，知天下；不窥牖，见天道。其出弥远，其知弥少。是以圣人不行而知，不见而名，不为而成。（第 47 章）

老子一方面认为外界的感性世界能够迷惑人的心志，"五色令人目盲，五音令人耳聋，五味令人口爽"（第 12 章），另一方面认为人为的认知是对大道的遮蔽，主张"绝圣弃智""绝仁弃义""绝学无忧"。他反对用感官去接触客观事物，甚至主张干脆取消感性认识，提出"塞其兑，闭其门"。也就是说，要塞住耳、目、口、鼻这些感官，关上感觉的门户。只有如此，才能"终身不勤"，终生不会劳苦。如果相反的话，倘若

"开其兑，济其事"，积极去感知外界的事物，将"终身不救"（第 52 章）。在老子看来，要体悟大道，就必须抗拒外界感性事物的干扰，抛弃人为的所谓知识，做到"涤除玄鉴"（第 10 章）。也就是说，要把人的内心打扫得干干净净，像一面最清澈的镜子。只有达到空明的心境，"致虚极，守静笃"（第 16 章），内心清静、虚寂达到极致，才能直接把握"道"。

老子对道"静观""玄鉴"的认识论，主张从整体上把握大道，甚至是整个身心与大道的融合无间，既超越了"生而知之"的先验认识论，又具有观察的客观性、深入性和整体性的合理内核，有符合人类认识发展逻辑进程的一面。但他无视"耳目之实"的感觉经验，也否定学问思辨的理性知识，又陷入一种唯心主义唯理论的认识路线，具有一定的神秘主义色彩。

（三）小国寡民

老子绝不是消极避世的人，《老子》一书中处处透露出对动乱失序社会的忧患意识。为此，老子构建了"小国寡民"的社会。河上公注释说："圣人虽治大国，犹以为小，示俭约，不为奢泰。民虽众，犹若寡少，不敢劳之也。"

大道废，有仁义；慧智出，有大伪；六亲不和，有孝慈；国家昏乱，有忠臣。（第 18 章）

师之所处，荆棘生焉。大军之后，必有凶年。（第 30 章）

大道甚夷，而民好径。朝甚除，田甚芜，仓甚虚；服文采，带利剑，厌饮食，财货有余，是谓盗夸。非道也哉！（第 53 章）

天下多忌讳，而民弥贫；民多利器，国家滋昏。人多伎巧，奇物滋起；法令滋彰，盗贼多有。（第 57 章）

民之饥，以其上食税之多，是以饥。民之难治，以其上之有为，是以难治。民之轻死，以其上求生之厚，是以轻死。（第 75 章）

天之道，损有余而补不足。人之道则不然，损不足以奉有余。（第 77 章）

社会之所以会如此混乱无道，老子认为，其根源在于人有知有欲，背离了质朴的原真状态。他认为，欲望会使人丧失自然本性。第 12 章云："五色令人目盲，五音令人耳聋，五味令人口爽，驰骋畋猎令人心发狂，难得之货令人行妨。"自然本性的丧失，使人有了机心，反过来更加激发起人的欲望，所以说"人多伎巧，奇物滋起"。为了满足欲望，人们就会偷盗、争斗，甚至发生战争，使社会更加混乱不堪。而自然本性的丧失、社会的混乱，又使人们努力制订一些所谓的社会规范，试图构建社会秩序，但结果是"智慧出，有大伪"（第 18 章）；"法令滋彰，盗贼多有"（第 57 章）。在老子看来，在激发人类知和欲基础上的治理都是误入歧途，只能使社会更加混乱。正确的治理理念是使人无知无欲，重返浑朴自然的本真状态。

不尚贤，使民不争；不贵难得之货，使民不为盗；不见可欲，使民心不乱。是以圣人之治，虚其心，实其腹，弱其志，强其骨。常使民无知无欲，使夫智者不敢为也。为无为，则无不治。（第 3 章）

古之善为道者，非以明民，将以愚之。民之难治，以其智多。故以智治国，国之贼；不以智治国，国之福（第 65 章）。

老子将社会混乱的矛头直指上位者，正因为统治者"损不足以奉有余"（第 77 章），穷奢极欲，阴谋伪诈，才导致人心大乱，天下不太平。因此老子认为，美好和谐社会构建的主要责任在于君王，故常谆谆教导君王如何治国，其核心就是循道而行，处下守雌，无为不争。他教导君王说："治大国若烹小鲜。"（第 60 章）治理国家不能胡乱施政。因此，他的施政主张就是无为而治："我无为而民自化，我好静而民自正，我无事而民自富，我无欲而民自朴"（第 57 章）。

基于对现实社会的批判意识，老子学说的终极目的是致力于和谐美好社会的构建，而这种美好的社会集中体现在他的"小国寡民"。

小国寡民，使有什伯之器而不用，使民重死而不远徙。虽有舟舆，无所乘之；虽有甲兵，无所陈之，使人复结绳而用之。甘其食，美其服，安其居，乐其俗。邻国相望，鸡犬之声相闻，民至老死，不相往来（第 80 章）。

老子的理想社会是结绳记事的人类原初状态：民心质朴，少私寡欲；虽粗茶淡饭、兽皮草衣却心满意足；虽居室简陋、风俗野朴，却安乐无穷；那里既没有矛盾，也没有战争，人们永远定居在一个闭塞的小天地里，彼此孤立，自给自足。这就是老子所说的"复归于朴"（第 28 章）、"复归其根"（第 16 章）。有人批评老子是在开历史倒车，实际上老子只是试图以此扭转日渐机诈的人心和浇薄的社会风气，正如宋元之际著名道教学者杜道坚所云："老圣叹世道不古，智诈相欺为乱，无以挽回人心，于是敷述上古无为之化，以诏后世，使反锼薄之风为淳厚之气。"（《道德玄经原旨·卷四》）实际上，不止老子如此，恩格斯也曾赞美过原始的氏族社会，他说："这种十分单纯质朴的氏族制度是一种多么美妙的制度啊！没有军队、宪兵和警察，没有贵族、国王、总督、地方官和法官，没有监狱，没有诉讼，而一切都是有条有理的。一切争端和纠纷，都由当事的全体即氏族和部落来解决，或者由各个氏族互相解决"（《家庭、私有制和国家的起源》）。

二、庄子的思想

庄子，名周（约前 369—前 286 年），宋国蒙（今河南商丘）人，是继老子之后最重要的道家学派代表人物。据《史记·老子韩非列传》记载，庄周曾做过蒙"漆园吏"，但时间非常短。所以庄周生活极其困顿，相传"庄周家贫，故往贷粟于监河侯"（《庄子·外物》，以下引《庄子》只注篇名），"处穷闾阨巷，困窘织屦，槁项黄馘"（《列御寇》）。尽管如此，庄周却鄙视权贵，不慕名利，不愿与统治者同流合污，极力保持个体自由和人格独立。庄周曾"著书十余万言"，即《庄子》一书。《汉书·艺文志》著录《庄子》52 篇，流传至今的有 33 篇，为晋人郭象所编，计内篇七、外篇十五、杂篇十一。目前学界一般认为《内篇》是庄子本人所撰，《外篇》《杂篇》则被认为是庄子后学的著作。冯友兰先生说："《庄子》是战国以至汉初道家，尤其是庄子一派著作的总集。"《庄子》一书大旨本于《老子》，但远比《老子》圆熟明彻。所论广及伦理、哲学、政治、人生、美学、艺术、语言、养生等诸方面，思想丰富，言辞汪洋恣肆，姿态万端，在中国文化发展史上居于独特的地位。

（一）道

庄周继承了老子关于"道"的思想，对之进行解释和阐释，并有所发挥。

夫道，有情有信，无为无形，可传而不可受，可得而不可见；自本自根，未有天地，自古以固存。神鬼神帝，生天生地；在太极之上而不为高，在六极之下而不为深；先天地生而不为久，长于上古而不为老。（《庄子·大宗师》）

道虽然无为无形，却是"有情有信"的真实存在，"自古以固存"。它化生万物，是万物之本根，是"先于天地"的一种"自本自根"的绝对性存在。老子所言之道还具有唯物的色彩，庄子则认为道就是"非物""不形"，是不可言说听闻的一个"无"，甚至连"道"这个名称都是不应当有的。

有先天地生者物耶？物物者非物。物出，不得先物也，犹其有物也。犹其有物也，无已（《庄子·知北游》）。

道不可闻，闻而非也；道不可见，见而非也；道不可言，言而非也。知形形之不形乎！道不当名（《庄子·知北游》）。

为了论证自己的观点，庄周对宇宙的根源作了一番回溯性的推论。

有始也者，有未始有始也者，有未始有夫未始有始也者。有有也者，有无也者，有未始有无也者，有未始有夫未始有无也者。俄而有无矣，而未知有无之果孰有孰无也（《庄子·齐物论》）。

事物都有个开始，有个尚未开始的开始，有尚未开始的尚未开始的开始。万物最初有个存在的"有"，有不存在的"无"，有未有"无"的"无"，有未有"无"的"无"的"无"。世界突然间有了"有""无"，真是不知道这里的"有""无"到底是"有"呢还是"无"呢？如此推论下去，宇宙的本源实在是无法说清楚的。因此，庄子反对把道实体化，而是周遍于万物之中，通过物质的运动得以呈现。"天不得不高，地不得不广，日月不得不行，万物不得不昌，此其道与"（《庄子·知北游》）！"东郭子问道"的故事更是表明了这个观点。

东郭子问于庄子曰："所谓道，恶乎在？"庄子曰："无所不在。"东郭子曰："期而后可。"庄子曰："在蝼蚁。"曰："何其下邪？"曰："在稊稗。"曰："何其愈下邪？"曰："在瓦甓。"曰："何其愈甚邪？"曰："在屎溺。"东郭子不应（《庄子·知北游》）。

道在时空上是无限的，道的这种无限就寄寓在有限之中，离开蝼蚁、屎溺这些有限，道是无从得以体现的。因此，道的无限性、虚无性不过是有限的抽象，无限寓于有限，无形寓于有形。无论是老子还是庄周都无法说清楚"道"，但是他们都坚信道的存在，并认为道化生万物，且为万事万物永遵不背的法则。"且道者，万物之所由也。庶物失之者死，得之者生。为事逆之则败，顺之则成。故道之所在，圣人尊之"（《庄子·渔父》）。

（二）心斋、坐忘

继承老子"涤除玄览"的悟道方法，庄子提出了"心斋"和"坐忘"。在庄子看来，道是渊深幽隐、极其玄妙的。靠才智、感官、言辩都无从求得，只能在弃除心机智巧的情况下，在静默无心中领悟得到。《庄子·天地》篇有一则"象罔寻珠"的故事对此作了精妙的阐释。

> 黄帝游乎赤水之北，登乎昆仑之丘而南望，还归，遗其玄珠。使知索之而不得，使离朱索之而不得，使喫诟索之而不得也，乃使象罔，象罔得之。黄帝曰："异哉！象罔乃可以得之乎？"

这里的"玄珠"指代"道"。才智超群的"知"、明察秋毫的"离朱"和善于闻声辩言的"喫诟"都无法得道，只有无智、无视、无闻的"象罔"得道了。对道的体悟与寻找具体的事物不同，寻找具体的事物，智慧、视力、听觉都能派上用场，而寻找道，这些却都成了障碍。运用智慧，易陷入"自障"，人们所谓的智慧在某种程度上都带有自以为是的成分，受到自身的局限，是无法寻觅到道的。运用视觉和听觉，易陷入"色障"，被大千世界的表象所迷惑，而无法把握住实质。庄子的认识论是不依靠思虑，而是通过神秘的直觉达到与道体合一。这就是其所谓的"心斋"和"坐忘"。

> 回曰："敢问心斋？"仲尼曰："若一志，无听之以耳而听之以心，无听之以心而听之以气！听止于耳，心止于符。气也者，虚而待物者也。唯道集虚。虚者，心斋也"（《庄子·人间世》）。

> 仲尼蹴然曰："何谓坐忘？"颜回曰："堕肢体，黜聪明，离形去知，同于大通，此谓坐忘"（《庄子·大宗师》）。

所谓"心斋"，就是关闭一切感觉器官，隔绝外界虚幻世界的干扰，求得精神上的宁静，扫除心内的杂念，获得空虚清洁的心灵世界。正所谓"虚室生白，吉祥止止"，空寂的心灵，纯白无瑕，空旷明朗，一派祥和，自然会与大道融通一体。所谓"坐忘"，就是静心空物，物我两忘，此种状态可与大道浑同相通。

(三) 齐物论

庄子是立足于道来认识世界的。他以道为全，以具体事物为"偏"。道衍生万物，而万物只不过是道不断"物化"产生的"形"，"万物以形相生"（《庄子·知北游》）。以"形"相生相易的万物都有成有毁，某一事物的出现是"成"，但同时对另一个事物来说是"毁""亏"。他以鼓琴为喻说："有成与亏，故昭氏之鼓琴也；无成与亏，故昭氏之不鼓琴也。"鼓琴无论演奏何种音调，都会同时遮蔽其他音调，都是音调的"偏"，因此只有不演奏，才能彰显所有的音调。庄子认为，这些所谓通过"成"与"毁"变易相生的"形"都是通一于道的，都是道衍化的产物。道是无成无毁的，是绝对的"全"。他说："其分也，成也；其成也，毁也。凡物无成与毁，复通为一"（《庄子·齐物论》）。由此出发，庄子提出了著名的"齐物"思想。

所谓"齐"就是"同"，就是"一"，就是"无差别"。"齐物"就是取消万物之间的任何差别，齐"物""我"，齐是非，达到万物相通为一的境界。庄子把世界万物看成浑整的同一，这种哲学视角是从对世界万物的回溯得出来的。如果说老子的哲学是一种世界演化生成的哲学，那么庄子则反其道而行之，是一种还原哲学，任何事物都可以还原到其源头"道"，在道那里，根本没有差别性的事物存在。庄子认为，世界一开始是没有差别的，世界有了差别的过程，就是道被损毁的过程。

古之人，其知有所至矣。恶乎至？有以为未始有物者，至矣，尽矣，不可以加矣。其次，以为有物矣，而未始有封也。其次，以为有封焉，而未始有是非也。是非之彰也，道之所以亏也。道之所以亏，爱之所以成（《庄子·齐物论》）。

庄子认为，古人以为世界上本就没有什么"物"，这是达到了智慧的极点。其次，是认为世界上有"物"，但物是一个整体，并没有什么区分。再次，认为物有区分，但并没有什么是和非，没有什么对与错。一旦是非的观念起来了，道就受到了破坏。道遭到破坏，人就会产生偏爱私心，就会沉溺于是非的争论中而不能自拔。

为了引导人们恢复到世界浑整通一的原初认识，在论证上，庄子从老子的相对论出发，继而超越相对论而达至基于道的绝对统一。首先，庄子基于现实社会中有分别的事实，认为万物都是分"彼""此"的，"彼""此"的观念是相对而生、相依而存的，"物无非彼，物无非是。自彼则不见，自是则知之。故曰彼出于是，是亦因彼"（《庄子·齐物论》）。但同时，庄子看到"彼"与"此"的相对是变动不居的，承认"彼是方生之说"，"方生方死，方死方生；方可方不可，方不可方可；因是因非，因非因是"（《庄子·齐物论》）。因此，庄子指出分别"彼""此"的做法是"圣人不由"，而应"照之于天"。从本然观之，则"是亦彼也，彼亦是也"。"彼是莫得其偶，谓之道枢"，没有彼此之分，彼此不相对待就是大道的枢纽。"枢始得其环中，以应无穷"，合于道枢才能得入大道圆环的中心，以顺应无穷的流变。为此，庄子展开论述，认为是非并无绝对标准。

即使我与若辩矣，若胜我，我不若胜，若果是也，我果非也邪？我胜若，若不吾胜，我果是也，而果非也邪？其或是也，其或非也邪？其俱是也，其俱非也邪？我与若不能相知也，则人固受黮，吾谁使正之？使同乎若者正之？既与若同矣，恶能正之！使同乎我者正之？既同乎我矣，恶能正之！使异乎我与若者正之？既异乎我与若矣，恶能正之！使同乎我与若者正之？既同乎我与若矣，恶能正之！然则我与若与人，俱不能相知也，而待彼也邪（《庄子·齐物论》）？

庄子认为，辩论是非是没有任何意义的。他主张"和之以是非而休乎天钧，是之谓'两行'"。"天钧"指天道的自然均衡之理，要在天道中泯灭是非之心。对于行事，庄子也认为没有统一的标准。

民湿寝则腰疾偏死，鳅然乎哉？木处则惴栗恂惧，猨猴然乎哉？三者孰知正处？民食刍豢，麋鹿食荐，蝍蛆甘带，鸱鸦嗜鼠，四者孰知正味？猨猵狙以为雌，麋与鹿交，鳅与鱼游。毛嫱丽姬，人之所美也，鱼见之深入，鸟见之高飞，麋鹿见之决骤。四者孰知天下之正色哉（《庄子·齐物论》）？

再比如事物大小、寿命长短，庄子认为："天下莫大于秋毫之末，而大山为小；莫寿于殇子，而彭祖为夭"（《庄子·齐物论》）。秋毫之末再小，但比起比它小的东西来说它又是大的；泰山再大，可比起比它大的东西来说它又是小的。夭折的婴孩寿命虽然短暂，但比起比它短命的来说它是长寿的；彭祖虽然长寿，可在整个历史长河中也只能是短暂的一瞬。继而，庄子指出世间之所以有差别，正是因为人们没有从事物的根源上来把握，如果从道的根源上来看世界，这个世界正是个无差别的世界，"故为是举莛与楹、厉与西施，恢诡谲怪，道通为一"（《庄子·齐物论》）。

人们之所以不能从根源上认识这个世界，是由于人们脱离了浑朴本真的状态，而以自我的智巧的私心和"成心"去推测和臆断。《庄子·应帝王》中"浑沌之死"的故事则揭示了违背自然而造成的后果。

南海之帝为儵，北海之帝为忽，中央之帝为浑沌。儵与忽时相与遇于浑沌之地，浑沌待之甚善。儵与忽谋报浑沌之德，曰："人皆有七窍以视听食息，此独无有，尝试凿之。"日凿一窍，七日而浑沌死（《庄子·应帝王》）。

浑沌地处中央，则表明三帝之中他为最贵，他浑沌纯朴自然，无知无为，合和与天。儵和忽都是急速飘逸不定的形象，都有了所谓的聪明智巧，他们想使浑沌有感官和认识，反而害了它，使它"死"去，所谓"死"去，也就是失去了浑朴本真的原初状态。人一旦抛弃了浑朴纯真，也就无法从整体上把握这个世界了，于是天下分崩离析，陷于混乱。

（四）逍遥无为

庄子从世界皆"齐"的视角出发，认为万物皆融通同一于大道，因循大道而行，达到"天地与我并生，万物与我为一"的境界，才是人生的最高追求。庄子为此提出了摆脱物累、重生、无用之用等逍遥无为游于世的思想。

1. 摆脱物累，达致"天乐"　庄子认为，名利权位甚至自我都是"物累"，必须要舍弃，不能让之入于心。《庄子·逍遥游》中他极力推崇拒受天下的贤哲许由，他自己也是拒受相位，都是出于不以外物累心的思想。《庄子·大宗师》中庄子指出，只有做到"外天下""外物""外生"，方能"朝彻"。"朝彻"之后方能"见独"。所谓"外"即是让之不入于心，如此物我两忘之后，就好像早晨睡醒一样，大梦觉醒般地彻底觉悟了。觉悟之后，就可以领悟独一无二的大道。悟道之后，即可以进入一种无古无今、无生无死、无成无毁，内心虚静与万物融通的玄妙境界，庄子将这种境界称为"撄宁"。

"外生"忘我的一个关键点就是看破生死。人人都喜生恶死，庄子认为这种观念本身就是违逆大道的，得道的真人是"不知说生，不知恶死"的（《庄子·大宗师》）。庄子认为，生死就是自然的运化，妻子死后，他是"箕踞鼓盆而歌"，当前来吊唁的惠子批评他时，他回答说：

察其始而本无生，非徒无生也而本无形，非徒无形也而本无气。杂乎芒芴之间，变而有气，气变而有形，形变而有生，今又变而之死，是相与为春秋冬夏四时行也。人且偃然寝于巨室，而我噭噭然随而哭之，自以为不通乎命，故止也（《庄子·至乐》）。

人之死生乃是气的聚合与流散，犹如四季的更替一般运化不停，人之死只是回归自然罢了，又有什么可悲伤的呢？

面对自然的运化，庄子提出人应做到"无情"。何谓"无情"？庄子曰：

是非吾所谓情也。吾所谓无情者，言人之不以好恶内伤其身，常因自然而不益生也

（《庄子·德充符》）。

所谓"无情"就是不要因为自己的好恶而陷入是非之争，毁损自己本该宁静的内心世界，伤害自己的身体，而要顺应自然，通达大道。能够做到"无情"，就可以达到"至乐"之境。"至乐天乐"，至乐是超脱世俗情欲求得内心恬和之乐，从世俗的小我中超脱出来，与天地精神往来，达到与天同乐的境界。这种境界也就是"天乐"的境界。

2. 无用之用，避祸重生　庄子主张一定要善于"用"自己。追求名利，包括治理天下都是"小用"。只有逍遥放达，自然无为方为"大用"。惠子告诉庄子自己有大葫芦，因为太大没有什么用处就把它打碎了，庄子就批评他"拙于用大"，说："今子有五石之瓠，何不虑以为大樽，而浮乎江湖。"惠子告诉他自己有棵大树，"其大本拥肿而不中绳墨，其小枝卷曲而不中规矩，立之涂，匠者不顾"。庄子就说："今子有大树，患其无用，何不树之于无何有之乡，广莫之野，彷徨乎无为其侧，逍遥乎寝卧其下。不夭斤斧，物无害者，无所可用，安所困苦哉"（《庄子·逍遥游》）！

庄子的所谓"用大"，实际上就是无用、无为。庄子之所以有这种思想与当时的时代密切相关。楚国狂人接舆曾这样描述当时的社会："方今之时，仅免刑焉。福轻乎羽，莫之知载；祸重乎地，莫之知避"（《庄子·人间世》）。人为什么有祸患呢？正是由于"有用"。庄子说：

山木自寇也，膏火自煎也。桂可食，故伐之；漆可用，故割之。人皆知有用之用，而莫知无用之用也（《庄子·人间世》）。

所以庄子主张在乱世中"无用"以自保。曲辕栎社树因是"不材之木也，无所可用"，所以得以长寿，它托梦给讥讽它无用的匠石说："夫柤梨橘柚，果蓏之属，实熟则剥，剥则辱；大枝折，小枝泄。此以其能苦其生者也，故不终其天年而中道夭，自掊击于世俗者也。物莫不若是。且予求无所可用久矣，几死，乃今得之，为予大用。使予也而有用，且得有此大也邪"（《庄子·人间世》）？

庄子甚至描写了一位极度残疾的"支离疏"来论述自己的观点。

支离疏者，颐隐于脐，肩高于顶，会撮指天，五管在上，两髀为胁。挫针治繲，足以糊口；鼓筴播精，足以食十人。上征武士，则支离攘臂而游于其间；上有大役，则支离以有常疾不受功；上与病者粟，则受三钟与十束薪（《庄子·人间世》）。

支离疏正是由于身患残疾才在乱世中不遭祸患，不但得以全身，而且生活逍遥。无用之用，方为大用。

3. 应天顺命，内心通达　当然庄子并不是希望人人都像"支离疏"那样残疾，而是希望人人都能超脱于世俗道德观念之外，做到生死不入于心，得失不留于意，逍遥自适。他说："夫支离其形者，犹足以养其身，终其天年，又况支离其德者乎"（《庄子·人间世》）？

在《庄子·德充符》中他依次叙述了六名残疾贤士王骀、申徒嘉、叔山无趾、哀骀它、闉跂支离无脤、瓮大瘿，他们都是"才全而德不形"的人。"死生存亡，穷达贫富，贤与不肖毁誉，饥渴寒暑，是事之变，命之行也；日夜相代乎前，而知不能规乎其始者也。故不足以滑和，不可入于灵府。使之和豫通而不失于兑，使日夜无郤而与物为春，是接而生时于心者也。是之谓才全"。认识到死生存亡、穷达贫富、贤与不肖、毁誉、饥渴、寒暑都是天命运行的结果，因此，内心的和谐不会受到这些事情的影响，内心世界始终和谐、宁静、通达，这就叫"才全"。

"平者，水停之盛也。其可以为法也，内保之而外不荡也。德者，成和之修也。德不形者，物不能离也。"内心像静止的水那样保持极端的渊静，就会涵纳万物，而不为万物所动。这种成万事、和万物的修养，就叫作"德"。这种"德"与世俗的道德是不同的，它是不著形迹的，能够拥有这种德的人，万事万物都会亲近不离。

当然，这种所谓的洒脱在某种程度上是对悲惨现实的一种无奈的消解，有时庄子不由自主地流露出宿命的观点。《庄子·大宗师》中，子桑穷困，鼓琴悲歌，面对好友子舆关切的询问，他回答说："吾思夫使我至此极者而弗得也。父母岂欲吾贫哉？天无私覆，地无私载，天地岂私贫我哉？求其为之者而不得也。然而至此极者，命也夫！"

将自己的穷困归于"命"。《庄子·山木》中有一个小故事：

庄子行于山中，见大木，枝叶盛茂，伐木者止其旁而不取也。问其故，曰："无所可用。"庄子曰："此木以不材得终其天年夫！"夫子出于山，舍于故人之家。故人喜，命竖子杀雁而烹之。竖子请曰："其一能鸣，其一不能鸣，请奚杀？"主人曰："杀不能鸣者。"明日，弟子问于庄子曰："昨日山中之木，以不材得终其天年；今主人之雁，以不材死；先生将何处？"

面对弟子的询问，庄子让弟子"乘道德而浮游"，这是面对残酷现实的一种无奈，也是"与时俱化，无肯专为"的应天顺命思想。

（五）全德之世

庄子的理想社会承继老子，《庄子·胠箧》中有一段与老子"小国寡民"社会类似的描述。

昔者容成氏、大庭氏、伯皇氏、中央氏、栗陆氏、骊畜氏、轩辕氏、赫胥氏、尊卢氏、祝融氏、伏羲氏、神农氏，当是时也，民结绳而用之，甘其食，美其服，乐其俗，安其居。邻国相望，鸡狗之音相闻，民至老死而不相往来。若此之时，则至治已。

在治国理念上，庄子认为应保全人的浑朴本性不使之受到毁坏。《庄子·骈拇》篇中云："是故凫胫虽短，续之则忧；鹤胫虽长，断之则悲。故性长非所断，性短非所续。"人为干涉自然天性只会造成祸患。在《庄子·马蹄》篇中庄子明确反对伯乐治马、陶匠治埴木，他认为，"马，蹄可以践霜雪，毛可以御风寒，龁草饮水，翘足而陆，此马之真性也"。伯乐治马违逆马的天性，使马死亡过半。而"夫埴木之性，岂欲中规矩钩绳哉？"《庄子·秋水》中说："牛马四足，是谓天；落马首，穿牛鼻，是谓人。故曰：无以人灭天，无以故灭命，无以得殉名。谨守而勿失，是谓反其真。"反对用人为去毁灭天然，用造作去毁灭自然的禀性，而是要谨守自然禀性而不违失。由此理念出发，庄子提出治国应施无为之政，顺自然之人性，让老百姓逍遥自为。《庄子·应帝王》中教导帝王云："游心于淡，合气于漠，顺物自然而无容私焉，而天下治矣。"又云："明王之治，功盖天下而似不自己，化贷万物而民弗恃；有莫举名，使物自喜；立乎不测，而游于无有者也。"在《庄子·在宥》篇中，庄子指出："乱天之经，逆物之情，玄天弗成；解兽之群，而鸟皆夜鸣；灾及草木，祸及止虫。意，治人之过也。"君王治理天下的正确做法是："徒处无为，而物自化。堕尔形体，黜尔聪明，伦与物忘，大同乎涬溟，解心释神，莫然无魂。万物云云，各复其根。各复其根而不知；浑浑沌沌，终身不离。若彼知之，乃是离之。无问其名，无窥其情，物固自生。"

人人都保持浑朴本真的天性，社会也就达到了"至德之世"。

彼民有常性，织而衣，耕而食，是谓同德；一而不党，命曰天放。故至德之世，其行填填，其视颠颠。当是时也，山无蹊隧，泽无舟梁；万物群生，连属其乡；禽兽成群，草木遂长。是故禽兽可系羁而游，鸟鹊之巢可攀援而窥。夫至德之世，同与禽兽居，族与万物并，恶乎知君子小人哉！同乎无知，其德不离；同乎无欲，是谓素朴。（《庄子·马蹄》）

三、黄老学派的思想

黄老学说萌芽于老子的弟子文子，形成于齐国稷下学宫，其理论奠基之作为《黄老帛书》。黄老学说的基本精神是以老子的自然无为之道谋划治世方略，认为治理国家的最高原则是因顺自然之道，并表现出了兼采儒墨等各家之善的理论自觉。在春秋战国之际人们心目中，黄帝是治世的最高典范。老子的自然无为之道只有与黄帝的治世之道结合起来，才能救世。《黄老帛书》因老子无为之"道"生化社会治世之"法"，并高举黄帝的历史大旗，当时人遂把这种自然之道与社会治道相结合的道家新形态称之为黄老学。汉初，经过长期的战争，"民失作业而大饥馑"，统治者鉴于秦亡的教训，力图"安集百姓"，恢复和发展生产，缓和各种矛盾，因而采取了与民休息的方针。顺应此种客观情势，自然无为思想流行于朝野，黄老学说在汉初统治的70余年间成了治国的指导思想。

（一）《黄老帛书》的思想

1973年长沙马王堆出土了四篇佚书：《经法》《十大经》《称经》《道原》。这四篇佚书因与《老子》乙本合抄于一起，最初学界称其为《老子》乙本卷前古佚书。因其是黄老思想的代表性作品，也称之为《黄老帛书》《黄帝书》或《黄帝四经》等，是目前发掘最早的黄老学派的代表作。关于其成书年代，学术界大致有三种观点：或以为成书于战国中期，或以为成书于战国末期，或以为成书于秦汉间乃至西汉初年。

《黄老帛书》源于老子"道"的范畴，把道看作是客观存在的天地万物的总规律。道作为规律虽"莫见其刑（形）"（《道原》）、"虚无刑（形）"（《经法·道法》），但它是普遍起作用、恒定不背的，"万物之所从生"（《经法·道法》），"虚同为一，恒一而止""人皆用之"（《道原》）。道是独立于人的意识之外，对万物起着支配作用，"独立无偶，万物莫之能令"（《道原》），是一种客观的和必然的规律性，"天执一以明三：日信出信入，南北有极（度之稽也。月信生信），死，进退有常，数之稽也。列星有数，而不失其行，信之稽也"（《经法·论》）。"四时有度，天地之李

（理）也。日月星晨（辰）有数，天地之纪也。三时成功，一时刑杀，天地之道也"
（《经法·论约》）。

《黄老帛书》在论道的基础上，将之指向治世之"法"，体现了因道生法的思想。
自然界有客观规律，人类社会同样如此，"天地有恒常，万民有恒事，贵贱有恒立
（位），畜臣有恒道，使民有恒度"（《经法》）。这些人类社会的客观规律与自然规律
一样，也是"顺则生，理则成，逆则死"，如果违背了这些规律，就会"乱生国亡"
（《经法·论约》）。道宰制自然和人类，必然是治理天下的基本原则，统治者应执道而
以法治政，把道的公正无私化为法的不偏不倚："道生法。法者，引得失以绳而明曲直
者也。故执道者，生法而弗敢犯也，法立而弗敢废也"（《道法》）。"执道者之观于天
下也，必审观事之所始起，审其刑名。刑名已定，逆顺有立，死生有分，存亡兴坏有
处"（《论约》）。

另外，《黄老帛书》还以"凡论必以阴阳明大义"（《称》）为纲，阐述了朴素辩
证法的矛盾观，并富有特色地提出了以柔克刚的"守雌节"思想。它认为客观事物无
不具有阴阳对立的两方面，观察事物必须要坚持阴阳对立的观点。云："观天于上，视
地于下，而稽之男女。夫天有（恒）□，地有恒常，合□□常，是以有晦有明，有阴
有阳。夫地有山有泽，有黑有白，有美有亚（恶）。地俗（育）德以静，而天正名以
作。精作相养，德疟（虐）相成，两若有名，相与则成，阴阳备物，化变乃生"（《十
大经·果童》）。对立面是相辅相成的，正因为阴阳备于一物，所以"化变乃生"。既
然万物不断"化变"，不断新陈代谢，那么就应当顺应自然变化，"不臧（藏）故，不
挟陈"（《十大经》结语），去旧迎新。由此出发，《黄老帛书》一方面认为社会的矛盾
斗争和社会发展是必然的，"天制固然"（《十大经·姓争》）。另一方面，由于新旧事
物的矛盾转化总是遵循着"极而反，盛而衰"的客观规律，故在斗争中应采取"雌节"
的策略。所谓"雌节"，就是外示柔弱，谦慎自持。《黄老帛书》发挥了老子"知其雄，
守其雌""反者道之动，弱者道之用"的思想，认为"凡人好用雄节，是胃（谓）方
（妨）生""凡人好用雌节，是胃（谓）承禄""辩（辨）雌雄之节，乃分祸福之乡
（向）"（《十大经·雌雄节》），"以刚为柔者栝（活），以柔为刚者伐。重柔者吉，重
刚者灭"（《经法·名理》）。

（二）《河上公老子章句》的思想

《河上公老子章句》成书于文、景之世，是帛书《老子》甲、乙本之后第一部全面
诠释《老子》思想的专著，是研究西汉时期黄老学派思想的重要典籍。河上公，又称
河上丈人，据魏晋时皇甫谧《高士传》载："河上丈人者，不知何国人也。明老子之
术，自匿姓名，居河之湄。著《老子章句》，故世号曰河上丈人。当战国之末，诸侯交
争，驰说之士，咸以权势相倾。唯丈人隐身修道，老而不亏，传业于安期生，为道家之
宗焉。"

《河上公老子章句》全书以治身治国论为主旨，贯穿始终。"治身"除求得个人身
体康泰、心具大德之外，更可以由己及人，修政治国。治身、治国虽事各异，而理实

一。无论是治身还是治国都必须顺应自然，循道而行，不可妄作乱为。如《老子》第35 章云："用之不可既。"河上公注："谓用道治国，则国富民昌；治身则寿命延长，无有既尽之时也。"强调"治身""治国"都要符合作为宇宙万物运动总规律的"道"。《老子》第 60 章云："治大国若烹小鲜。"河上公注："鲜，鱼也。烹小鱼不去肠，不去鳞，不敢挠，恐其糜也。治国烦则下乱，治身烦则精散。"指出无论是治身还是治国都要顺应天道，自然简朴，不能胡乱妄为。《老子》第 10 章云："爱民治国，能无为乎。"河上公注："治身者爱气则身全，治国爱民则国安。治身者呼吸精气，无令耳闻；治国者布施惠德，无令下知也。"治身，只有爱惜精气，自然顺泰，才能做到"身全"；治国，只有爱惜民众，顺应自然天性，施政于无形，方能国泰民安。

（三）陆贾、盖公和司马谈的思想

汉初黄老"无为"思想的重要代表人物有陆贾、盖公和司马谈等人。

1. 陆贾的思想　陆贾是刘邦夺取政权和汉初巩固政权的功臣，也是汉初一位优秀的思想家和政治家。他最突出的成就是撰写了为汉高祖刘邦提供治国思想的《新语》一书。

《新语》首篇《道基》阐述了与道家思想相类似的宇宙观。云："《传》曰：天生万物，以地养之，圣人成之。功德参合，而道术生焉。"由此自然天道观出发，应用到政治生活领域，在总结秦亡教训的基础上，提出了"无为而治"的政治原则。陆贾认为："秦非不欲为治，然失之者，乃举措太众、刑罚太极故也"（《新语·无为》）。指出秦亡的原因即在于苛政。他说："夫道莫大于无为，行莫大于谨敬。"主张谨慎地顺应自然来施政，不可胡乱作为。继而举虞舜为例云："昔虞舜治天下，弹五弦之琴，歌《南风》之诗，寂若无治国之意，漠若无忧民之心，然天下治"（《新语·无为》）。他描述"无为而治"状况下和谐宁静的社会云："君子之为治也，块然若无事，寂然若无声，官府若无吏，亭落若无民。闾里不讼于巷，老幼不愁于庭。近者无所议，远者无所听。邮无夜行之卒，乡无夜召之征。犬不夜吠，鸡不夜鸣。耆老甘味于堂，丁男耕耘于野"（《新语·至德》）。

陆贾所说的"无为"并不是不作为，他明确指出"无为者，乃有为者也"（《新语·无为》）。不过这种"有为"是因循自然和社会规律来行事，朝廷和官吏不要苛扰人民。

2. 盖公的思想　盖公是齐地学有师承的黄老学者。据司马迁的记述，盖公曾受学于乐臣公："乐臣公善修《黄帝》《老子》之言，显闻于齐，称贤师。""乐臣公学《黄帝》《老子》，其本师号曰河上丈人，不知其所出。"而"盖公教于齐高密、胶西，为曹相国师"（《史记·乐毅列传》）。盖公向曹参提出了"清静无为"的施政方针。据《史记·曹相国世家》载：曹参初为齐相时，"尽召长老诸生，问所以安集百姓，如齐故俗。诸儒以百数，言人人殊。参未知所定。闻胶西有盖公，善治黄老言，使人厚币请之。既见盖公，盖公为言治道贵清静而民自定，推此类具言之。参于是避正堂，舍盖公焉。其治要用黄老术，故相齐九年，齐国安集，大称贤相"。

3. 司马谈的思想 司马谈，司马迁之父，在汉武帝建元、元封年间担任太史令30多年。他在中国学术史上第一次把先秦诸子分为阴阳、儒、墨、法、名、道六家，六家之中，只有"道"家兼五家之长，是最为理想的治世思想，具有"无所不宜"的最佳效果。他在其《论六家要旨》中阐述了新道家的思想特点。

其为术也，因阴阳之大顺，采儒墨之善，撮名法之要，与时迁移，应物变化，立俗施事，无所不宜，指约而易操，事少而功多（《史记·自序》）。

司马谈认为，新道家在理论上具有以下要点：首先，在对待外物上，"其术以虚无为本，以因循为用。无成势，无常形，故能究万物之情。不为物先，不为物后，故能为万物主。有法无法，因时为业；有度无度，因物与合。故曰：'圣人不朽，时变是守'"（《史记·自序》）。即主张虚心体察外物的实际情况，注意遵循外物的发展规律，先"究万物之情"，然后才能"为万物主"。所谓掌握外物的形、势、法、度，并没有一成不变的公式，关键在于做到"因时为业""因物与合"。其次，在考察名实上，"其实中其声者谓之端，实不中其声者谓之窾。窾言不听，奸乃不生，贤不肖自分，白黑乃形。在所欲用耳，何事不成。乃合大道，混混冥冥，光耀天下，复反无名"（《史记·自序》）。要求名副其实，不听言不称实的空话，可以防止奸邪，使好坏是非自然明白。这样，冥合大道，按规律办事，可以不声不响地成就大业。最后，在分析形神上，"凡人所生者神也，所托者形也。神大用则竭，形大劳则敝，形神离则死。死者不可复生，离者不可复反，故圣人重之。由是观之，神者生之本也，形者生之具也"。这是朴素唯物主义的生死观和形神观，承袭了先秦道家贵生、养神的思想，强调要"先定其神"，才能去"治天下"。

（四）《淮南子》的思想

在汉代420余年间，直接继承老庄学说，建立起完整而严密的道家思想体系的是刘安和他的《淮南子》。刘向、班固是将《淮南子》归入杂家，近代著名学者梁启超则认为其"集道家学说之大成"，是道家学派的集大成式典籍。

《淮南子》继承了老子的自然天道观，认为"道"是宇宙万物的本源和运行不悖的规律。《淮南子·原道训》中说："夫道者，覆天载地，廓四方，柝八极。高不可际，深不可测。包裹天地，禀授无形……植之而塞于天地，横之而弥于四海，施之无穷而无所朝夕，舒之幪于六合，卷之不盈于一握。""山以之高，渊以之深。兽以之走，鸟以之飞。日月以之明，星历以之行。麟以之游，凤以之翔。"由此出发，《淮南子》认为，行人事必须要因循自然，按照自然规律办事，不能违逆自然规律。他在《原道训》中说："禹之决渎也，因水以为师；神农之播谷也，因苗以为教。"在施政治民上，也应当顺应自然民性，因势利导，"其导万民也，水处者渔，山处者木，谷处者牧，陆处者农。地宜其事，事宜其械，械宜其用，用宜其人"。这种思想运用到治国上，便形成了"无为而治"的政治原则。

《淮南子》认为，所谓的"无为"并非"无所作为"，而是要按照自然和人类社会的客观规律办事，不能违逆自然规律。对于"无为"的含义，《淮南子·修务训》作了明确的阐释："或曰：'无为者，寂然无声，漠然不动，引之不来，推之不往，如此者，乃得道之像。'吾以为不然，尝试问之矣。""若吾所谓'无为'者，私志不得入公道，嗜欲不得枉正术，循理而举事，因资而立功，推自然之势，而曲故不得容者；事成而身弗伐，功立而名弗有，非谓其感而不应，迫而不动者。"《淮南子·原道训》说："是故圣人内修其本而不外饰其末，保其精神，偃其智故，漠然无为而无不为也，澹然无治也而无不治也。所谓无为者，不先物为也；所谓无不为者，因物之所为。所谓无治者，不易自然也；所谓无不治者，因物之相然也。"因此，只要顺应自然去治理皆为"无为而治"，所谓的"有为"则是逆自然规律而动的行为。《淮南子·修务训》说："若夫以火熯井，以淮灌山，此用己而背自然，故谓之有为。"故此，《淮南子》倡导应顺应自然理民，顺应民情治民，反对苛刑、暴政。

《淮南子》认为，人民是国家的根本，民心向背决定国家的治乱安危。《淮南子·主术训》说："民者国之本也，国者君之本也。是故人君者，上因天时，下尽地财，中用人力。"因此"为治之本，务在于安民。安民之本，在于足用；足用之本，在于勿夺时；勿夺时之本，在于省事；省事之本，在于节欲；节欲之本，在于反性；反性之本，在于去载。去载则虚，虚则平。平者道之素也，虚者道之舍也"（《淮南子·诠言训》）。主张国君应节欲虚心，勿胡为妄作，以使百姓守时足用，国泰民安。《淮南子》认为，民众是国家的基石，"国之有民也，犹城之有基，木之有根，根深则本固，基美则上宁"（《淮南子·泰族训》）。因此，国君要充分发挥民众的力量，使得"人尽其材，物尽其用"。《淮南子·主术训》说："夫乘众人之智，则无不任矣；用众人之力，则无不胜也。千钧之重，乌获不能举也；众人相一，则百人有余力矣。是故任一人之力者，则乌获不足恃；乘众人之智者，则天下不足有也。"而国君只要能做到顺民意、乘民智、用民力，就能使国治邦安。《主术训》说："人主之术，处无为之事，而行不言之教；清静而不动，一度而不摇；因循而任下，责成而不劳。"

值得注意的是，《淮南子》明确提出进化的社会历史观，认为无论社会生活还是法令制度都应随着时代的变迁而变化更改，"世异则事变，时移则俗移。故圣人论世而立法，随时而举事"（《淮南子·齐俗训》）。而这种变化是向前的，不是复古的，原则以"利民"为本，"治国有常，而利民为本……苟利于民，不必法古；苟周于事，不必循旧"（《淮南子·氾论训》）。这一言论明显与老庄的"小国寡民""老死不相往来"的理想初民社会相背离，而与法家思想相承续。但同时又强调"法生于义，义生于众适，众适合于人心"（《淮南子·主术训》），与先秦法家相比，更体现了以民生为本位，而有儒家思想的意蕴。可见，此时的黄老学说为了适应社会的变迁，对原先的老庄学说进行了较大的调适和发展，吸收了儒、法各家的长处，成为更具现实目的和可操作性的治世之学。

四、魏晋玄学的思想

三国两晋时期，北方士族名士"祖述老庄立论"，综合儒道两家思想，把《老子》《庄子》《周易》并称"三玄"，以"有无本末之辨"为中心，铸造了一套新的思辨哲学体系，用以取代两汉以来的谶纬神学，改变了汉代"儒道互黜"的思想格局，形成了"儒道兼综"的"三玄之学"。玄学家们探讨的中心问题是天人关系问题，采取思辨哲学的形式，把汉代"天人感应"的神学宇宙论改变为"有无本末之辨"的玄学本体论，力图通过抽象的思辨论证现实世界的后面有一个产生和支配现象世界的本体。这个本体被玄学家们称为"无"或"道"或"天道自然"，是以自身为原因，内在于现实事物而成为现实事物统一的根基或"宗主"。围绕这个玄学本体论，玄学家提出有无、体用、本末、一多、言意、动静以及自然和名教等范畴，对天人关系问题赋予了新的含义，展开了关于本体和现象、运动和静止、认识和对象、天道和人事等方面新的论证，开辟了一代哲学新风。

玄学是为适应门阀士族夺取统治权力和维护身份等级制度而兴起的哲学思潮，从根本上说，是以思辨形式表达的魏晋时期门阀士族集团的世界观。随着门阀士族集团由夺取到巩固统治权力的现实政治需要，玄学在理论上不断发展，经由王弼为代表的"贵无"论的"名教本于自然"，到裴頠为代表的"崇有论"的"自然不离名教"，再到郭象为代表的"独化"论综合二者，最终论证了"名教即是自然"，构建起了为门阀士族特权统治服务的玄学理论。

（一）王弼的"贵无"论

王弼（226—249 年），字辅嗣，山东金乡人，汉末著名士族王粲的侄孙。"幼而察慧，年十余，好老氏，通辩能言"（何劭《王弼传》），只可惜年仅 24 岁即因病而亡。著有《周易注》《周易略例》《老子注》《老子微指略例》和《论语释疑》等著作，在中国哲学发展史上产生了深远影响。王弼的玄学理论贡献主要有贵无、主静和言不尽意。

1."以无为本"的唯心主义本体论 王弼把《老子》哲学中"有生于无"的论题作为自己思辨的起点，并给以彻底的唯心主义解释。他把"道"直接说成是"无"，并以"无"作为现象世界背后的本体，把它当作一切事物产生和生成的根据。他在《老子》第 1 章的注中说："凡有皆始于无，故未形无名之时，则为万物之始；及其有形有名之时，则长之育之，亭之毒之，为其母也。言道以无形无名始成，万物以始以成而不知其所以，玄之又玄也。"

《老子》中的"道"是"有"和"无"两种属性的统一，王弼则把"道"改造成了"无"的一种名称。他说："道者，无之称也；无不通也，无不由也，况之曰道。寂然无体，不可为象"（《论语释疑》）。这个作为世界本体的"无"，不具有任何具体性质，"不温不凉，不宫不商，听之不可得而闻，视之不可得而彰，体之不可得而知，味之不可得而尝"（《老子微指略例》）。它听不到，看不到，摸不到，也嗅不到，也正是因为这样，它才能"为品物之宗主，苞通天地，靡使不经"（《老子微指略例》），主宰天地万物的存在及其有规律的运化。一旦由"无"到"有"具备某种具体属性，即"有分"，"分则不能统众"（《老子注》第 41 章），受到一定范围和性质的限制，无法成为万物的宗主。

因此，王弼的哲学是一种"贵无"的哲学，是以"无"为本、以"有"为末的哲学。对于"无"和"有"两者之间的关系，王弼作了清晰地论述。

（1）"无"是体，"有"是用　关于"无"，《老子道德经注》第 6 章说："本其所由，与极同体，故谓之天地之根。"但"夫无不可以无明，必因于有。""必有之用极而无之功显"（《周易·系辞上》韩康伯注引王弼《大衍义》及其发挥）。也就是说，"无"是体，而"有"是用，"体"要依靠"用"来加以显现，所以"无之功"即表现为"有之用"。把"有之用"发挥到极致，"无之功"也就显现出来了。虽然"无"要依靠"有"得以展现，但王弼认为，"故虽盛业大富而有万物，犹各得其德，虽贵以无为用，不能舍无以为体也"（《老子道德经注》第 38 章）。客观世界尽管丰富多彩，都不过是"无"的功用，都是以"无"为体的，舍"无"也就无所谓"有"了。因此，万事要抓住根本，"从事于道者，以无为君"（《老子道德经注》第 28 章）。

（2）"无"是本，"有"是末　王弼在《老子道德经注》第 52 章"既得其母，以知其子"句中注说："母，本也；子，末也。得本以知末，不舍本以逐末也。"以"本"指"母"，亦即"无"；以"末"指"子"，亦即"有"，体现出明显的"贵无""崇本"思想。他甚至认为《老子》一书的宗旨即为"崇本息末"。他说："老子之书，其几乎可一言而蔽之，噫！崇本息末而已矣。观其所由，寻其所归，言不远宗，事不失主。"（《老子微指略例》）

（3）"无"是"一""寡"，"有"是"多""众"　王弼看到了世界万物在差别的基础上具有统一性的本质，而把这个统一归于没有任何规定性的"无"。

万物万形，其归一也。何由致一？由于无也。由无乃一，一可谓无已（《老子道德经注》第 42 章）。

夫众不能治众，治众者，至寡者也；夫动不能制动，制天下之动者，贞夫一者也。故众之所以得咸存者，主必致一也（《周易略例·明象》）。

王弼的玄学哲思归根结底是为当时的门阀士族统治服务，他进行玄学思辨的最终指向是引出名教出于自然的政治结论。所以他把这种一与多、众与寡之间的关系说成是统治与被统治的关系。他说："百姓有心，异国殊风，而得一者，王侯主焉"（《老子道德经注》第 42 章）。王侯为百姓之主，乃是一与多、寡与众之自然之理规定好了的。

2. "静为躁君"的形而上学动静观　有无关系体现在动静观上，则是以静为本，以动为末，形成了哲学史上的主静论。

王弼承认现象世界的运动变化，而且认为这种变化并非外在神力的推动，而是事物内在矛盾的结果，"凡物极则反，故畜极则通"（《周易注·大畜卦》）。但是在王弼看来，现象世界的矛盾和变化都是相对的、暂时的，世界的绝对本体"无"则是寂然不动、绝对静止的，现象世界中的静止和平衡状态也是绝对的、恒常的。他说："凡有起于虚，动起于静。故万物虽并动作，卒复归于虚静，是物之极笃也。"（《老子道德经注》第 16 章）又说："复者，反本之谓也。天地以本为心者也。凡动息则静，静非对动者也；语息则默，默非对语者也。然则天地虽大，富有万物，雷动风行，运化万变，寂然至无，是其本矣"（《周易注·复卦》）。

万物的"动"是由"静"派生出来的,"动"不过是"静"的一种特殊表现形态。在把握现实世界时应"反本",从千变万化的现象中把握不动、不变的本体,以不变应万变,以静来制动。由此出发,王弼形成了"静为躁君""自然无为"的政治哲学。他说:"夫静为躁君,安为动主。故安者,止之所处也;静者,可久之道也。"(《周易注·恒卦》)要求统治者要以静制动,体现在施政方针上就是实行"无为"政治。

王弼以静制动、自然无为的施政理念,是面对门阀士族特权统治下尖锐的社会矛盾,希图以此缓和矛盾,消除动乱,逃避危机。

3. "得意忘言"的神秘主义认识论　王弼与老子、庄子一样,都将认识的对象指向了"道",指向了超越现实的虚无的"本体"。而这个所谓的"本体",既不是感觉的对象,也不是思维的对象,经由平常的认识媒介根本就无法把握。王弼通过对《周易》中卦意、卦象和卦辞的分析,提出了"言不尽意""得意忘象"的认识论。

王弼首先肯定了"言""象"对表"意"的作用。他说:"尽意莫若象,尽象莫若言。""言生于象,故可寻言以观象;象生于意,故可寻象以观意。"(《周易略例·明象》)但他同时指出,"言""象"都只不过是表"意"的一个媒介和途径,人们不能局限于"言""象",而要把握"言""象"背后的"意"。他说:"意以象尽,象以言著。故言者所以明象,得象而忘言。象者所以存意,得意而忘象"(《周易略例·明象》)。后来王弼走向了一种超越常理的、颇具神秘主义意味的认识论,人为夸大"言"和"象"在认识过程中的相对局限性,甚至将之看作"得意"的障碍,主张"忘言""忘象"是"得意"的前提条件。他说:"忘象者,乃得意者也;忘言者,乃得象者也。得意在忘象,得象在忘言。故立象以尽意,而象可忘也"(《周易略例·明象》)。

王弼把这种常人不具有的把握"无"的能力赋予了圣人,提出"圣人体无"(《魏志·钟会传》注引何劭《王弼传》)的观点,认为圣人具有超人的"神明",可以直接体认本体"无",甚至是"与道同体"(《老子道德经注》第23章),从而论证了"名教本于自然"的政治理论。

(二)郭象的"独化"论

郭象(252—312年),字子玄,西晋玄学家。"少有才理,好老庄,能清言"(《晋书·郭象传》)。著有《庄子注》,把玄学理论推向高峰,被称为"王弼之亚"(《世说新语》注引《文士传》)。

1. "万物独化"的唯心主义本体论　郭象否定王弼的"有生于无",肯定裴頠的"无不能生有",综合"贵无"论与"崇有"论,完善了玄学本体论体系,提出"万物独化"的理论。

世或谓罔两待景,景待形,形待造物者。请问:夫造物者有邪?无邪?无也,则胡能造物哉?有也,则不足以物众形。故明众形之自物而后始可与言造物耳。是以涉有物之域,虽复罔两,未有不独化于玄冥者也……故彼我相因,形景俱生,虽复玄合,而非待也……故罔两非景之所制,而景非形之所使,形非无之所化也。(《齐物论注》)

万物万情,趣舍不同,若有真宰使之然也。起索真宰之朕迹,而亦终不得,则明物

皆自然，无使物然也。（《齐物论注》）

万物都是自我运化的，并非"无之所化"，也不是"真宰使之然"，这就是郭象所说的"独化"。这种理论对于反对神学造物论是有积极因素的。但他没有对"独化"进行唯物主义的辩证论述，而将其引入颇具神秘色彩的"玄冥"之境，认为任何事物的产生和存在都是偶然的、突发的、无条件的、没有原因的，因而是神秘莫测的。

无既无矣，则不能生有；有之未生，又不能为生，然则生生者谁哉？块然而自生耳。自生耳，非我生也。我既不能生物，物亦不能生我，则我自然矣。自己而然，则谓之天然；天然耳，非为也，故以天言之。所以明其自然也，岂苍苍之谓哉？（《齐物论注》）

凡得之者，外不资于道，内不由于己，掘然自得而独化也。（《大宗师注》）

由于这种运化既无外因，亦无内因，因此所谓的"自然""天然"都只不过是一种绝对的偶然性，而这种绝对的偶然性最终也只能归因于所谓的"命"。

人之所因者，天也。天之所生者，独化也。人皆以天为父，故昼夜之变，寒暑之节，犹不敢恶，随天安之；况乎卓尔独化，至于玄冥之境，又安得而不任之哉？既任之，则死生变化，惟命之从也。（《大宗师注》）

郭象否定了王弼的"有生于无"，看似向唯物主义迈进了一步，最终却陷入了神秘主义的命定论，认为世界万物是由一种不可知的、不可违的神秘的"命"在支配，没有突破时代的窠臼。

2. "冥而忘迹"的神秘主义认识论　郭象认为，人的认识能力和范围是极其有限的，根本不可能去认识世界万物，因此不应当勉强发挥主观能动性去认识万物。他说："夫知之盛也，知人之所为者有分，故任而不强也；知人之所知者有极，故用而不荡也。"（《大宗师注》）所以，人应当守于"不知"，那些所谓的"知"，"皆不知所以知而自知"（《齐物论注》），实际上就是"无知"。由此，郭象提出了"冥而忘迹"的认识论。

"冥而忘迹"就是"捐聪明，弃知虑，魄然忘其所为，而任其自动"（《秋水注》），排斥一切媒介性的知识，依靠纯粹的神秘直觉来认识。郭象认为，万有众形都不过是"迹"，也就是现象，而"迹"的背后还有"所以迹"，而这种"所以迹"只有求之于"言意之表，而入乎无言无意之域，而后至焉"（《秋水注》）。郭象将这种境界称之为"冥"。他说"物有自然，理有至极，循而直往，则冥然自合"（《齐物论注》）。一旦达到"冥"的境界就会忘掉一切，包括"言"与"意"、"有"与"无"、"迹"与"所以迹"，达到一种完全虚无主义的难以名状的混沌状态。郭象把这种状态看作"忘己""无我""性足自得""乐命自愉"的最高境界，实际上是一种唯心主义的神秘虚无的境界。

3. "大小俱足"的形而上学诡辩论　郭象一方面承认万物的差异性，另一方面却用"自足其性"来否认事物的质的区别。

夫以形相对，则大山大于秋毫也。若各据其性分，物冥其极，则形大未为有余，形小不为不足。

若以性足为大，则天下之足未有过于秋毫也；其性足者为非大，则虽大山亦可称小矣。

大山为小，则天下无大矣；秋毫为大，则天下无小也。无小无大，无寿无夭……苟足于天然而安其性命，故虽天地未足为寿而与我并生，万物未足为异而与我同得。则天地之生又何不并，万物之得又何不一哉（《齐物论注》）？

这实际上是以宿命的思想来抹杀一切的差异，要求万物"足于天然而安其性命"，从而达到一种"并生""同得"的虚幻之境。

郭象集玄学之大成的全部哲学的归宿乃是为了论证"自然"与"名教"的合一，使人认同当时社会的等级差异乃是"天理自然"的，从而做到"各安其分"，以达到维护门阀士族统治的目的。他说："大小之殊，各有定分，非羡欲所及"（《逍遥游注》）。"以小求大，理终不得；各安其分，则大小俱足"（《秋水注》）。他将此种原则引入人类社会当中，诱惑下层百姓安于被压迫、被剥削的地位。

臣妾之才而不安臣妾之任，则失矣。故知君臣上下，手足内外，乃天理自然，岂真人之所为哉……凡得真性，用其自为者，虽复皂隶，犹不顾毁誉而自安其业；故知与不知，皆自若也（《齐物论注》）。

被统治者要安于现状，荒淫残暴的士族统治者们则要"体无"，在自己深为受益的礼法名教中"逍遥自得""淡然自若"，如此，"贤愚袭情而贵贱履位，君臣上下，莫匪尔极，而天下无患矣"（《在宥注》）。郭象依靠玄学思辨为当时的门阀士族统治制造了一幅美妙的幻想图景，正是西晋时期门阀士族特权统治达到顶峰时期的哲学思想的代表，也意味着这一时期玄学唯心主义思辨的终结。

第二节　道家价值论

一、道家的社会价值

道家从对形而上的本体"道"的思辨出发，关注万物之本性、个人之心性以及治世之法，以因道施事为最高原则，强调维护宇宙万物的自然和谐、人与自然的和谐统一以及整个人类社会的和谐有序，对社会文化的构建具有重要的价值。

（一）对人格塑造的价值

人格修养是通过身心圆融的省思与实践，使自身的品德、气质、能力和性格逐步趋于完美境地的一种努力。

道家的理想人格总体特征是因循大道自然无为、胸纳天地逍遥自适，是以摆脱人为束缚、求得个人天性完满为宗旨的。道家理想中的人物有"与道合同"的真人、"唯道是从"的圣人等不同的境界。真人是道家理想中人物的最高境界，又被称为"至人"，也就是达到最高境界的人物。《庄子·逍遥游》中说："至人无己。"《庄子·大宗师》中说："天与人不相胜也，是之谓真人。""天人合一"是真人的最本质特点，没有任何人为的自我意识，保存了人最为本真的天性，完全与道相融。《文子·道原》中说："真人体之以虚无、平易、清静、柔弱，纯粹素朴，不与物杂，至德天地之道，故谓之真人。"《淮南子·诠言训》亦言："能反其所生，故未有形，谓之真人。真人者，未始分于太一者也。"真人是体悟大道、混沌未分、无知无欲的。圣人是道家理想的治国人物，与儒家倡导的人伦性圣人不同，道家理想中的圣人是法天象地，无为自化，使百姓各安其命。《庄子·渔父》中言："道之所在，圣人尊之。"《老子》第 2 章说："圣人处无为之事，行不言之教，万物作焉而不辞，生而不有，为而不恃，功成而弗居。"圣人德被天下，而不求于名。《庄子·逍遥游》中云："圣人无名。"另外，道家还有大人、君子等理想人物。总起来说，这些人物都是有道之人，是摆脱了外在物累、保全了性命之真的人，都具有法天贵真、无知无欲、逍遥游世、清静无为等内涵。道家看到人们大都"丧己于物，失性于俗"（《庄子·缮性》），因此，大力倡导这些理想人物，以唤起人们对自由真性的渴望与回归。而一旦具有这些品格，就会成为一个自由、快乐、洒脱的自我。

道家对健全人格塑造的价值源于其人本主义思想。这种人本主义思想并非以外在价值为评判人的标准，而关注于个人是否出于完全符合本性的逍遥自适状态，避免了人为压力下的人格分裂，保持人内心的恬静祥和。有研究者认为，众多道家人格代表人物，包括老子、关尹、杨朱、庄子、郭象、竹林七贤、陶渊明、李白、慎到、彭蒙、田骈、王充、葛洪、成玄英、司马承祯、陈抟等，其人格包含了"智慧""仁爱""成熟""坚毅""爽直""超脱"六个因素，这些人格特质为个体身心和谐发展提供了一个较为理想的模式。在道家思想的熏染下，我国出现了众多具有道家异彩风貌的人物。他们往往具有旷达傲世的情怀、处惊自若的雅量、超然物外的审美、至性至情的率真等人格魅力，使历代无数人为之倾倒和向往，成为影响一代又一代中国人精神风貌的风流人物。

（二）对社会治理的价值

老子最早提出了合乎自己道家学说的人类理想社会形态，说："太上，不知有之。其次，亲而誉之。其次，畏之。其次，侮之。信不足焉，有不信焉。悠兮其贵言，功成事遂，百姓皆谓我自然"（《老子》第 17 章）。老子推崇的社会形态是"不知有之"，也就是统治者无为而治，百姓自为自化，安居乐业。老子还展现了他理想中人类社会的场景："小国寡民，使有什伯之器而不用，使民重死而不远徙。虽有舟舆，无所乘之；虽有甲兵，无所陈之。使人复结绳而用之。甘其食，美其服，安其居，乐其俗。邻国相望，鸡犬之声相闻，民至老死不相往来"（《老子》第 80 章）。在"小国寡民"社会，人民质朴、无知无欲，没有任何心机，内心宁静祥和。老子所倡导的治国方法最鲜明的就是"无为而治"。

道家进入战国以后，形成了两大派别，一派是继承老子"清静无为"的人生哲学，如庄子；一派是继承老子"修天下"的治国思想，历史上称为"黄老之学"，学界或称之为"黄老道家"。由此"无为而治"的治国方式列分为二：一种是由圣人的无为修身来实现社会的安定和谐，力求通过圣人的榜样来倡导人人都修养道德，自我管理，以实现社会治理，即老子所云："我无为而民自化；我好静而民自正；我无事而民自富；我无欲而民自朴"（《老子》第57章）。另一种是注重社会制度的规范，引礼法入道。黄老道家在肯定道治的同时，积极发扬"礼治"的优点，认为礼、法不可废，礼、法正是"道"的贯彻落实。《鹖冠子·度万》曰："守一道制万物者，法也。"《鹖冠子·环流》又言："惟圣人究道之情，唯道之法，公正以明。"黄老道家由老子"小国寡民"、庄子"至德之世"的理想社会转向现实，汲取儒法思想，由道生法，从而在社会治理方面相对形成贯通形上形下的一整套社会治理模式。

黄老道家的社会治理模式在汉初得到了全面实践，并结出了"文景之治"的善果。当时从皇帝到各级官吏，大都尊"黄老之术"。文帝节俭，他"常衣绨衣，所幸慎夫人，令衣不得曳地，帷帐不得文绣，以示敦朴，为天下先。治霸陵，皆以瓦器，不得以金银铜锡为饰，不治坟，欲为省，毋烦民"（《史记·孝文本纪》）。景帝"因修静默，勉人于农，率下以德"（《史记》索隐述赞）。作为丞相，曹参"清静极言合道。然百姓离秦之酷后，参与休息无为，故天下俱称其美矣"（《史记·曹相国世家》）。官吏汲黯在任东海太守时，"治务在无为而已，弘大体，不拘文法"（《史记·汲黯列传》）。道家"无为而治"的治国理念，受到后人的广泛关注，一直被历代为政者、学者看作是顺应民心、与民休息、不强制作为的直接理论源泉。道家的治国方略具有超越时代的价值，直到今天仍具有很好的借鉴意义。

（三）对生态保护的价值

道家提倡人与自然和谐共处、和合共生的生态观念，对运化万物的天地心存敬畏之心，视天为父，视地为母。《庄子·达生》曰："天地者，万物之父母，合则成体，散则成始。"《黄帝四经·果童》有言："夫民仰天而生，侍地而食。以天为父，以地为母。"《淮南子·精神训》云："是故圣人法天顺情，不拘于俗，不诱于人，以天为父，以地为母，阴阳为纲，四时为纪。"对天地的尊崇与敬畏就要求人们顺道而行。《老子》第16章中说："知常曰明。不知常，妄作，凶。"所谓"常"就是自然大道，违逆自然大道而动，势必遭受灾殃。《黄老帛书·姓争》告诫世人云："顺天者昌，逆天者亡，毋逆天道，则不失所守。"所谓的"顺天""知常"就是要求人应当顺万物之自然，不对自然强加妄为。只有真正尊重自然，方能真正保护生态。生态的恶化其根本在于人对自然早已没有了敬畏之心，而是肆意地践踏自然、蹂躏自然。

道家反对人定胜天的思想，提出"天与人不相胜"（《庄子·山木》）的观点，反对按照人的意志去胡乱作为。另外，在道家看来，万物平等，并无高低贵贱之分。《庄子·秋水》提出"物无贵贱"，《齐物论》提出"道通为一"，《知北游》提出道"在屎溺"，这些都体现出了万物皆融通于大道、齐同无差别的观念。大自然有其自然运化的规律，它运化万物并使其保持生态上的平衡。当前生态平衡的毁坏，正是由于人类自我中心主义思想在作祟。《庄子·胠箧》指出："夫弓、弩、毕、弋、机变之知多，则鸟乱于上矣；钩、饵、罔、罟、罾、笱之知多，则鱼乱于水矣；削格、罗落、置罘之知多，则兽乱于泽矣。"人类的贪欲扰乱了生物的正常繁殖，人为扰乱了大自然的生态平衡状态。

二、道家的科技价值

李约瑟博士在《中国科学技术史》第一卷总论中特别强调了道家对于中国科学技术发展的重要作用。他说："道家具有一套复杂而微妙的概念……它是中国后来产生的一切科学思想的基础。"他指出："道家思想体系，直到今天还在中国人的思想背景中占有至少和儒家同样重要的地位。它是一种哲学与宗教的出色而极其有趣的结合，同时包含着'原始的'科学和方技。它对于了解全部中国科学技术是极其重要的。"他充分肯定了道家思想中蕴含着的科技因素。

（一）"道法自然"的科学态度

道家致力于天道自然的探究与遵循，体现了科学的精神。

1. 道家为宇宙万物寻找到了一个客观的支配力量，那就是"道"。道家认为，"道"派生万物，同时又普遍存在于万物之中，是一种外在于人的知觉主体的支配世界的强大力量。李约瑟在《中国科学技术史》中说："对道家来说，'道'（或道路）不是指人类社会中正确的生活之道，而是指宇宙的运行之道。换言之，即大自然的秩序。"《老子》第 22 章云："是以圣人抱一，为天下式。""一"强调了道作为万物之母的统一性，暗含着事物有着共同的法则，而"这种统一性则是自然科学的基本前提"（李约瑟《中国科学技术史》第 2 卷）。从这个意义上来说，道既是天地万物之母，同时也是科学之母，人类探索所要把握的终极对象也就是这个"道"。

2. 道家强调尊道。《庄子·庚桑楚》云："夫春气发而百草生，正得秋而万宝成。夫春与秋，岂无得而然哉？天道已行矣。"自然界的春秋变迁乃是天道使然，是自然界的客观规律。道是事物的本质和规律，是事物运动变化的内在依据，人只有真正领悟了这种大道，完全顺道而行，才能逍遥地生存。《管子·形势》云："得天之道，其事若自然；失天之道，虽立不安。其道既得，莫知其为之；其功既成，莫知其释之。藏之无刑，天之道也。"指出要按照天道，顺其自然而成事。如果逆天而行，则会遭遇祸患。

（二）"宗道""玄览"的科学方法

在对自然的探索上，道家不但形成了"道法自然"的科学态度，而且提出了独特的科学方法，这就是"以道观之"和"涤除玄览"。

1. "以道观之"的科学视角 道家提出了观察世界的视角，即"以道观之"。

庄子学派注意到了个体局限性对认识大道的障碍。《庄子·秋水》云："井蛙不可以语于海者，拘于虚也；夏虫不可以语于冰者，笃于时也；曲士不可以语于道者，束于教也。"庄子认为，时空和自我成见都可遮蔽对大道的认识，世界的浩渺无穷远超过了人类的认知能力，人类倘若仅仅局限于自身所拥有的微薄知识来认识世界，势必会茫然无得。"夫物，量无穷，时无止，分无常，终始无故。是故大知观于远近，故小而不寡，大而不多，知量无穷……计人之所知，不若其所不知；其生之时，不若未生之时；以其至小求穷其至大之域，是故迷乱而不能自得也"。因此，人类必须跳出自我的迷障，从道的高度来观察和认识世界。

《庄子·秋水》云："以道观之，物无贵贱。以物观之，自贵而相贱。以俗观之，贵贱不在己。以差观之，因其所大而大之，则万物莫不大；因其所小而小之，则万物莫不小；知天地之为稊米也，知毫末之为丘山也，则差数睹矣。以功观之，因其所有而有之，则万物莫不有；因其所无而无之，则万物莫不无；知东西之相反而不可以相无，则功分定矣。以趣观之，因其所然而然之，则万物莫不然；因其所非而非之，则万物莫不非；知尧桀之自然而相非，则趣操睹矣。"

2. "涤除玄览"的科学认知　道家认为，认知的终极目的是把握"道"，而对道的把握必须要借助直觉、灵感，其前提则是内心的虚静。这种认知方法目前并未被科学技术界所重视，实际上是开展科学研究的一种非常重要的认知方法。

《老子》第 10 章云："涤除玄览，能无疵乎?""览"即"鉴"，指镜子。道家是把人的内心比喻为玄妙的镜子，只有洗涤心镜，使其没有疵垢，达到一种无欲虚静、空灵清澈的境地，才能使自身获得认知世界的深邃洞察力，如同镜子照物一样，使世界的变化在内心清晰地映照出来。《庄子·天道》曰："水静则明烛须眉，平中准，大匠取法焉。水静犹明，而况精神! 圣人之心静乎! 天地之鉴也，万物之镜也。"水静可以作为工匠确认事物是否平整的工具，而心静亦可觉知万物。如何达到内心虚静，道家提出了"心斋"和"坐忘"。

《庄子·人间世》云："若一志，无听之以耳而听之以心；无听之以心而听之以气。耳止于听，心止于符。气也者，虚而待物者也。惟道集虚。虚者，心斋也。"《庄子·大宗师》云："堕肢体，黜聪明，离形去知，同于大通，此谓坐忘。"

心斋、坐忘，可使人心进入空寂的境地，不执著于人的感官与思虑所得的知识，获得大彻大悟之知。道家相信人通过内求的方式能够动态地、有机综合地摄取自然变化的真实信息，领悟宇宙的玄奥本质。

诺贝尔物理学奖获得者汤川秀树，对道家此种认知方式颇为认同，他说："看来重要的问题是在直觉与抽象之间实现平衡或协作。现时代科学文明的问题就在于此……人们似乎普遍感到科学远离了哲学和文学之类的其他文化活动。"他还从《庄子·应帝王》的"浑沌"之事的寓言中领悟到基本粒子问题的求解之路。他认为，随着所谓基本粒子越来越多地被发现，基本粒子并不基本的问题就显现出来了。他说："更加可能的是万物中最基本的东西没有固定的形式，而且和我们今天所知的任何基本粒子都不对应。它可能是有着分化为一切种类基本粒子的可能性，但事实上还未分化的某种东西。用所习用的话来说，这东西也许就是一种'浑沌'。"

道家学说中蕴含着科学思想的因素，并对当今科技实践具有现实价值。但是也存在一定缺陷。李约瑟博士说："道家始终没有发展出类似于亚里士多德对于自然界所作的那种系统的理论说明。阴和阳，各种形式的气以及五行，都不足以完成分派给它们的任务。"他又说，道家"对自然深感兴趣，但不信赖理性和逻辑"。因此，应当吸收西方近代科学发展起来的逻辑方法与科学精神，结合道家的科技思想，对科学技术进行创新性的探索。

第三节　道家与中医学

中国传统文化的方方面面无不与中医药学有着千丝万缕的联系。但细究起来，尤以道家文化对中医学的影响为甚。无论在理论基础、认知原则等指导思想的形而上层面，还是诊治手段、处方用药以及养生方法等具体操作性层面，中医学都是"道术结合"的典范。虽然这个"道"与道家的"道"在概念范畴上并不完全一致，但在中医学的发展历程中，始终强调将技术性的医术升华到理论性的医道，从而进一步指导医疗实践，无疑受到了道家学说的深远影响。

一、道家哲学是中医学的理论基础

中医学的建立主要是以中国哲学为基础，与西方医学主要构建于解剖学的基础之上不同，其中道家哲学是其最为重要的组成部分。李约瑟在《中国科学技术史·卷二·科学思想史》中曾说："中国如果没有道家，就像大树没有根。"此言验之于中医，确为至理之言。

儒家哲学重在社会伦理道德，致力于建设和谐有序的社会。道家哲学致力于探究宇宙之根源与规律，不但主张以"道"观宇宙人生，而且力主人应顺道而行，通过遵循自然之道来实现人生命的完满与和谐。这成为中医学的理论根基。中医学在某种程度上正可以说是一种天人合和的生命哲学。中医学基础理论的形成和完善时期，也正是在前秦两汉时期，与道家哲学的发展脉络基本同序而稍稍延迟。中医基础理论形成的标志《黄帝内经》，便有大量言辞与《老子》《淮南子》等道家代表作的内容相一致。

道家所创设的"道生万物"的本体生成学说，从哲学角度对生命的来源作了精辟的推论。老子云："道生一，一生二，二生三，三生万物。万物负阴而抱阳，冲气以为和。"（《老子》第40章）其将万物皆归根于天地大道，并提出万物皆由阴阳精灵二气交合融汇而成。这种生命的一元观、整体观和阴阳和合观奠定了中医生命观的哲学基础。《素问·生气通天论》云："自古通天者，生之本，本于阴阳。"《灵枢·本神》云："天之在我者德也，地之在我者气也，德流气薄而生者也。故生之来谓之精，两精相薄谓之神。"《素问·阴阳应象大论》云："阳化气，阴成形。"认为天地以阴阳二精的交合既赋予生命以形体，又赋予生命以活力。《素问·宝命全形论》云："人以天地之气生，四时之法成。"《灵枢·邪客》云："人与天地相应。"《素问·生气通天论》云："天地之间，六合之内，其气九州、九窍、五脏、十二节，皆通乎于天气。"皆指出人与自然界是一个不可分割的整体。

中医学不但将人之生命归根于宇宙之运化，并且将整个人体看作一个小的有着微循环的"宇宙"，以与整个宇宙相应和。就阴阳而言，人体外有阴阳，人体内亦有阴阳。在外，天为阳、地为阴，日为阳、月为阴，昼为阳、夜为阴，春夏为阳、秋冬为阴。在内，五脏为阴，六腑为阳。五脏之中又分阴阳，如脾有脾阴和脾阳，肾有肾阴和肾阳，并且相互依存、消长、转化及调节，以维持脏腑之内和脏腑之间的功能活动及相互平衡。人体内宇宙的运化和自然外宇宙的运化是相应的，比如外宇宙有春生夏长、秋收冬藏的自然规律，人亦与之相应。如人体的脉象就有相应之处，《素问·脉要精微论》中描述人体脉象的变化云："春日浮，如鱼之游在波；夏日在肤，泛泛乎万物有余；秋日下肤，蛰虫将去；冬日在骨，蛰虫周密，君子居室。"再如昼夜晨昏自然界阴阳消长，人体亦会与之相应。《灵枢·顺气一日分为四时》云："以一日分为四时，朝则为春，日中为夏，日入为秋，夜半为冬。朝则人气始生，病气衰，故旦慧；日中人气长，长则胜邪，故安；夕则人气始衰，邪气始生，故加；夜半人气入脏，邪气独居于身，故甚也。"

中医学基于道家哲学思想，构建起了自己的生命哲学观：人之生命诞于"道"，与宇宙万物同源而融通；人之生命不是孤立存在的，而是属于整个自然整体，同气相求，同波而动；人生命本身与整个自然运化一样，也是一个紧密联系的整体，以自身的内运化而与外在的自然运化相呼应、相依存；"道"通过化生精气，形成物质性的人体，并参与生命运动和精神意识的活动。可以说，道家学说落实到对人生命的认识层面，从而促成了中医理论的形成。

二、道家思想对中医诊治疾病的影响

基于"天人合一"的生命哲学思想，中医学在长期与疾病斗争中，善于从宇宙万物的"合"与"和"上来认识疾病的发生、发展、治疗和预防。

(一)"逆道病生"的病因学说

在病因学方面，中医学从"天人相应"和生万物的观点出发，从外在自然现象的变化和人体内在的失调来探究人体的生理、病理机能，视逆道不和为诸病之因。《黄帝内经》中即有"夫百病之始生也，皆生于风雨寒暑、阴阳喜怒、饮食起居、大惊卒恐"的记载。历代医学家不断发挥补充，将一切疾病发生的原因归纳为三因：外因（六淫），风、寒、暑、湿、燥、火；内因（七情），喜、怒、忧、思、悲、恐、惊；不内外因，虫兽伤、创伤等。除不内外因外，无论外因还是内因，归根结底皆在于违逆了自然运化的规律，违逆了大道，造成人与自然、人本身之"失和""失衡"。《素问·四气调神大论》云："阴阳四时者，万物之终始也，死生之本也，逆之则灾害生。"阴阳太过或是阴阳不足都会给身体造成危害，如"阳盛则热，阴盛则寒""阳虚生外寒，阴虚生内热"等等。

(二)"因道辨证"的诊断方法

中医诊断病情强调，不但要识"病"，更要辨"证"。而"证"正是"天人合一"整体性、综合性思维的产物。

所谓"病"，是以突出的临床症状和体征为依据，作为临床纵的归类联系的一种方法，崩漏、黄疸等都是病。中医学认为，天地万物、四时六气皆处于不间断的运动变化过程中，人体生理、病理活动自然也处于不断的运动状态之中，因此就产生了临床诊断方法——辨证。"证"是在病的基础上，结合周围环境、时令气候、个体特征，全面地考虑和概括病因、病机、发病部位、有关脏腑的生理病理状态，反映疾病某一阶段的特殊性质和主要矛盾，为临床治疗提供依据。"证"可以分为六经辨证的太阳证、阳明证、少阳证、少阴证等，或是温病辨证的卫分证、气分证、营分证、血分证，或是脏腑辨证的阴虚证、湿热证等。这些"证"不是对病证的简单化描述，而是一个综合性的、整体性的具有丰富内涵的概念。

（三）"以平为期"的治疗思维

《老子》云："万物负阴而抱阳，冲气以为和。"阴阳和合方生万物，一旦阴阳失衡，万物的运化也会出现问题。这种阴阳和合的思想也是中医治疗的核心思维方式。

《素问·生气通天论》中云："阴平阳秘，精神乃治；阴阳离决，精气乃绝。"中医学认为，人体与自然以及人体自身的整体和谐乃为健康之本，一切疾病的基本发病机理皆可概括为阴阳失调。由此，中医诊治的目的即在于恢复人体的和谐平衡状态，"谨察阴阳所在而调之，以平为期"（《素问·至真要大论》），于是也就产生了"微者逆之，甚者从之，坚者削之，客者除之"（《素问·至真要大论》）等一系列调节阴阳的具体措施。

（四）"循道用药"的施治原则

中医治疗的过程即是通过各种方法和手段达到"以平为期"的目的。治疗方法的选择要综合考虑到天时、地利、人和等多方面的因素，此谓"三因制宜"，即因时制宜、因地制宜、因人制宜。"三因制宜"的思想在《黄帝内经》中已经有了较为全面的论述，主要见于《素问·五常政大论》《素问·六元正纪大论》《素问·异法方宜论》《灵枢·五变》等篇，《伤寒杂病论》中更是通过具体方药的运用得以充分体现。

《老子》第77章云："天之道，其犹张弓与！高者抑之，下者举之；有余者损之，不足者补之。天之道，损有余而补不足。"中医处方用药亦如之。《金匮要略》中云："虚虚实实，补不足，损有余，是其义也。"中医用药施治是以药之性味辅助人体达到和谐平衡的状态。疾病有寒性、热性之分，药性亦有寒、热、温、凉的不同；病势有表、里、上、下的差异，药性亦有升、降、浮、沉的区别；疾病发生部位分不同的脏腑经络，药性也有脏腑归经之别。其治疗基本原则是"寒者热之，热者寒之，温者清之，清者温之，散者收之，抑者散之，燥者润之，急者缓之，坚者软之，脆者坚之，衰者补之，强者泻之"，如此则"各安其气，必清必静，则病气衰去，归其所宗"（《素问·至真要大论》）。

三、道家思想对中医养生理念的影响

养生学是中医学的重要组成部分。"养生"一词始见于道家经典《庄子·养生主》。文惠君听庖丁解牛的讲解后说："吾闻庖丁之言，得养生焉。"古人论养生，理常托黄老之言，术常称老君之法，处处可见道家哲学思想的影响。

（一）贵命重生：养生的启端

养生的前提是具有看重生命的思想，而这即来自道家的"重生"思想。

《老子》第50章即提出要"善摄生"的主张。《庄子》一书中的"重生"思想是其学说的重要组成部分，主张摆脱一切外在物累，从而获得生命的张扬。庄子极力反对因外物而损耗生命，即使是整个天下也无法与生命的宝贵相比拟。其云："夫天下至重也，而不以害其生，又况他物乎！""故天下大器也，而不以易生，此有道者之所以异乎俗者也"（《庄子·让王》）。天下尚且不足以衰耗生命，更何况他物呢？《庄子·让王》中讲述了一个小故事：

韩魏相与争侵地，子华子见昭僖侯。昭僖侯有忧色。子华子曰："今使天下书铭于君之前，书之言曰：左手攫之则右手废，右手攫之则左手废。然而攫之者必有天下。君攫之乎？"昭僖侯曰："寡人不攫也。"子华子曰："甚善。自是观之，两臂重于天下也。身亦重于两臂。韩之轻于天下亦远矣。今之所争者，其轻于韩又远。君固愁身伤生以忧戚不得也。"僖侯曰："善哉！教寡人者众矣，未尝得闻此言也。"子华子可谓知轻重矣。

两只手臂比天下重要，身体又比两只手臂重要，韩国与整个天下相比是微不足道的，如今两国所争夺的土地，比起韩国来又更是微不足道的。魏王因此而愁身伤生不是很可笑愚蠢吗？所以，大智慧的人宁愿安贫乐道，也是不会因外在的东西而给自己带来伤害的。故"知足者不以利自累也，审自得者失之而不惧，行修于内者无位而不怍"（《庄子·让王》）。道家这种积极超拔的生命观成为古代养生学的启端。

（二）道法自然：养生的原则

如何养生？在道家看来，"道""以其不自生，故能长生"（《老子》第7章），它的运行也是"周行而不殆"（《老子》第25章），"绵绵若存，用之不勤"（《老子》第6章）。生命若符合"道"的规律，也能与"道"同一而"长生久视"。道家提出，"人法地，地法天，天法道，道法自然"（《老子》第25章）。中医养生吸收了道家"道法自然"的哲学思想，提出养生要"知道"，要顺应自然规律。《素问·上古天真论》即云："上古之人，其知道者，法于阴阳，和于术数，食饮有节，起居有常，不妄作劳，故能形与神俱，而尽终其天年，度百岁乃去。"即只要取法于"道"，保持生命的常态，人必能身心和谐，尽享与天俱来的寿命。

中医把天人之间的关系作为一种相因相依的整体和谐关系，人应当通过顺应自然的养生方法调节自身阴阳，去实现"天人合一"的和谐状态，以顺应自然的种种变化，达到防病延年的目的。《素问·生气通天论》中说："苍天之气，清静则志意治，顺之则阳气固，虽有贼邪，弗能害也。"这里"顺之"讲的即是顺应自然四时气候变化以达养生的意思。《灵枢·本神》说："故智者之养生也，必顺四时而适寒暑，和喜怒而安居处，节阴阳而调刚柔，如是，则僻邪不至，长生久视。"《素问·四气调神大论》篇中详细论述了春、夏、秋、冬四季的特点和人与之相适应的行为、心理、起居，认为人的日常起居只有把握自然节候，方可收调摄之效，倘若违逆则祸患无穷。具体包括：

> 逆春气，则少阳不生，肝气内变。逆夏气，则太阳不长，心气内洞。逆秋气，则少阴不收，肺气焦满。逆冬气，则太阴不藏，肾气独沉。夫四时阴阳者，万物之根本也，所以圣人春夏养阳，秋冬养阴，以从其根。逆其根，则伐其本，坏其真矣。故阴阳四时者，万物之终始也，死生之本也，逆之则灾害生，从之则苛疾不起，是谓得道。道者，圣人行之，愚者背之。从阴阳则生，逆之则死，从之则治，逆之则乱。

随着道家哲学的发展，"道法自然"对养生学的影响可分为两个方面：一是"自然无为"的养生论。此以老庄为代表，老子提出"辅万物之自然而不敢为"的思想，庄子则认为养生的至高境界并非需要人为的导引之术，而是应该无心应自然、淡然无为。主张人的生死要顺应"天行""物化"，不能刻意求之。一切顺应自然，"静而与阴同德，动而与阳同波""去知与故，循天之理"，只有如此，方能"无天灾，无物累，无人非，无鬼责""其寝不梦，其觉无忧，其神纯粹，其魂不罢"（《庄子·刻意》）。一是"辅万物之自然而为"的养生论。《淮南子·修务训》发展了老子"辅万物之自然而不敢为"的思想，指出"夫地势水东流，人必事焉，然后水潦得谷行。禾稼春生，人必加工焉，故五谷得遂长"。就是说，人要依自然条件而作为，不是听任万物摆布而不为，如果"听其自流，待其自生，则鲧禹之功不命"。因此，养生之术皆为"辅万物之自然而为"，是顺应大道、辅助自然运化的人为之举。中医学认为，人与天地相应，并非消极、被动的，而是积极、主动的。人不仅要主动地适应自然环境，还应积极施以人为之事，以利于人体的生存和健康。《素问·移精变气论》说："动作以避寒，阴居以避暑。"《寿亲养老新书》（元代邹铉增补宋代陈直所撰《养老奉亲书》而成）中说："栖息之室，必常洁雅；夏则虚敞，冬则温密。"宋代周守忠《养生类纂》也说："积水沉之可生病，沟渠通浚，屋宇清洁无秽气，不生瘟疫病。"

（三）抱一全性：养生之要本

道家的养生之道又称"卫生之经"。《庄子·庚桑楚》云："卫生之经，能抱一乎？能勿失乎？能无卜筮而知吉凶乎？能止乎？能已乎？能舍诸人而求诸己乎？能翛然乎？能侗然乎？能儿子乎？儿子终日嗥而嗌不嗄，和之至也；终日握而手不掜，共其德也；终日视而目不瞚，偏不在外也。行不知所之，居不知所为，与物委蛇，而同其波。是卫生之经已。"因此，养生的要本即在于抱守大道，全性保真，像婴儿那样与天相应，一团柔和。

抱一全性的关键在于虚静守神。道家认为，"虚静"是大道的本质属性，正因为此，大道才能"周行而不殆"。因而主张归根守静，固守本真。《老子》第16章提出要"致虚极，守静笃"。庄子更进一步提出"虚以养神"的观点："纯素之道，惟神是守；守而勿失，与神为一；一之精通，合于天伦。""夫恬淡寂寞，虚无无为，此天地之本而道德之质也。故圣人休焉，休则平易矣，平易则恬淡矣。平易恬淡，则忧患不能入，邪气不能袭，故其德全而神不亏。"（《庄子·刻意》）老庄这种"恬淡""守静"的观点对《黄帝内经》中调神摄养的养生理论有着深刻的影响。《素问·上古天真论》中说："恬淡虚无，真气从之，精神内守，病安从来？是以志闲而少欲，心安而不惧，形劳而不倦，气从以顺……其民故自朴。是以嗜欲不能劳其目，淫邪不能惑其心，愚智贤不肖，不惧于物，故合于道。所以能年皆度百岁，而动作不衰者，以其德全不危故也。"《素问·阴阳应象大论》则认为"圣人"之所以能"寿命无穷，与天地终"，是因为他们"乐恬淡之能，从欲快志于虚无之守"。虚静不但能安神，且能强魄健体，提高身体抵抗病邪的能力，《庄子·刻意》中云："平易恬淡，则忧患不能入，邪气不能袭，故其德全而神不亏。"《素问·生气通天论》也认为，清虚守静的心态可增强身体的抵抗力，"故风者，百病之始也，清静则肉腠闭，阳气拒，虽有大风苛毒，弗之能害，此因时之序也"。

在道家看来，人不能有任何人为的心念意识，而要尽力保全自己的自然本心，即"天心"。保持本心，凝寂不动，自能保全天性。老子提出要"虚其心，实其腹，弱其志，强其骨"（《老子》第 3 章），强调要使内心不被人为心念充塞，不要有过多的个人意志。《庄子·人间世》称："虚室生白，吉祥止止。夫且不止，是之谓坐驰。"室，即心也。心清虚纯洁，自会内心光明，宁静祥和。否则，内心躁动，形虽端坐，心却游走耗神。人之所以不能虚静，皆是由于人之私欲。《老子》第 12 章云："五色令人目盲，五音令人耳聋，五味令人口爽，驰骋畋猎令人心发狂，难得之货令人行妨。"庄子认为，人们"丧己于物，失性于俗"（《庄子·缮性》），并在《庄子·天地》中进一步概括了诱人丧失本性的具体原因："且夫失性有五：一曰五色乱目，使目不明；二曰五声乱耳，使耳不聪；三曰五臭熏鼻，困惾中颡；四曰五味浊口，使口厉爽；五曰趣舍滑心，使性飞扬。此五者，皆生之害也。"人天性的丧失皆是由于外在声色名利的刺激，令人心昏志迷，精神为之癫狂。《淮南子·齐俗训》云："人性欲平，嗜欲害之。"《淮南子·俶真训》云："人性安静，嗜欲乱之。"因此，养性要去世俗之嗜欲。《老子河上公章句·无用第十一》云："治身者，当除情去欲，使五脏空虚，神乃归之。"

（四）自然和谐：养生的目标

《庄子》一书很多内容是教人看破生死，生死乃是自然之运化。"适来，夫子时也；适去，夫子顺也。安时而处顺，哀乐不能入也。古者谓是帝之县解"（《庄子·养生主》）。庄子妻子死去的时候，他"箕踞鼓盆而歌"，针对惠施的质问，庄子回答说："是其始死也，我独何能无概然！察其始而本无生，非徒无生也而本无形，非徒无形也而本无气。杂乎芒芴之间，变而有气，气变而有形，形变而有生，今又变而之死，是相与为春秋冬夏四时行也。人且偃然寝于巨室，而我噭噭然随而哭之，自以为不通乎命，故止也"（《庄子·至乐》）。

人之死生乃是气的聚合与流散，犹如四季的更替一般运化不停，且死生有天定，因此，养生的目的绝非仅在于延年益寿，更不是长生不老，而是维护人与自然及人自身的和谐平衡，以此提高生命质量，此即庄子所说的"天和"。"天和"是天地万物自然和谐的状态，人养生的最终目的即在于"同乎天和"（《庄子·庚桑楚》）。《庄子·知北游》中云："若正汝形一汝视，天和将至。"而天和状态的最佳代表即为婴儿。《老子》

第 28 章云："常德不离，复归于婴儿。"老子又将之称为"赤子"。他极力赞赏赤子合和与天的本然状态。云："含德之厚，比于赤子。蜂虿虺蛇不螫，猛兽不据，攫鸟不搏。骨弱筋柔而握固，未知牝牡之合而全作，精之至也。终日号而不嗄，和之至也。知和曰常，知常曰明；益生曰祥，心使气曰强"（《老子》第 55 章）。嵇康在《养生论》中描述了养生的境界："清虚静泰，少私寡欲。知名位之伤德，故忽而不营，非欲而强禁也；识厚味之害性，故弃而弗顾，非贪而后抑也。外物以累心不存，神气以醇白独著。旷然无忧患，寂然无思虑。又守之以一，养之以和，和理日济，同乎大顺。"

　　道家文化在中医学理论建构和实践操作中都起到了至关重要的作用，尤其在中医理论的形成期直接提供了概念范畴、认知方法和思维方式，为中医的理论大厦搭建起基本架构。至后来道教的发展时期，部分修身练气、丹道服饵之法也客观促进了养生学及药物学的发展。

【思考题】

1. 如何理解道家的"道"？

2. 如何理解"道法自然"？

3. 如何理解老子的"小国寡民"思想？

4. 如何理解庄子的"齐物论"？

5. 道家文化对中医产生了哪些影响？

【阅读书目】

1. 陈鼓应 . 老子今注今译（参照简帛本最新修订版）［M］. 北京：商务印书馆，2003.

2. 陈鼓应 . 庄子今注今译（全三册）［M］. 北京：中华书局，2009.

3. 陈鼓应 . 道家的人文精神［M］. 北京：中华书局，2015.

4. 江幼李 . 道家文化与中医学［M］. 北京：中国中医药出版社，2017.

第五章　佛学文化 ▷▷▷

　　佛学是研究佛教经典及其义理的学问，旨在研究宗教思想的真实含义，以揭示佛教哲学的世界观和方法论。

　　佛教与基督教、伊斯兰教并称为世界三大宗教，大约在公元前6世纪至公元前5世纪发源于古印度的迦毗罗卫国（位于现在的印度与尼泊尔之间）。

　　佛是"佛陀（梵文Buddha的音译）"的略称，亦可译为"佛驮""浮陀""浮屠""浮图"等，意思是"觉者""智者"。"佛陀"的称谓在古印度早已有之，但佛教赋予了它"自觉""觉他""觉行圆满"的含义。

　　佛教的创始人乔达摩·悉达多，出生于迦毗罗卫国，是净饭王的长子，大致生活在公元前565年至公元前485年。因为他属于释迦族，所以人们又尊称他"释迦牟尼"，即释迦族的圣人。释迦牟尼目睹了世间生老病死等诸多苦难，看到了印度不平等的等级制度，为了使人们摆脱苦难获得幸福，在29岁时放弃继承王位和优越的生活，出家修行。最初他追随当时沙门思潮学习禅定，但是在修习禅定后感觉并不能真正获得解脱，进而又渡尼连禅河苦行，最终还是没有达到解脱的目的。于是他放弃了苦行的做法。35岁时，在菩提树下经过49天的冥坐终于觉悟成佛，创立了佛教。释迦牟尼80岁时在拘尸那迦城涅槃。

第一节　佛学本体论

一、佛教的产生与发展

（一）早期佛教

　　相传释迦牟尼成佛后，最初在婆罗奈城郊的鹿野苑为阿若憍等五位侍者宣讲"四谛"，这是佛陀第一次讲法，亦称"初转法轮"。这五位侍者信仰了佛陀教义，成为首批僧侣，号称"五比丘"。此后信众不断增多，发展到上千弟子，最著名的有"十大弟子"，即舍利弗、目犍连、摩诃迦叶、须菩提、富楼那、迦旃延、阿那律、优波离、罗睺罗、阿难。释迦牟尼传道时并没有书面文字，弟子用记忆的方式学习。而且当初佛陀传法时，要求使用所传地区通行的语言，以利于佛法的传播，并没有使用梵语。

佛陀圆寂后，僧侣之间的意见分歧越发严重，为了统一思想，在佛陀圆寂后的第一年雨季，由佛弟子摩诃迦叶召集主持，召开了大约有五百比丘参加的僧众大会。据《部执论疏》记载，由阿难尊者诵出《阿含经》为《经藏》；由年已九旬的优波离尊者诵出《毗奈耶》为《律藏》。经大众印证、认可后，成为最初的根本《律藏》，全名《八十诵律大毗尼藏》，确定了释迦牟尼的理论和制定的主要教规，统一了经、律。这次大会即所谓的"结集"，也是佛教的第一次结集。只是当时的结集只有口诵、心记，并没有文字记录。有关第一次结集的情况，记载不尽相同。

（二）小乘部派佛教时期

佛祖圆寂后，佛教在南亚次大陆广泛传播，由于僧团组织之间相对独立，传播地区的政治、经济、社会发展情况各不相同，佛教因此逐渐出现了分裂，进入到"部派佛教"时期。时间大约在公元前 4 世纪到公元 2 世纪。

佛教分裂的原因有两种说法：一是"十事非法"，二是"五事"。据《善见律毗婆沙》等佛经记载，佛陀灭度 100 年后，由耶舍召集七百僧众在吠舍离城召开第二次结集，再次统一经、律。会上以耶舍为首的一派认为接受金银布施、储存多余食品等十事是非法的；而另一派认为此十事合法。认为十事合法的形成了大众部，而认为十事非法的形成了上座部。据《摩诃僧祇律》记载，第二次结集讨论的是"五净法事"，即对佛在结戒时应遵守的"少欲知足"原则产生了存在分歧的两种解释。另外，在《异部宗轮论》等佛典中记载有一个叫"大天"的比丘，提出阿罗汉还没达到佛教的最高果位，仍有五种局限性，借以抬高佛、菩萨的地位。"大天"的"五事"说引起佛教的分裂，同意"大天"观点的形成了大众部，反对他的观点的形成了上座部。至此，因对待戒律的态度不同和对教义理解的分歧，佛教分裂成上座部和大众部，史称"根本分裂"。此后的几百年，上座部和大众部各自经历了多次的分裂，形成了 20 个更小的派别，史称"枝末分裂"。这段时期也被称为部派佛教时期，部派佛教在发展中，各派别的影响大小不一，上座部系统后来分化出了一些有影响的部派，影响最大的是说一切有部，它实际上成了小乘佛教中的代表性部派。

（三）大乘佛教

随着部派佛教的发展，一部分信众走向人世间，积极参与社会生活，因而也更新了佛教早期的观念，并做出新的诠释。这种思潮的出现大约是在公元前 1 世纪前后，并逐渐走向成熟。大乘佛教认为，自己的教法如广度众生的大船，而小乘佛教是对先前部派或对早期佛教中持有某种观点的人具有贬低之意的称呼。后来人们为了区分佛教发展中的不同思潮或派别而使用了大乘和小乘的名称，不具褒贬意义。

大乘佛教与小乘佛教中的部派有着某种程度的理论渊源，但并非完全由小乘佛教转化而来。大乘佛教兴起时也形成了一些与小乘佛教无直接关联的佛典，而且大乘佛教兴起后，小乘佛教依然存在，与大乘佛教并行发展。

大乘佛教的发展大致可分为如下若干阶段：第一阶段是大乘佛教的出现阶段，时间为公元前 1~2 世纪。第二阶段是中观派产生时期，大约在公元 2~3 世纪。第三阶段是大乘经出现阶段，时间为公元 3~5 世纪。第四阶段是瑜伽行派形成和发展时期，时间为公元 4~7 世纪。大乘经的形成是大乘佛教形成的重要标志，主要分为般若、法华、华严、小品宝积、维摩、净土等不同类别的佛典。

二、佛教在中国的传播

（一）佛教的传入

公元前 3 世纪，孔雀王朝时期是古代印度史上空前统一的大帝国，阿育王实行"达摩"（意为"法"）治国，为宗教信仰传播提供了机会。他晚年皈依佛教，支持佛教的发展与传播。在阿育王的扶植、倡导下，佛教在古印度各国广为流传，并且开始走出本土，向世界传播。关于阿育王的传说非常多，佛教典籍中称之为"转轮王"，这是一个崇高的称谓。阿育王后期，佛教分为南北两条向外传播的路线，北传佛教是以克什米尔、白沙瓦为中心，并向大月氏、康居、大夏、安息和中国的于阗、龟兹传播。

佛教传入中国的具体时间和年代现在很难考定，学界普遍认可的说法是在大约两汉之间由印度从西域传入的。史籍记载，汉明帝永平七年（64 年）派遣使者 12 人前往西域访求佛法。公元 67 年他们回到洛阳，带回经书和佛像，开始翻译一部分佛经，相传就是现存的《四十二章经》。同时，他们在首都建造了中国第一个佛教寺院，就是今天还存在的白马寺。该寺院据说是以当时驮载经书佛像的白马而得名。从这个传说看，佛教传入中国虽未必始于汉明帝，但作为一个宗教却得到了政府的承认。可以说，佛教在中国初步建立并形成规模始于汉明帝时期。

佛教在中国经长期传播，形成了具有中国民族特色的中国佛教。由于传入的时间、途径不同，以及民族文化和社会历史背景不同，中国佛教形成了三大系，即汉传佛教、藏传佛教和上座部佛教。从地理位置划分，佛教派别最初为南传佛教和北传佛教两支。由古印度向南方传播到斯里兰卡、东南亚以及中国云南等地的以上座部佛教为主的被称为"南传佛教"，其佛经多为巴利语所写，现在流行于斯里兰卡、缅甸、泰国、柬埔寨、老挝等地。北传佛教主要由北方经丝绸之路向中亚、中国、朝鲜半岛以及日本等国传播，其佛经多为梵文、各种中亚文字和中文。自藏传佛教出现后，南传佛教和北传佛教的划分渐渐被南传佛教、汉传佛教和藏传佛教的划分取代。

（二）佛教在中国的发展

佛教刚刚进入中原时影响并不大，只有个别人接触佛教，最初是被上层统治者信奉。汉恒帝时，佛教在宫廷中已有一定影响，但当时人们常常误把佛教看成是神仙道术的一种，与黄老之学混淆在一起。东汉末年，西域的佛教学者相继来到中原传播佛教，佛教开始兴盛。首先是宫廷中开始信奉佛教，逐渐影响到民间。其次是汉人开始出家。赞宁《僧史略》记载："汉明帝听阳城侯刘峻等出家，僧之始也；洛阳妇女阿潘等出家，尼之始也。"再次就是民间开始建造寺院，铸佛像。

佛教要在中国传播，必须先要解决语言问题，所以佛教进入中国，前期的主要工作之一就是翻译佛经。西晋前，人们认为佛家思想与道家，尤其是庄子的思想有近似之处，所以在翻译解释佛经时往往援引道家的思想、道家的名词，如"有无""有为""无为"等。这类翻译著作在当时被称为"格义"。这样佛教在传入中国的过程中，逐渐与中国的文化相结合。诸多翻译工作，除了由迦什摩腾、竺法兰翻译成中文的第一部佛经《四十二章经》外，东汉末年还出现了两位著名的译经者——安世高和支娄迦谶。

安世高是安息国僧徒安清，世高是他的字。汉恒帝建和二年（148 年）来到洛阳。他翻译的主要是小乘佛教的典籍，如《四谛经》《转法轮经》等。通过安氏的翻译，印度佛教的一些基本观念被介绍到中国，对佛教在中国的传播起到了非常重要的作用。

支娄迦谶是大月支僧人，汉恒帝时（约 167 年）来到中国洛阳。他是最早一位将印度大乘佛教典籍翻译成汉语的人。他所翻译的佛典对大乘佛教在中国的广泛传播起到了重要作用。

他们翻译的著作形成了两大系统：一为"安译"，所译的是小乘佛经，注重修炼精神的禅法。二为"支译"，主要是翻译大乘佛经，注重缘起性空的般若学。

除这两人外，汉末三国时期较著名的佛经翻译家还有支谦、康僧会、朱士行。支谦翻译了大乘佛教中著名的《佛说维摩诘经》《阿弥陀经》《大明度无极经》等。康僧会翻译了《六度集经》。朱士行是中国最早西行求法的人，他在西域寻到两万五千颂的般若经原文。

由此可见，西晋以前中国汉地佛教主要是由古代西域传过来的。在传播过程中，传播者注重利用中国传统文化的思想来解释佛教中的观念，虽然这些解释不完全符合印度佛教的本义，但却使中国人对佛教产生了浓厚的兴趣。

东晋到南北朝时期，佛教发展更为迅速。学者们不仅继续引进佛经进行翻译、整理，而且在佛经的解说和对佛教思想的理解上也有了自己的认识。般若思想在这一时期得到广泛传播。般若是梵语的音译，意思接近"智慧"的含义。般若学在东晋初期与玄学结合，曾先后出现了七个解释般若思想的学派，即所谓六家七宗。此六家七宗在本旨上都是根据支娄迦谶、支谦等所译的般若经。六家是本无、即色、识含、幻化、心无、缘会；七宗是将六家中的第一家再分为"本无""本无异"两宗，加上后五家，形成七宗。此七家中最有影响的有三家，即心无、即色、本无。

般若学在传播过程中，有三位非常重要的僧人，即鸠摩罗什、僧肇和道生。他们翻译的佛经纠正了中国佛学界对般若思想理解的偏差。

鸠摩罗什（约 344—413 年），中国历史上著名的佛典翻译家，生于西域龟兹国（今新疆库车县）。幼年出家，对小乘佛教、大乘佛教均有修习，尤善般若，精通汉文。公元 401 年来到长安，从事佛教经典的翻译工作，直到 413 年去世。他翻译的佛经以般若中观类佛典为主。他不仅新译了佛教典籍，还重新翻译了部分般若类的大乘经，对印度佛教根本经论的翻译较以往的译著更为准确，对般若中观思想在中国的传播起到了重要作用。他与弟子僧肇等八百人翻译了《摩诃般若波罗蜜多经》《妙法莲华经》《维摩诘经》《佛说阿弥陀经》《金刚经》《大智度论》《中论》《百论》《十二门论》《无量寿经》《首楞严三昧经》《十住经》《坐禅三昧经》《弥勒成佛经》以及佛藏、菩萨藏等。由于译文非常简洁晓畅，妙义自然诠显无碍，他译的佛典在中国广为流传，对于佛教的发展做出了很大贡献。他对中观宗学说的翻译介绍，成为后世三论宗的渊源。佛教成实师、天台宗均由其所译经论而创立。他的著名弟子有道生、僧肇、道融、僧叡，时称"什门四圣"。

僧肇（384—414年），京兆（今西安附近）人。善《老》《庄》，后读《维摩经》，认为佛理更深，遂出家。他的思想"不落两边""不离两边"，将佛、玄二者融会贯通，创建了带有中国特色的一整套佛教哲学体系，著有《肇论》。书中提出"物不迁论"，认为"不迁"就是不动。认为事物的流转变化是假象，其本质是不动的。他还认为，世界是"非有非真有，非无非真无"的，是"不真空"的，"不真"就是"空"。一切人和事物都生灭无常，缘会则生，缘了则灭，所以都是虚幻的、不真实的。僧肇的佛学思想达到了中国佛教般若学的顶峰，对后世三论宗和禅宗都产生了很大影响。他的思想逻辑，以般若为始，涅槃为终，标志着中国佛教般若学的终结和涅槃学的兴起。般若学作为魏晋时代出现的一个佛教学派到此时已完成其理论逻辑的终点，但对般若理论的研究并未中止，而是在不断深化。

竺道生（335—424年），巨鹿人。寓居彭城，官宦世家，幼年跟从竺法汰出家，改姓竺。后来从鸠摩罗什译经，是鸠摩罗什的著名门徒之一。在翻译佛经的过程中，他对龙树和僧伽提婆所弘传的中观派思想理解得很透彻。他认为，语言文字只是诠表真理的工具，不可执着和拘泥。他说："夫象以尽意，得意则象忘；言以诠理，入理则言息。自经典东流，译人重阏，多守滞文，鲜见圆义。若忘筌取鱼，始可与言道矣。"他翻译佛经时仔细分析经文，探究隐微，提出了"善不受报论""顿悟论""一切众生，莫不是佛""一阐提，皆得成佛"的思想。

在大本《涅槃经》尚未传到中土时，普遍认为，"一阐提"就是断绝善根的极恶众生，没有成佛的菩提种子，就像植物种子已经干焦一样，"虽复时雨百千万劫，不能令生，一阐提辈亦复如是"。竺道生对此解释提出质疑，提出"一阐提皆得成佛"。这种说法被当时的旧学所排斥，甚至把他逐出僧团。竺道生默然离开律康，来到虎丘山（位于苏州），聚石以为徒，为石头讲说《涅槃经》。当他讲解"一阐提"的经句时，就言明"一阐提也有佛性"，并问石头："如我所说，契佛心否？"奇妙的是，一粒粒石头竟然都点头了。这就是流传千载的"生公说法，顽石点头"的佳话。

竺道生最有影响的思想是其佛性论和以此为依据的顿悟论。佛性是众生心中本来就具有的。他提出"本有佛性"，是说人人都具备成佛的内在条件。那么，成佛是顿是渐呢？竺道生主张顿悟论，与支道林、道安和僧肇等人所持的渐修到七地而顿悟的"小顿悟"相异，故竺道生的顿悟称为"大顿悟"。顿悟之时，也就是成佛之际。竺道生的顿悟，严格来讲是渐修顿悟，由修而悟，与后来禅宗慧能南派强调的无修而顿悟或顿修顿悟有差别。竺道生认为，在顿悟之前，必须修行、读经，这些都是渐修的功夫，最终顿悟成佛。竺道生的众生皆有佛性、"顿悟"等思想，帮助佛教走入世间，逐渐成为中国佛教的主流思想，对后来的中国汉地佛教及宋明理学思想都有非常重要的影响。

这个时期还有一位僧人的主张对汉地佛教影响很大，他就是慧远。慧远吸收了中国民间原有的思想，结合佛教业报轮回学说，建立了因果报应说。他把这种报应分为现报、生报、后报。一世为一轮回，所以又称三世轮回。他提出，要想摆脱三世轮回，必须信仰佛教，努力修行，这样才能自我解脱，进入极乐的涅槃境界。

进入南北朝后，信佛教的人数激增，南朝历代帝王几乎都笃信佛教，民间信众也迅速增加。汉地佛教的诸多仪轨戒律也始于这个时期，如出家人受戒持斋、佛教徒禁食酒肉等。由于佛教传播迅速，僧人数量激增，寺庙规模和数量也很多，唐人杜牧就有"南朝四百八十寺，多少楼台烟雨中"的诗句。此外，佛像、石窟等建筑也开始兴建，著名的敦煌莫高窟、云冈石窟、龙门石窟、麦积山石窟等在这个时期都已经开凿，陆续经历了几个朝代逐渐完成。

（三）中国佛教与宗派

隋唐时期佛教发展达到鼎盛。唐统治者实行儒、释、道三教并行的政策，利用三教不同的功能互为补充，用以维护其统治。到了唐宋之际，基本上完成了儒、释、道的三教合一，佛教与中国本土文化融为一体，成为中国文化的一部分。此时的佛教更注重心性的修炼，将儒学思想的重要内容——心性思想佛教化，形成了具有中国特色的宗派。这些宗派在吸取印度佛教经典的基础上，融入中国传统哲学思想，并撰写了大量的佛教经典译注。主要宗派有天台宗、三论宗、华严宗、唯识宗、禅宗、净土宗、密宗、律宗和藏传佛教等。

1. 天台宗　创始人智顗（538—597 年），因其常住浙江天台山，故称天台宗，祖庭是天台山国清寺。因该宗派信奉《法华经》，故又称"法华宗"。该宗的传承系统有龙树、慧文、慧思、智顗、灌顶、智威、慧威、玄朗、湛然九祖之说。天台宗渊源于北齐和南陈，盛于唐，后传入朝鲜、日本，中唐以后在中国趋于衰落。宋代"中兴"，此后绵延不断。

2. 三论宗　创始人是吉藏（549—623 年），因印度龙树据《中论》《十二门论》和提婆《百论》三部论典创宗而得名。三论宗经高丽僧慧灌传入日本，慧灌成为日本三论宗的祖师。

吉藏，俗姓安，祖籍安息，后迁南海。7 岁出家，19 岁替师傅复讲经论，受到隋唐两朝王室的敬重，著《中论疏》《十二门论疏》《三论玄义》《大乘玄义》《二谛论》。因其阐扬"一切皆空""诸法性空"而名空宗或法性宗。该宗流行不久便渐趋衰微。

3. 华严宗　因阐扬《华严经》而得名，由唐初僧人法藏创立。自晋代至梁代，南方的一些佛教学者开始对《华严经》进行研究。隋朝时，在长安郊外终南山至相寺形成了一个研究《法华经》的僧人团体，其中华严宗的先驱者法顺、智俨等均在这个团体。一般认为，华严宗的传承谱系为法顺→智俨→法藏→澄观→宗密。华严宗从《华严经》的思想发展出法界缘起、十玄、四法界、六相圆融等学说，认为事物皆由因缘生，诸因缘相依相入，故圆融无碍；无碍即相通，理事无碍，故真如与万法不二。华严宗对中国哲学的影响极为深远，尤其是程朱理学在建立之初，无论是论题的提出还是思维方式等都从华严宗那里得到启示。如"理一分殊"的命题，朱熹的解释就有照抄释氏之嫌。华严宗的教义体现了汉地佛教高层次的文化心理特征，非常适合以士大夫为主体的信徒们的胃口。唐代，华严宗由新罗僧人义湘（智俨弟子）传入朝鲜，中国僧人道璿和新罗僧人审详（法藏弟子）传入日本。

4. 唯识宗　唯识宗又称法相宗、慈恩宗、应理圆实宗、有相宗、相宗，唐朝玄奘（600—664 年）及其弟子窥基创立，主要理论依据《瑜伽师地论》《成唯识论》。

玄奘，俗姓陈，13 岁受度为僧。贞观三年（629 年），玄奘开始了著名的西游参学。历经 17 年，遍游 100 多个国家，著成《大唐西域记》，是研究古印度和中亚史的重要文献。玄奘翻译的经论是译经史上成就最高的，提出"五不翻"原则。他翻译的经论既如实地表达了原经典的内容，又显示了汉文的典雅明畅。这一宗派的哲学思想主要表现在《成唯识论》中，把瑜伽行派的唯识学说精炼成新的系统，提出"无境有识"，突出了"识"的世界本体的意义。其有特色的学说为五性各别说和三时说。

5. 禅宗　禅宗的形成是中国佛教史上非常重要的事情，它的出现是中国化佛教的重要标志。由于禅宗主张"即心即佛""见性成佛""言下顿悟"的明快简洁的佛理与修行方式，故得到众人的欢迎。禅宗的相关记载纷杂不一，一般认为始于菩提达摩，盛于六祖惠能，中晚唐之后成为汉传佛教的主流，也是汉传佛教最主要的象征之一。其核心思想为"不立文字，教外别传；直指人心，见性成佛"。《六祖坛经》《五灯会元》等是禅宗的经，《百丈清规》是禅宗的律。撰写《百丈清规》的百丈禅师认为，《瑜伽菩萨戒》和《璎珞菩萨戒本》虽属大乘，但只是佛陀根据印度情况而制定的戒律，墨守成规会显得生搬硬套。因此，百丈禅师根据国情、地理、人士风俗等，博采大小乘戒律中适合中国国情的合理部分，制定出一部新的管理制度，这就是《百丈清规》。慧能传承的禅宗，让中国人知道佛教不从外来，如众生的佛性本具。慧能指出佛性人人皆有，创顿悟成佛之学，一方面使繁琐的佛教简易化，一方面也使从印度传入的佛教中国化。因此，他被视为禅宗的真正传承人。

6. 净土宗　净土宗是源于大乘佛教净土信仰，以弘扬佛教净土经典的思想为根本，专修往生阿弥陀佛净土之法门而得名的一个宗派。净土宗在中国始于东晋时慧远。慧远大师在庐山东林寺建立莲社，提倡专修往生净土的念佛法门，又称莲宗。也有人认为是北魏的昙鸾（476—542 年）。实际上，净土宗真正形成宗派是在隋唐时期，唐代善导大师是净土宗的重要倡导与推动者。该宗最重视的经典称为净土三经，包括《佛说阿弥陀经》《观无量寿佛经》与《无量寿经》。净土宗是属于以实践为主的佛教宗派，理论不多，强调自力与他力，正行与杂行。对于坚定阿弥陀佛的信仰，认为只要念诵佛号，凭借阿弥陀佛的慈悲愿力的他力，就可往生西方极乐世界。净土宗由于修行简单，在民间得到广泛流行，"南无阿弥陀佛"也成为汉传佛教信徒经常诵念的佛号。到了明朝，汉传佛教已形成禅宗和净土宗两宗独秀的局面。这两宗相互影响，出现了"禅净合一"理论，禅宗慢慢成为净土宗的支流。到了清代之后，则出现了净土宗独盛的局面。

净土宗与禅宗是对中国汉传佛教影响最大的两个支派，其影响深远，自唐代创立后流传于中、日、韩、越等地。

7. 密宗　印度密教很早就出现了，是大乘佛教修行者吸纳印度传统的婆罗门教的一些理论和修行方法发展而成的，也称金刚乘。中国密宗的形成在唐代，代表人物是被称为"开元三大士"的善无畏、金刚智、不空。对中国密宗的形成和发展起到重要作用的中国僧人是一行和惠果。

中国密宗主要弘扬《大日经》和《金刚经》的思想，将"胎藏界密法"和"金刚界密法"融合在一起，与大乘佛教的基本思想相关联，惠果还建立了"金胎不二"之说。密宗着重曼陀罗灌顶、金刚瑜伽、护摩三方面。惠果的弟子甚众，其中空海为日本僧人。空海回国后传瑜伽密教，成为日本真言宗的初祖。藏传佛教自中国和尼泊尔传入时，正值印度金刚乘佛教发展时期，因此，金刚乘得以在藏传佛教中发扬光大，成为藏传佛教中最有力的一支传承。公元 8 世纪，西藏便有"金刚乘"或"果金刚乘"的名称，作为密宗的别名。

8. 律宗　以传习佛教戒律为主的宗派。此宗的实际创始人是唐代的道宣。因其依据五部律中的《四分律》建宗，故又称四分律宗。该宗派发展出三个派别：南山宗、相部宗和东塔宗。律宗以《十诵律》《四分律》《摩诃僧祇律》《五分律》和《毗尼母论》《摩得勒伽论》《善见律毗婆沙》《萨婆多论》《明了论》为基本经典，通称"四律五论"。该宗的主要学说是戒体论。道宣三传弟子鉴真将律宗传到日本。唐天宝十三载（754 年），鉴真在日本的都城奈良东大寺佛殿前筑坛传戒，弘扬戒律，成为日本的律宗之祖。

佛教发展到宋代以后，虽不再有东晋和唐代的兴盛，但是佛学思想已在中国社会中根深蒂固，成为中国传统文化的重要组成部分。

宋朝时，禅宗、净土宗、天台宗、华严宗、密宗等都在不断发展，影响最大的是禅宗、净土宗等。由于宋代印刷术的普及，汉文佛经的大量刊印，对佛教文献的保存和佛教的传播起到了非常大的作用。中国大规模雕版印刷佛教大藏经始于宋朝。

辽金元时，由于统治者的支持和保护，佛教各宗派均得到不同程度的发展，民间佛事也十分活跃，还刊刻了不同文字的大藏经、续刻房山石经。

明代，汉地佛教相对活跃，以禅宗影响最大。同时佛经的刊刻工作受到重视，不仅有官刻藏经，还有私刻的。明代藏传佛教出现了一位重要人物宗喀巴（1357—1419年）。他创立了格鲁派。格鲁派后来成为藏传佛教的主流。

清代统治者重视藏传佛教，也尊重汉地佛教。这样汉地佛教有了不同程度的发展。

佛教所具有的圆融精神，以及对生死大事的关注，为发源于印度的佛教得以在中国传播与发展创造了条件。佛教传入中国后，吸收中土文化中的儒、道思想，以适应佛教在中国的传播。佛教在被本土化的同时，也反过来对中国文化产生了影响，从而形成了中国佛教。中国佛教是依据印度佛教的原则，加上中国本土儒、道两家文化的因素，逐渐走上中国化道路，以适应中国人的道德标准、生活习惯和审美常识，成为普遍受中国人欢迎的佛教。

三、佛学基本理论

佛学的基本理论是佛教哲学，其为佛学思想的核心部分。佛教文化的理论核心是寻求人生乃至宇宙万象的"真谛"，为人类求得解脱寻求理论依据。佛学从考察人生现实问题开始，到探索社会人生与宇宙自然相关联的问题，最后扩展和深入到整个人生、整个宇宙，着力探求人生的真义和宇宙的实相，因而佛教文化涉及世界观、人生观、宇宙观、本体论、认识论、方法论和修养论。

（一）缘起与性空

对世间万有存在本质的解释是所有哲学与宗教形成自己学说的前提。释迦牟尼以缘起论为理论基础，构建起佛教对宇宙世界的认识。这个理论是佛教所有思想的源头，并贯穿整个佛教发展的全过程，也是佛教与其他宗教、哲学的最大区别。

1. 缘起说　缘起也称缘生，即"因缘生起"的简称，指"诸法因缘生""诸法由因缘而起"。因是内因，是根本原因；缘是外因，是辅助因素。有时因、缘通用，因为缘也是一种原因。由于具备一定因缘，便有相关事物生起或消灭，即为缘起。缘起论概括起来有四个重要论点。

第一，"诸法因缘生"，否定了世界是由神创造的，无造物主。

第二，无常。认为宇宙一切都是相互依存的，没有永恒的实体存在，众生无常，诸念无常，世界无常。

第三，无我。佛教认为，世界因缘生而生，因缘灭而灭，因此世界就不会有一个独立的、实在的、主宰一切的"自我"存在。人是由"五蕴"组成的，没有不变的"我"。

第四，因果相续。这个对宇宙的认识方法，总结了一切众生皆在无始无终的生死相续中不断轮转的原理，发现了导致人生各种不尽如人意的现实之存在根源。

2. 十二因缘　依据缘起思想，释迦牟尼进一步用十二因缘解释生命的循环及流转过程，后人称之为"业感缘起"。释迦牟尼佛把人生分为12个因果相续的链条，即无明、行、识、名色、六入、触、受、爱、取、有、生、老死。这十二因缘解释了人生本质，人们在生死苦痛中轮回，人生一切都是互为因果的。佛教认为，十二因缘包含了过去、现在、未来三世的因果链条，现世的因必将引出未来世界的果，现世的果一定有过去世界的因，如此循环往复。

3. 四大皆空　佛学认为，地、水、火、风是构成物质世界的四大元素，故以"四大"称世间万有。四大皆空的意思是说，世间万有都是空幻的。众缘合成的一切事物，其性本空，没有真实的自体可得。这里的"性"是指一种不依条件（缘）独立存在的"自性"（自体）。"自性"的含义是自己有、自己成、自己规定自己、本来如此、实在恒常的意义。只要冷静推论反复思考就会发现，世界万事万物都是在一定的时空条件下，由多种因素组合而产生的现象，并不存在不依条件的绝对单一独立的"自性"。宇宙万物都是由各种条件（缘）而产生的，任何事物都是"缘生则生""缘阙则阙"，即产生该事物的条件具备了，该事物就产生而存在；条件不具备，就不能产生。缘生的事物不能离缘而存在，这就叫"无自性"，即"性空"。由于佛教主张世界万物与人之身体皆由地、水、火、风之四大和合而成，所以提出了"四大皆空"。

印度学者龙树认为："缘起就是性空，性空就是缘起，世界上没有一件事物不是性空。"又说："事物若有自性，何需依赖众缘。若是众缘和合，还有什么自性?"《心经》中所说的"色不异空，空不异色，色即是空，空即是色"对于正确解释"四大皆空"有很大帮助。意思是说，"色"（指一切物质）并不是与"空"截然不同的另外一种东西，"空"也并不是与"色"截然不同的另外一种情况。"色"与"空"是同一事物的两个方面，即事物的现象和本质。"色"指事物本身存在的现象，"空"指事物的本质。从色（物质）本身来说，它是一个存在，但从它的根本性质来说，它是在一定的时空条件下，由多种因素组合的一种现象，并不存在不依条件、绝对单一独立的"自性"，因此"色"本身就是无自性的"空"，具有"空"这种性质的物质就是"色"。这里的"空"指的就是"自性空"，并非否定"色"的存在的"空"，"自性空"是一切因缘和合之物永恒不变的性质。

佛教讲"四大皆空"，目的是要人们认清宇宙人生的真相，以解除身心的束缚，获得解脱和自在，能积极进取、淡泊名利、乐于助人、不图回报，这样既利于社会，又能体现自己的人生价值。人们因不了解"有"的空性本质，过分执着"有"，把"有"当作一种永恒不变的存在，这是一种贪欲的人生。一个人对"有"看得太重，贪得无厌，欲壑难填，那么他就会烦恼痛苦。佛法用"四大皆空"来破除他们对世间假"有"的常见。

（二）轮回与业报

1. 轮回　轮回理论是古印度文化的基本理论之一，其本源来自婆罗门教。佛教沿袭之并加以发展，注入自己的教义。"轮回"谓众生由惑业之因（贪、嗔、痴三毒）而招感三界、六道之生死轮转，恰如车轮之回转，永无止境，故称轮回，又称生死轮回、生死相续、轮回转世。有情众生因业受报，随业转生，无休无止，生生灭灭，相续不断，形成了迁流不息的生命流转，即所谓生死轮回。

2. 业报　业报是因果规律。佛教认为，业是轮回的主因，可以直接导致果报的发生。过去或现在所造的业，将会招感众生在来世受果报；不同的业力决定产生不同的果报。从某种意义上讲，现在是过去的结果，未来又是现在的结果。

"轮回业报"思想是印度宗教哲学体系中不可或缺的重要组成部分。与其说"轮回业报"是一种纯然的宗教伦理观，不如说它是哲学伦理学上的一个核心理论。在漫长的人类思想发展过程中，"轮回业报"始终与宗教哲学所关注的命题——灵魂不灭、因果报应、涅槃解脱等学说紧密相连。但是佛教的"轮回业报"与印度传统的轮回学说是有极大差异的。在佛教看来，由于主体善恶业力的作用，众生在"三界"（欲界、色界、无色界）不断流转，转生于六道（六趣）。这六种转生的趋向是天、人、畜生、饿鬼、地狱、阿修罗，如此生死相继，因果相依，如车轮运转，便形成业报轮回。业报轮回思想给人以这样的伦理承诺："今生修善德，可来生至天界。今生造恶行，来生堕入地狱。"止恶行善是出离三界、摆脱轮回的必由之径。佛教的这种轮回说主张人们的活动与其后果有一定的关系，会得到报应，善因必有善果，恶因必有恶果，所谓善有善报，恶有恶报。并因此引出人在前世、现世和来世三世间轮回。这在一定意义上有积极合理的一面，实际上是阐发道德与生命关系的理论。它强调个人言行的自我责任，强调一切都是自作自受，强调由自身行为来改变自我命运和未来生命，自己的命运掌握在自己手里。这在客观上对人们的行为起到了一定的劝诫和约束作用。

（三）"四谛"说

"四谛"也称"四圣谛"，是贯彻佛教发展始终的基本教义，也是释迦牟尼初转法轮的根本思想。"谛"是真实不虚、真理的意思，包括苦、集、灭、道四大真理，其中"苦""集"说明人生本质和形成的原因；"灭""道"告诉人们人生解脱的归宿和方法。佛教认为，现实世界是痛苦的，并总结出痛苦的原因，告知解脱痛苦的方法。这些方法对于树立和坚定教徒的信仰发挥了巨大作用。从内容上看，道谛的要义在于道德构建，要求道德自我完善；在于心灵宁静，追求安息的境界。它强调通过个人努力实现人生的理想境界。

苦、集、灭、道"四谛"中，苦谛是关键，是最根本的一谛。它是佛教人生观的理论基石。正因为佛教把人生设定为一个苦难重重的历程，从而奠定了超脱世俗的立场。佛教倡导的道德责任和奉献精神，以及去恶从善、约束自我等都是由此生发出来的。佛教教义最关注的问题就是寻找人类受苦的根源，以及解脱痛苦的方法和途径。

（四）三学六度八正道

1. 三学　三学又称三无漏学，是学佛者必须修持的三种基本学业，即戒、定、慧。它出自《楞严经·卷六》："摄心为戒，因戒生定，因定发慧，是则名为三无漏学。"

（1）戒　戒又称增上戒学，指戒律，即防止行为、语言、思想三方面的过失。由于大小乘的不同，其戒律也有所不同。另外对出家的僧侣和在家的居士也有所区别，有沙弥尼十戒、居士戒、出家戒、具足戒。

（2）定　定又称增上心学，指禅定，即摒除杂念，专心致志，观悟四谛。小乘有四禅，大乘有九种大禅、百八三昧等。

（3）慧　慧又称增上慧学，亦即智慧。慧就是有厌、无欲、见真。摒除一切欲望和烦恼，专思四谛、十二因缘，以窥见法，获得智慧解脱。

三学概括了全部佛教教义，三学中以慧最重要，戒和定都是获得慧的手段。只有获得慧，才能达到最终解脱的涅槃境界。

2. 六度　"度"梵语是"pāramitā"（波罗蜜多），字义是"到达彼岸"，就是从烦恼的此岸度到觉悟的彼岸。六度就是六个到达彼岸的方法。其一曰布施，二曰持戒，三曰忍辱，四曰精进，五曰禅定，六曰智慧。此六者，谓之六波罗蜜。波罗蜜有译为彼岸到，与渡意同，故译曰度。此六度中般若位居第六，而论其功用，实为第一。另五度若无般若智慧，就不会发心修行。所以说般若又是六度的先导。《大乘义章·卷十二》云："波罗蜜者，是外国语，此翻名度，亦名到彼岸。"谓菩萨乘此六度船筏之法，既能自度，又能度一切众生，从生死大海之此岸，度到涅槃究竟之彼岸，为大乘佛教最主要的中心教义。

3. 八正道　"苦"是人生实相，离"苦"得"乐"，人之所欲。学佛最终的目标是透过佛法的修学体证，达到解脱生死轮回的"苦"，获得涅槃寂灭的"乐"。这是人生最终的圆满境界。因此，佛陀成道之初即为众生开示八种转凡成圣、通向涅槃解脱的正确修行方法，称为八正道。八正道分别为正见、正思惟、正语、正业、正命、正精进、正念和正定。这是八条通往涅槃的捷径，又称"八圣道"。八正道犹如船筏，可使众生从"迷界"的此岸渡到"悟界"的彼岸，因此又称为"八道船""八筏"。通常以八正道为"四圣谛"中"道谛"的内容，是为"灭谛"之"因"。佛教的实践纲领是戒、定、慧三学，八正道归纳起来亦不出戒、定、慧三无漏学：正见、正思惟属于慧学；正语、正业、正命属于戒学；正念、正定属于定学；正精进通于戒、定、慧三学，八正道也是最平实而生活化的实践法门。八正道包含了信仰与道德的要目，不仅是出世解脱的实践法门，也是世间生活中人人皆应遵守的道德准则。

（五）三法印

法印是佛教语，为判定佛法的标准。如果与法印相契，则可认为是佛说；如果与法印相悖，则被判定为非佛说，是错误的。

三法印可溯源于《杂阿含经·卷十》的"一切行无常，一切法无我，涅槃寂灭"，形成于《大智度论》。《大智度论·卷二十二》云："'通达无碍'者，得佛法印故，通达无碍；如得王印，则无所留难。问曰：何等是佛法印？答曰：佛法印有三种：一者，一切有为法，念念生灭皆无常；二者，一切法无我；三者，寂灭涅槃。"在此基础上逐渐形成了"诸行无常、诸法无我、涅槃寂静"。凡符合此三原则的便是正法，佛教允许在谨守三法印的价值与教义基础上，对其他方面进行方便性变化。

第二节　佛学价值论

自古印度传入华夏的佛学，经与儒家、道家近千年冲撞和融合，最终成为中国传统文化的有机组成部分，对中国哲学、文学、艺术都产生了深远的影响。

一、佛学与中国哲学

佛学文化蕴藏着极深的智慧，它对宇宙人生的洞察，对伦理道德的规范，对心理活动的分析，研求人生之真相，而示人以作人之正道，形成了深刻独到的见解和完整严密的体系。正如鲁迅所说："释迦牟尼真是大哲。我平常对人生有许多难以解决的问题，而他居然大部分早已明白启示了。"宋明时期，儒家对佛学在封闭中开放，在排斥中吸收，在思想和理论上或汲取佛学的精髓，或以之为工具，而形成了理学。近代的改良派也从佛教汲取养料，如谭嗣同所建立的"仁学"体系，思想渊源之一就是禅宗。佛学从不同角度讨论心性问题，所谓"明心见性""心即是佛""性体圆融""无情有性"，范围既深且广。这些理论丰富和发展了中国古代哲学，影响了中国哲学的发展进程。

（一）对"本体论"与"心性论"的认知

在中国哲学史上，张载所建立的"元气本体论"是一个重要的里程碑。他的"乾坤父母""民胞物与"说，更是具体而系统地体现了他的本体理论。此外，宋儒"二程"、朱熹、陆九渊等大家，其思维方法也都带有明显的本体论特点。如陆九渊的"宇宙便是吾心，吾心便是宇宙"（《陆九渊全集·杂说》）说，就是一种本体论的思维模式，或是以本体论为依托的政治、伦理哲学。这种本体论思维模式在相当程度上是受隋唐佛教理论影响的结果。

佛教注重抽象本体，抽象的本体理论在佛教初传时，由于与中国传统的思维方法和所用术语等方面的差异，比较难为中国古代文人学者直接接受。到了隋唐，受中国传统文化的影响，东传之佛教在思想内容及所用术语上都有了较大变化。加之隋唐时期，特别是李唐一代，在思想文化上采取一种开放政策，对儒、释、道三教采取兼收并蓄态度，这为各种思想文化系统之间的相互交融、相互吸收创造了有利条件。此时的佛教并不以吸收儒家或道教的思想为耻，儒家虽然没有放松对佛、道二教的攻击，但暗地里却吸取了佛教的许多思想。而儒家援佛入儒之最根本、最主要但又为常人最不易察觉的是自觉不自觉地吸收了佛教的本体论思维模式。最终使作为三教合一产物的宋明新儒学一改传统儒家"天人合一"论，而易之以本体论的思维模式。朱熹是程朱学派最杰出的代表，是弘扬儒家道统中集理学之大成者。他一生与佛教往来密切，但佛学思想只是他改造、丰富并发展儒学的参考材料。朱熹在极力排斥佛学的同时，又注意吸收佛学精义，尤其是佛家的思辨理论，援佛入儒以改造儒学。反过来佛学较强的思辨性又有利于填补儒学思想理论所存在的不足，因而朱熹晚年仍致力于研究佛学，在矛盾复杂的心态中走上了援佛入儒道路，以佛学作为改造儒学的工具，光大新儒学。

儒家思想的重心在人，是一种关于人的伦理道德的学说。它所探讨的主要对象是人与人之间的相互关系，人们通过修养心性、完善人格，最后达到与天道合一的境界。传统佛教既然把人生看成是一种转瞬即逝的假象、幻影，自然不太重视现实人生的价值。所以佛教传入中国以后，针对人的心性等问题作出了解说。佛教谈论"人性""心性"时，并没有放弃其原有的思维模式，即固有的本体论方法，而是用本体论的方法来谈"人性""心性"。它促使隋唐佛教的佛性理论变成了一种"人性"理论，或者说是"心性"理论，然而这种"人性""心性"又与中国传统的"人性""心性"不同，是一种本体化了的"人性"和"心性"，变成一种儒学化了的"心性"，导致禅宗思想的一系列重大变化，把传统佛教对佛的崇拜，变成了对"心"的崇拜。

（二）"直觉体悟"的思维方式

直觉思维是指思维主体通过对思维对象的直观认知，以非逻辑、非理性的方式去认识事物本质的一种思维方式。它强调主体对思维对象的体悟，而不是具有清晰逻辑的把握。

中国固有哲学也拥有丰富的直觉思维，如道家老子提倡"玄览"（《老子·十章》），儒家孟子提出"尽心知性以知天"（《孟子·尽心上》）学说，《周易·系辞》有"言不尽意"说。中国固有的直觉论与印度佛学的直觉论是相通的，中国佛教学者把两种直觉论融合起来，创造出新的直觉方式，不仅发展了印度佛教的直觉论，也丰富了中国固有的哲学。

中国佛教的直觉思维方式演变大体经历了三个阶段：一是汉魏西晋时代，主要受印度佛教禅学和般若学的影响，表现为以移植为主，修持各式各样的禅观和般若直观；二是东晋十六国南北朝时期，主要流行禅观与般若直观相融合的直觉修持方式；三是隋唐以来，佛教诸宗阐扬各具特色的直觉方式，尤其是禅宗，拓展了禅悟的修持方式，极富创造性。在中国哲学史上，中国佛教对直觉思维的理解超过其他哲学派别，内容丰富，异彩纷呈。

佛教采用的一种重要的修持方式是直觉，或者说，佛教探讨人生和宇宙的真实本质，追求人生的理想境界，最终是以体验式直觉实现的。佛教中的"三学"——戒、定、慧中的定、慧，其实质就是直觉。禅定离不开直觉方法，智慧离不开直觉思维，直觉在佛教整个修持中占有极其重要的地位。直觉思维要求达到的境界是"心行处灭，言语道断"。（《大智度论·卷二》）禅宗继承了印度佛教的直觉方法，又参照中国儒、道的直觉思维，着重对直觉，以及直觉与语言的关系进行了独特阐发，发展和丰富了直觉论，提出了明心见性、立地成佛等思想。

（三）佛学与改良派思想

佛学对中国近代哲学的发展有着广泛而深刻的影响，研究中国近代哲学如果只注意西学的影响，而忽视佛教的影响，则难以深刻把握其全貌及其特征。中国近代哲学开端于改良派（维新派）。梁启超在《自由书·惟心》一文中提出："境者，心造也。一切物境皆虚幻，惟心所造之境为真实。"由此可见佛教唯识宗的"万法唯识""三界唯心"对他的影响。他曾说："我们国学的第二源泉就是佛教。"（《治国的两条大路》）"晚清所谓新学家者，殆无一不与佛学有关系"（《清代学术概论》）。维新派领袖、中国近代哲学的开端者康有为，其哲学思想中就有明显的佛学成分。他的弟子梁启超在概述他的思想时说："先生于佛教尤为受用者也。先生由阳明学以入佛学，最得力于禅家，而以华严为归宿焉"（《康有为传》）。梁氏本人也是维新派的思想领袖之一，他对佛学十分推崇，曾说，对佛学虽说"不能深造，顾亦好焉。其所论著，往往推挹佛教"。他认为，"佛教是建设在极严密、极忠实的认识论之上"的，是"以求得最大之自由解放，而达人生最高之目的者也"（《佛陀时代及原始佛教教理纲要》）。他认为"佛教是全世界文化的最高产品"（《治国学的两条大路》）。谭嗣同也竭力推崇佛学，他在比较了世界各种宗教、学术后说："佛教大矣，孔次之，耶又次之"（《仁学》）。他义无反顾地为维新变法赴死，与他崇拜佛教、舍己度众生的精神是分不开的。他曾说："佛说以无畏为主，已成德者名大无畏，教人也名施无畏。而无畏之源出于慈悲。故为度一切众生故，无不活畏，无恶名畏，无死畏，无地狱恶道畏，乃至无大众威德畏，盖仁之至矣"（《上欧阳中鹄书》）。

佛学对中国近代改良派产生了重要影响。一方面，改良派认为，佛学的振兴有助于社会的改革、国民道德的改造和革命者无私无畏精神的培养。如章太炎认为，"道德堕废者，革命不成之原"（《革命之道德》）。所以，民众道德的进步、革命道德的培养成为革命成功的重要条件。章太炎主张要"用宗教发起信心，增进国民的道德"。他所说的宗教就是佛教。他说："我们中国，本称佛教国。佛教的理论，使上智人不能不信；佛教的戒律，使下愚人不能不信。通彻上下，这是最可用的。"又说："这华严宗所说，要在普度众生，头目脑髓，都可施舍与人，在道德上最为有益。"另一方面，改良派认为，佛教慈悲为怀、普度众生、众法平等观念，有助于宣扬自由、平等、博爱等思想。谭嗣同在抨击封建等级"三纲之慑人，足以破其胆，而杀其灵魂"的同时，极力赞扬佛教说："心力之实体，莫大于慈悲。慈悲则我视人平等，而我以无畏；人视我平等，而人亦无畏。"由此而最终实现改良社会之目的。

二、佛学与中国文学

佛教传入中国后，很多文人墨客都与佛教关系密切。佛教思想渗透到人们的思想和日常生活，文学也不例外。翻译数千卷梵文的经典本身就是内容广泛、语言精美的文学作品。佛教宣传时所用的变文，是把较艰涩的佛经翻译成通俗易懂、方便讲唱的通俗文辞，其成为后来平话、小说、戏曲等中国通俗文学的源头。

（一）丰富了文学题材

历代描写与佛教有关的诗文不计其数。有歌咏佛寺风光的，如"月落乌啼霜满天，江枫渔火对愁眠。姑苏城外寒山寺，夜半钟声到客船。"（张继《枫桥夜泊》）后两句意象疏宕，城、寺、船、钟声是一种空灵旷远的意境。"清晨入古寺，初日照高林。曲径通幽处，禅房花木深。山光悦鸟性，潭影空人心。万籁此俱寂，惟余钟磬音。"（常建《题破山寺后禅院》）有投赠僧人、歌颂僧人或僧俗间友谊的，如"三乘归净域，万骑饯通庄。就日离亭近，弥天别路长。荆南旋杖钵，渭北限津梁。何日纡真果，还来入帝乡"（宋之问《送沙门泓景道俊玄奘还荆州应制》）。

除此之外，还有为名僧树碑立传、充满佛理的散文，如王维的《六祖能禅师碑铭》，基本上是内容可信的关于慧能及禅法的早期资料之一。广受民众欢迎的通俗文学作品中也有很多佛学成分，很多故事会提及僧徒、寺院、修持、神通、菩萨、罗汉乃至阎罗、地狱、鬼魂、报应等。

从六朝开始出现的志怪小说，唐代的传奇讲史，宋人的话本小说，元明的章回小说，在题材、故事来源、艺术构思和思想倾向等方面都多多少少受到佛教的影响。

唐代佛教僧侣创造的变文是用俗讲的方式说唱佛经，俗讲影响了唐人的"说话"。"说话"即运用通俗的语言演讲故事，是一种说唱艺术。宋代演变为"说话人"在说书场演讲故事。故事的底本为"话本"。"话本"又分为"讲史"和"小说"两类。前者多用浅近文言，初具长篇规模；后者多半为白话短篇。如宋人说经话本《大唐三藏取经诗话》，全书分上、中、下三卷，共 17 章，讲的是唐三藏玄奘和孙行者西天取经的故事。它是长篇章回小说的雏形。章回小说为明清时期长篇小说的主要形式。

佛教为中国古代志怪小说和神魔小说提供了故事来源和艺术构思。上古时期的文学作品注重"辞达"，风格质朴，不利于小说的创作和发展。佛教典籍则广取譬喻，以寓言、故事说明教义，将佛理融化在华丽奇妙的文艺形式中，使教化形象化。佛教典籍的流传，打破了中国小说的博物、逸闻、笑话等传统题材的束缚，为小说创作打开了广阔天地。六朝时佛道盛行，形成了侈谈鬼神、称道灵异的社会风气，从而产生了许多志怪小说，具有代表性的作品有干宝的《搜神记》、颜之推的《冤魂志》、吴均的《续齐谐记》等，其他还有王琰的《冥祥记》、刘义庆的《幽明录》等宣扬佛教善恶报应和轮回思想的作品。

佛教经论中的故事情节丰富了中国小说的思想和内容。鲁迅先生就认为，六朝人志怪思想的发达得益于印度佛教的输入。他根据段成式《酉阳杂俎》的说法，指出阳羡鹅笼书生的故事实际上是吸取三国时吴国的康僧会所译的《旧杂譬喻经》十八条中"壶中人"的故事演化而成的。

（二）丰富了诗歌意境

佛教不仅丰富了诗歌的内容，而且丰富了诗歌的意境，使诗歌更显多彩多姿。境界说又称意境说，境界是指情景交融的艺术境界。境界一词在佛经中使用得非常普遍，如"了知境界，如幻如梦""我弃内证智，妄觉非境界"等。佛学所谓的境界是指人的直观而非抽象、感性而非理性的认识，与诗歌创作的形象思维有相通之处。王维在《诗格》中认为，诗有物境、情境、心境三种。王国维在《人间词话》中提出了境界之说。他认为，"境非独谓景物也，喜怒哀乐亦人心中之一境界。故能写真景物真感情者，谓之有境界。否则谓之无境界"。他还提出了词的评判标准："词以境界为最上，有境界则自成高格。"

严羽在《沧浪诗话》中提出妙悟说，清人王士祯提出神韵说，这都是受佛学文化影响的结果。妙悟说受禅宗所谓顿悟的影响，妙悟说与佛学文化的渊源最深，是佛学文化直接运用于文学理论的产物。明代的胡应麟评价妙悟说云："禅则一悟之后，万法皆空，棒喝怒呵，无非至理；诗则一悟之后，万象冥会，呻吟咳唾，动触天真。"（《诗薮·内篇·卷三》）

南北朝时期因般若学的广泛传扬，文人学士多与高僧交往，并受其影响，一切皆空的思想被融入诗人作品，使得这个时期的诗歌多了一份坦然、淡定和空灵。

唐代是中国诗歌的黄金时代，唐诗和禅宗的兴起有着密不可分的关系。唐代著名诗人如白居易、王维、杜甫等常与禅师往来，受禅师们潜移默化的影响，以诗表达禅理、禅趣，为唐代诗歌创作另辟一径。引禅入诗成为唐诗的一大特色，如"空山不见人，但闻人语响，返景入深林，复照青苔上"（王维《鹿柴》）。

此后还出现了大量僧人所做的诗，表现出僧人的修禅心境和对宇宙人生的思考。如惠能大师的"菩提本无树，明镜亦非台。本来无一物，何处惹尘埃"，表达了人的真心本性是一尘不染的清净。唐朝无尽藏比丘尼行脚参学，走遍大江南北后，不禁发出"终日寻春不见春，芒鞋踏破岭头云，归来偶把梅花嗅，春在枝头已十分"的感慨。由于隋唐以来佛禅之学日益兴盛，特别是禅宗的势力和影响越来越大，诗歌中更加强调韵味说、妙悟说、神韵说。

（三）变文的出现促进了中国戏曲和小说的发展

变文是中国唐朝受佛教影响而兴起的一种文学体裁，是一种佛教通俗化、佛经再翻译的运动。僧侣为了传讲佛经，将佛经中的道理和佛经中的故事用讲唱的方式加以呈现。这些故事通俗易懂，写成稿本后即是变文。

翻译佛教经典的目的是弘扬佛法。由于佛经经文过于晦涩，能读懂的人并不多。为了让更多的民众了解佛教，信奉佛教，佛教的传播者找到了一个通俗有趣的宣讲方式——咏唱。南北朝时期，出现了长于咏经和歌赞的"经师"和宣唱的"唱导师"。"唱导者，盖以宣唱法理开导众心也"（《高僧传·卷第十三》）。他们精心准备唱本，用可歌可泣的故事打动人心。《高僧传·卷第十三》形象地描写了当时民众听"唱导师"说唱故事时被感动的情景："尔时导师则擎炉慷慨，含吐抑扬，辩出不穷，言应无尽。谈无常则令心形战栗；语地狱则使怖泪交零；征昔因则如见往业，核当果则已示来报；谈怡乐则情抱畅悦；叙哀戚则洒泪含酸，于是阖众倾心举堂恻怆，五体输席碎首陈哀。各各弹指人人唱佛，爰及中宵后夜钟漏将罢，则言星河易转，胜集难留，又使人迫怀抱载盈恋慕。"

到了唐朝，这种说唱本子故事更加完整，并形成了一种新的文体——变文。从敦煌石窟保存的"变文"内容看，有佛经故事，如《维摩诘经讲经文》《降魔变文》《大目乾连冥间救母变文》等；还有历史故事或民间传说，如《伍子胥变文》《王昭君变文》《孟姜女变文》等。变文用韵散交替的方式写作，故事性强，描写生动，并有大量的渲染和铺叙，内容引人入胜，语言通俗易懂，在唐、五代时期成为民众喜爱的文学作品，亦成为后来戏曲、小说的渊薮。

三、佛教与中国语言

（一）佛学词语丰富了汉语的语言词汇

佛教词语大量进入全民语汇之中，许多语汇进入汉语，形成了汉语史上吸收外来语的一个高潮。这些词语极大地丰富了汉语词汇，也开阔了中国人的思想，影响着中国人的思维。梁启超曾说过："近日本人所编《佛教大辞典》所收乃至三万五千余语……夫语也者，所以表观念也，增加三万五千语，即增加三万五千个观念也。由此观之，则自译业勃兴后，我国语实质之扩大，其程度为何如者。"现在许多脱口而出、耳熟能详的用语考其出处，往往先是佛教经典或信众中的常用语，然后逐渐形成常用词汇。如世界、平等、导师、演说、赞叹、尊重、方便、圆满、烦恼、究竟、妄想、障碍、胜利、利益、涅槃、般若、三昧、刹那、回向、公案、三宝、戒律、境界、棒喝等词汇在佛教经典中频频出现，亦成为当今汉语中的通用词汇。这些词语在佛教传入中国之前的两汉文献典籍中绝无出现过，当属佛教经典首用。

很多常见成语也源自佛教，如盲人摸象、水中捞月、现身说法、借花献佛、梦幻泡影、昙花一现、作茧自缚、粉身碎骨、不可思议、随处可见、叶落归根、泥牛入海、单刀直入、水涨船高、水到渠成、拖泥带水、将错就错、胆战心惊、雪上加霜、灰头土脸、斩钉截铁、众口难调、不生不灭、一心一意、一念万年、一尘不染、三头六臂、四大皆空、五体投地、六根清净、七手八脚、半斤八两、千奇百怪、包罗万象、抛砖引玉、火中生莲、空中楼阁、心猿意马、手忙脚乱、做贼心虚、自作自受、因果报应、种瓜得瓜、种豆得豆、辩才无碍、功德无量、唯我独尊、回头是岸、立地成佛、善有善报、感天动地、天女散花、天花乱坠、头头是道、铁树开花、皆大欢喜、随心所欲、心心相印、想入非非、醍醐灌顶、不二法门、不可思议等。

一些原本是佛门中的特定称谓和专用术语，随着时间的推移也被赋予了新的含义，被社会公众所通用。如宗师，原意是禅宗中对大禅师的尊重之称，现凡是在思想、学术上有大成就、受人尊崇的人皆称宗师。律师，原意指律宗大师，如藕益、莲池、弘一都是专修律宗并有大的建树，被佛门称为律宗大师。单位，原意指佛教寺院禅堂中贴有僧侣名单的固定座位。

（二）佛经翻译推动了汉语音韵学的发展

随着佛教的输入，一些印度语言学知识随之介绍而来，加之佛教传播时需要一种识读难字的方法，故佛教对汉语语言学的主要贡献之一是音韵方面提出了四声、字母、等韵图表等。梁朝慧皎的《高僧传》载："陈郡谢灵运笃好佛理，殊俗之音，多所达解。乃咨睿以经中诸字，并众音异旨，于是著《十四音训叙》，条列梵汉，昭然可了，使文字有据焉。"《隋书·经籍志》也记载："自后汉佛法行于中国，又得西域胡书，能以十四字贯一切音，文省而义广，谓之婆罗门书。"

1. 四声的提出　四声之说很可能受转读佛经声调的影响而形成。陈寅恪的《四声三问》提出："此四声学说起自佛家。其谓平、上、去三声，与天竺之围陀（吠陀）《声明论》三声相类也，而入声则附有 [-k]、[-p]、[-t] 等辅音之尾缀，为特殊之种类，则与其他三声区别，合为四声也。"此四声应是受到佛教典籍的影响，结合汉语分析归纳而成，并非死板的硬性规定，不是人为指定的四声论。

2. 声母的出现　中国传统语言学重视文字学研究，许慎的《说文解字》就是一部研究汉字的形和义的字典。到了六朝，由于梵文的语音理论已为一些读书人所熟知，因此产生了"双声""叠韵"的名称。到了唐代，出现了"字母"研究与分析。陈澧的《东塾读书记》认为："自汉末以来，用双声叠韵切语。韵有东、冬、钟、江之目，而声无之。唐末沙门始标举三十六字，谓之字母。"三十六字母究竟是何人所作，历来众说纷纭。据郑樵的《通志·艺文略》和王应麟的《玉海》记载，守温和尚的三十六字母图为字母之始；明朝真空大师的《篇韵贯珠集》认为由唐舍利和尚所创三十字母，后由守温大师增加六个。清代学者钱大昕在《十驾斋养新录》中云："唐人所撰之三十六字母，实采《涅槃》之文，参以中华音韵而去取之，谓之出于《华严》则妄矣。"但不管怎样，随着佛教的传入，汉语声母的研究已日趋完善。

3. 等韵图表 为了分析中国文字学的声、韵及中介元音等音素，唐朝出现了一些等韵图表。这些图表采用以声为经、以韵为纬、纵横排列的方式。郑樵的《通志·七音略》序说："七音之韵，起自西域，流入诸夏。梵僧欲以其教传之天下，故为此书。"又说："臣初得《七音韵鉴》，一唱而三叹。胡僧有此妙义，而儒者未之闻。"《宋史·艺文志》载有守温《清浊韵钤》一卷。敦煌唐写本《守温韵学残卷》载有四等重轻例，其分等与《七音略》和《韵镜》完全相合。《宋史·艺文志》有释元冲《五音韵镜》一卷。《玉海》载有宋僧宗彦《四声等第图》一卷。中国古典的声韵学中，在审音方面以等韵之学为最精细。这一门学问的产生完全受佛家的影响。

四、佛教对天文学的贡献

三国时期翻译的佛教经典著作中有吴国的竺律炎和支谦共译的《摩登伽经》两卷，及《大集经》中的《日藏分》《月藏分》等。这些佛教天文学经典，记录了十二宫、七曜制度，并将春分点置于岁首。用二十八宿与四方相配显然是受佛教的影响。《立世阿毗昙论》与《大智度论》则介绍了印度有关闰月的安排方法及以星宿月为首的四个月名，是弥足珍贵的文献。

在唐开元年间，中国唐代著名天文学家和数学家一行大师撰有《七曜星辰别行法》和《梵天火罗九曜》等。他还利用太阳分别在夏至和冬至日的投影，测量了中国的纬度，并主导完成了《开元大衍历经》的编纂修订工作，是世界上第一位算出子午线长度的僧人。一行大师还发明了多种用于天文学观察与测算的仪器，如测验星辰经纬的"黄道游仪"，计时器"水运浑天仪"。水运浑天仪是世界上最早将擒纵结构应用于报时的装置，比外国自鸣钟的出现早六百多年。

五、佛教与艺术

（一）佛教建筑

自魏晋以来，佛教建筑一直影响着中国的建筑形态。佛教建筑融合中国建筑的特点，形成了既具有布局庄严、雄伟的原始印度佛教特色，又体现了高深大气、金碧辉煌的中国建筑风格，为中国建筑史开拓了新的局面。与佛教有关的建筑类型主要是塔和寺庙。

1. 塔 梵文称"窣堵坡（stupa）"，最初这种建筑物主要用来存放释迦牟尼佛的"舍利（sarira）"，故又称"舍利塔"。后用途逐渐扩大到供奉或收藏佛舍利（佛骨）、佛像、佛经，埋葬僧人的建筑物。这种起源于印度的佛塔，最初的形状是覆钵式，至隋、唐后，迅速与中国本土的楼阁相结合，形成了各种中国样式的塔。塔的形式也多种多样，出现了楼阁式、密檐式、亭阁式、花塔式等。到了元、明、清时期，中国古塔又出现了喇嘛塔和金刚宝座塔两种类型。塔的建筑材料最早采用木制，唐以后，建筑材料丰富了，出现了石、铜、铁、琉璃、陶瓷、金银等。由于塔寺多建筑在风光秀美的地方，相对保存也较完好，建筑时吸取了中国传统园林式建筑的理念，与周边环境相映成趣，故成为中国传统文化不可缺少的内容。中国现存许多著名的塔，如最早的石塔是济南历城县的四门塔，建于隋大业七年（611 年）；最早的砖塔是河南登封的嵩岳寺塔，建于北魏正光元年（520 年）；最高的砖塔是河北省定州市的开元寺塔，建于宋至和二年（1055 年），塔高 84 米；最早的木塔是山西应县的木塔，建于辽清宁二年（1056 年）。此外，嵩山少林寺还有一处保存相对完整的塔林，其中有形制各异的塔。

2. 寺庙　中国寺庙建筑最早见于记载的是洛阳白马寺，初期模仿古印度寺庙的塔寺结构。此后，塔寺分家，中国寺庙布局和殿堂的结构基本上与中国古代宫殿建筑相同，纳入中国礼制建筑体系。宋代形成了"伽蓝七堂"制度，其中禅宗伽兰主要由山门、佛殿、法堂、僧堂、西净、库房、浴室组成。宋以后出现了仿孔庙主体建筑的"大雄宝殿"。不同宗派的庙宇建筑也有差别。明清庙宇布局主要由山门殿（包括空门、无相门和无作门三座门，山门即三门）、天王殿、大雄宝殿、观音殿、地藏殿、藏经阁组成。中国寺庙建筑严格继承了中国建筑讲究程式化、对称、中轴线、高大庄深的特点。

（二）石窟雕塑

石窟，梵文译作"支提"。最初佛教徒为了苦修，在悬崖峭壁上开凿洞窟形的佛寺建筑，然后在内部雕塔或佛像，这种建筑便称为石窟，也称石窟寺。大约在 3 世纪，石窟艺术经丝绸之路传入中国，隋唐时期达到高峰。中国著名的石窟有敦煌莫高窟、麦积山石窟、云冈石窟、龙门石窟、大足宝顶山石窟等。其中敦煌莫高窟、大同云冈石窟、洛阳龙门石窟被称为中国著名的三大石窟。这些石窟建筑中有精美的石刻、雕塑、壁画、碑碣，构成佛教建筑的一个重要组成部分。

佛教传入中国时，传道僧人除了带来大量佛经也带来了佛像，带着对佛祖的崇敬之情，信众们潜心学习塑像的技艺，制造出精美绝伦的雕塑艺术。云冈石窟始建于北魏和平元年，建造佛像五万余尊。佛像形态各异，最大的一尊佛高达 17 米，面部超脱一切苦的微笑，栩栩如生。龙门石窟建于北魏太和十八年，除了卢舍那佛建造的高大外，有很多是古人题记、碑刻和浮雕，著名的《龙门药方》就是药师洞中的碑刻。敦煌莫高窟始建于前秦建元二年，是由建筑、绘画、雕塑组成的综合艺术宝库。莫高窟中的彩塑中有被誉为"东方维纳斯"的菩萨，线条柔美。

（三）佛教音乐

佛教音乐简称佛乐，通常指阐明佛理、弘扬佛法的佛事音乐，以及人们创作的歌颂佛教的音乐。佛乐具有庄严清净、充满慈悲的特点。中国佛教音乐最具特点的当属鱼山梵呗，也是中国最早的梵呗。相传曹植游鱼山（今山东省东阿县），闻空中天乐梵呗之声，美妙绝伦，意境深远，于是将其记录下来，结合《太子瑞应本起经》，作成鱼山梵呗。《法华玄赞·卷四》载："陈思王（曹植）登鱼山，闻岩岫诵经，清婉道亮，远俗流响，遂拟其声，而制梵呗。"梵呗是举行佛事时，在佛菩萨前歌诵、赞叹的音声修行法门，包括赞呗、念唱。曹植将音乐旋律与偈诗梵语的音韵、汉语音律的平仄相配合，使国人在唱诵佛经时声文两得，自然流畅。从此，古印度的梵呗逐步与中国传统文化相结合，逐渐形成了中国佛教音乐体系——中国梵呗。

六、佛教与饮食文化

（一）佛教持斋

佛世时，比丘们身披袈裟，手持著钵，四处乞食游化，只有在雨季里，才回到精舍或固定的一处结厦安居，此时不再出外托钵。对僧人而言，"乞食"蕴含着深远的意义——一方面是降伏骄慢，不贪美味，毫无选择，专心修道；另一方面则是借乞食因缘与居士接触，给予布施种福田、说法的机会。所以，乞食是僧人的正命，垦土掘地、种植蔬果以至于伤害生命，这是原始佛教所不允许的。佛教初传中土，中国沙门仍然坚守着佛陀的遗教，后来僧人逐渐放弃托钵乞食方式。最早可见的记载是东晋道恒的《释驳论》。当时沙门"或垦殖田圃，与农夫齐流"，可知当时僧人已开始耕种了。中国僧人之所以无法再过乞食生活，与中国的民情及僧团在中国的发展有关。在中国文化里，"乞讨"是一种卑贱行为，僧人乞食被视为"不事劳作，不事生产"，难以获得社会大众的认同与尊敬。其次，僧团人数不断扩大，寺院又位处偏远，完全依赖托钵乞食确有困难。在这种情况下，自南北朝以降，皇室贵族以赐田与舍田的方式供养僧人，不再直接布施饮食。僧团也必须依靠自行组织生产自给自足。到了唐朝时期，马祖大师创建丛林，百丈禅师立下清规，正式开启中国僧侣生活的新形态，僧人开始过着"昼而农、夜而禅"的自耕自食的农禅生活。

（二）佛门茹素

比之原始佛教的饮食，中国佛教最突出的特点是"素食"。在原始佛教时期，僧人即乞食，居士供养什么，比丘就接受什么，佛陀并不禁止僧人食肉。除了象肉、马肉、龙肉、人肉不得吃，其余肉类，只要不见杀、不闻杀、不为我杀（三净肉），皆可接受。大乘佛教则是严禁肉食的，一方面是为了不杀生，《梵网经菩萨戒本》指出，"不得食一切众生肉，食肉得无量罪"。《涅槃经》中也说："食肉者，断大慈种。"以慈心戒杀素食，正是悲悯众生、长养大乘慈悲的表现。另一方面，中国僧人素食与笃信大乘佛教的梁武帝有很大关系。公元 511 年，梁武帝召集诸沙门立誓，永断酒肉，并以法令公告，违者严惩。由于帝王的推动，加上中国寺院自耕自食，广大的庄园提供素食来源，足以供僧团日常所需。故而这项教团改革收到极大成效，直至今日中国佛教僧团仍坚行素食。

（三）佛门素宴

随着佛教影响力的日趋深远，香火旺盛的寺院常年需为进香拜佛的施主、香客供茶供饭。为了报偿众善男信女，也为弘扬佛教理念，寺院斋饭的烹调日趋讲究。出于吃斋的需要，各寺因地制宜，就地取材，以素托荤，沿依当地的饮食习俗加以延伸和发展，进而形成了不同地方风味的素宴。比较著名的有北京法源寺、杭州灵隐寺、上海玉佛寺、重庆宝光寺和扬州大明寺等。

第三节　佛学与中医学

佛教传入中原的同时，带来了古印度的科学技术和文化，其中包括古印度医药文化（一般指佛教医学文化）。这些对中医学的发展产生了多方面的影响。二者在漫长的发展过程中互相渗透，为中华民族的健康、繁衍作出了不可磨灭的贡献。近人陈邦贤在《中国医学史》中提出："考唐宋医学的变迁，实基于印度佛教的东渐。"佛教医学文化的影响表现在多个方面，如对中医基础理论的影响，对中医临床各科治法、中药品种的补充，以及对中医气功、按摩、心理、医德、摄生保健等各个方面。同时，中医学也随着僧人的西行，传入古印度。

一、佛学对中医学思想的影响

（一）佛医译介

据佛典记载，释迦牟尼佛凭借高超的医术治愈了僧众病痛，被尊为"大医之王"，其弟子耆婆对医药也有所贡献。佛教经典记录了大量的与人类生命、健康相关的内容。佛教医学随着僧人的传播、佛经的汉译传入中国。"五明"包括声明（声韵学）、工巧明（工艺、技术、历算）、医方明（医药学）、因明（逻辑学）和内明（佛学）。医方明主要记录了佛教医学的基础知识、基本理论、治法治则等。

据统计，从汉末到南北朝，翻译佛经达 1621 部，4018 卷。《开元释教录》云："东汉之末，安世高医术有名，译经传入印度之医学。"佛典《增一阿含经·卷十二》《金光明经·卷三》《除病品》《法华经·卷五》《良医喻》等都记载了医药学知识，从中可以窥见佛教医药学大略。

佛教有关僧尼受戒、安居等行持规定的"二十犍度"中，第七项"药犍度"（又称医药法）详细记载了比丘患病的种类、治疗疾病的处方和病中饮食调理等内容。三国时，攘那跋陀罗和耶舍顺多两位印度和尚合译了《五明论》，佛教相关的医学知识始入中国。《隋书·经籍志》记载，当时由印度翻译过来的佛教医书有 10 余种，如《龙树菩萨药方》《西域诸仙所说药方》《婆罗门请仙药方》等。

《大藏经》集佛教经典之大成，有《佛说佛医经》《疗痔病经》《佛说咒齿经》《佛说咒目经》《佛说咒小儿经》《除一切疾病陀罗尼经》《迦叶仙人说医女人经》《治禅病秘要经》等专论医理或论及医理的经书，内容涉及医药卫生、生理病理、心理幻术、修身养性等。《涅槃经·卷八》有"良医即以金篦决其眼膜"的记载，即用金篦治眼疾的技术。藏文大藏经《甘珠尔》《丹珠尔》中都有与医学相关的内容。其中，《丹珠尔》

医方明部收录了《龙树百治疗法》等数部医书。我国的西藏、内蒙古等寺院中，大多设有医学部，专门以佛家医药治病救人。

（二）慈悲博爱

慈悲可以说是佛法的根本。《大智度论·卷二十》说："大慈与一切众生乐，大悲拔一切众生苦。"慈的含义是给众生快乐，悲的解释是拔除一切众生的痛苦。佛的大慈大悲不只是单纯的情感，而是至极的情感与理智综合于一体，佛则由慈爱的情感产生追求真理的理智；再由体察真理的理智，去推动慈爱的情感，用一颗平等心而形成的博爱去爱一切众生。佛教强调"众生平等"，反对"杀戮"，倡导和平。这些都是佛教非常积极的因素。

慈悲博爱之心也对中医学产生影响。例如，孙思邈《备急千金要方·大医精诚》指出："凡大医治病，必当安神定志，无欲无求。先发大慈恻隐之心，誓愿普救含灵之苦。若有疾厄来求救者，不得问其贵贱贫富、长幼妍媸、怨亲善友、华夷愚智，普同一等，皆如至亲之想。"

明代也有很多位医家纷纷撰文，专门论述医德规范问题。陈实功在《外科正宗》中提出了"医家五戒十要"，在研习医技、精心处方、对患者一视同仁、救助贫穷人家、尊重同道、尊重妇女等方面均提出了严格要求。总之，佛教戒律对传统医德医风产生了较深远的影响，对警戒医家、淳化医风起到较大作用。

（三）直觉体悟

佛教的直觉体悟与中医学也有很大关系。直觉体悟即只可意会不可言传，有赖个人的灵感、悟性，别人可以教导、启发，而不能替代。这种思维过程和结果与中医药学理论和实践的师承授受、经验积累非常相似。中医学重视"医者，意也"，说的就是医生在诊断治疗时直觉体悟的重要性。明末清初著名医家喻昌就常常用这种体悟的方法认识疾病和治疗疾病。喻昌在《寓意草》中说："医者，意也。一病当前，先以意为运量。""悟"作为中国传统文化的一种思维方式，同样适用于中医的学习与实践，如此才能成为一名合格的医生。

中医采用横向的、有机的、整合的方法，一开始就没有走向机械、分析之路，认为人是个有机、开放的系统，人体内小时空对应体外大时空，对应大宇宙的天时、物候、方位及万事万物。从整体、宏观、动态、联系上认知生命是中医的强项，也是生命科学的大方向。

（四）"四大"学说

佛教认为，宇宙本体有地、水、火、风的四大元素，具地坚性、水湿性、火暖性和风动性。如山岳土地属于地大，海洋河川属于水大，阳光炎热属于火大，空间气流属于风大。人体也由地、水、火、风"四大"构成，"地水火风，阴阳气候，以成人身八尺之体"。发、毛、爪、齿、皮、肉、筋、骨、髓、脑等属于"地大"；唾、涕、脓、血、津、液、涎沫、痰、泪等属于"水大"；暖气属于"火大"；呼吸动转属于"风大"。孙思邈在《备急千金要方·论诊候第四》中记载："地水火风和合成人。凡人火气不调，举身蒸热；风气不调，全身强直，诸毛孔闭塞；水气不调，身体浮肿，气满喘粗；土气不调，四肢不举，言无音声。火去则身冷，风止则气绝，水竭则无血，土散则身裂。然愚医不思脉道，反治其病，使藏中五行共相克切，如火炽燃，重加其油，不可不慎。凡四气合德，四神安和，一气不调，百一病生；四神动作，四百四病同时俱发。"故一切疾病的根源都由于"四大"失调："初则地大增，令身沉重；二则水大积，涕唾乖常；三则火大盛，头胸壮热；四则风大动，气息冲击"（《南海寄归内法传·卷三》）。例如，牙齿、肋骨等痛是地大不调，伤风、风湿等痛是水大不调，头痛、发烧是火大不调，气喘、气结是风大不调。四大不调会产生种种疾病，加上生命无常，必然有生老病死等痛苦，任何人都不可能长生不老。

（五）众生平等

佛教文化对中医学的影响还表现在医德修养方面。在佛教文化尚未普及的东汉末年，张仲景的医学理念是"上以疗君亲之疾，下以救贫贱之厄，中以保身长全，以养其生"。显然打着儒家文化的烙印。到了唐初，孙思邈的《备急千金要方·大医精诚》变成了"若有疾厄来求救者，不得问其贵贱贫富，长幼妍媸，怨亲善友，华夷愚智，普同一等，皆如至亲之想"。不可否认，这与《涅槃经》"如来善修，如是平等"的观念相一致。

佛教的"众生平等""戒杀生"对中医用药也有一定影响。笃信佛教的梁武帝于天监十六年（517年）"敕太医不得以生类为药"。以至孙思邈在《大医精诚》中用很大的篇幅设法解决中医用动物药的问题。他认为，"夫杀生求生，去生更远，吾今此方所以不用生命为药者，良由此也"。而且在对待使用鸡蛋的问题上也费了不少工夫。他在佛教戒律与中医用药之间试图走一条折衷道路。

（六）养生观念

佛家十分注重日常起居，规定严格的仪轨，其中食后漱口，用杨枝揩齿对中医学影响尤大。佛门中"嚼杨枝"的传统可以上溯到释迦牟尼本人。晋《法显传》载，释迦牟尼在沙祇国"嚼杨枝，刺土中，即生长七尺"。《华严经·卷十一》谓："嚼杨枝具十德者：一销宿食；二除痰癥；三解众毒；四去齿垢；五发口香；六能明目；七泽润咽喉；八唇无皴裂；九增益声气；十食不爽味。晨朝食后，皆嚼杨枝。诸苦辛物，以为齿木，细心用之，具如是德。"《摩诃僧祇律》谓："若口有热气及生疮，应嚼杨枝咽汁。"用杨枝保持口腔卫生，由于其确有疗效，被众多医家所重视。《本草纲目·木部》云："柳枝祛风、消肿、止痛，其嫩枝削为牙杖，涤齿甚妙。"可"煮酒漱齿痛"，或用白杨"煎醋含漱，止牙痛；煎浆水入盐含漱，治口疮"。除了单味运用外，杨枝还能与其他药物配合使用。《圣惠方》云："治齿龂肿，连耳脑肿疼，垂柳枝、槐白皮、白杨皮各一握，上药细锉，每用半两，以水一大盏，煎至七分，去滓，入盐一钱，搅令匀，热含冷吐。"佛学的传播还直接影响到中国的饮食风俗。《佛说佛医经》认为，"春三月有寒，不得食麦豆，宜食粳米、醍醐诸热物。夏三月有风，不得食芋豆麦，宜食粳米、乳酪。秋三月有热，不得食粳米、醍醐，宜食细米、糗蜜、稻黍。冬三月有风寒，宜食粳米、糊羹、醍醐"，对春夏秋冬四季饮食的宜忌均作了具体描述，核心思想就是要顺应自然规律，有所避宜，因时而食。

中医学早在《黄帝内经》中就认识到膏粱厚味的害处，两晋时期士人多崇尚清淡，自甘淡泊，认为"食肉者鄙"。由于佛学的广泛影响，"不杀生"和"因果报应"的观念普遍被世人接受，以素食为主成为主流。但佛家禁用的"五辛"在饮食中并无限制，医家还常常运用这些辛物治疗疾病。佛经中指出饮酒有 35 种过失。饮酒过量会"生病"，故禁酒。茶叶原来用作药物，"神农尝百草，日遇七十二毒，得茶而解之"。秦汉之际，茶叶开始由古代单纯的药用过渡为药、饮兼用。魏晋南北朝时期茶又为佛事所用，因长时间坐禅，势必使人疲倦，于是允许僧侣饮茶清心提神。由于禅宗盛行，僧侣倡行的饮茶之风上及达官贵人，下至平民百姓，"从此转相仿效，逐成风俗"。饮茶之风随着佛学的兴起而风行天下，佛家茹素、戒酒、饮茶的斋戒生活，虽然清苦，但确起到了延年益寿作用，被中医学所采纳，备受推崇。

二、僧医举要

佛教理论与中医药学的结合，造就了一大批特殊医家群体，即所谓的"僧医"。他们对中华民族的卫生保健和中医药学的发展作出了显著贡献。史书上多有精通医学高僧的记载。

（一）支法存

迄今有文献可考的最早的僧医是支法存和仰道人。孙思邈《备急千金要方》记载："诸经方往往有脚气之论，而古人少有此疾。自永嘉南渡，衣缨士人多有遭者。岭表江东，有支法存、仰道人等，并留意经方，偏善斯术。晋朝仕望，多获全济，莫不由此二公。"这是对岭南脚气病治疗史的记载，支法存、仰道人也是治疗此病最有经验者。据刘敬叔《异苑》载："沙门支法存者，本自胡人，生长广州，妙善医术，遂成巨富。"

支法存又称支法存亮（亮或为其名），晋代僧人。其先辈为胡人，后移居广州。支法存生于广州，少以聪慧入道，习医，遂以医名。适当时北方士大夫于永嘉之际南渡，士大夫不习水土，多患脚弱症，其症多凶险，染者无不毙踣，毙人甚众。众医不能治，唯支法存以其医技治之，存活者不计其数，因此名扬天下。所著有《申苏方》五卷，后佚。其佚文散见于后世医著，如《备急千金要方》《外台秘要》等书，辑有支法存方十余首。支法存对岭南常见的热带病疟疾及寄生虫感染，如肺吸虫、绦虫、姜片虫、血吸虫病等治疗均有所成就，对溪毒（沙虱）之蒸气疗法，启迪其后阮河南、许胤宗等人，把蒸熏疗法作进一步提高。他应为中国脚气病防治的先驱。

（二）于法开

于法开东晋医家，僧人，剡县（今浙江嵊州）人，佛学"六宗七家"之一的"识含宗"祖师。深思孤发，才辩纵横，师事于法兰，祖述耆婆，妙通医法，升平五年（361 年）以诊晋穆帝司马聃之疾而闻名。

据《绍兴府志》载，于法开曾于旅途中投宿一民家，正值主家妻难产，数日胎儿不下，举家惊慌。于法开命产妇食羊肉十余块而后针之，须臾胎儿得以分娩。范行准氏认为，此为中国羊膜之最早记录。

其弟子法威，问及医术，于法开曰："明六度以除四魔之病，调九候以疗风寒之疾，自利利人，不亦可乎！"说明其治医取自佛理，并结合了中国诊法和汤液，使佛教医学中国化并融入中医学中。时人称之"以术弘教，其在开公"。于法开撰有《议论备豫方》一卷，今佚。

（三）深师

深师（285—374 年），医师事仰道人，兼采支法存。南北朝时宋齐间医家，僧人，又称僧深，释僧深，名竺潜。祖籍山东琅琊，俗姓王，为晋丞相武昌郡公王敦弟。年十八出家为僧，师事中州刘元真。因精佛学、医学，深得朝廷仕宦之崇拜，于永嘉南渡后，优游讲席者 30 余年。其医师事仰道人，亦以善疗脚弱脚气闻名，其为医立法拟方颇具仲景风范。据《外台秘要》载，王文州大子病疟，结实积热，深师以恒山大黄丸治之愈。他曾撰录支法存所用永平山师连、范耀祖等诸家旧方成《僧深药方》（或作《释僧深集方》《深师方》）30 卷，已佚。所载脚气病效方百余首，为《外台秘要》《医心方》等所引录。

（四）义净

义净（635—713 年），唐代僧人，旅行家，中国佛教四大译经家之一。在探险、求法、翻译、著述等诸方面，义净是继法显、玄奘之后最有贡献的代表人物。俗姓张，字文明，祖籍范阳（今河北涿州），一说齐州（今山东济南地区）人。14 岁受沙弥戒，即仰慕法显、玄奘西行求法之高风。后从慧智禅师受具足戒，学习道宣、法砺两家律部文疏 5 年。义净孤身一人赴印度求法，前后留学 10 年，研究过瑜伽、中观、因明和俱舍等。光宅元年（684 年）携梵本三藏近 400 部，合 50 余万颂，启程返国。归途在室利佛寺又停留 4 年，从事翻译工作。

义净的西行和翻译佛经活动对唐朝的佛学产生了很大影响。据《开元释教录·卷九》载，在 12 年间，他共译经、律、论等 56 部，229 卷。如《金光明经》《药师七佛本愿功德经》等很流行。在其所译的《曼殊室利菩萨咒藏中一字咒王经》中，有相当丰富的医药内容，涉及内、外、儿、妇产、五官科疾患的治疗，记载了齿木、牛膝根、石蜜等 19 种药物。《佛说疗痔病经》为用咒法疗痔病（指外科疮疡等）。《南海寄归内法传》中也记载了印度医药卫生方面的情况，如在"先体病源"章中介绍了印度古代医学"八医"，即"一论所有诸疮；二论针刺首疾；三论身患；四论鬼瘴；五论恶揭陀药；六论童子病；七论长年方；八论足身力"。在"进药方法"章中介绍了绝食疗法、药物疗法及万应药之使用。在其他章节中还介绍了印度僧人食前洗手、揩齿刮舌、淋浴、散步等。书中义净还向印度人介绍了中医药学，说："神州药石根茎之类……针灸之医，脉诊之术，瞻部州中无加也。长年之药，惟东夏焉。"他本人也精通医药，曾将自己的经验方苦参汤和茗茶治疗热病介绍给沿途人民，并介绍了中国的"上药"，如人参、茯苓、当归、远志、乌头、麻黄等。

（五）鉴真

鉴真（688—763 年）。唐代高僧，律宗南山宗传人，日本佛教律宗开山祖师，著名医学家。日本称鉴真为"天平之甍"，意为他的成就足以代表天平时代文化的屋脊（意为高峰），亦称过海大师、唐大和尚。俗姓淳于，广陵江阳（今江苏省扬州市）人。其父笃信佛教，曾受戒于扬州大云寺。鉴真出家之后，在晨钟暮鼓之余，致力于医药研究。20 岁以后，他到长安、洛阳深造，利用各种条件，深研医药，从而成为精于医学的高僧。

鉴真在两京深造，主要是研究佛经兼学医药。佛经有"五明学"，其中"医方明"包括医理、方剂、药物、针灸和禁咒治病等，凡是高僧几乎都精通。鉴真利用深造佛经的机会，对医学进行了深入研究，精于"医方明"。鉴真身居扬州，接触了来自世界各地的药材，掌握了鉴别和加工药材的知识。

为了弘扬佛法，鉴真应日本遣唐使之邀，冒着"沧海森漫，百无一至"的极大危险，六次东渡日本，第六次终于抵达。历次东渡他都携带大量的药材与香料。据《唐大和尚东征传》记载，鉴真和尚携带了麝香、沉香、甲香、甘松香、龙脑香、胆唐香、安息香、檀香、零陵香、青木香、熏陆香等香料，以及荜茇、藜勒、胡椒、阿魏、石蜜、蔗糖等百余斤，蜂蜜十斛、甘蔗八十束。鉴真抵日后，尽管双目失明，仍在讲律受戒，进行医学活动，利用嗅觉、味觉、触觉，将药物知识传授给日本民众，"邦人效之，医道益群"。他还传授僧俗医学及制药方法，对日本汉方医学的发展产生了较大影响。著有《鉴上人秘方》1 卷，惜已佚失，日本丹波康赖所著的《医心方》中保存了部分佚文。鉴真为中日医学文化交流作出了杰出贡献。

（六）蔺道人

蔺道人（约 790—850 年）唐代僧人，骨伤科医家，长安（今陕西西安）人。姓蔺，名无从考证，因出家为僧，故称道人，是一位很有学识的僧人，精于骨伤理论和医疗技术。他一面修道，一面为贫病者、伤折患者诊病治伤。

在唐会昌（841—846 年）年间，唐王朝废止佛教，改寺院为馆舍，促令僧道还俗生产，蔺道人正是在这种背景下离开长安，到了江西宜春县（现宜春市）钟村，隐姓埋名，过着隐居的生活。彭叟常往来其庐，并助以耕作。一日，经常帮助他耕耘的彭叟的儿子因上山砍柴折伤颈椎、胘骨，医多束手无策。在这种情况下，蔺道人才重操旧业，用自己高明的整骨技术，为其治愈了伤痛，避免了残废。从此，他的整骨特长名闻遐迩，求者日众。蔺氏颇厌烦之，遂取其所制秘方《理伤续断方》赠予彭叟，自己复移往他处隐居，不知所终。彭叟承其医术，遂精骨伤科术，其书亦得以流传，后世称为

《仙授理伤续断秘方》。

在学术思想方面，其学术思想源于《黄帝内经》和《难经》，以气血学说为立论依据，继承了葛洪、《备急千金要方》和《外台秘要》等骨科方面的学术成就而有所创新，第一次倡导和规定了骨折脱臼等损伤的治疗常规：即清洁伤口、检查诊断、牵引整复、复位敷药、夹板固定、复查换药、服药、再洗等，介绍了正骨手法的 14 个步骤、方法和方药，并论述了处理损伤、关节脱臼以及伤科常用的止血、手术复位、牵引、扩创填塞、缝合等具体操作技术。如对一般骨折，主张用杉木皮衬垫夹敷固定的方法，指出："凡夹缚（即固定）用杉木度教片，周回紧夹缚，留开皆一缝，加缚必三度，缚必要紧。"对复杂骨折，除上述要求外，更强调"夏三两日，冬五三日解开"换药，"夹缚处用热药水泡洗"以促进伤口愈合，"洗时切不可惊动损处"。对骨关节的固定，要注意"时时运动，盖屈则伸……或屈或伸，时时为之方可"，重视关节的活动及功能锻炼。这是伤科外固定技术上的重大改革，实为后世小夹板固定的渊源。蔺氏对中医骨关节损伤治疗学之发展有不可磨灭的贡献。

【思考题】

1. 如何理解"四大皆空"。

2. 简述佛学的"八正道"。

3. 简述佛学的"三法印"。

4. 试述佛学"人生苦难"说的现实积极意义。

5. 试述佛学"慈悲博爱"对医德的影响。

【阅读书目】

1. 姚卫群. 佛教入门 [M]. 北京：中国人民大学出版社，2005.

2. 蒋维乔. 中国佛教史 [M]. 上海：上海古籍出版社，2011.

3. 杜继文. 佛教史 [M]. 南京：江苏人民出版社，2006.

4. 顾加栋. 佛教医学思想研究 [M]. 北京：科学出版社，2014.

5. 方立天. 中国佛教与传统文化 [M]. 上海：上海人民出版社，1988.

6. 方立天. 中国佛教哲学要义 [M]. 北京：中国人民大学出版社，2002.

第六章　兵家文化 ▷▷▷▷

　　兵家是春秋战国时期一个非常重要的思想流派，虽然在先秦时期没能与儒、道、墨、法一样成为中国传统文化的"显学"大派，但其理论对后世的军事、政治、经济、社会生活等领域均产生了极其深远的影响。以《孙子兵法》为代表的中国古代兵书不但广为世界各国军事家所学习和运用，而且在国外已成为一专门学问，得到深入研究，并吸引了广大政治家、哲学家、文学家、历史学家，甚至企业家、商人等也争相研读《孙子兵法》等兵家著作。兵家文化已广泛渗透到人们的政治、文化、生活等方方面面。

　　兵家文化的产生有其历史必然性。春秋战国时期是中国历上一个大的变革转型时期，是社会由分裂走向统一的过渡阶段，诸侯争霸，战争频仍，民生艰难，天下动荡。这不仅让儒、道、墨、法等家对战争予以关注，阐述对战争的看法，更为许多军事家提供了施展才华的舞台，使他们能够自觉地高度概括战争的规律、战争的基本原理和战略战术的运用等，从而创立了璀璨夺目的兵家文化。

　　"时势造英雄"。春秋战国时期纷乱动荡的局势，造就了孙武、司马穰苴、吴起、孙膑、尉缭子等杰出的军事家，也促成了《孙子兵法》《司马法》《吴起》《孙膑兵法》《尉缭子》《六韬》等兵家著作。这些著作或为兵家个人所写，或为后人总结整理而成，虽然论述上各有侧重，内容各有创新，但前后之间有明显的继承和发展关系。这些军事思想的一脉相承和与时俱进，共同铸造起古代军事史上的一座座认识高峰，给后世留下了弥足珍贵的兵家思想文化。在中国古代浩繁的兵书典籍当中，若论内容的博大精深和对中外古今影响的深远当首推《孙子兵法》。

　　《孙子兵法》乃春秋末期齐国人孙武所著，是中国最早的一部军事著作，6000余字，共13篇，包括始计第一、作战第二、谋攻第三、军形第四、兵势第五、虚实第六、军争第七、九变第八、行军第九、地形第十、九地第十一、火攻第十二、用间第十三。此书要言不烦，精妙神奇。全书阐明了孙武对待战争的基本看法，详述了任将治兵的思想、战略战术等原则，充溢着兵家唯物辩证法思想。唐太宗李世民言："朕观诸兵书，无出孙武。"明代茅元仪在《武备志·兵诀评》中说，"前孙子者，孙子不能遗；后孙子者，不能遗孙子"，道出了《孙子兵法》在两千多年中国封建社会兵家史上的地位和作用，《孙子兵法》因此被后世人尊奉为"兵经""兵学鼻祖""兵学圣典"，并被译成多国文字，世界军事领域也兴起了研究《孙子兵法》的热潮。在世界军事史上，《孙子兵法》与近代德国克劳塞维茨的名著《战争论》齐名，被誉为"世界兵学双璧"，但其成书年代却比《战争论》早了两千多年。

第一节　兵家本体论

兵家的军事理论来源于实践，表现为智慧的博大精深、理论的高度概括，长期以来指导着军事实践，同时被借用到政治、经济、社会生活的各个领域。其对待战争的态度、整体思维和全局观念、灵活多变的战略战术、唯物辩证思维方式等贯穿始终，可谓兵家文化中熠熠生辉的精华所在。《孙子兵法》的宗旨是力求以智谋胜敌，而不只是以武力胜敌。这一军事谋略思想充分体现在对战争的认识、战争指挥、军队建设和战略战术等方面，揭示了战争的普遍规律，较全面地论述了战争中制胜的因素，反映了比较朴素的唯物主义和辩证法思想。

一、兵家的战争观

兵家战争观的核心是"慎战"，即要慎重地对待战争。战争是不可避免的历史和社会现象，所以兵家不否定战争，但是兵家反对穷兵黩武，反对把战争看成治理国家的良方，这是兵家对战争的一个基本态度。《孙子兵法·始计》中说："兵者，国之大事，死生之地，存亡之道，不可不察也。"孙武认为，战争乃是国家的大事，生与死的战场，存和亡的关键，不可不认真考察，慎重对待。

孟子曰："春秋无义战。"所以在先秦诸子中，几乎无一不反对"非正义"的战争。如《老子》第 31 章指出："兵者，不祥之器，非君子之器，不得已而用之。恬淡为上，胜而不美。"再好的兵器也是不吉祥的东西，不是君子所使用的，只是在不得已的情况下才使用。用兵的心态要恬淡自然，胜利了也不要沾沾自喜。墨家主张"兼爱""非攻"，因为兼爱，所以非攻；因为非攻，所以防守，对战争主要强调防御，而不是进犯。

兵家在战争的问题上不是一味地高呼"反战"的口号，而是以高度的社会责任感和厚重的人文关怀面对实际，把战争看作关系军民生死、国家存亡的大事而加以认真研究，并且说："亡国不可以复存，死者不可以复生。故明君慎之，良将警之。"（《孙子兵法·火攻》）虽然兵家也反对穷兵黩武，反对非正义战争，认为"国虽大，好战必亡"（《司马法·仁本》，下同），但又认为战争也是谋求和平的一种手段，"是故杀人安人，杀人可也；攻其国，爱其民，攻之可也；以战止战，虽战可也"。据《左传》载，公元前 597 年，关于战争，楚庄王也有过类似的看法："夫武，禁暴、戢兵、保大、定功、安民、和众、丰财者也。"可以看出，战争如果是以禁暴除乱、治国安民为目的，通过战争可以消除战争，那么这样的战争是完全可以进行的。兵家认为，在动荡分裂时代必然要用战争来换取和平，战争是实现和平的一个有效途径，"废兴、存亡、昏明之术，皆兵之由也"（《左传·襄公二十七年》）。

重战不等于好战。战争是残酷的，不仅会使社会生产遭受极大的破坏，还会劳民伤财，给国家和人民带来无尽的灾难。孙子曾详细计算了战争的惊人耗费："凡用兵之法，驰车千驷，革车千乘，带甲十万，千里馈粮；则内外之费，宾客之用，胶漆之财，车甲之奉，日费千金，然后十万之师举矣。"（《孙子兵法·作战》）有鉴于此，兵家文化中的"慎战"意识十分突出。可以说，"慎战"是兵家文化最重要的思想之一，也是中国传统文化中民本思想、仁爱精神在军事理论上的反映。孙武在《孙子兵法·始计》篇开宗明义地表达了"慎战"的态度："兵者，国之大事，死生之地，存亡之道，不可不察也。"战争乃国家大事，关乎国家的兴衰存亡，百姓的生死安危，执政者一定要郑重对待，慎之又慎，否则，"亡国不可以复存，死者不可以复生"。（《孙子兵法·火攻》）战争一旦发生，则会伏尸百万，血流成河，不但使失败一方面临国家和民族的灭顶之灾，即使是战胜者也会元气大伤，给敌人以可乘之机，覆蹈失败者的命运。所以古代兵家坚决反对那些"乐战好兵"的轻率行为，并给予种种警告，如《司马法·仁本》云："国虽大，好战必亡。"《孙膑兵法·见威王》云："乐兵者亡，而利胜者辱。"《孙子兵法·火攻》篇强调，对于战争"明主虑之，良将修之，非利不动，非得不用，非危不战，主不可以怒而兴师，将不可以愠而致战，合于利而动，不合于利而止"。战争只有在国家和民族利益受到侵害或者符合国家和民族利益，万般无奈之下才可以进行。

"慎战"绝不是不要战争，更不是忘了备战。"慎战"理论的提出是兵家基于战争的残酷性和给国家、人民带来的灾难考虑的。然而在春秋战国纷乱的时期，战争往往是不以人们的主观意志为转移的。不发动战争并不等于可以躲避战争，所以兵家在主张"慎战"的同时又要求积极地"备战"。"故用兵之法，无恃其不来，恃吾有以待也；无恃其不攻，恃吾有所不可攻也"（《孙子兵法·九变》），有备方能无患，绝不可抱有侥幸心理，否则，司马穰苴一针见血地指出："天下虽安，忘战必危。"（《司马法·仁本》）对于如何"备战"，兵家有着详细的阐述，大致可概括为以下几个方面。

（一）先为不可胜

"先胜"原则是兵家战备思想的核心。孙子认为，要取得战争的胜利就必须处于"先胜"的地位。"先胜"实际上就是对胜利胸有成竹，虽然还没有开战，但关于战争的过程早已计划在心，并且在实力上有必胜的把握，因此不是通过交战来争取胜利，而是胜局已定再与敌人交战。《孙子兵法·军形》云："是故胜兵先胜而后求战，败兵先战而后求胜。"由于战前胜负已定，所以双方交战，我方易胜，彼方易败，故《孙子兵法·军形》又言："古之所谓善战者，胜于易胜者也。"一个军队，不能打无准备之仗、无把握之仗，胜利的军队总是要首先创造胜利的条件然后才求战，失败的军队则是先与对方交战，然后希求侥幸的胜利。战争不仅仅是军事问题，它与政治、经济、外交、人口、科技等因素都密切相关。战争能否胜利取决于国家的综合实力。

（二）令上下同欲

战争不是哪一个人的战争，而是具有广泛性和人民性的，战争的伟力存在于民众之中。统治者发动战争，只有符合人民的利益，得到人民的支持，才能上下一心，同仇敌忾，人民才能乐为所用，舍生忘死，英勇作战。如果离开了民众的广泛支持，战争就成了无本之木，无源之水，注定逃脱不了失败的命运。所以《尉缭子·武议》篇云："天时不如地利，地利不如人和。"所谓"人和"，即民心和乐、和顺，由此而形成巨大的凝聚力和战斗力。《孙子兵法·始计》篇说："故经之以五事，校之以计而索其情：一曰道，二曰天，三曰地，四曰将，五曰法。道者，令民与上同意也，故可以与之死，可以与之生，而不畏危。"所谓"五事"即道、天、地、将、法。放在第一位的最重要的是"道"。兵家所谓的"道"，就是孙子说的争取民心。"道者，令民与上同意也"。只有"令民与上同意"，民众才"可以与之死，可以与之生，而不畏危"。所以《谋攻》说："上下同欲者胜。"到了孟子的"得道多助，失道寡助"（《孟子·公孙丑下》）则是这种观念的进一步发展。

（三）知选将之要

影响战争胜负的因素很多，但军事将领最为关键，正所谓"千军易得，一将难求"。《孙子兵法》关于军队建设的思想主要表现在将帅和治军两个方面，其提出了不少新的主张。

《孙子兵法》关于治军的论述，概括地说，就是用文武兼施、刑赏并重的原则治理军队。《孙子兵法·作战》篇指出，"知兵之将，民之司命，国家安危之主也"，高度评价了将帅在战争中的地位和作用，为此对将帅提出了"智、信、仁、勇、严"五德兼备的要求。战争是复杂的谋略较量，所以将领要有"智"，应有超人的智慧和才略；战争要上下一致，令行禁止，所以将领要有"信"，要治军有方，信赏必罚；战争行为是由人来实行的，人是有人性的，所以将领要有"仁"，要爱抚士卒，与之同甘共苦；战争是危险的，所以将领要有"勇"，要身先士卒，不怕牺牲；战争任务是由特别严密的组织来执行的，稍有疏忽，便要大败，所以将领要"严"，要严明军纪，执法如山。后人选将之要，大体不出这"五德"。

尉缭子对选拔得力的将帅这一点也十分重视，认为作为将领，必须具备以下素质和条件。一是不偏私。"凡将，理官也，万物之主也，不私于一人"。意思是，将领是执掌兵权的人，是万人之主，不能拘私。二是身先士卒，同甘共苦。"勤劳之师，将必先已，暑不张盖，寒不重衣，险必下步，军井成而后饮，军食熟而后饭，军垒成而后舍，劳佚必以身同之"。就是说，具有吃苦精神的部队，将领必以身作则，炎热天气不只顾自己使用伞盖，寒冷天气不只顾自己加衣，崎岖险道要与士兵一起步行，等到全军的水井都挖好才喝水，全军的饭食都做好了才用膳，全军的营帐都建好了才休息，要与全军士卒同劳苦共安逸。三是置生死于度外。"将受命之日忘其家，张军宿野忘其亲，援袍而鼓忘其身"。也就是说，受命作战就不能顾念自己的小家，出征宿营就不要惦念双亲，指挥作战就不能考虑自己的安危。四是要胸怀宽广，心态平和，头脑冷静，不轻易发怒；廉洁不贪，不受迷惑；目光犀利，明察秋毫，有敏锐的洞察力和卓越的指挥才能；耳听八方，不偏听偏信，善于处理各种内部事务，确保上下同心。

在选将方面，所有的兵家都极为重视，孙膑也提出"五德"（义、仁、德、信、智），《六韬》提出"五材"（勇、智、仁、信、忠），后来的诸葛亮也在《将材》一文中提出"将材有九"，九项标准中，除"步、骑、猛"是军事素养方面的要求外，"仁、义、礼、智、信"五项以及最后提出的"见贤若不及，从谏如顺流，宽而能刚，勇而多计"的大将修养均是德方面的标准。这些都是充分考虑到将帅的素质、才能对军队士气和战争胜负所起的重要作用。

将帅还要有灵活的头脑、随机应变的能力以及敢于担当"退不避罪"的气魄。在宗法制社会，臣就要服从君，带兵将领也要理所当然地执行君主的命令。然而，孙子认为，战争复杂多变，如果都要机械地按君主意志行事，就有可能使将领处处掣肘。更可怕的是，如果君主不懂军事而不断发布错误的指令，便会把战局搞乱，甚至带来灾难性严重后果。所以孙子提出，将在外"君命有所不受"（《孙子兵法·九变》），就是要求将领要根据战争的利弊以及战场上复杂的情况，不囿于君命机械地服从，而应根据战争的实际进程灵活地处理，甚至有时可以完全违背："故战道必胜，主曰无战，必战可也；战道不胜，主曰必战，无战可也。故进不求名，退不避罪，唯民是保，而利于主，国之宝也。"（《孙子兵法·地形》）所以一位将领要英明果断，不能患得患失，明知遵从君主的命令会导致恶果，就必须断然作出更改，敢于承担违抗君命的风险。孙子的这一主张被实践证明是一条重要的取胜之道。

（四）治军须严整

部队的整体素质直接关系到部队的战斗力。吴起认为，军队的强弱不在人数的众寡，而在于"以治为胜"，治理军队必须做到赏罚分明，严肃军纪，使士卒用命，这样才能临敌取胜。孙武在其兵法《行军》篇中指出，管理军队应本着"令之以文，齐之以武"的原则进行，恩威并施，宽严相济，既重视思想教育，又要有严明的军纪和法令来约束士卒。《六韬》和《尉缭子》继承并发展了孙武的思想，坚决反对采用滥用刑罚、残酷镇压的手段贯彻军令，主张严明法制与道德教育并行并重，将《司马法》的"仁本"精神与先秦法家的治军思想有机地结合起来。两书还特别强调执法要公正，"有功必赏，犯令必死"（《尉缭子》）。赏罚时勇于打破等级限制，"杀贵大，赏贵小"（《六韬·将威》）；"刑上究，赏下流"（《尉缭子》），这样才能真正做到赏罚分明，执法公正，使大家心悦诚服，调动起将吏士卒们杀敌立功的积极性。

兵家极为重视以严格而正规的系统训练来加强部队的战斗力。如吴起就非常重视对士兵进行合理编组，用其所长，各尽其才，使之充分发挥出威力。他根据士兵身材的高矮、体魄的强弱、胆量的勇怯、智力的高下进行明确分工，使"短者持矛戟，长者持弓弩，强者持旌旗，勇者持金鼓，弱者给厮养，智者为谋主"。《六韬》特别讲究"练士之道"，建议根据士卒身体的强弱、身材的高低、社会地位和思想心理等不同状况分成不同的类别，组编成不同的分队，然后再分别进行有针对性的训练。书中所倡导的以一教十、由浅入深、循序渐进、系统正规的新式训练法，早在战国时期已在各诸侯国推广，反映出军事训练史上的历史性进步。

《尉缭子》对部队训练问题的论述也很多，《尉缭子·兵谈》《尉缭子·兵教》篇说，只有平时积极练兵，常备不懈，不断提高部队整体作战技能，才能在战争爆发时进退得宜，运用自如，无往而不胜。《尉缭子·勒卒令》中，尉缭子还参照吴起的治军经验，着重叙述了金、鼓、铃、旗的指挥作用以及使用这些信号指挥和作战的有关步骤和措施。《尉缭子·兵令》篇则详细讲述了部队临敌布阵的方法，如"常陈（阵）皆向敌，有内向，有外向，有立陈，有坐陈。夫内向所以顾中也，外向所以备外也，立陈所以进也，坐陈所以止也，立坐之陈，相参进止，将在其中。坐之兵剑斧，立之兵戟弩，将亦居中"，具有极强的实战价值。在《尉缭子·分塞令》中，他还详细地讲述了宿营时容易出现的问题，主张把所练阵法与宿营技巧联系起来，按照各分队列阵时的"分地"来设立军营，据险而守，并在区内实行严格的警戒制度和通行办法，以防间谍混入。所有这些对于增强军容军威、提高部队作战水平和取得战争最终胜利都至关重要。

（五）战争须庙算

"知彼知己，百战不殆"语出《孙子兵法·谋攻》。其云："知彼知己，百战不殆；不知彼而知己，一胜一负；不知彼不知己，每战必殆。"一语道破战争的一般规律，至今仍是颠扑不破的科学真理，成为世界军事史上广为人知的一句名言。这一思想不仅被孙武用于战争指导的全过程，更被看作是正确指导战争的先决条件，在"备战"各项措施中的地位尤为突出。如何"知彼知己"，又该知"彼""己"的哪些方面情况呢？

《孙子兵法》开篇即论道："兵者，国之大事，死生之地，存亡之道，不可不察也。故经之以五事，校之以七计而索其情：一曰道，二曰天，三曰地，四曰将，五曰法……凡此五者，将莫不闻，知之者胜，不知之者不胜。故校之以七计而索其情。曰：主孰有道？将孰有能？天地孰得？法令孰行？兵众孰强？士卒孰练？赏罚孰明？吾以此知胜负矣。"反复强调战争的指导者对于决定战争胜负的"五事""七计"一定要深究熟知，要充分估计和比较敌我双方的各项优劣条件，这样才能在战前预测谁胜谁败，才能制定出正确的战略战术方针。书中将战前思考的全过程叫作"庙算"。《孙子兵法·始计》篇结尾总结性地说道："夫未战而庙算者胜，得算多也；未战而庙算不胜，得算少也。多算胜，少算不胜。"后世兵家对孙武的这一观念予以充分肯定，吴起所云战前必须"审敌虚实"灵活制定战法；孙膑论述战争指挥者应懂战争规律，恒胜与不胜者各五；尉缭子强调凡战必须"先料敌而后动"等，这些都是孙武思想的继承和发展。

二、兵家的整体思维与全局观念

战争是对立双方在政治、经济、外交等方面的矛盾不可调和时的产物，表面看起来是双方军队之间的比拼，实际上是综合实力的较量，包括除军事以外的政治、经济、文化、外交、民心向背等多种因素。因此，发动战争必须以强大的政治实力做后盾，雄厚的经济实力作基础，主动灵活的外交手段作辅助，加之正确的军事统筹和行动，才能稳操胜券。

（一）注重强化政治建设

《孙子兵法·军形》篇说："善用兵者，修道而保法，故能为胜败之政。"就是说，只有修明政治，确保法度，才能掌握战争胜败的决定权，强调了政治在战争中的重要性。在这方面，其后的军事家们多有继承和发扬。《尉缭子·兵谈》云："夫土广而任者则国富，民众而制者则国治，富治者，民不发轫，甲不出暴，而威制天下，故曰兵胜于朝廷。"指出战争的胜利取决于国家良好的政治制度和措施，只有国家富足安定，才能"威制天下""战胜于外"（《尉缭子·制谈》）。他还谈到了一些具体措施，如整顿革新政治、健全国家体制、明确君臣职守、公正审理诉讼、宽以待民、严于律军等。吴起在《吴子兵法·图国》中更进一步在政治方面对统治者提出"必内修文德，外治武备"的要求。统治者应具备"绥之以道，理之以义，动之以礼，抚之以仁"这四德。"绥之以道"和"抚之以仁"即施行仁政，宽以待民，争取民心，稳定社会秩序；"理之以义"和"动之以礼"是用道德规范、礼仪制度约束社会行为，使人们上下有等，尊卑有序，行其所当行。《六韬·文韬·文师》则说得更明白："天下非一人之天下，乃天下之天下也。同天下之利者得天下，擅天下之利者失天下。"

（二）努力增强经济实力

如果说政治是战争的灵魂，那么，经济则是战争的物质保障，这两者是战争取胜的关键。力助齐桓公成为春秋第一霸主的兵法家管仲就曾说过："有积蓄，则久而不馈；论械功，则伐而不费"（《管子·七法》，下同）。又说"故一期（一年）之师，十年之蓄积殚；一战之费，累代之功尽"，指出了战争劳民伤财、耗费巨大的特点，因而在军队体制上进行改革，实行常备军制和"民军制"相结合，以最大限度地减少战争对农业的冲击和影响，既可解决劳动力的分配问题，又可减轻国家的财政压力，开后世民兵制的先河。同时实行"相地而衰征"（《国语·齐语》）的赋税政策，按土地质量收取实物，使其直接提供军需之用，确保了齐国频繁军事活动的顺利进行。

孙武汲取了管仲治军的军事经济理论，更为具体明确地论述说："凡用兵之法，驰车千驷，革车千乘，带甲十万，千里馈粮；则内外之费，宾客之用，胶漆之财，车甲之奉，日费千金，然后十万之师举矣"（《孙子兵法·作战》）。可见战争的耗费是惊人的。战事久拖不决，必会造成国库空虚、财政枯竭的恶果。为了维持庞大的军费开支，国家必须增收赋税，这样便加重了百姓的负担，使社会生产遭到严重破坏。为此，孙武提出"因粮于敌""胜敌而益强""速战速决"等著名的用兵原则。《六韬·文韬·六守》则建议发展多种经济，增强国力军力，创造"谷足""器足""货足"的良好局面，并告诫统治者只有采取"薄赋敛"（《六韬·文韬·国务》，下皆同）、"俭宫室台榭"等措施，使"民不失务""农不失时"，国家经济体制才能正常运行，战时所需后勤补给才能得到保证。

尉缭子赞同法家的农战政策，把奖励耕织、发展农业作为治国之本，也是基于对战争与经济之间的密切关系考虑的。尤其是现代社会，战争对于经济的依赖程度更是与日俱增。比如第四次中东战争，历时仅仅 18 天，双方的经济损失均在 50 亿美元左右，加起来约等于二战期间一年的损失。如果没有雄厚的经济实力作后盾，这样的战争恐怕是难以想象的。

（三）充分运用外交手段

外交活动和手段不仅可以决定战争的胜负，甚至可以消弭战争于无形，所以人们形象地把外交比喻成没有硝烟的战场。早在两千五百年前，孙武就提出"伐交"的理念。他说："故上兵伐谋，其次伐交，其次伐兵，其下攻城；攻城之法为不得已"（《孙子兵法·谋攻》）。所谓"伐交"，是指当矛盾已经显现、战争即将发生时，运用外交手段，联合尽可能多的力量，共同对付最主要的敌人，最大限度地孤立敌人，达到不诉诸武力便可解决矛盾的战略目的。历史上"烛之武退秦师"的故事，就是巧妙运用外交手段，从战争全局利益的角度出发，劝退秦师，成为古代外交战中一个成功范例。在现代社会，外交之于战争变得更加重要。抗日战争时期西安事变的和平解决，二战期间苏联和日本签订互不侵犯条约，美苏冷战期间华约、北约的成立，以及当今朝核伊核问题会谈，都是利用外交手段解决战争问题的实例。

兵家整体思维与全局观念还包括在军事行动中，指挥者必须统筹兼顾，全面考虑战事牵涉到的各种关键因素，要"经之以五事"（《孙子兵法·始计》下同）。"一曰道，二曰天，三曰地，四曰将，五曰法"；校之以七计，即"主孰有道？将孰有能？天地孰得？法令孰行？兵众孰强？士卒孰练？赏罚孰明？"这样总体思维、全盘考虑所制定的战略总决策，才能合理、有效地指导作战。此外，"凡用兵之法……涂有所不由，军有所不击，城有所不攻，地有所不争"（《孙子兵法·九变》），是说在战争中，局部利益必须服从服务于战争的整体利益，从大局出发，每打一仗都要有利于夺取战争的最后胜利。如果局部利益有害于整体利益，即使杀敌再多，获地再广，也要本着全局观念策略性地予以放弃。

三、兵家的战略战术原则

先秦兵家思想的精华还表现在灵活多变的战略战术运用上。在战略上，兵家崇尚"不战而屈人之兵"和"全胜"理念；在战术运用上，兵家阐述颇多，涉及战争的方方面面。择其要者，主要有顺势思想和诡道诈术的运用。

（一）全胜观念

兵家不反对有道之战，发动战争也是"非危不战"，战必有利。但不管如何，战争的最终目的是以最小的代价甚至不付出代价便使敌人屈服，实现和平安定。所以不以战争方式、不以攻城破国杀人的手段而达到和平，这才是兵家追求的最高境界。

《孙子兵法·谋攻》篇云："故善用兵者，屈人之兵而非战也，拔人之城而非攻也，毁人之国而非久也，必以全争天下，故兵不顿而利可全，此谋攻之法也。"就是说，不用打仗的方式，就可以屈人之兵，拔人之城，"兵不顿而利可全"，才是谋攻的上策和目的。又言："凡用兵之法，全国为上，破国次之；全军为上，破军次之；全旅为上，破旅次之；全卒为上，破卒次之；全伍为上，破伍次之。"孙武认为，战争应以保全敌方国家、军队，使敌人全国、全军、全旅、全卒投降为上策，而不以攻破敌方的国家、歼灭军队为目的。这实际上也是"民本思想"的主张，是一种朴素人道主义思想的反映。

要想实现"不战而屈人之兵"和"全胜"的目的，除了"伐交"手段，综合运用政治、经济、军事、外交、舆论、民心等一切因素之外，兵家对战争中将帅的战略思想和认识也提出要求。孙武在《孙子兵法·军形》篇中说："战胜而天下曰善，非善之善也。故举秋毫不为多力，见日月不为明目，闻雷霆不为聪耳。古之所谓善战者胜，胜易胜者也。"意为如与敌人白刃相争，破军杀将，虽然取得胜利，但犹如举秋毫、见明月、闻雷霆一样显而易见，轻而易举，所以这不算是优秀将领。优秀的将领应运用其智，见微察隐，专伐其谋，取胜于无形，兵不血刃而屈人之兵。这样的战争虽然不留下智名，也不一定有赫赫战功，但却是真正善于战争者所为。

攻城之时，作为将帅也不可凭一时激愤，好勇斗狠，与敌硬拼。《孙子兵法·谋攻》云："将不胜其忿，而蚁附之，杀士三分之一，而城不拔者，此攻之灾。"攻城不拔，不仅使对方伤亡很大，而且自己一方也损失惨重，即使最后战胜敌人，也不能算是善战者，更不符合"不战而屈人之兵"和"全胜"的思想。"是故百战百胜，非善之善者也；不战而屈人之兵，善之善者也"（《孙子兵法·谋攻》）。只有不进行战争，不破国伤民而使敌人服从，才是"善之善者也"。

（二）顺势多变

1. 势的重要性 孙子在《孙子兵法·始计》篇中说："势者，因利而制权也。"这里所说的"势"是战争取得胜利的重要条件，是要根据一切有利于自己的原则，掌握主动权。战场的局势瞬息万变，取胜的方法也各有千秋，最重要的是根据不同的情况改变战略战术，因势利导，顺势而行。对于"势"的重要性，孙子在《孙子兵法·兵势》篇做了充分论述。他说："激水之疾，至于漂石者，势也。"又云："故善战者，求之于势，不责于人，故能择人而任势。任势者，其战人也，如转木石。木石之性，安则静，危则动，方则止，圆则行。故善战人之势，如转圆石于千仞之山者，势也。"就是说，善战之人要选好人才，积极营造有利于自己的形势，有了好的形势，就能如同从千仞高山往下滚石，声势浩大，锐不可当。如果要取得战争胜利，还要做到"势险节短"，"故善战者，其势险，其节短。势如扩弩，节如发机"。对于善战的人来说，其势就要像拉满的弓弦，射出去的箭才能力量大而且射得远；其节就要像发箭的弓弩，要能连续不断地迅速射击。

2. "顺势"的具体做法 "顺势"的具体做法就是如何造势，即通过主观努力，扩大敌我双方力量的差异，使形势向有利于自己的方向发展。除政治优势如"与众相得""上下同欲"和经济优势"以镒称铢"等外，尤其要营造和利用军事上的"势"。指挥者要善于因势设谋，巧妙利用客观矛盾，尤其要利用敌人的种种矛盾和弱点。如《军争》篇云："善用兵者，避其锐气，击其惰归，此治气者也。以治待乱，以静待哗，此治心者也。以近待远，以逸待劳，以饱待饥，此治力者也。无邀正正之旗，无击堂堂之陈，此治变者也。故用兵之法，高陵勿向，背丘勿逆，佯北勿从，锐卒勿攻，饵兵勿食，归师勿遏，围师遗阙，穷寇勿迫，此用兵之法也。"《孙子兵法·始计》篇说："利而诱之，乱而取之，实而备之，强而避之，怒而挠之，卑而骄之，佚而劳之，亲而离之，攻其无备，出其不意。"如此等等。

3. 地形地势的意义　《孙子兵法·地形》云："夫地形者，兵之助也。"《孙子兵法》虽然只有 13 篇，而且文字不多，但有两篇与地形地势有关，着墨颇多，足见孙子对地形地势的关注。《孙子兵法·地形》篇中，孙子把地形分成 6 种："地形有通者、有挂者、有支者、有隘者、有险者、有远者。我可以往，彼可以来，曰通。通形者，先居高阳，利粮道，以战则利。可以往，难以返，曰挂。挂形者，敌无备，出而胜之，敌若有备，出而不胜，难以返，不利。我出而不利，彼出而不利，曰支。支形者，敌虽利我，我无出也，引而去之，令敌半出而击之利。隘形者，我先居之，必盈之以待敌。若敌先居之，盈而勿从，不盈而从之。险形者，我先居之，必居高阳以待敌；若敌先居之，引而去之，勿从也。远形者，势均难以挑战，战而不利。"不明地形，不知利害，要想在战争中取胜绝无可能。所以孙子强调："凡此六者，地之道也，将之至任，不可不察也。""料敌制胜，计险隘远近，上将之道也。"

在《孙子兵法·九地》篇，孙子又把地形地势分为 9 类："用兵之法，有散地，有轻地，有争地，有交地，有衢地，有重地，有圮地，有围地，有死地。诸侯自战其地者，为散地；入人之地不深者，为轻地；我得亦利、彼得亦利者，为争地；我可以往、彼可以来者，为交地；诸侯之地三属，先至而得天下众者，为衢地；入人之地深，背城邑多者，为重地；山林、险阻、沮泽，凡难行之道者，为圮地；所由入者隘，所从归者迂，彼寡可以击吾之众者，为围地；疾战则存，不疾战则亡者，为死地。是故散地则无战，轻地则无止，争地则无攻，交地则无绝，衢地则合交，重地则掠，圮地则行，围地则谋，死地则战。"在这两篇中，孙子还提出不同地形的行军和用兵方法以及作战原则等。

（三）兵不厌诈

一些野心家贪欲无穷，觊觎别人的财富，利用各种暴力手段霸占和抢劫，因而非正义战争不断发生。在这种情况下，自己一方如果一味讲究死守仁本和慈爱，"动之以仁义，行之以礼让"（《汉书·艺文志》），"逐奔不过百步，纵绥不过三舍"（《司马法·仁本》，下皆同），"哀怜伤病"，"成列而鼓"，"争义不争利"，就会犯宋襄公那样的错误，招致自己的灭亡。宋楚泓之战，当宋襄公照搬不适时的仁本思想应对战争时，司马子鱼就曾说道："君未知战！勍敌之人，隘而不列，天赞我也。阻而鼓之，不亦可乎？犹有惧焉。且今之勍者，皆吾敌也，虽及胡耇，获则取之，何有于二毛？明耻教战，求杀敌也，伤未及死，如何勿重？若爱重伤，则如勿伤；爱其二毛，则如服焉。"（《左传·僖公二十二年》）仁本的思想已经不能适应时代的变化，于是中国古代的军事思想向纵深发展，更灵活睿智、理性深邃的诡道诈术思想便应运而生。

兵家尚谋用诈，其来有自，春秋时期就已经开始用于战争之中，晋将栾枝"使舆曳柴而伪遁"（《左传·僖公二十八年》）的做法，《淮南子·兵略训》评述云："曳梢肆柴，扬尘起堨，所以营其目者，此善为诈伪者也。"栾枝让马车拉着柴拖在地上，扬起尘埃，给楚军造成晋军逃跑的错觉，楚军追赶，中了晋军埋伏，结果"败绩"。其他如僖公二年晋国假虞伐虢、鲁庄公六年楚向邓借道伐申等都是运用诡道诈术的战例。

1. 诡道诈术的产生　诡道诈术的产生是以"利"为出发点和落脚点的。在兵家看来，利之所在乃义之所在，诡道诈术是取胜获利的手段，是足智多谋、用兵如神的表现，是被赞美的一个概念。因此，用兵上尽力发挥诈术，无论用什么手段，只要有利便无不可以使用。《韩非子·难一》篇云："繁礼君子不厌忠信，战阵之间不厌诈伪。"就是说，好礼之人忠信的言行再多也不会厌烦，战阵之间诡诈的行为再多也不算过分，对战争中"诡道诈术"的运用予以肯定。当然"兵不厌诈""尔虞我诈""阴谋诡计"等作为兵家一种概念和行为，其价值和影响是运用在战争上，而不应该运用在人与人之间关系和社会生活方面。

2. 诡道诈术的内容　兵家把诡道诈术作为兵家方略的核心内容之一。

（1）诡道十二法　关于诡道诈术《孙子兵法·始计》篇概括为"诡道十二法"："兵者，诡道也。故能而示之不能，用而示之不用，近而示之远，远而示之近。利而诱之，乱而取之，实而备之，强而避之，怒而挠之，卑而骄之，佚而劳之，亲而离之。攻其无备，出其不意。此兵家之胜，不可先传也。"

在孙子的诡道十二法中，前四法是示形于敌，后八法是因敌制宜。在此基础上，后世兵家也演绎出许多实用计策。如"三十六计"中的瞒天过海，借刀杀人，李代桃僵，声东击西，围魏救赵，笑里藏刀，明修栈道、暗度陈仓等等，几乎篇篇皆言诡道诈术。

（2）形势　实施诡道诈术的基础是形势。所谓的"形"是战争中的可见因素，比如军力构成、武器装备、后勤供给等。"势"是战争中的潜在因素，比如士气高低、将帅素质、指挥方法、战略战术运用等。形是外在的、可见的，势是内在的、潜藏的；形有真假之分，势有虚实之辨。然而形与势又不能截然分开，没有无形的势，也没有无势的形，二者相互依存。孙子主张作战要因形任势，要求之于势而不是求之于人，要顺应自然，不可强求。他说："胜者之战，若决积水于千仞之溪者，形也"（《孙子兵法·军形》）。又说："故善战者，求之于势，不责于人，故能择人而任势。任势者，其战人也，如转木石。木石之性，安则静，危则动，方则止，圆则行。故善战人之势，如转圆石于千仞之山者，势也。"（《孙子兵法·兵势》）

（3）奇正、虚实、迂直、用间　在千变万化、丰富多彩的诡道诈术中，奇正、虚实、迂直、用间是主要表现形式。

①奇正：《老子·第57章》说"以正治国，以奇用兵"，揭示了奇正所施用的对象，强调治国方面要偏重于常法、正道，用兵方面要偏重于变法、奇道。兵家对奇正之法的理解和运用，孙子讲得更加明白深刻："战势不过奇正，奇正之变，不可胜穷也。奇正相生，如循环之无端""凡战者，以正合，以奇胜"（《孙子兵法·兵势》）。就是说，用兵不过奇正，用正兵迎战，以奇兵取胜，奇正互相配合并相互转换，由奇而正，由正变奇，循环往复，让敌人摸不着方向，弄不清真假，从而达到"致人而不致于人"（《孙子兵法·虚实》）的目的。

②虚实：虚实与奇正密切相关。虚就是奇，实就是正。从军事形态来说，虚就是兵力部署的薄弱环节、虚空之地、罅漏之处，就是将士的疲困、饥渴和士气的低落，就是战斗力的弱小，就是作战位置的劣势。实就是兵力部署的强大、防守的严密，就是士气

的高涨、精力的充沛，就是装备的精良、作战位置的优势。掌握奇正、虚实的含义以及它们的相互转化，就可以变实为虚、变虚为实。若敌人知我虚实相变，我则反其道而行之，由虚变实再回到虚；由实变虚再回到实，这也就是后世兵家总结的虚则实之，实则虚之；虚则虚之，实则实之。因此《孙子兵法·虚实》篇说："夫兵形象水，水之行避高而趋下，兵之形避实而击虚。"

③迂直：奇正、虚实又与迂直、分合相关联。从某种意义上言，迂就是奇，直就是正。因而孙武强调将帅要"知迂直之计"（《孙子兵法·军争》）。若我方不具备正面进攻的条件，则"以迂为直"，从侧面迂回进攻，避实就虚，出奇制胜。若要争夺某一战略要地，我方在时间上、距离上处于劣势，则要设法让敌人舍直求迂，延缓其时间和进军速度，具体方法就是调动敌人，诱之以利，这样我方才能后发先至，赢得战争的时间和主动。从这个意义上说，敌之迂即我之直，就是"以迂为直"的道理。

从奇正、虚实的角度看，我方以正（实、直）为奇（虚、迂），敌方以奇为正，也就是变敌之正为我之奇，变敌之虚为我之实，变敌之迂为我之直。三者环环相扣，相即相离，相断相连，变化无穷。另外孙武还说："故兵以诈立，以利动，以分和为变者也。"（《孙子兵法·军争》）"我专为一，敌分为十，是以十攻其一也，则我众敌寡。"（《孙子兵法·虚实》）敌众我寡，将敌人分隔而各个击破，就会成为我众敌寡，这就是奇法。若我众敌寡，就采取"十则围之，五则攻之，倍则分之"（《孙子兵法·谋攻》），此为正法。

④用间：孙子说："故明君贤将所以动而胜人，成功出于众者，先知也。先知者，不可取于鬼神，不可象于事，不可验于度，必取于人，知敌之情者也。"强调了"用间"在战争中的地位和意义。在战争中，要想充分了解敌情，掌握敌人动向，制定周密的作战计划，料敌机先，胜券在握，就必须使用间谍。《孙子兵法·用间》篇第一次系统总结了"用间"的问题，提出了许多"用间"的原则和方法，把"用间"提到"此兵之要，三军之所恃而动"的高度，并断言"能以上智为间者，必成大功"。书中把间谍分为5种：因间、内间、反间、死间、生间。其中"内间"和"反间"是关键，也最具有诡诈意义。如果运用得当，既可以破坏敌人的团结，分散其力量，瓦解其斗志，也可以借敌人之手，除我心腹之患，还可以引起敌人互相倾轧，内部分裂，达到一石三鸟的效果。所以孙子感慨地说："微哉！微哉！无所不用间也。"（《孙子兵法·用间》）

中国古代历史上有很多成功"用间"的范例，可以说，中国是世界上最早使用间谍的国家之一。如战国末年，秦国在兼并六国的过程中多次用反间计：秦赵长平之战，秦范雎离间赵之廉颇，使赵国上当，废掉廉颇，换上只会纸上谈兵的赵括为将，导致赵国长平之战的大败，秦坑杀赵降卒四十万。后来秦又用反间计使赵杀李牧，废司马尚，而以赵葱、颜聚代之，从而导致赵国的灭亡。楚汉相争中陈平离间范增、三国时期周瑜用蒋干巧施反间计更是广为人知。世界范围内的"用间"的例子如二战期间，希特勒法西斯就曾用反间计使用假情报，诬陷苏高级将领图哈切夫斯基通敌叛国，苏联中央以十万卢布巨款将情报买回，枪杀了图哈切夫斯基将军，并牵涉到一些其他将领，给二战尤其是苏联带来巨大损失。在现代战争中，虽然科学技术突飞猛进，攫取情报的手段日益先进，但各国依然培育各色的间谍，刺探政治、军事、经济等情报。

四、兵家的唯物辩证思维方式

《孙子兵法》虽然无意构建自己完整的哲学体系，但是它所反映的军事哲学思想却有着丰富的内容和卓越的命题。它揭示出许多战争中的普遍规律，较全面地论述了战争中制胜的因素，反映了比较丰富的朴素的唯物主义和原始的辩证法思想。

（一）唯物思想

在中国古代，尤其是先秦时期，天命论和迷信色彩控制着人们的头脑，每当有战争或军事行动往往采用占卜问天的方式，而忽视了战争中人的主观能动作用，这在《左传》中比比皆是。而兵家文化却是重人事轻鬼神，认为战争是人的行为，需要人的谋虑、庙算，绝不能陷入迷信之中，客观地看待了战争问题。《孙子兵法》中也讲到"天"，但对"天"作了明确的唯物主义的解释："天者，阴阳、寒暑、时制也"（《孙子兵法·计篇》）。这与宗教神学把"天"看作人格神的天是冰炭不相容的。同时还看到，自然界中天的运动是有规律的，可以认识的，可以利用的。"四时无常位，日有短长，月有死生"（《孙子兵法·虚实》），都处在运动、变化之中。对于自然界的天时、地利，可以使之服务于军事斗争。《孙子兵法·火攻》中对于天时的利用有许多古朴而又珍贵的论述。《孙子兵法·用间》篇云："先知者，不可取于鬼神，不可象于事，不可验于度，必取于人，知敌之情者也。"意思是说，事先洞悉敌情，不可用迷信的方式取得，也不可陷入经验主义，以老经验来类比，也不可用卦象卜筮预知吉凶祸福，一定要从知情者口中了解。孙膑也很看重人在战争的作用，他说："间于天地之间，莫贵于人"（《孙膑兵法·月战》）。决定战争胜负的三要素是"天时、地利、人和"，而且天时不如地利，地利不如人和。对此阐述得更明确的是尉缭子。

尉缭子精辟的军事思想是建立在比较彻底的唯物论基础上的。他反对"天官、时日、阴阳、向背"，强调人在战争中的作用。云："刑以伐之，德以守之，非所谓天官时日、阴阳向背也。黄帝者，人事而已矣……天官时日，不若人事也。"他还反对根据天官时日、阴阳向背而进行的"卜筮""祷祠"活动，提倡举贤任能，强调得人才、得人心、得人和，批评那些"世将"卜筮、占星的做法。说："今世将考孤虚，占咸池，合龟兆，视吉凶，观星辰风云之变，欲以成胜立功，臣以为难。"进一步指出作为将领，不能受制于天地和他人的牵制："夫将者，上不制于天，下不制于地，中不制于人。"认为帝王之君不以天为法则，也不以过去和未来为法则，而应注重现在和反求自身"苍苍之天，莫知其极。帝王之君，谁能法则往世不可及，来世不可待，求己者也"。《孙子兵法》《孙膑兵法》《吴子》虽然也重人事，轻阴阳，但或多或少都受到阴阳家的影响，难免打上阴阳思想的印记。《司马法》更是保留了出征前祭祀山川神灵的西周旧制，充满了神秘的宗教意味。可以说，尉缭子是先秦兵家中唯物思想最为彻底、对阴阳学派最具战斗力的一位人物，《尉缭子》也因此更具哲学思想价值。

兵家还十分重视战争的各种客观条件，根据地形地势等制定相应的战略战术；基于战争对人力、物力和财力依赖关系的考虑，提出"兵贵胜，不贵久"的速胜观点。孙子主张以"五事""七计"为宗旨探求战争的胜负，也是从客观实际出发来加以分析的。应该说，这些唯物论的观念能奠基于两千多年前，的确是中华民族的骄傲。

（二）辩证思维

在古代兵家文化中包含着大量军事辩证法的思想，其中以《孙子兵法》为突出代表。

战争中的矛盾多种多样，是复杂矛盾的混合体，因此要善于把握矛盾的双方，如敌我、虚实、强弱、利害、劳逸、攻守、勇怯等，处理好它们之间的关系，审时度势，虚虚实实以达到以虚胜实、以弱胜强、以逸待劳等目的。《孙子兵法》一书总结了军事领域中的各种矛盾，并经常把矛盾双方对比起来阐发，如《孙子兵法·兵势》云："凡战者，以正合，以奇胜。故善出奇者，无穷如天地，不竭如江海。"正兵与奇兵是辩证的统一，奇中有正，正中有奇，奇正相生，变化无穷。《孙子兵法·军争》篇曰："军争为利，军争为危。"指出"军争"是把双刃剑，既有"利"的一面，又有"危"的一面。《孙子兵法·九变》篇要求将帅考虑问题"必杂于利害"，兼顾到事物的两个方面，若"杂于利，而务可信（伸）也"，即在不利的情形下，要看到有利的因素，才不至于失去胜利的信心；若"杂于害，而患可解也"，即在有利的情况下，要看到不利的因素，才能防止挫败的危险，显示出孙武观察思考问题力求全面、避免片面的特点。

孙子还看到，战争中矛盾的双方不是固定不变的，而是会相互转化。《孙子兵法·兵势》篇云："乱生于治，怯生于勇，弱生于强。"《孙子兵法·九地》篇云："投之亡地而后存，陷之死地而后生。"指出乱、怯、弱以及生存都可以从其对立面治、勇、强和死亡中产生。孙子充分肯定矛盾转化中人的作用，主观的努力可以促使事物向有利于自己的一方发展，这一点对于人们在战争中解放思想、开动脑筋、充分发挥主观能动性具有重要意义。孙子还意识到要透过表面、排除假象去认识本质。他说："故近而静者，恃其险也；远而挑战者，欲人之进也。""辞卑而益备者，进也；辞强而进驱者，退也。""无约而请和者，谋也"（《孙子兵法·行军》）。辩证观不仅使孙子从纷繁复杂的事物中找到问题的关键，从现象看到本质，从不利看到有利，而且还正确认识到自己的长处也会变成短处，"廉洁，可辱也；爱民，可烦也"（《孙子兵法·虚实》）。"廉洁"本来是将帅应具备的优良品质，但廉洁也会因为爱惜自己名声，而在受到敌人有意设置的败坏名声的圈套中上当受骗；"爱民"是战胜敌人的重要条件，但有时却因为眼前或局部的爱民需要而受到敌人的烦扰，打乱整个作战战略。如此一来，优势则变成弱势，长处变成短处。这种认识无疑发人深思。

《司马法》的作战指导思想也体现了朴素的军事辩证法原理。①全面看问题的观点。强调对战争要全面考察，顺应天时，广集财富，拥有人和，占有地利，装备精良。②具体问题具体分析的观点。战前要周密计划，战中要通权达变，对不同的敌人采取不同的打击方法。③对立统一的观点。要善于从众寡、轻重、治乱、进退、难易、先后、息息、强静微静、小惧大惧等各种对立统一的状态中分析敌我双方情况，在此前提下决定作战策略。④变化的观点。强调轻重相互为用、相互转化，将帅要善于相机而动，转变力量对比，取得对敌优势。⑤系统的观点。强调武器配备要长、短、轻、重、锐、钝相杂，使之发挥各自特长又相互弥补不足。⑥适度的观点。认为行军时休息与否、何时休息、休息时间长短也要恰到好处。

第二节　兵家价值论

兵家文化来源于军事战争实践，是对战争规律比较全面、客观、准确的理论化系统化的总结概括，体现了工具理性和价值理性的高度统一。《孙子兵法》是一部"舍事而言理"以论述军事领域内部联系和规律的代表性著作。它从战略高度看待军事问题，具有高屋建瓴的气势，详备富赡的内容，深刻独到的人文反思。书中充满着对睿智聪颖的赞扬，对昏愦愚昧的鞭挞，对穷兵黩武的警告，对军事哲理的探索。千百年来，兵家思想无论是对古代还是现代，无论是对中国还是世界，无论是人类军事还是经济、文化，无论是人们思想还是生活态度及行为都有着极其重要的影响。

一、对军事领域的影响

兵家文化来源于古代军事战争实践，其直接目的就是指导战争实践，为人们提供军事理论、军事经验和军事技术，以取得战争的胜利，因而备受军事家重视。古今中外运用兵家战略战术的经典战例比比皆是，不胜枚举。

楚汉战争中，刘邦汉军在公元前 205 年彭城战役中惨败，魏王豹趁机反汉归楚，直接威胁汉军侧翼安全时，刘邦派韩信、灌婴等攻魏。魏王豹料定汉军必从临晋渡黄河，于是在蒲阪屯兵扼守以待汉军。韩信将计就计，调集船只，佯装在临晋渡河，而自己却暗率主力取道夏阳，连克东张、安邑，直逼魏王侧后，从而大败魏军，尽占魏地。此战役中，韩信就运用了兵家"形人而我无形"的战略思想，起到了"出其不意，攻其不备"的效果。

建安三年，为消灭张绣、刘表联军，曹操出兵南征张绣，围张绣于穰城。不久，闻悉冀州牧袁绍欲乘虚攻袭许都迎接献帝，"挟天子以令诸侯"，曹操便放弃张绣，仓皇北归。张绣趁机率众追击，而刘表又派兵援助张绣，在安众凭险固守以扼曹军归路，与张绣形成夹击之势。在此形势下，曹操利用夜暗"凿险伪遁"，令士卒连夜开挖地道，撤出辎重，示弱伪逃，并暗中设下埋伏，以诱张绣来追。张、刘果然中计，遂率全部人马追来，进入伏击圈后，曹操率军回师，配合伏兵夹击，大败张、刘联军。曹操在此灵活地运用了《孙子兵法》的"归师勿遏"和"置之死地而后生"等原则，从而化险为夷，扭转被动，取得胜利。

在 20 世纪 40 年代后期的解放战争中，熟稔《孙子兵法》的毛泽东充分运用"择人"和"任势"思想，使人民军队的战斗力得到充分发挥，战果辉煌。在"择人"方面，先任命满腹韬略、具有杰出指挥才能的刘伯承、邓小平率部挺进大别山，拉开战略反攻的序幕，又任命有着丰富作战经验的林彪、罗荣桓指挥辽沈战役，赢得了战略决战的开门红。在"造势"方面，刘伯承、邓小平进军大别山，建立巩固的根据地；陈赓、谢富治进军豫陕鄂边区；陈毅、粟裕进军豫皖苏地区，三路大军互为犄角，相互策应，构筑成一个稳固的阵势。同时，中原乃南京和武汉的凭翼，进攻中原正是"攻其所必救"，刺中国民党政府致命痛处，令其必然回兵救援，这便大大减轻了我军在山东、陕北战场和其他战场的压力，改变了整个战争的攻守态势，从而最终取得了解放战争的伟大胜利。毛泽东的这一战略正是运用和发挥了《孙子兵法·兵势》中"故善战者，求之于势，不责于人，故能择人而任势"的思想。

20 世纪 90 年代初的海湾战争期间，《波士顿环球报》副主编格林就曾在《华盛顿邮报》上撰文《孙子的弟子》，提醒当时的总统老布什注意阅读《孙子兵法》，以便从中获取解决海湾危机的科学指导。他还引用了 11 句孙武的话，并结合海湾危机的局势，逐条进行了解释，提出相应的处理方法。美国海军陆战队司令阿尔弗雷德·格雷将军指定《孙子兵法》为所有陆战队官兵必读之书，并要求他们认真研读。英国军事理论家利德尔·哈特也曾说过，在导致人类自相残杀的、灭绝人性的核武器研制成功之后，更需要重新和更加完整地阅读《孙子兵法》。这说明，即使在现代战争中，兵家的重要战略价值仍然被当今的人们所普遍肯定和重视。

二、对商业领域的影响

商场如战场，尤其在市场经济时代，许多商业竞争的规律与战争的规律是共通的、一致的，二者的区别只是在于：军事斗争中，敌对双方是以击垮或战胜对方为目的；商业竞争中，竞争对手则是以获得顾客多少、利润多少决定胜负。虽然二者之间斗争的场地和性质不同，但优胜劣汰的残酷性、求胜的要求、途径、手段等都有类似之处。许多经济学家认为，现代国际经济竞争激烈背景下的经济战、贸易战、信息战、科技战、心理战等更趋近于军事斗争的特点和规律。因此，兵家文化也广泛渗透到现代经济领域尤其是商业领域，《孙子兵法》《三十六计》等中国古代兵家著作被经常用作经济学必读教材，许多企业家把兵家思想引入到企业管理和商业经营中。他们深入领会到兵家用兵之道和克敌制胜的艺术，无疑对商战以及商业内部管理等方面有许多可借鉴之处。

日本、美国等国外许多企业家也很青睐兵家文化，用其原理和策略来指导企业的经营和竞争。日本的北村佳逸曾著有《孙子解说》，其中对《孙子兵法》这样评价："自第二次世界大战，以至围棋胜败、投机输赢、选举运动，甚至夫妻吵架——若把握《孙子》的精髓，我敢断然保证其必胜的。"在国外最早把兵家军事谋略运用于企业管理的也是日本人。日本东洋精密工业股份公司经理、兵法经营署署长大桥武夫出身军人，1951 年接管濒临破产的小石川工厂，之后把它整顿、重组为东洋精密工业股份公司，几十年来久盛不衰。其诀窍就在于用《孙子兵法》培训经营管理人员，把《孙子兵法》的某些思想引入企业管理当中。日本的另一位企业家大前研一也在企业管理中规范地运用中国的兵家思想，并盛称《孙子兵法》是"最高经营教科书"，"有着取之不尽的战略思想"。

对于把兵家思想运用于企业管理，美国人也表现出浓厚的兴趣，并给予了足够的重视。美国哈佛大学商学院就把《孙子兵法》作为培养商学类学生的基本教材；通用汽车公司董事会主席罗夫·史密斯自称其经营之道来自两千多年前的《孙子兵法》；著名管理学家乔治在《管理思想史》中则强调："你想成为管理人才吗？必须去读《孙子兵法》！"足见兵家文化影响之深远。

三、对体育竞技的影响

从一定意义上说，体育竞技领域与战争领域有诸多相似之处，现代奥林匹克之父顾拜旦就认为，"体育的本质是和平年代的战争。"体育竞技的许多理论也是从兵法理论借鉴、移植、演变而来的。也可以说，只要是存在竞争，一定要分出胜负，必然需要战略战术，自然也就少不了兵家思想的运用。早在古代，孙武的后裔、著名军事家孙膑就留下了田忌赛马的有趣故事：齐国将军田忌经常与齐国诸公子赛马，设重金赌注。孙膑为田忌出谋划策，让他用下等马对付他们的上等马，用上等马对付他们的中等马，用中等马对付他们的下等马。三场比赛完后，田忌一场不胜而两场胜，最终赢得齐王的千金赌注。这个故事启发人们思考和处理问题时不应该仅仅把眼光盯在人力、物力绝对数量的增减上，还应该从多方面、多角度着眼，精心协调，科学组合，扬长避短，发挥优势，合理有效地使用现有人力、物力，力求达到最佳效果，才能夺取胜利。

智力竞技中，奇正并用，顾全大局；体力竞技中，知彼知己，避实击虚；团体比赛中，人员的安排、阵形的组织等等都与兵家思想一脉相承。在当今世界上，奥运会被认为是体育场的战争，兵家文化也大有用武之地。1988年的汉城奥运会，中国体育代表团为运动队的每个官员、教练都提供了《孙子兵法》。国际足联的一位讲师给中国的教练员讲课，告诫教练和队员在比赛时要多动脑子，极力推荐大家去看《孙子兵法》。

第三节　兵家与中医学

中医学是中国传统文化中的一朵奇葩，在其形成和发展过程中深受其他子文化的滋养和影响。兵家文化与中医学从表面上看，一讲战争，蕴含杀机；一讲治病，充满仁爱，似乎完全对立，难以相容，其实二者之间有着非常密切的关系。自古至今，从兵家文化中汲取营养，把兵家理论运用于中医学实践并取得成就的医家不乏其人。如汉代张仲景在《伤寒杂病论》中着意阐述的关于预防、超前截断、安内攘外、攻补兼施、六经常变等思想便源自《孙子兵法》作战、军争、九变、军形、兵势等篇的启示。清代名医徐大椿，不仅医术高明，而且精通兵法，从他所著的《补剂不得滥用说》《轻药愈病论》《出奇制病论》《用药如用兵论》等文章中都可以看出兵家思想的深刻影响。尤其是《用药如用兵论》，通篇运用类比手法，以用兵之道说明用药之法。

一、兵家慎战思想与中医仁术之说

中国古代的思想家向来重视百姓的生存，尊生贵仁、重德爱民是其主流倾向。老子

《道德经》有浓厚的爱民意识，墨子以"兼爱"受人称道，孟子提出"民为贵，社稷次之，君为轻"的思想。"仁爱"乃是古代一种社会思想趋势，是治国治民之本。古代思想家们提出"仁爱"，告诫统治者只有实行仁政爱民才能维护其统治，是为统治者服务的。在当时背景下，兵家的着眼点虽然侧重于研究战争规律与战略战术，但也奉行"仁本"主张，研究战争的目的是为和平服务的。兵家所倡导的"以全为上""慎战、备战"理论，攻其国爱其民，不违农时、冬夏不兴师等等都是"仁本"思想的体现。

医学是实践"仁"的最直接、最有效的手段和方式，所以古代把中医学称为"仁术"。喻昌《医门法律》云："医，仁术也。仁人君子必笃于情。"吴瑭在《温病条辨序》中云："生民何辜，不死于病而死于医，是有医不如无医也。学医不精，不若不学医也。"《素问·宝命全形论》谓："天覆地载，万物悉备，莫贵于人。"《伤寒论》以"爱人知人"言医之根本，因为仁者爱人，因而学医者必须心怀仁术。正如徐大椿在《用药如用兵论》中所说："是故兵之设也以除暴，不得已而后兴；药之设也以攻疾，亦不得已而后用。其道同也。"

以"人"为核心、以"道"为遵循、以"仁"为根本、以"和"为目的，在这些方面兵学与中医学完全一致，可谓殊途同归，道通为一。

二、兵家全局观念与中医整体观念

兵家哲学思想的核心是"全"。兵家主张"安国全军之道"（《孙子兵法·火攻》）。"知天知地，胜乃可全""自保而全胜"（《孙子兵法·地形》）。"善用兵者，屈人之兵而非战也，拔人之城而非攻也，毁人之国而非久也，必以全争天下，故兵不顿而利可全，此谋攻之法也"。（《孙子兵法·谋攻》）强调"道天地将法"的相互关联。《孙子兵法》不仅仅是一部"在兵言兵"的纯兵书，而是包含有以道论政、以德论人、以变论战、以利论兵等广泛内容的军事哲学思想体系，说明兵家具有强烈的整体思维和全局意识。

中医学与兵家一样，受古代朴素唯物论和辩证法的影响，形成了完备的理论体系，整体观念也是中医学理论中的一个主要方面。中医学强调"天人合一"，把天、地、人视为一个整体关联的有机系统，认为自然界的一切不同，包括季节气候变化、昼夜阴阳的消长、地域方位的差异等都与人体生命活动和疾病的产生、变化息息相关，因而提出"天人相应""人以天地之气生，四时之法成"（《素问·宝命全形论》）、"人与天地相参也，与日月相应也"（《灵枢·岁露论》）等理论。同时中医学还强调人的社会属性，认为社会环境的变化会影响人的身心功能，关系到健康与疾病，社会的政治、经济、文化、信仰、道德、饮食、民俗、心理、工作强度、爱情婚姻等均可造成人群体质和疾病的差异。所以《素问·疏五过论》说："圣人之治病也，必知天地阴阳，四时经纪，五脏六腑，雌雄表里，刺灸砭石，毒药所主，从容人事，以明经道，贵贱贫富，各异品理，问年少长，勇怯之理，审于分部，知病本始，八正九候，诊必副矣。"中医学中的"上病救下""下病疗上"，禁止"头痛医头，脚痛医脚""扬汤止沸"等都是整体观念的体现。

总之，中医学强调人体自身、人与自然、人与社会的和谐统一，在分析生命结构、疾病变化、治疗用药等方面都体现了整体思维和全局观念，这与兵家的整体思维和全局观念如出一辙，而且相互影响。

三、兵家用兵理念与中医辨证论治

医家面对疾病，犹如用兵者面对一场战争。要想取得战争的胜利，用兵者首先要"知彼知己"，然后制订相应的战略战术。医家亦是如此，要详参四诊，广泛收集资料，认真分析，全面把握人体与疾病的发生、发展和变化，要特别重视正气与邪气双方的消长，弄清楚病因、病机、病位、病性、病势、传变趋势以及预后转归等，这样才能像兵家那样，或陈兵布伍，调兵遣将，大举进攻；或尽量灭敌，以峻补峻攻之药养正祛邪；或备足粮草，补充兵员，加强自我，以正制邪。

（一）准确辨证是正确治疗的前提

中医学认为，疾病的产生与正气和邪气密切相关。"正气存内，邪不可干"（《素问·刺法论》）；"邪之所凑，其气必虚"（《素问·评热病论》），说明正气不足和邪气侵害两个因素同时存在时才会发病。邪气如同敌人，《孙子兵法·用间》言要"知彼知己""知敌之情"，用在中医学就是要对邪气从内因、外因、不内外因的不同方面详加分析，探明其致病的特点、规律以及发展趋势。

《素问·调经论》说"夫邪之生也，或生于阴，或生于阳，其生于阳者，得之风雨寒暑，其生于阴者，得之饮食居处，阴阳喜怒"，把正邪看作是矛盾对立的双方，疾病是矛盾双方斗争的结果，全面认识和把握了正邪的变化，可谓兵家"知彼知己"观念的充分体现。

《黄帝内经》还把正邪交争过程比喻为两军交战。如《灵枢·玉版》论述痈疽之发生时曰："病生之时，有喜怒不测，饮食不节，阴气不足，阳气有余，营气不行，乃发为痈疽。阴阳不通，两热相搏，乃化为脓，小针能取之乎？圣人不能使化者，为之邪不可留也。故两军相当，旗帜相望，白刃陈（阵）于中野者，此非一日之谋也。能使其民，令行禁止，士卒无白刃之难者，非一日之教也，须臾之得也。夫至使身被痈疽之病，脓血之聚者，不亦离道远乎！夫痈疽之生，脓血之成也，不从天下，不从地出，积微之所生也。"生动形象地解释了痈疽的产生，指明了治疗的方向。

中医学还强调诊察疾病时要细心体察正邪虚实之候。《素问·通评虚实论》言："邪气盛则实，精气夺则虚。"意指虚、实是疾病过程中正气和邪气斗争的结果，邪气有余为实，正气不足为虚。中医学同时指出，疾病的变化错综复杂，邪正斗争不断变化，临床上往往出现虚中夹实、实中夹虚、表虚里实、里虚表实、上虚下实、下虚上实等复杂情况，这又与《孙子兵法·虚实》所论相近似。《孙子兵法·虚实》说："故策之而知得失之计，候之而知动静之理，形之而知死生之地，角之而知有余不足之处……故兵无常势，水无常形。能因敌变化而取胜者，谓之神。故五行无常胜，四时无常位，日有短长，月有死生。"另外，《孙子兵法·用间》云："先知者，不可取于鬼神，不可象于事，不可验于度，必取于人，知敌之情者也。"《素问·举痛论》亦云："善言天者，必有验于人；善言古者，必有合于今；善言人者，必有厌于己。如此，则道不惑而要数极，所谓明也。"都要求无论是了解敌情还是查明疾病，必须实事求是，不可拘于鬼神和主观臆度。

总而言之，中医学诊病犹如兵家攻略的知彼知己，要上知天文、下穷地纪、中悉人事，望、闻、问、切四诊合参，并反复核查，做到纤毫勿失，这样才能诊断正确，为临床治疗提供依据。

（二）治愈疾病是详细辨证的目的

医学的根本目的是治病救人。中医学也不例外，其详细辨证的目的就是治愈疾病。中医学在治疗方法上与兵家关系最为密切，正如徐大椿所言"孙武子十三篇，治病之法尽之矣"。如《孙子兵法·九地》云："兵之情主速。"《孙子兵法·作战》云："兵贵胜，不贵久。"又云："夫兵久而国利者，未之有也。"战争不仅对国家的政治、经济、人们生活等都有影响，也会使国家的人力、物力、财力消耗巨大，所以兵家提倡速战速决。而疾病侵袭人体，或自外而入，或由内而生，皆是邪气，俨然一敌国，如果不及时治疗，其对人体的伤害会与日俱增，所以中医学也主张攻邪宜速，正与兵家主"速"的旨意相同。如金元四大家张从正指出："邪气加诸身，速攻之可也，速去之可也。"（《儒门事亲·汗下吐三法该尽治病诠》）《医旨绪余》言："故以攻疾为急，疾去而后调养，是乃靖寇安民之法。"清代温病学家吴鞠通《温病条辨·治病法论》也强调："治外感如将，兵贵神速，机圆法活，去邪务尽，善后务细，盖早平一日，则人少受一日之害。"中医学诸多治法，如急下存阴、釜底抽薪、逆流挽舟、峻下逐水、回阳救逆等，莫不是受兵贵神速的启示，体现了攻疾贵速的理念。而攻邪过程中，又遵循了兵家"围城放寇"之战术，使邪有出路，即通过发汗、利尿、通便之法以收取功效，因此《素问·玉机真脏论》便有"身汗得后利，则实者活"之说。

《孙子兵法·虚实》指出："水因地而制流，兵因敌而制胜。故兵无常势，水无常形，能因敌变化而取胜者，谓之神。""因势利导"是兵家常用策略，也被中医学作为重要的治疗原则。中医学强调，无论是治疗疾病还是养生预防，都要顺应四时阴阳、日月盈亏之势，顺应地理环境、风俗习惯差异之势，顺应人体脏腑、体质、七情六欲不同之势。可以说，中医学因时、因地、因人的"三因制宜"理论就是兵家"因势利导"思想的具体运用。另外，兵家"出奇制胜""避实就虚"等思想无不被中医学灵活地借鉴到治则治法中。

四、兵家保大安民与中医预防观念

兵家"慎战"又积极"备战"，把未乱先防、"不战而屈人之兵"作为用兵的最高境界，是所追求"全胜"的必要保证。所以《司马法·仁本》说："为之于未有，治之于未乱。"《孙子兵法·谋攻》言："是故百战百胜，非善之善者也，不战而屈人之兵，善之善者也。"楚庄王认为，武有七德：禁暴、戢兵、保大、定功、安民、和众、丰财。中国传统的军事思想不是为战争而战争，而是为了防止战争，维护天下和平。《老子·第71章》云："夫唯病病，是以不病。圣人不病，以其病病，是以不病。"

中医学对待疾病也主张"未病先防""不治已病治未病"。古代曾有中药铺门前题联："但祈世间人无病，何愁架上药生尘。"《素问·四气调神大论》云："圣人不治已病治未病，不治已乱治未乱。夫病已成而后药之，乱已成而后治之，譬犹渴而穿井，斗而铸锥，不亦晚乎！"生动形象地把战备国防与疾病预防联系起来，并强调了防重于治的理念。

扁鹊是古代名医，其论医与《孙子兵法》的"是故百战百胜，非善之善者也，不战而屈人之兵，善之善者也"和"战胜而天下曰善，非善之善也"（《孙子兵法·军形》）异曲同工。据《鹖冠子》记载，魏文侯曾问扁鹊，家中兄弟三人都精于医术，谁的医术最高？扁鹊回答长兄医术最好，中兄次之，自己是三人中最差的一个。随后扁鹊陈述理由：长兄治病于病情发作之前，因一般人不知道他事先能祛除病因，因此他的名气无法传播出去；中兄治病是治病情于初始之时，一般人以为他只能治轻微的小病，所以他的名气只及于乡里；自己是在病情严重之时治疗，在经脉上穿针管来放血，在皮肤上敷药，所以都认为自己医术最高明，名气因此响遍天下。所不同的无非一是论"善战"，一是论"善治"而已。《素问·阴阳应象大论》亦言："邪风之至，疾如风雨。故善治者治皮毛，其次治肌肤，其次治筋脉，其次治六腑，其次治五脏。治五脏者，半生半死也。"兵家主张良将"伐谋"，医家推崇"上工治未病"，道理相同。

在疾病的治疗方面，医家们均重视先安未病以断敌守疆。也就是徐大椿说的"是故传经之邪，而先夺其未至，则所以断敌之要道也；横暴之疾，而急保其未病，则所以守我之岩疆也。"张仲景《金匮要略·脏腑经络先后病脉证》详细讨论了未病先防、已病防变和防止复发的方法，认为调养身心、顾护正气、慎防邪气是"防患于未然"的关键。"若人能养慎，不令邪风干忤经络"就不会产生疾病，对于已病要早期治疗，防止传变，并提出"见肝之病，知肝传脾，当先实脾"的防变措施。

兵家文化是中华民族的优秀遗产和智慧宝库，其中蕴含的许多思想、原则、道理、规律、方法等带有普遍性和超越性，学习和研究兵家文化，不仅对于提高人们的思维水平和人文素养有重要助益，对防范战争、维护世界和平也具有重大价值。

【思考题】

1. 如何理解兵家之"道"。

2. 如何理解慎兵重战的思想。

3. 如何理解"兵者，诡道也"。

4. 简述《孙子兵法》的哲学思想。

5. 简述兵家文化对中医的影响。

【阅读书目】

1. 陈曦译注. 孙子兵法［M］. 北京：中华书局，2011.

2. 雷海宗. 中国的兵［M］. 北京：中华书局，2012.

3. 姜国柱. 中国军事思想简史［M］. 北京：新世界出版社，2006.

4. 黄朴民. 名战史话［M］. 北京：社会科学文献出版社，2012.

5. 杨丙安. 十一家注孙子校理［M］. 北京：中华书局，1999.

第七章　墨家文化 ▷▷▷▷

墨家学派的创立者为墨子。墨子姓墨名翟，生于春秋战国之际（约 478—396 年），鲁国人，一说为宋国人。墨子原本是一个木工手工业主，具有手工业生产技术，同时又博通古书，成为"上无君上之事，下无耕农之难"（《墨子·贵义》）的"游士"。墨子代表小生产者揭露批判统治阶级，抗议其奢靡好战，主张和平与正义。墨子广招门徒，四处游说，宣传其主张，推行其学说。在此过程中，形成了墨家学团。这是一个思想统一、组织严密、经济一体的半军事化学术团体，成员勤俭自励，内部有着严明的法纪。墨子团体的领导者称为"巨子"，墨翟即第一个"巨子"。学生和信徒称为"墨者"，多半来自社会下层，生活简朴，严守团体规定，传播墨学，配合墨子周游列国，从事非攻止战的活动。"墨子服役者百八十人，皆可赴火蹈刃，死不旋踵。"（《淮南子·泰族训》）

"孔子、墨子俱修先圣之术，通六艺之论"（《淮南子·主术》）。孔、墨之学皆源于先王之道而取舍不同。孔子崇尚尧、舜礼乐之教，墨子崇尚夏禹自苦利民之行；孔子推崇周礼，墨子推崇夏政；孔子讲仁爱，墨子讲兼爱。墨子"非儒"，对以孔子为代表的儒家提出尖锐的批评；但也"称孔"，认为孔子思想中有"当而不可易者"（《墨子·公孟》）。墨学曾在战国盛极一时，与儒学并称为"显学"。

《墨子》是墨家思想丛著。现存 53 篇，包括墨翟本人活动、墨家的防御术及守城的兵器与工具，墨家的思想包括认识论、逻辑学和自然科学思想。其中记载了墨子救世治国的十大对策：尚同、尚贤、兼爱、非攻、节用、节葬、非乐、非命、天志、明鬼。

第一节　墨家本体论

春秋战国之际，劳动工具的改善和生产力的提高带来了经济的发展，而这一发展造成社会严重的两极分化，从而导致社会关系紧张。同时诸侯割据带来严重的社会动荡，国与国之间争战，人与人之间争斗。王权衰微，礼坏乐崩，天下分崩离析，战争绵延不绝，战争的规模愈益扩大，给社会民生带来深重的灾难。随着经济发展，原有贵族等级制度逐步淡化，人人平等的社会格局日渐出现，调整社会所有成员的关系成为社会政治第一需要。意识形态领域内各种思想、自我意识觉醒，出现了百家争鸣的局面。墨子从平民阶层的利益出发，提出了一系列救世治国的学说，反映了他们要求安定的生活，改变受欺侮压迫、剥削的不公平待遇，要求参与政治管理权利的思想。

一、"兼爱""非攻"

（一）"兼爱"

《墨子·兼爱上》指出："圣人以治天下为事者也，必知乱之所自起，焉能治之；不知乱之所自起，则不能治。譬之如医之攻人之疾者然，必知疾之所自起，焉能攻之；不知疾之所自起，则弗能攻。治乱者何独不然？必知乱之所自起，焉能治之；不知乱之所自起，则弗能治。圣人以治天下为事者也，不可不察乱之所自起。当察乱何自起，起不相爱。"《墨子·兼爱中》指出："凡天下祸篡怨恨，其所以起者，以不相爱生也。"国与国之间的争战，人与人之间的争夺是天下最大的祸害，都缘起于人与人之间不相爱。"是故诸侯不相爱则必野战，家主不相爱则必相篡，人与人不相爱则必相贼，君臣不相爱则不惠忠，父子不相爱则不慈孝，兄弟不相爱则不和调，天下之人皆不相爱，强必执弱，富必侮贫，贵必傲贱，诈必欺愚"（《墨子·兼爱中》）。要阻止"强劫弱，众暴寡，诈谋愚，贵傲贱"的暴虐行径，墨子提倡"兼相爱，交相利"。其"兼爱"包含两层含义：一是进行"视人若己"的换位思考，每个人都应该爱人如己。二是人与人之间应该相亲相爱。墨子认为，"爱"与"利"密不可分，爱而必利，不利无以见爱。"夫爱人者，人必从爱之""利人者，人必从而得之"（《墨子·兼爱下》）。墨子用"兼相爱，交相利"号召大家相亲相爱，使大家都得到利益。对穷苦人民实行"兼爱"；"有力者疾以助人，有财者勉以分人，有道者劝以教人"（《墨子·尚贤下》），使"老而无妻子者，有所侍养，以终其寿；幼弱孤童之无父母者，有所放依，以长其身"（《墨子·兼爱下》）。对弱小国家实行"兼爱"，则"小国城郭之不全也，必使修之；布粟乏绝则委之；币帛不足则供之"（《墨子·非攻下》）。

"兼爱"思想是墨家一个中心理论，它突破了儒家"仁爱"的保守性与狭隘性。孔子的"仁"认为，人有远近亲疏之别，爱有厚薄多少之分，它以"亲亲"（爱其亲人）为本，所谓"爱人""泛爱众"是有等级差别的。"君子学道则爱人，小人学道则易使也"（《论语·阳货》）。爱平民百姓，不过是便于统治而已。可见，孔子的"仁"局限于宗族血缘和等级差别，将人民置于被奴役驱使的地位。墨子所主张的"兼爱"是"爱无差等"，主张无亲疏、无等级差别，是完全平等的爱，认为除暴君、盗贼等不义之人外都属"兼爱"范围，甚至统治者也要"爱利万民"（《墨子·尚贤中》），"爱利百姓"（《墨子·鲁问》），"爱民谨忠，利民谨厚"（《墨子·节用中》），"为民兴利除害"（《墨子·尚同中》），墨子的"兼爱"充满了进步的平民色彩。尤其是他的"兼爱"将爱的主体对象变成平民百姓。孔子"仁爱"的主体对象是王公、贵族和士君子，百姓则处于被驱使的地位；墨子把下层平民由原来被"爱"的角色变成"爱"的主体对象，"视人之国若视其国，视人之家若视其家，视人之身若视其身"（《墨子·兼爱中》）。一视同仁，互敬互爱，这就突破了儒家"仁爱"的狭隘性，达到了前所未有的高度。

墨子的"兼爱"与基督教的"爱人如己""彼此相爱"形式虽同，实质相异。墨子从当时现实出发，"兼爱"以解决现实问题为宗旨，具有鲜明的倾向性；基督教的"爱人如己""彼此相爱"是基于宗教观念而提倡的，它宣扬"博爱"，主张有罪之人通过自我的救赎才能获得永生。墨子的"兼爱"范围不包括暴君、盗贼等不义之人，对于自恃强大而侵害他人的人，非但不"兼爱"，而且指为罪人，要他们改恶从善。因此，墨子的"兼爱"与基督教的"博爱"不能等同。

（二）"非攻"

墨子所处时期，正是"战国七雄并立"局势形成前诸侯激烈兼并的时期，战争频仍。墨子主张用"兼相爱，交相利"原则解决国与国之间的问题，主张"非攻"。他批判当时从事侵略战争的国家"攻伐无罪之国"，致使被侵略国家的人民生命与财产遭受了极大的破坏，而发动侵略战争的国家"夺民之用，废民之利"（《非攻中》），带来大量的民众伤亡，"其所得，反不如所丧者之多"，即使取得短暂胜利，"亏不足而重有余"，完全得不偿失。墨子"非攻"思想反对"以兵强于天下"，提出国与国之间应本着"兼相爱，交相利"的原则处理关系，以达到社会安定，诸侯之间和平共处。但墨子并非简单的和平主义者，他反对侵略战争，却并不反对正义战争。墨子将战争分为"攻"与"诛"。伐"无罪之国"是"攻"，属"强凌弱，众暴寡"的非正义战争；伐有罪之君是"诛"，是抵抗暴力、保卫和平的战争。他反对"攻"，但对于防守反击、诛灭无道昏君及除暴安良之类的战争是十分肯定和大力支持的。墨子善于守御，曾做守城器械，并使弟子用他的器械为将要被攻的宋国守城。

"兼相爱，交相利"是墨子的核心思想，是墨子代表当时的平民阶层提出的要求，具有反映春秋战国这一变革时期平民阶层追求人格上的平等，反抗压迫和等级歧视的意义。"非攻"是"兼爱"的衍生，墨子创立"非攻"学说，是为了改变诸侯频繁攻战的社会局面，为了改变世人的生存环境，也是为了爱人。所以，"兼爱"与"非攻"是一致的，"兼爱"是"非攻"的出发点，"非攻"是"兼爱"思想最集中、最突出的具体要求。

二、"尚贤""尚同"

（一）"尚贤"

"尚贤"是墨子提出的政治革新主张，"尚贤"即重视贤人治国。春秋时期之前，官吏的选拔任用一直沿袭任人唯亲的世袭制，春秋时期，这种现象仍然普遍。墨子批判了当时统治者"赏不当贤，罚不当暴"（《墨子·尚贤中》）、任人唯亲的政治状况，指出其原因正在于"王公大人为政于国家者，不能以尚贤事（使）能为政也"（《墨子·尚贤上》）。墨子指出，"尚贤者，政之本也"（《墨子·尚贤上》），"尚贤"与否直接关系到国家的安定。一个国家能否治理好的关键在于贤良之士的多寡。"是故国有贤良之士众，则国家之治厚。贤良之士寡，则国家之治薄。故大人之务，将在于众贤而已"（《墨子·尚贤上》）。"尚贤"一方面是选贤。"贤"指的是德才兼备的人，必须合乎三个条件：

"厚乎德行，辩乎言谈，博乎道术者"（《墨子·尚贤上》）。在品德上"爱利百姓"，能为民谋利益；又能辨析事理；具备处理各种实际问题的能力。墨子主张选拔人才不分等级，举用贤才，平民百姓中贤能之人亦可参与政治管理。"是故古者圣王之为政也，言曰：不义不富，不义不贵，不义不亲，不义不近……古者圣王之为政，列德而尚贤，虽在农与工肆之人，有能则举之，高予之爵，重予之禄，任之以事，断予之令"（《墨子·尚贤上》）。那些无才德的"不肖者"，即使是王公大人的"骨肉之亲"，或者是无事功的贵族官员都要"抑而废之，贫而贱之，以为徒役"（《墨子·尚贤中》）。"尚贤"的另一个重要内容是用贤。墨子认为，对贤者应抱有尊重的态度，应该加倍地爱惜与保护；在物质上应该"高予之爵，重予之禄，任之以事，断予之令"。同时，要对贤人进行考核管理。"以德就列，以官服事，以劳殿赏，量功而分禄"（《墨子·尚贤上》）。以他们的德行任命相应的官职，规定其职责范围，按照功劳政绩奖赏，以此聚集更多贤能人才为国家服务。

墨子的"尚贤"主张要求不分等级，完全根据贤能与否来选择人才，与孔子的"亲亲有术，尊贤有等"的"举贤才"有本质区别。孔子的"举贤才"重在维护贵族等级中的世袭特权，墨子打破了儒家"任人唯亲"的原则，扩大了选贤范围，不分亲疏贵贱，"有能则举之""无能则下之"，这是墨家思想体系中富有积极意义的成分之一。尤其是"官无常贵而民无终贱"之论直接反对贵族等级制度中的世袭特权，同时也是对"百工世守其业"的挑战。墨子的"尚贤"代表了时代进步的呼声，反映了"农与工肆之人"这类小生产者的政治要求。

（二）"尚同"

墨子在"尚贤"基础上为求得全社会思想舆论一致，提出"尚同"。"尚同"亦作"上同"，即人们的一切思想、行动必须自下而上逐级统一，服从于上级，以此统一舆论思想。下级要服从于长官，天子必须"上同"于天。"一同于天下之义"，以仁义来统一天下。墨子追述了国家的起源，认为国家起源于统一思想的需要。远古人类未立国之前，人人野蛮自由，为所欲为，漫无限制，"天下之乱，若禽兽然"。后来的人"明乎天下之所以乱者，生于无正长，是故选天下之贤可者，立以为天子"（《墨子·尚同上》）。墨子认识到国家是历史的产物，起源于社会的需要，这在当时是进步的。"天子"应当由贤能的人来担任，由他选择"天下赞阅贤良、圣知、辩慧之人"为"三公"，帮助他把天下"是非"标准统一起来，"同天下之义"。"天子"认为天下太大，所以分万国，设国君，国君又选一国的"贤者"为将军、大夫、乡长等官，帮助他将一国的"是非"标准统一起来，"同一国之义"（《墨子·尚同中》）。最高统治者制定共同标准后，一方面加强行政职能，及时沟通信息，保证言路畅通，"闻善与不善，皆以告其上"。另一方面通过"尚贤"，"以德就列，以官服事，以劳殿赏，量功而分禄"（《墨子·尚贤上》），选拔考核官员，以人尽其才，各司其守，有效发挥各级管理部门的职能。而作为"正长"（王公大臣）的贤者把人民的思想统一于兼爱，人民须以"正长"的是非为是非。"上之所是，必皆是之；上之所非，必皆非之""上同而不下比"

（《墨子·尚同上》）。人人都兼爱。同时上必须明于赏罚，做到"赏当贤，罚当暴"，这样国家就能治理好。

墨子"尚同"的政治理想乃是在统一政令、是非的基础上建立一个自上而下、秩序井然的行政管理制度。在这一制度下，各级长官都是从上到下逐级进行挑选和任用。天子挑选三公和诸侯，诸侯挑选左右将军、大夫及乡长，乡长挑选里长，形成一个等级森严的中央集权制。在当时的历史情况下，建立中央集权封建国家不仅符合庶人阶级上层分子的政治要求，也反映了小手工业者、小私有者及广大百姓厌恶分裂、要求统一的愿望。在当时的社会条件下，这一阶层没有力量实现自己的愿望，他们主张一个最大的"贤者"占据政治上的最高地位，这样才能打破原有的贵族制度，手工业生产者阶层才有登上政治舞台的可能。同时用"兼爱"的理论为工具稳定政治环境，促使经济发展，为商业繁荣提供条件，因而这种主张是符合历史发展趋势的。

"尚贤"要求当时的国君不分等级举用贤才，"尚同"主张最高统治者的职位也应该由"贤者"担任。"尚同"与"尚贤"的主张是相辅相成的。正如张岱年所说："尚同实以尚贤为根本。尚同须'选天下之贤可者立为天子'，离尚贤，则尚同不可讲。"（张岱年《中国哲学大纲》）"尚同"是在"尚贤"的前提保证下才实施的，只有贤能的人担任统治者，"尚同"才是实现国家高度统一的理想境界。若不"尚同"，则政治不统一，其乱在下；"尚同"而不"尚贤"，就会成为不分是非善恶的思想专制，其乱在上。只有自天子、三公、诸侯直至地方上的乡长、里长都选立贤者，才能使思想、舆论统一到"中百姓之利"这一目标上来。墨子"尚同""尚贤"的积极意义正在于此。

三、"节用""非乐"

（一）"节用"

墨子既是学者，也是俭朴自奉的劳动者。他揭露当时统治阶级在生活上穷奢极欲和大肆挥霍，其"为宫室台榭"、为"锦绣文采"之衣、"为美食刍豢"等，"必厚作敛于百姓，暴夺民衣食之财"，不仅消耗财富，也是"寡人之道"，给人民带来了痛苦，致使"民财不足，冻饿死者，不可胜数"（《墨子·节用上》）。因此，墨子在"爱民谨忠，利民谨厚"的前提下，提出"节用"的主张。

1. 节俭　"节用"是凡事应当节俭，这是墨子的一个基本观点。墨子要求杜绝奢侈，而厉行节约，在衣食住行方面，效法古代"圣王"的处世原则：一是一切生活器用以低标准和切合实用为原则。二是把是否对于人民有利作为考虑问题的出发点。"民利"是用财的标准，"凡足以奉给民用则止，诸加费不加于民利者，圣王弗为"（《墨子·节用中》）。加费而有利于民利之事可做，加费而不利于民利的事则不能做。

墨子揭露了统治者剥削钱财的本质，维护"民利"，奉劝君王"节用"，减少消费中的浪费，以免"民力尽于无用"（《墨子·七患》），导致亡国之乱。而"节用"的深层目的是为了发展生产，增加社会财富。墨家所长是"强本节用"（司马谈《论六家要旨》）。墨子认为，国家若能去除"无用之费"，就可使财富倍增，"用财不费，民德不劳，其兴利多矣"。此外"兴利"尤指发展两种生产：一是人的生产，劳动力增加了，就能开辟更多的荒地，扩大再生产。二是物的生产，通过减轻负担，调动劳动者的积极性，从而增加财富积累，使国家富裕起来。

墨子的"节用"主张也有缺陷，一是美化"古代圣王"为爱民利民而厉行节俭。实际上"古代圣王"并非有意识不享受，而是因当时低下的生产力不具备享受条件。二是反映了墨子的实用主义观点。胡适断言墨子哲学的方法是"实用主义"，或曰"实利主义"。一切都追求实用，追求哪怕一点的审美价值就看成奢侈浪费，这是狭隘保守的。

2. 节葬　墨子"节用"的一个重要方面就是节葬，即丧葬礼节要节俭。春秋战国时期，丧葬靡费现象突出，实行"厚葬久丧"已成常习并影响整个社会。厚葬指对死者的葬礼要厚重，从死到安葬有一系列庄重繁杂的礼节，"天子棺椁七重，诸侯五重，大夫三重，士再重"（《庄子·天下》）。更有甚者，当时贵族还存在"杀殉"以葬的残酷行为，"众者数百""寡者数十"（《墨子·节葬下》）。久丧指亲属居丧致哀的时间要长久，"君死丧之三年，父母死丧之三年，妻与后子死者五皆丧之三年。然后伯父、叔父、兄弟、孽子其族人五月，姑姊甥舅皆有月数"（《墨子·节葬下》）。墨子认为："厚葬久丧，重为棺椁，多为衣衾，送死若徙，三年哭泣，扶后起，杖后行，耳无闻，目无见"（《墨子·公孟》）。"厚葬""久丧"的结果是"多埋赋财""辍民之事，靡民之财，不可胜计"，影响人民的发财致富，严重摧残身体健康，使生者之利丧失。长此以往，"国家必贫，人民必寡，刑政必乱"。墨子主张不分贵贱亲疏，一律薄葬短丧。"棺三寸，足以朽体；衣衾三领，足以覆恶。以及其葬也，下毋及泉，上毋通臭，垄若参耕之亩，则止也。死者既以葬矣，生者必无久哭，而疾而从事，人为其所能，以交相利也"（《墨子·节葬下》）。墨子认为，无论天子还是庶民均应节葬短丧，这样做"不失生死之利"，对于死者和生者都有好处。这种移风易俗的主张，显然是从当时平民的思想出发，表达了他们节俭求富的意愿，认为礼仪可以从简，生产不可懈怠。

墨子与世俗统治者及赞成"厚葬久丧"的儒家在丧葬过程中死者与生者何为主何为从等问题上存在着根本分歧。后者认为，办丧事是出于感情需要，处理过程中一切围绕死者，将自己置于感情用事而不能自拔的被动境地。墨子认为，办丧事是出于生者的义务，处理丧葬一切要服从生者的利益，处于清醒主动的地位。可见，与儒家及世俗统治者注重感情不同，墨子注重功利而着眼于今后。

（二）"非乐"

墨子反对贵族的享乐浪费，还体现在精神领域。他主张"非乐"，反对从事音乐活动。春秋战国时期，随着音乐的发展，乐器品类繁多，演奏规模盛大，专业水平极高。墨子认为，音乐只是贵族享受的奢侈品。制造乐器费时，费力，费才，不利于解决民众的巨大祸患。在"饥者不得食，寒者不得衣，劳者不得息"（《墨子·非乐上》）的条件下，王公大人还要"撞巨钟、击鸣鼓、弹琴瑟、吹竽笙而扬干戚"，以追求音乐享受，既是"亏夺民之衣食之财"（《墨子·非乐上》），又浪费大量的社会财物。演奏音乐需要青壮年劳动力，这使他们脱离了生产劳动，"废丈夫耕稼树艺之时""废妇人纺绩织纴之事"（《墨子·非乐上》），给演奏者吃好穿好，也加重了人民的负担。社会成员沉湎于听乐之中，会使王公大人荒废政事，平民荒废生产，必定造成国家混乱，直至灭亡的后果。墨子尤其反对儒家的繁礼淫乐，指出"古者三代暴王桀、纣、幽、厉"沉湎音乐，不顾其民，才"身为刑戮"，失去政权而遗臭万年。"乐逾繁者，其治逾寡，自此观之，乐非所以治天下也"（《墨子·三辩》）。

墨子的"非乐"揭示了统治者的音乐享受是基于"亏夺民之衣食之财"这一本质问题，应该充分肯定。正如伍非百先生所说："墨者非乐，非不知乐，为救世之急也"（《墨子大义述》）。在民不聊生的时代，物质是第一位的，贵族们鸣钟伐鼓的威风排场并不能解决这些问题，只能加重灾难。但墨子"非乐"观点也有片面、错误之处。他没能对音乐的内容与性质加以区分，无论积极健康还是消极颓废的音乐，他都盲目采取排斥的态度。二是墨子只看到人们物质生活的需求，无视精神生活的需求，这也是有失偏颇的。荀子《乐论》批驳了墨子的"非乐"，论述了音乐本身的正邪之分，以及关系社会治乱、有利教化、改善人伦、移风易俗的积极作用。

四、"非命""强力"

（一）"非命"

"非命"即驳斥"有命"论，是墨子反对宗法制天命观的重要思想。"命"往往与"天"并称，是中国传统思想文化中最古老的概念。当时包括儒家在内的人认为"寿夭、贫富、安危、治乱固有天命，不可损益；穷达赏罚幸否有极。人之知力，不能为焉"（《墨子·非儒下》）。这种天命观或称命定论、宿命论，认为历史的发展、社会的兴衰治乱以及人的吉凶祸福、寿夭贵贱都是由命运决定的，而人力无可奈何。墨子反对宿命论，认为"命者暴王作之……此皆疑众迟朴"（《墨子·非命下》）。他认为，"命"根本不存在，它是"暴王"和"不肖之民"对自己"听治不强""从事不强"而得到悲惨结局的托词。墨子否定"有命"说，指出有命论欺骗、愚弄民众，使人们不能了解和相信自己的力量，造成百姓安于宿命，懒于工作，不积极创造财富，"黄若信有命而致行之……农夫必怠乎耕稼树艺矣，妇人必怠乎纺绩织纴矣"（《墨子·非命下》）。这样"天下必乱""天下食衣之财将必不足"。因此墨子指出："执'有命'者，此天下之厚害也"（《墨子·非命中》）。儒家主张"以命为有"，将"死生有命，富贵在天"的理论"以为道教"，是"贼天下之人"（《墨子·非儒下》）。

"天命"说相信一种不可抗拒的神秘必然性，这是一种宗教唯心主义学说，它否定人的主观能动性，要人们服从命运支配，不做改变现实的努力，因而常被统治者当作精神控制的工具，一方面可借此巩固既得利益，胡作非为而无所顾忌；一方面可以打击上层平民的"尚贤"要求和求富愿望，使他们顺从命运安排而甘于下流，它的消极作用显而易见的。墨子认为，只有"非命"，才能"尚贤"；只有"非命"，"农工与工肆之人"才有可能参政议政；只有"非命"，才能约束统治阶级的不良行为；只有"非命"，才能调动庶民发家致富、力争上游的积极性。

（二）"强力"

墨子在极力推崇"非命"、反对有命说的同时，明确提出了"强力"说。"强力"即努力工作。墨子认为："赖其力者生，不赖其力者不生"（《墨子·非乐上》）。人不同于动物，可依赖自身劳动求得自身生存。墨子重视生产劳动，认为只要"强力"工作，国家必定富强，社会必然安定。"上强听治，则国家治矣；下强从事，则财用足矣"（《墨子·天志下》）。对不同的人而言，也需"强力"改变命运。对卿大夫而言，"强必贵，不强必贱"；对农民而言，"强必富，不强必贫"（《墨子·非命下》）。

这里的"力"和"命"是相对立的两个概念：注重"力"者，对自我力量充满信心，相信事在人为，有志竟成，因而奋发努力。而命定论者认为，一切都是命中注定，从而放弃任何形式的主观努力。墨子作为平民劳动者的代表，极力呼吁人们反抗命运，必须"强力"，不能懈怠。他号召人们发挥主观能动性，依靠自己的力量去改变自身状况，改变社会，而不轻易听从命运的安排。这体现了劳动者的自我觉醒，反映了正处于上升时期的新兴庶民阶层要求在政治上和经济上改变自己地位的强烈愿望。

五、"天志""明鬼"

"天志""明鬼"是墨子主张中比较特殊的部分。传统宗教中的"天"是奴隶主意志的表现，是奴隶主剥削与压迫奴隶们的精神武器。在"天"的名义下，奴隶主宣称奴隶社会的一切制度都是永恒的，不可侵犯的，奴隶的命运是"天"注定的。墨子认为"天"（上帝）存在，"天"有明确的意志，即"天志"。"顺天之意何若？曰：兼爱天下之人"（《墨子·天志下》）。"欲义而恶不义"（《墨子·天志上》）。"天"是爱人的，所以为人创造万物，又设立"王公侯伯"，让他们"赏善罚暴"（《墨子·天志中》）。"古者上帝鬼神之建设国都立正长也，非高其爵、厚其禄、富贵游佚而错（措）之也，将以为万民兴利、除害、富贫、众寡、安危、治乱也"（《墨子·尚同中》）。按照墨家"尚同"的理论，老百姓必须"上同"于天子，天子必须"上同"于天。"天志"喜欢"兼爱"，"欲人之相爱相利，而不欲人之相恶相贼"（《墨子·法仪》）。所以天子必须赏"兼相爱"而罚"别相恶"的人。"天之意，不欲大国之攻小国也，大家之乱小家也；强之暴寡，诈之谋愚，贵之傲贱，此天下之所不欲也。不止此而已，欲人之有力相营，有道相教，有财相分也；又欲上之强听治也，下之强从事也"（《墨子·天志中》）。墨子认为，除上帝之外，还有鬼神。"鬼"包括天鬼、人鬼及山林水泽之鬼神。鬼神也以上帝的意志为意志，它们帮助上帝赏"兼相爱"的人，罚"别相恶"的人，在《墨子·明鬼》篇中他引用了许多见神见鬼的传说，证明鬼神的存在。

墨子赋予传统宗教中的上帝与鬼神以新的内容与意义，是为推行自己的学说而争取更多保证的一种努力。他所谓的"天"，虽然与西周以来传统宗教中的"天"同为"主宰之天"，但是主宰目的不同。"有天志，无以异乎轮人之有规，匠人之有矩"（《墨子·天志中》）。"天志"作为一种规矩，以是否"兼相爱，交相利"为最高准则，可以鉴人间善恶。"上将以度天下之王公大人为刑政也，下将以量天下之万民为文学、出言谈也"（《墨子·天志中》）。可见，墨子创立"天志""明鬼"学说的目的是限制统治者淫欲无度、靡费资粮，倡导节用；制止诸侯间的连年征战，平定社会动荡；威慑世人，劝人行善去恶；教育弟子、百姓洁身自好，这样才能净化社会，促使社会革新，走上"兼相爱，交相利"的道路。因此，墨子的"天志""明鬼"主张是他政治思想在宗教上的反映，是他同专横残暴的统治者进行和平斗争的一种手段，反映了当时手工业者的要求与愿望。

墨子是个有神论者，强调天有意志，这是墨子哲学思想中荒谬的部分，反映了当时小生产者落后的一面，后期的墨家在发扬墨子的科学思想中舍弃了这一点。

六、"三表""辩""名"

（一）"言有三表"

墨子认为，检验认识正确与否，必须有一共同标准，由此提出"言有三表"法。"言必有仪"（《墨子·非命上》）。"仪"指言论的是非标准。墨子在中国哲学史上第一次提出真理标准问题，他认为，明辨是非对错的标准有三，即所谓"三表"。"言必有三表。何谓三表？子墨子言：有本之者，有原之者，有用之者。于何本之？上本之于古者圣王之事。于何原之？下原察百姓耳目之实。于何用之？发以为刑政，观其中国家百姓人民之利。此所谓言有三表也"（《墨子·非命上》）。"三表"即"三仪"，是判断是非的三个标准。一是"上本之于古者圣王之事"，要以前人的经验为依据；二是"下原察百姓耳目之实"，要考察广大群众的感官经验；三是"发以为刑政，观其中国家百姓人民之利"，要看国家刑政实施后，是否给老百姓带来切实利益为标准，即以实践效果检验理论、措施及政策的正确与否。

（二）"辩""名"

墨子长于辩论，《墨子》中有《墨子·墨辩》六篇，后人称为《辩经》。其"辩""名"是与逻辑相对应的词。

"辩，争彼也。辩胜，当也"（《墨子·经上》）。所谓辩，就是争论某一命题，辩论得胜，是因为理由正当。"夫辩者，将以明是非之分，审治乱之纪，明同异之处，察名实之理，处利害，决嫌疑"（《墨子·小取》）。辩之目的是分清是非区别，审查治与乱的规律，分明同与异之所在，考察概念与事物的关系。在具体方法上，"焉摹略万物之然，论求群言之比。以名举实，以辞抒意，以说出故。以类取，以类予。"

"名"指的是概念，"实"即事物之实体。墨子"辩"之方法遵循以下程序：一是广求并索取万物的现状、状态及现象，概览事务全貌。二是抽象归纳事物的现象与实际情况。三是比较探求各家观点的异同。四是用概念来列举、代表、把握事物，用判断来表达思想，用推理来揭示事物的成因。墨子善于推理。"类不悖，虽久同理"（《荀子·非相》）。他认为，同类的事物不会相违背，即使时间很长，其规律还是同样的。墨子强调"察类"，就是通过观察将不同事物归为不同的类别，目的在于"明故"，寻求问题出现的原因，找出事物的因果关系。"以类取，以类予"，按照同类的原则进行归纳，按照同类的原则进行推论。此外，墨子认为，正确的预见是可能的，而预见的根据在于类推。"谋而不得，则以往知来，以见知隐"（《非攻中》），用过去推知未来，用显现的现象推知隐藏的本质。

第二节　墨家价值论

墨子死后，"墨离为三"（《韩非子·显学》）。墨家后学各派繁衍扩大，墨家信徒越来越多，这些信徒延续着墨家学说，使墨家地位显赫。"墨者，显学也"（《韩非子·外储说左上》）。在战国中期的百年间，墨家的显赫地位长盛不衰，成为与儒家中分天下的"显学"。秦汉之后，由于统治阶级文化政策的变化以及其他复杂原因，墨家失去了与儒家并称的"显学"地位。墨子及其后学的"天志""明鬼""兼爱"互利思想学说对汉代太平道教产生了深刻的影响。魏晋至宋元一千多年间，墨学流传进入低谷，但仍然传播不绝。明清之后，随着经学及诸子学研究的兴盛，墨家的价值被重新认识和挖掘。

墨家的思想既有它当时的历史性和时代性，又具有超越历史、时代的思想内容。梁启超曾极力推崇墨学精神，称其为"中华民族的脊梁"，将其总结为牺牲精神、互助精神、和平精神、崇利精神、宗教精神、民主精神、科学精神、实践精神八个方面（梁启超《墨子学案》）。这些精神已经融入中华民族血液中，对当今的建设有着重要借鉴意义。

一、"兼爱""非攻"与和平稳定的社会环境

墨子以"兴天下之利，除天下之害"为己任，其"兼爱"思想要每一个人都无差别地爱利所有的人，所有的人也都无差别地爱利对方。这样的爱虽然在阶级社会里不能实现，但它代表了劳动人民的利益要求，反映了劳动者之间的阶级感情和互助精神，具有超越时代的伟大性，是中国古代人道主义的典型代表之一。"兼爱"在中国历史上产生了巨大影响。孙中山认为："古时最爱讲'爱'字的莫过于墨子。""墨翟兼爱，有近似博爱者也"（孙中山《三民主义》）。以孙中山为首的资产阶级革命派在宣扬民主、自由、平等、博爱等思想时，充分吸收了墨家的"兼爱"思想并加以近代化的诠释，从而形成他的"三民主义"。

对于当代社会而言，"兼爱"思想有利于维系现代社会的人际关系，有利于构建和谐社会的战略目标。当代社会是一个庞大的群体系统，在这个系统中，只有建立和谐的人际关系、国际关系，才能保证有一个和平稳定的环境。"把普遍的爱作为义务的墨子学说，对于现代世界来说，更是恰当的主张"。"墨子之道的确比孔子之道更适合现代人的实际情况"（《展望二十一世纪——汤因比、池田大作对话录》）。墨子从斗争往往带来两败俱伤、玉石俱焚的现实中意识到，有时为利联合，彼此的妥协和退让更有利于

双方的生存与发展。"兼相爱、交相利"的思想，正是追求人与人之间的和谐、国与国之间的和谐，这种认识对于今天解决各种国际争端和人际纠纷、有效协调各方利益、达到双赢效果有着极为重要的意义。今天倡导"人人为我，我为人人，人人爱我，我爱人人"的新型人际关系与墨子的"兼爱"并无本质不同；市场经济活动中利益主体取得双赢、多赢也应遵循"交相利"的原则。"兼爱""非攻"既是构建现代和谐文明社会的道德基础，又是现代社会走向和谐的道德需求，有利于民族融洽和人民内部的和平友好相处。

墨子的"兼爱""非攻"理论对于处理当今国际事务同样具有可操作性。"墨子关于舍去利己、树立爱他的兼爱学说，是反对侵略战争的理论先导……墨子主张的兼爱，过去只是在中国，而现在应该作为世界性的理论去理解"（《展望二十一世纪——汤因比、池田大作对话录》）。墨子的"非攻"实质是让他人生存，体现了一种深刻的人道主义精神，体现了对他人生命的深切关怀与爱护。墨子这种反对攻伐掠夺、热爱和平的正义精神，在两千多年来不断塑造着中华民族热爱和平、捍卫和平的传统美德，已构成中华民族的优良传统，是中华民族对世界文明的贡献。邓小平说："我们奉行独立自主的正确外交路线和对外政策，高举反对霸权主义、维护世界和平的旗帜，坚定地站在和平力量一边，谁搞霸权主义就反对谁，谁搞战争就反对谁。"在当今世界多格局的形势下，我们所奉行的反对霸权主义、维护世界和平的外交政策正是对墨子"兼爱""非攻"的发展与继承，对于促进世界和平有着非常重要的意义。同时，墨子提出"守御"，实质是让自己生存，体现了民族尊严和自卫的精神。"墨子的安全观不是狭隘地着眼本国的安全，而是强调各国的共同安全……墨子这种'备战安国'之道，已历经两千多年，至今仍从中获教益"（《墨子研究论丛》）。这对加强当今国防建设与国防教育仍有重要意义。

二、"非命""强力"与自强自立的民族性格

墨子否定命运的存在，批判有命思想，认为天命是"暴王所作，穷人所述"，指出统治者宣扬天命神权思想意在维护其统治。他的主张在历史上产生了积极影响，继墨子之后，许多思想家都对有命论进行批评。墨子在提倡"非命"的同时，主张用"强力"的积极人生态度，即用个人的力量去改变自身命运与处境。墨子吃苦耐劳，艰苦奋斗，以天下为己任的献身精神积极参与社会政治实践，处处宣传自己的主张，也显示出自强不息的品质。"墨子服役者百八十人，皆可使赴火蹈刃，死不旋踵"（《淮南子·泰族训》）。墨子提倡的这种积极的人生哲学属于唯物主义思想，在当时具有超前的进步意义。尽管墨家学说两千年来几乎湮没无闻，但墨子这种抗争命运、自强不息的精神已经渗透到中华民族的血液之中，成为中华民族最优秀的传统之一。梁启超指出："吾尝谛观思惟，则墨学精神，深入人心，至今不坠，是以形成吾民族特性之一者，盖有之矣。"墨子的"强力"思想正是中华民族的特质之一，成为中华民族自强不息和刚健有为的思想支柱，使中国人民在两千年的历史过程中，从不在困难面前胆怯和退却，这已成为圣人的"遗教"，成为鼓舞中国人自强不息的活水源头（张斌峰．《墨家人文精神的基

本内涵与特征》）在当代激烈的社会竞争下，中华民族仍肩负着民族复兴的伟大使命，墨子的"强力""非命"思想仍有其重要价值。中华人民共和国成立后提出"自力更生、奋发图强"，"用自己的双手改变我们'一穷二白'的面貌"，"使我们国家成为经济强国"的口号，这与墨子的"强必治，不强必乱；强必宁，不强必危。强必贵，不强必贱；强必荣，不强必辱；强必富，不强必贫；强必饱，不强必饥"（《墨子·非命》）有一脉相承之处。此外，墨子主张发展生产，特别强调以此解决人民的温饱问题，与中国现今以经济建设为中心、重视农业生产、把解决中国人民的温饱问题作为首要任务是一致的。

三、"尚贤""尚同"与人才选用及国家管理

墨子第一个明确提出打破宗法等级制度下任人唯亲的原则，主张"任人唯贤"，扩大选贤的范围，"有能则举之""无能则下之"，这也是墨家思想体系中最富有积极意义的思想之一。中国历来有重视人才、尊重人才的传统，这与墨家"尚贤"思想一脉相承，已成为中华民族的历史遗产和宝贵的精神财富。现今社会，竞争激烈，政治竞争、经济竞争、科技竞争，实际上都是人才的竞争。人才资源已经成为最重要的战略资源，人才在综合国力的竞争中越来越具有决定性意义。只有重视人才，事业才能兴旺发达。墨子的"尚贤为政之本"与现代的"尊重知识、尊重人才"的政策是相适应的。国以才立，政以才治，业以才兴，墨家"尚贤事能""唯才是举"的思想启示我们要把人才作为第一资源，善于用伟大的事业凝聚人才，用中华民族遗留的宝贵精神激励人才，关心与吸引人才，开创一种社会主义发展所需要的人才辈出、人尽其才的公平、公正社会环境。此外，墨子"贤"的标准是德才兼备，提倡"官民平等""贤能为上"的选贤理论对今天科学的人才观也有启示意义。中共中央 2003 年年底通过的《中共中央　国务院关于进一步加强人才工作的决定》提出了人才强国战略，建立了以公开、平等、竞争、择优为导向，将品德、知识、能力与业绩作为衡量人才的标准，特别提出"不唯学历、不唯职称、不唯资历、不唯身份"，不拘一格的选人用人机制，正是站在时代高度上进一步承袭了墨家"任人唯贤"的人才思想。此外，墨子提出综合"志"（动机）与"功"（效果）两者来考察评估人才，对于现在的企业管理与行政管理均有相当的借鉴意义。

墨子的"尚同"指人们的一切思想、行动必须自下而上逐级同一，服从于上级。"尚同"强调君主集权，固然有其专制性，但对这种专制性不能一概否定。墨子的"尚同"主张是中国古代历史上中央集权专制主义封建国家理论的最早表述。春秋战国时期，社会陷于普遍紊乱状态，主张集中统一、君主集权，符合历史发展要求统一的趋势。从当时社会背景来看，墨子的"尚同"主张具有进步意义。后来这一理论被法家继承并加以改造，成为封建专制统治的理论支柱。中国历史上许多帝王、君主都沿用墨子的"尚同"思想加以统治，"尚同"思想也对中华民族产生了极其重要的影响。中华民族在几千年分分合合的战乱及多次的外族入侵之后，至今仍是一个完整的多民族大国，这充分体现了墨子的"尚同"思想已经深深根植于中华民族的心目中。墨子的

"尚同"既有政治层面的意义，也有统一国民情感这一伦理层面的意义。"尚同"既保证了国民意志的统一，更重要的是以"兼爱"为统一国民情感的纽带，最终达到"兴天下之利"的理想。墨子认为只有由上而下统一了人们的思想，社会才能治好。这种"尚同"思想具有其积极作用。在新时期，在"贵和""尚同"思想的影响下，实现和保持和谐局面，对于维护社会稳定具有重要的促进作用；对于维护集体利益、保持人际关系的和谐有着重要的现实意义；对于增强民族凝聚力、维护多民族国家的稳定亦有着重要意义。

四、"节用""节葬"与现代新型的消费观念

墨子针对当时统治者穷奢极欲的情况，指出"俭节则昌，淫佚则亡"，提倡"节用"，将节制耗费作为消费的基本原则，进而提出了"节葬""非乐"。墨子一方面主张"强力从事"，即重视物质生产；另一方面要克制需要，节用节俭，以此来增加国家的财富。尽管墨子的"节用"思想是以实用为目的，强调"去其无用"，超过这个目的便认为是浪费和无用，这无疑有狭隘保守性。在当时生产力水平低下的情况下，人们生活得不到基本保障，故珍惜劳动成果、反对奢侈浪费、崇尚节俭成为消费的必然要求和原则，"节用"思想无疑具有适应当时经济、政治发展的积极意义。自古以来，崇节黜奢、勤俭光荣、浪费可耻一直是人们的传统观念，节俭成为传统消费观的主流。墨子的"节用"思想顺应了这一主流，虽然有其狭隘的一面，但对于纠正市场经济条件下产生的某些不正之风、构建合理的现代消费观仍具有一定的借鉴意义。

首先，"节用"思想有利于抑制现代生产发展、商业繁荣而产生的奢侈之风。其次，"节用"思想可以缓解人与自然之间的紧张关系。长期以来，人类把自然界视为取之不尽、用之不竭的宝藏，毫无节制地占有、消耗自然资源，破坏了自然界生态平衡，恶化了人类的生存环境。提倡"节用"，一个重要方面就是节制人的物质欲望，以减少对生态环境的破坏，保持人的可持续发展。对于中国而言，人口多，自然资源相对不足，中国将节约资源作为基本国策，加大发展循环经济，加快建设资源节约型、环境友好型社会，形成节约型经济增长方式以及健康文明、节约资源的消费模式，这些厉行节约的行动纲领，应该认真实践。三是对于构建"俭而有度，合理消费"的现代新型消费观具有借鉴意义。市场经济条件下，消费是生产的目的，消费促进生产，二者的互动作用日益明显，消费在经济发展中的作用十分重要。在这种情况下，在弘扬传统节俭美德的同时，还应倡导适应生产力发展的适度消费原则，即"俭而有度，合理消费"的现代新型消费观。"节用"是对奢侈的否定，而适度又是对"节用"的衡量、限制，它发挥了"节用"的导向作用，又与经济的发展协调起来，既是对墨子"节用"思想的弘扬，又是新时代精神的体现。

五、"义利合一"与天下公利的侠义精神

"义"在《墨子》中频繁出现，墨子十大政治主张都与"义"有密切关系。墨子认为"万事莫贵于义"（《墨子·贵义》），但他所提倡的"义"不同于儒家脱离实际利

益的"义",而将仁义落实到实际的功利上。他认为"义,利也"(《墨子·经上》),义就是利益,"义"与"利"是一致的。墨子以"兴天下之利,除天下之害"(《墨子·兼爱下》)为己任,他所谓的"利",不是个人私利,而是天下之大利、公利,能给人们带来利益且不求回报,就是"义"的深层含义。"义,志以天下为芬,而能能利之,不必用"(《墨子·经说上》)。墨子认为,行义就是立志以天下事为己任,进而使天下之人得到安定和好处,至于个人得失则不必放在心上。东汉·班固《答宾戏》云:"是以圣哲之治,栖栖遑遑,孔席不暖,墨突不黔。"墨子以救世生民为己任,而其奔波跋涉,止楚攻宋,赴汤蹈刃,死不旋踵,表现出摩顶放踵以利天下的无私精神。墨子这种伟大的牺牲精神为中华民族的瑰宝,深刻影响了中华民族对于理想人格的塑造和追求,对中华民族精神的形成与发展有着积极而深远的影响。许多民族进步人士将墨子看作豪侠式的英雄人物,将他提出的"爱人如己""为身之所恶,以成人之所急""视人若视己身""杀己以存天下"等原则视为信念与理想人格的具体标准,并深受这种精神的感召。墨家所倡导的"义"精神,已经成为中华民族优秀文化不可或缺的一部分,义不容辞、舍生取义、大义灭亲、仗义执言、见义勇为、义无反顾等成语蕴含的道德力量至今仍然是精神文明建设的丰富源泉。而这种"赖力仗义""扶贫济困"的"义"精神有着很强的民族认同感和向心力,已被广大群众所接受,成为团结炎黄子孙的一条纽带。

六、"知""三表"与注重实践的认识论

《墨经》是中国最悠久、最系统、最全面提出逻辑科学理论的著作。在认识论方面,墨家提出:"知,材也"(《墨子·经上》)。认为人具备认识世界的天赋和能力。"夫辩者,将以明是非之分,审治乱之纪,明同异之处,察名实之理,处利害,决嫌疑"(《墨子·小取》)。认识之目的,在于辨明是非真伪,认识世界,揭示本质规律。认识即主观认识能力与客观事物相接触的一种关系,可分为"虑"(思考)、"知"(知觉)、"恕"(理性思维)三个阶段,其过程就是感觉、摹写客观事物和态貌,在此基础上加以分析和综合,使认识从感性发展到理性。在认识来源上,提出"知、闻、说、亲;名、实、合、为"(《墨子·经上》),认识有三个来源,即闻知(自身外听得之知识),指间接经验;说知(由推理、论证获得知识),上升为理性知识;亲知(亲历其境获得知识),指直接经验。名(事物之名)与实(事物之实)必须相合,"为"指的是社会实践知识。而在方法论方面,墨子是中国思想史上明确建立系统方法论第一人。首次提出"法"的概念,"法,所若而然也"。法即方法。墨子最先注意并使用方法,包括观察法、实验法、类推法、归谬法、比较法、归纳法、辩证法等。检验认识的正确与否,提出"三表",强调在实践中考察认识的效果。综上可见,墨子的认识论思想深刻,内容广博,是朴素的唯物主义经验论;方法论系统、全面、严密、科学,富有逻辑性,为科学认识提供了前提条件。墨学的认识论与方法论对于中国科学思想的形成具有重大价值,是包括中医在内的科学理论产生的基础。同时,墨子投身生产实践,相较先秦诸家更

接近生产与实际，其认识论与方法论富有科学思想，至今仍具有巨大的理论价值。墨子第一次提出了对认识进行检验的问题，以及检验的标准问题，具有重要的现实意义。

【思考题】

1. 简述《墨子》提出的救世治国的十大主张。

2. 墨家"兼爱"与儒家"仁爱"有何区别。

3. "兼爱"与"非攻"是什么关系，对当今社会有何启示。

4. "非命""强力"对于中华民族的伟大复兴有何意义。

5. 简述墨家的"三表法"的具体内容及其现实意义。

【阅读书目】

1. 王赞源. 墨经正读［M］. 上海：上海科技文献出版社，2011.

2. 徐希燕. 墨学研究——墨子学说的现代诠释［M］. 北京：商务印书馆，2001.

3. 杨俊光. 墨子新论［M］. 南京：江苏教育出版社，1992.

4. 孙中原. 墨者的智慧：墨子说粹［M］. 北京：生活·读书·新知三联书店，1995.

5. 张永义. 墨——苦行与救世［M］. 广州：广东人民出版社，1996.

第八章 法家文化 ▷▷▷▷

    法家思想肇始于春秋时期的刑名之学。经由管仲、子产、李悝、商鞅、慎到、申不害等，至战国末期的韩非、李斯，法家学派逐渐形成。法家提倡法治，讲求实际，以富国强兵为目标。《汉书·艺文志》认为"法家者流，盖出自理官"。法家强调"不别亲疏，不殊贵贱，一断于法"，提出了"君臣上下贵贱皆从法"以及"刑过不避大臣，赏善不遗匹夫"等重法思想主张，这是战国时期平民阶层逐渐崛起的必然结果，也是诸侯国政治、军事力量重心调整过程中的必然要求。在早期法家中，商鞅、申不害、慎到分别以提倡"法""术""势"而闻名。其中，"法"指健全刑法机制，"势"指军政权势的掌控，"术"指推行法令、控制政权的策略和手段。至战国末期，韩非集其大成，提出将法、势、术三者紧密结合的思想，标志着法家思想的成熟。法家思想涉及广泛，影响深远，在政治、经济、哲学、法律、管理等各个领域均有贡献：政治上主张严刑峻法，建立中央集权的国家；经济上以农为本，奖励耕战；哲学上持历史进化论和人性好利的观点。

第一节 法家本体论

一、人性论

    人性善恶是先秦诸子争论的重要问题，其间较有影响的包括孔子的性近论、孟子的性善论、荀子的性恶论、告子的性无善恶论等。法家在这一问题上认为人性皆好利，趋利避害是人的本性，人的一切社会活动都是为了自身的利益。法家并未进行人性善恶的道德批判，而是将关注点放在如何利用人性"权而索利"的特点进行治国。《商君书·错法》指出："人而有好恶，故民可治也。人君不可以不审好恶；好恶者，赏罚之本也。"

    1. 趋利而避害　法家认为，人天生是好利的。"夫凡人之情，见利莫能勿就，见害莫能勿避"（《管子·禁藏》）。商人日夜兼程，奔赴千里也不觉得远；渔人逆流航行，不怕危险，百里之遥也毫不在意，是因为有利益在吸引他们。人性趋利具有一定的自然性，人们在进行判断、抉择的时候，必然会权衡得失、计较多少，最后选择于己有利之事。利的所在，则奔而趋之，"民之于利也，若水于下也，四旁无择也"（《商君书·君臣》）。就像水总是会流向低处一样，人总是在追求利益最大化，这既是自然而然的，又是无法阻挡、无法改变的。韩非甚至认为，在利益面前，亲情都不值一提，"父母之于子也，产男则相贺，产女则杀之"，一贺一杀的原因是"虑其后便，计之长利也"（《韩非子·六反》）。在韩非看来，父母子女至亲之间尚且"皆挟自为之心"（《韩非子·外储说左上》），其他关系便更无需多言了。

2. 忠信不足恃　由于人性好利、人皆自利，所以不应期望他人的忠信、仁义、亲情，在利益面前这些都是靠不住的。儒家推行仁爱，墨家提倡兼爱，都是在呼吁人与人之间的关照与善意，而法家则对这类看似温情的主张提出了异议。法家认为在利益面前，"人之情性，贤者寡而不肖者众"（《韩非子·难势》）。虽然也存在能够顾大义而弃小利的贤者，但相较于唯利是务的"不肖者"，实在是太少了。那么，渴望得到他人对自己无缘无故的施善，就是愚蠢的想法。推而广之，君王治国也不能依赖于臣下忠君爱国的品质，"夫圣人之治国，不恃人之为吾善也，而用其不得为非也"（《韩非子·显学》）。韩非提出君臣之间实质是一种交易关系，"臣尽死力以与君市，君垂爵禄以与臣市，君臣之际，非父子之亲也，计数之所出也"（《韩非子·难一》）。从人性极端自私的角度，韩非收集了大量臣下弑君篡位的事例，对君臣之间的矛盾进行分析，提出了很多解决方案。他认为君臣不同道，各自为己，"君臣异心，君以计畜臣，臣以计事君。君臣之交，计也"（《韩非子·饰邪》）。君臣关系就是互相算计，双方相互利用，君王有手腕有治术，臣下就会竭尽全力为君王所用，反之臣下就对上蒙蔽君王，对下营私舞弊。

3. 因情以赏罚　法家认为，统治阶级应当对人性趋利避害的特点加以利用。既然人性趋利避害是普遍存在的不争的事实，那么就没有必要对其善恶进行道德评判，而应当在治国理政过程中利用人性的这一特点，以达到富国强兵的目的。法家认为，最好的办法就是建立法度机制，健全刑赏体系。"凡治天下，必因人情。人情者，有好恶，故赏罚可用；赏罚可用，则禁令可立而治道具矣"（《韩非子·八经》）。"民本，法也。故善治者，塞民以法，而名地作矣"（《商君书·画策》）。而像儒家一样期待通过礼乐教化人民，从而使人们发仁义礼智之四端的理想化治国模式，是不现实的，也是与人性的基本现实相违背的。法家非常看重刑罚的作用，"故善治者，刑不善而不赏善，故不刑而民善。刑重者，民不敢犯，故无刑也"（《商君书·画策》）。对于作奸犯科者来说，刑罚即是一种惩戒，而对于本来就不愿为非作歹的人来说，刑罚是一个行为底线，告知人们什么样的行为是不被允许的。

总之，法家主张利用人性中固有的好利恶害的特点，健全法制以达到治国的目的。与诸家在人性善恶方面的争论相比较，法家更加注重如何利用人性的特点，无疑是一种实用主义的人性论。这种实用主义人性论是法家主张变法的基础。

二、法治

由于对人性自私的认识，法家是排斥仁义的。"法非从天下，非从地出，发于人间，合乎人心而已"（《慎子·佚文》）。而人心都是自私的，道德教化绝对靠不住。《韩非子·五蠹》篇为了完全否定儒家"德治"思想，说明道德教化无用，举例说有个不成器的人，父母的愤怒、乡人的责骂、老师的教诲都不能使之改变，而官吏只要按照公法去找他，他马上害怕起来而改变自己以前的行径。因此，君王唯一可以信任和利用的就是法，必须采取严酷的刑罚等法治手段来禁止为非作歹的行为。

"慕仁义而弱乱者，三晋也；不慕而治强者，秦也"（《韩非子·外储说左上》）。对贫困的人给予施舍，是世上所谓的仁义，它会使无功者得到赏赐，老百姓在外不致力于杀敌立功，在内不努力耕作，都企图通过行贿赂、奉权贵来取得高官厚禄，最终会导致国家灭亡。圣明的君主需用严刑来禁止其邪恶，这样国家才能安定，而仁义不足用。

就君主个人来说，如果不实行法治，而专以个人的道德智慧来治理国家，就会无一定标准，而随君主的心思定夺。"君人者，舍法而以身治，则诛赏予夺，从君心出矣"（《慎子·君人》）。君主以自己的主观好恶进行诛赏予夺，臣属也必将从自己的主观好恶看待这种诛赏予夺，君心与臣心相抵牾，结果"受赏者虽当，望多无穷；受罚者虽当，望轻无已"（《慎子·君人》）。而且心机易变，带有很大的随意性，心念不同，对事情的处理就会差之千里，"君舍法而以心裁轻重，则同功殊赏、同罪殊罚矣。怨之所由生也"（《慎子·君人》）。同时，如实行人治，则使"国家之政要在一人之心矣"（《慎子·威德》）。国事千头万绪，一个人无论多高明，他的认识能力也是有限的，"一人之识识天下，谁子之识能足焉"（《慎子·轶文》）？退一步说，即使有幸遭逢圣人治国，如果没有法来规定，也很难逃脱人存政举、人亡政息的命运。所以人治不足以治国，法的客观性、公正性是人所无法比拟的，治国之道在于实行法治，"事断于法，是国之大道也"（《慎子·轶文》）。法家认为只要有法，即使君主的德行不出众，智慧不高，也可统治国家。臣民之中有些人虽有圣智、勇力，却不敢与君主争强，其原因就在于有法。法是治国之本，君主的依凭，"法令者，民之命也，为治之本也，所以备民也"（《商君书·定分》）。如果治理国家而不用法，就像不想受冻却要脱衣一样。在法家看来，以法治国是如此有效，只要实施，不需经过什么考虑研究，举手之劳就能把事情办好。

1. 建立法制　法治首先需要有法制，国家要从立法、执法、司法等方面建立比较完备的法律和制度，使各种社会活动和行为规范都法律化、制度化。法律制度的建立是非常重要的，法家学者常举此例，一只兔子在大街上跑，很多人都会去追赶。如果兔子在市场里当商品买卖，人们走过去连看都不会看上一眼。这不是人们都不想要兔子，而是因为兔子的所有权已经明确，所以即使贪婪的人也不会去争夺了。法就是要规定各人的职分，分清每个人的职守，分清每种行为的界限，从上到下各有职分，各就其位，不得逾越，"士不得兼官，工不得兼事"（《慎子·威德》）。一切由法来决定，把人们的一切行为规范都用立法的形式确立。

2. 法令公开　基于这样的认识，法必须公开透明，明确具体，务求家喻户晓，这也是法家的核心思想。法家兴起之前刑罚细则并不公布，刑律掌握在贵族手中，供他们任意使用，有秘密法的传统，所以春秋时，郑国子产铸刑书、晋国做刑鼎均遭人责难，且当时贵族与平民在法律面前更是不平等的。韩非讲求法律条文公布，使法律为人所共知，法律面前，人人平等，这在当时无疑是有建设性的。"法者，编著之图籍，设之于官府，而布之于百姓者也"（《韩非子·难三》）。"法者，宪令著于官府，刑罚必于民心，赏存乎慎法，而罚加乎奸令者也"（《韩非子·定法》）。法由君臣共操，要公之于众，为了做到这点，法律条文必须明白易懂，使"境内卑贱莫不闻知"，不能模棱两可，以免使人心存侥幸，投机钻营。法律条文还需全面，重要的社会关系都需要法律条文加以规定。由于人人都知道了法，遇事就可达到"里断"（不出所居之里就可以审判清楚）、日断（当天就可以审判清楚）、家断（在一家之内就可以审判清楚）、心断（自觉约束）的效果。

3. 执法公正　官府一旦将法令公之于众，则守法对象就包括全国上下，从卿相、将军到大夫、庶人，有犯令者，罪死不赦，甚至不考虑个人的特殊情况。春秋以前，刑不上大夫曾经是一项普遍的法律原则，后来这项原则受到法家的严厉抨击。《商君书·赏刑》指出刑赏必须统一标准："刑无等级，自卿相、将军以至大夫、俗人，有不从王令、犯国禁、乱上制者，罪死不赦。"韩非也主张："法不阿贵，绳不挠曲。法之所加，智者弗能辞，勇者弗敢争。刑过不避大臣，赏善不遗匹夫"（《韩非子·有度》）。执法的关键人物是君主，"为人君者不多听。据法倚数，以观得失。无法之言，不听于耳；无法之劳，不图于功；无劳之亲，不任于官。官不私亲，法不遗爱，上下无事，唯法所在"（《慎子·君臣》）。把法作为行事的准绳，不因执法者好恶而定罪不同。"奸之所利者细，而上之所加焉者大也。民不以小利蒙大罪，故奸必止者也"（《韩非子·六反》）。慎到也认为君主依法行事，才是社会安定的正确途径。他说："君舍法，而以心裁轻重，则同功殊赏，同罪殊罚矣。怨之所由生也……大君任法而弗躬，则事断于法矣，法之所加，各以其分，蒙其赏罚，而无怨于君也。是以怨不生，而上下和矣"（《慎子·君人》）。对于具体执行法律的大臣来说，绝对要以法律为准绳，不能越雷池一步。违法固然要罚，法外立功也要罚，所罚的不是因为立功本身，而是因为与人主争名。对于知法犯法者应加重惩罚，《商君书·赏刑》特别指出："守法守职之吏有不行王法者，罪死不赦，刑及三族。"

论处罪犯，执行刑罚，必须不枉不纵，既不可"不诛有过"（《韩非子·内储说上七术》），也不能残暴而"枉杀加于人"（《韩非子·八说》），要做到不避亲贵，一视同仁。对于疑似的罪行，一定要详察实情，再行定夺，不能轻率。

法家强调信赏必罚，根据法令的规定，该赏的一定赏，该罚的必罚，实际的赏罚一定要与法定的赏罚一致，符合赏罚的标准和刑罚的等级，赏罚公平，不论亲疏贵贱，一视同仁，做到刑无等级。唯有如此才能取信于民。《韩非子·内储说上七术》举的例子很能说明问题。卫国的囚犯逃跑至魏国，卫昭侯在用五十金交换逃犯未果的情况下，提出以左氏城交换。他认为："法不立而诛不必，虽有十左氏无益也。法立而诛必，虽失十左氏无害也。"本国罪犯逃亡外国，一定要追捕归案，即使割地交换也在所不惜。而对外国罪犯逃入本国，韩非认为也不可宽恕，可见执法之严。

需说明的一点是，法律的平等原则，对君主来说是超然其上的，《韩非子·扬权》说得很清楚："道不同于万物……君不同于臣。"又云："君贵独道之容，君臣不同道，下以名祷，君操其名，臣效其形，刑名参同，上下和调也。"国家是君主的私物，君主的权力是绝对的，不受任何制约，如要使君主尊重法律，臣下所做除了规劝以外毫无办法，最终只能靠君主自觉。

4. 重刑轻赏 重刑是法家的一贯主张，这与儒家"道之以礼""明德慎罚"的治国方略形成了鲜明的对比。虽然法家主张治国必须赏刑并用以保证法的实施，但他们对待赏和刑并不是等分，实质在于严刑重罚。法家认为，重刑是禁奸、止奸的根本。现实国家不是没有刑罚，可是盗贼不止，违法犯罪事件不断出现，其原因在于刑罚太轻。如果实行重刑，人民就不敢以身试法，自然也用不着刑罚了。

在法家的重刑理论中特别强调"重轻罪"，即加重对轻罪的处罚，那么对重罪施与的刑罚就更重了。商鞅云："行罚，重其轻者，轻者不至，重者不来。此谓以刑去刑，刑去事成"（《商君书·靳令》）。法家不但主张轻罪重刑，反对重罪轻刑，即便是刑之轻重与罪之大小相当，即重罪重刑、轻罪轻刑也是反对的，认为这仍无益于治，不能止奸。商鞅说："行刑重其重者，轻其轻者，轻者不止，则重者从止矣，此谓治之于其乱也。故重轻，则刑去事成国强；重重而轻轻，则刑至而事生国削"（《商君书·说民》）。法家这种轻罪重刑、以刑去刑的主张是与儒家的"以德去刑"的观点针锋相对的。他们认为，如果像儒家一样主张轻刑，实行德治，势必助长奸邪，而要想制止犯罪只能靠加重刑罚，特别是加重轻罪的刑罚，使人感到利少害多而不敢也不愿去犯罪。商鞅甚至认为："刑生力，力生强，强生威，威生德，德生于刑"（《商君书·说民》）。韩非还曾针对儒家的重刑伤民提出："今不知治者皆曰：重刑伤民，轻刑可以止奸，何必于重哉。重止者未必以轻止也；以轻止者，必以重止矣。是以上设重刑者而奸尽止，奸尽止，则此奚伤于哉"（《韩非子·六反》）？法家认为，法虽残酷但不可不行，忍一时之痛，收效是长远的。韩非认为唯有如此，才能杀一儆百，扩大影响力，并且只有采取轻罪重罚，才能达到以刑去刑的目的。重刑只是手段，目的在于建立不使用刑罚的理想法治国家。在使用刑罚时，法家强调：有过不赦，从必罚出发。法家反对任何形式的赦罪和减免刑，一再强调"不宥过，不赦刑，不赦死，不宥刑"，否则，国家政权就有颠覆的危险。商鞅主张"刑重而必"，任何犯法者都逃脱不了严刑。

法家同时强调厚赏重罚。商鞅认为，只有厚赏才能取信于民。"赏莫如厚而信，使民利之；罚莫如重而必，使民畏之。"基于"贤者寡而不肖者众"的认识，所以法家主张的厚赏重罚是以刑为主，以赏为辅；表现为刑多赏少，主张"刑九赏一"，轻罪重刑。

如果轻罪重刑还不足以止禁，甚至可以"刑于将过"，即只要有犯罪的征兆就要刑罚，达到"以刑去刑"的目的。

战国时期的新法律固然有历史进步因素，在某些方面有利于人民，但从基本关系上看，人民同法是对立的，法家学者过分夸大暴力的作用，认为仅依靠法，人民就会慑服。法家虽然是想用重刑为手段统治人民，以达到富国强兵的目的，但无数的历史经验证明，滥刑必然失败。对此后世也多有争论，但不管怎么说，法家学者主张论罪处刑不避亲贵、打破了刑不上大夫的观念，是有可取之处的。

5. 强调变法 春秋战国时代，社会剧变，在思想政治界出现了百家争鸣，各家都提出了自己的治国策略，影响最大的儒家、墨家、道家三家虽然思想主张各有不同，但却有一个共同点，就是人类社会的黄金时代在过去，而不在将来。虽然各家名为法古，有托古改制的意味，但他们的确是持历史退化观的。法家则反对保守的复古思想，主张锐意改革。法家认为，历史是进化发展的，《商君书》把历史分为上世、中世、下世，《韩非子》把历史分为上古、中古、近古，每个历史时期都有每个历史时期的特点，在上世，可以靠亲情来维系；中世可以靠仁义来治理；在强国兼并、弱国力守的下世，亲亲、仁义都行不通，需用法律、暴力手段解决问题，从而引出变法的结论：“伏羲、神农教而不诛。黄帝、尧、舜诛而不怒。及至文武，各当时而立法，因事而制礼”（《商君书·更法》）。“先王当时而立法，度务而制事，五霸不同法而霸”（《商君书·六法》）。韩非的老师荀卿就认为上古制度文物不可考，屡次提出“法后王”。韩非把这种思想发扬光大，更认为先王、后王都不可法。法律制度是社会的产物，随社会的改变而改变，否则不能适应时代的需要。《韩非子·心度》篇说：“治民无常，唯法为治。法与时转则治，治与世宜则有功。故民朴而禁之以名则治，世智而维之以刑则从，时移而法不易者乱，世变而禁不变者削。”韩非认为，历史上伟大的创举只在那个时代才有意义，把它照搬到后世是愚蠢的。韩非嘲笑那些泥古的人犹如守株待兔、刻舟求剑。韩非认为，古今社会情况不同，古代人口稀少，人民衣食无忧，所以统治起来比较容易；当世人口众多，谋生困难，所以难以治理，财物不能适应增长的人口，这是乱的根源。时代已变成“急世”，所以宽厚的统治方法已经不适应需要了。《韩非子·五蠹》篇说：“上古竞于道德，中世逐于智谋，当今争于气力。夫古今异俗，新故异备。如欲以宽缓之政，治急世之民，犹无辔策而御马，此不知之患也。”如历史进入“中古”，还有人提倡构木为巢，必然为鲧禹嘲笑。同样，现在赞扬尧舜汤武，守成不变，必定为新圣所笑。“是以圣人不期修古，不法常可，论世之事，因为之备”（《韩非子·五蠹》）。韩非认为，一切赞扬尧舜、倡导文武的说法都是守株待兔，历史上有作为、有创造的人物应受尊重，但反对把任何历史人物当作现实的旗帜，现世的主宰者只能是“今圣”。

把历史看作是一个进化过程的观点，现代看来是再平常不过的了，但是在当时的历史条件下，法家的这种思想却是大胆而反传统的。从哲学上来说，进化历史观正是支撑法家从事变法活动和构筑思想文化体系的一个基本理论点。

三、术治

术治是法家治国思想的重要组成部分。法家认为，术与法是相为表里的关系，二者相辅相成。术，实际上就是方法和权术。术治思想并非始于法家，战国时期讲术的风气本就很盛：道家的治国思想最先隐含了术治思维；儒家号称恪守忠信，荀子也在很多地方大谈术数；纵横家可以说是一批术士；而法家，特别是申不害和韩信对术的研究最为深入。韩非是先秦时期术治思想的集大成者。在《韩非子》书中，术治思想体现得非常鲜明，并呈现出系统化的趋势。司马迁在《史记》中评价韩非“喜刑名法术之学”，这是比较全面、比较中肯的。

法家的术治是主张君主通过“刑名参同”“循名责实”以驾驭群臣。《韩非子·定法》篇说："术者，因任而授官，循名而责实，操杀生之柄，课群臣之能者也，此人主之所执也。"实际术就是古代君王在与臣下共谋朝政时，所综合运用的人事管理、领导科学以及政权策略。法与术之间既有区别又有关联，需要综合运用，方能将君王的治国方略落到实处。韩非说："法者，编著之图籍，设之于官府，而布之于百姓者也。术者，藏之于胸中，以偶众端，而潜御群臣者也。"法是定型而公开的文本，术是无形而隐秘的权术。法的对象包括贵族、官员、百姓，术的对象只有朝臣。可以将法理解为以刑赏为手段的全民行为定规，而术是为保障君王治国意图的行政手段。以韩非为代表的法家，其术治思想主要包括选贤任能、循名责实、察奸治奸三个方面。

1. 选贤任能 战国时期群雄并起，攻守兼并，国君的人才任用是否得当，很可能决定着一国命运。法家认为人才的标准是"德才兼备"，有德无才或有才无德的人均不可重用，"任智则君见欺，任修则君事乱，此无术之患也"（《韩非子·八说》）。有了选人的标准，君王选用人才，还要注意不能偏听偏信，做到独立自主地考察人才，不显露好恶，应当以法择人。"君见恶则群臣匿端，君见好则群臣诬能，人主欲见，则群臣之情态得其资矣"（《韩非子·二柄》）。臣下不需要充当伯乐，向君王推荐人才，而君王需要通过自己的观察和实践，发掘人才，这样才能做到"不隐贤，不进不肖"（《韩非子·难三》）。面对人才，君王还要摒弃门户之见，只要是人才，一律不问出身，平等对待，"计功而行赏，程能而授事"（《韩非子·八说》）。韩非还认为，朝廷官员应当专人专职、逐级提拔。"明主之道，一人不兼官，一官不兼事"（《韩非子·难一》），强调了官吏在岗位上的专业性。而逐级提拔的要求则强调了官吏工作的实践性和经验性。最后，韩非还强调了用人大权必须牢牢掌握在君主手中，臣下则不能拥有人事任免大权，"臣得树人则主失党。此人主之所以独擅也，非人臣之所以得操也"（《韩非子·主道》）。总而言之，法家术治极为强调对人才的选拔和任用，这一点既是时代的需要，又是法家政治学术观点的必然。

2. 循名责实 申不害是法家术治思想的开创者。《申子》书今仅存《大体》《君臣》两篇及一些佚文，但仍能看出其正名思想。例如《申子·大体》说："为人君者，操契以责其名。名者，天地之纲，圣人之符。张天地之纲，用圣人之符，而万物之情，无所逃之矣。"韩非受到申不害正名观念的影响，同时吸纳了荀子的有关思想，形成了自己的"循名责实"之说。循名责实的原则，反映在官吏的使用上，就是要做到职责分明，各司其职，不能随意僭越。君王任用官吏，应做到用人不疑，让臣下不受干扰地专司其事。循名责实在官吏督查方面表现为坚持以"参验之术"考核群臣，即通过多方检验，多方咨询意见，做到"听其言必责其用，观其行必求其功"（《非子·六反》）。韩非认为，应当根据对官吏考核的结果实施赏罚，做到有功必赏，有过必罚："厚其爵禄以尽贤能，重其刑罚以禁奸邪"（《韩非子·六反》）。如此一来，各级官员之"名"即与其"实"相互匹配了。

3. 察奸治奸 法家认为臣下对君王的所谓忠诚是不可靠的，君王不仅对臣下要有所提防，连夫人、后妃、太子等等也要防备。因此，臣子当中孰奸孰忠，必须要有所察。关于察奸，法家主张采用道家清静无为之术。《申子·大体》说："刚者折，危者覆，动者摇，静者安，名自正也，事自定也。"贵静就要"示天下无也"。"无为"最关键的是要深藏不露，对任何事情都不要在未决断前表示自己的倾向，因为但凡有所表示，就可能被臣下利用。因此，韩非说："参言以知其诚，易视以改其泽"（《韩非子·八经》）。要求君王不得轻易听信臣下之言，必须通过比较、研究，反复验证，即使出自众口，也需经多方验证。君主还要善于不断变换角度来观察事物，采用多种不同的渠道和方法来获取奸邪活动的实情。《韩非子·内储说上》有这样的故事：子之（战国燕王哙的宰相）为燕相时，有一天坐在厅堂上假装说："刚才走出门的是一匹白马吗？"身边的人都说没看见，只有一人跑出去追看，回来禀报说："确实有一匹白马。"子之以这事检测身边的人是否诚信。察奸的目的在于治奸。法家认为，仅凭君主自身的付出，是不足以治奸的，必须"因法数，审赏罚"（《韩非子·有度》），才有可能尽治奸臣。为此，韩非极力强调制度建设，要求官吏不得贪赃枉法，"不以货赂事人""更不以枉法为治""不事左右，不听请谒"（《韩非子·孤愤》），做到"任事者毋重，使其宠必在爵；处官者毋私，使其利必在禄"（《韩非子·八经》），从而使"奸邪"无处遁形。

韩非主张君主集权制度，所以对用人防奸的方法言之特详。在韩非政治思想体系中，法、术、势三者必须配合运用，但重心在法，然就《韩非子》各篇的内容来说，对术的论述是最多的，所以李斯上二世书中，以"申韩之术"和"商鞅之法"并称。

四、势治

势是权力、势力、威力，《说文解字》说："势，盛力，权也。"是指君王赖以统治众人的权势地位所具有的威力，相当于现代政治学中的统治权。法家认为，在政治斗争中，谁服从谁，不是以才能、是非和道德为标准，而是看权势的大小。"贤而屈于不肖者，权轻也；不肖而服于贤者，位尊也。尧为匹夫，不能使其邻家。至南面而王，则令行禁止。由此观之，贤不足以服不肖，而势位足以屈贤矣"（《慎子·威德》）。这种说法显然在反驳儒墨等学派的崇尚圣贤说。国家的统治权必须具备普遍的强制力和唯一的最高的权威性，否则就会陷入分裂状态或失去独立地位。君主的权力根源于所处的地位，人民承认君主的地位而服从他，是由于君主个人凭借其地位来统治人民。法家人物中尚势的代表人物为慎到。他认为权势必须随时拥有，正如腾蛇、飞龙不可以离开云雾一样，一旦云消雾散，失去依靠，就会立刻掉下来，只能与蚯蚓为伍。君主也一样，一旦失去了权势，与匹夫就没什么两样了。

君主的权势不可以借给他人，应集权于一身。君主的权力也不受任何限制，人民必须绝对服从，即使暴君凭借势位祸乱天下，韩非仍然主张尊君，反对暴君可诛。《韩非子·忠孝》篇说："尧舜汤武，或反君臣之义，乱后世之教者也。尧为人君而君其臣，舜为人臣而臣其君，汤武为人臣而弑其主、刑其尸，而天下誉之，此天下所以至今不治者也。"

韩非以臣事君、子事父为天道，君主享有绝对的权力，人主不肖，臣不敢侵，臣下虽然贤德，也得为君主所驱使。"父之所以欲有贤子者，家贫则富之，父苦则乐之；君之所以欲有贤臣者，国乱则治之，主卑则尊之。今有贤子而不为父，则父之处家也苦；有贤臣而不为君，则君之处位也危。然则父有贤子，君有贤臣，适足以为害耳，岂得利焉哉"（《韩非子·忠孝》）！

无论君主贤德与否，臣民必须绝对服从，因此君主专制就成为自然的理论，这与儒家民为邦本的思想有着明显的不同。《礼记·大学》篇说："民之所好好之，民之所恶恶之……得众则得国，失众则失国。"韩非则认为人民所看重的是眼前的利益、个人的私利；君主看中的是长久的利益和国家的利益，为政如果讨好人民，就会导致败乱。《韩非子·显学》篇说："今不知治者必曰：'得民之心。'欲得民之心而可以为治，则是伊尹、管仲无所用也，将听民而已矣。民智之不可用，犹婴儿之心也……今上急耕田垦草以厚民产也，而以上为酷；修刑重罚以为禁邪也，而以上为严；征赋钱粟以实仓库，且以救饥馑备军旅也，而以上为贪；境内必知介，而无私解，并力疾斗所以禽虏也，而以上为暴。此四者所以治安也，而民不知悦也。夫求圣通之士者，为民知之不足师用。昔禹决江浚河而民聚瓦石，子产开亩树桑郑人谤訾。禹利天下，子产存郑，皆以受谤，夫民智之不足用亦明矣。"韩非认识到了大众在某些时候并不如优秀的政治家、治国者的眼界开阔、目光长远，他们的建议意见有时不正确，这是符合实际情况的，但韩非把这种情况扩大化就犯了以偏概全的错误。韩非任势不任贤的理论，使君主掌握了绝对的主权，人民对国君要绝对服从，并认为民智不足用，臣下不得称赞先王，只奉命守法即可。这种理论在当时对结束分裂局面、建立统一的帝国有益，但也为当权者滥用职权留下祸患。

处理好君臣的关系，是维护君主独裁统治的关键点。韩非把君臣关系比喻成矛和盾，任何矛盾都是势不两立的，有最坚固的盾就不能有最锋利的矛，反之亦然，君臣利益在根本上是冲突的。他站在极端的君主专制的立场上，认为君主利益高于一切，主张君主至高，国君必须独断专行。在君主与国家的关系上，认为"国者，君之车也"。国家是君主的私物，君主利益体现国家利益。《韩非子·难一》云："夫非其行而诛其身，君之于臣也；非其行则陈其言，善谏不听则远其身者，臣之于君也。"君主对于臣下有生杀予夺的权力，臣下对于君主，除了绝对服从外，别无他法。作为君主应刻意造势，即把全部权力紧握在自己手中，把"大臣甚贵，偏党众强"看作足以亡国的征兆。韩非认为，抑制臣下的力量是保持势力的重要方式，为此他提出了如下一些措施抑制重臣。

1. 严格控制分封　战国时期封君普遍存在，不少封君坐地割据，形同独立王国，凭借封地与君主抗衡。针对这种情况，韩非虽没明确提出取缔封建制，但他提出要限制封君，或尽可能不分封。"大臣之禄虽大，不得藉威城市"（《韩非子·爱臣》）。不得已而必须分封或赏赐土地的，须加以节制，"欲为其地，必适其赐"（《韩非子·扬权》）。

2. 臣不得专擅兵权　《韩非子·爱臣》篇说："（臣下）党与虽众，不得臣士卒。"对边疆大臣和领兵将领更要特别警惕。战国时期大臣封君养士之风甚盛，其中带剑之客、必死之士，实际上都是私人武装力量，对此韩非主张予以取缔。

3. 臣不得专擅财权　严禁大臣私自实施救济，收买人心。如对齐国的田氏用大斗出、小斗入来笼络人心，与君争民的事情要严加禁绝。

4. 臣不得专擅人权　任免臣吏之权，只能由君主专擅。

5. 臣不得结党营私　君主要时时提防出现"腓大于股"的现象，一旦发现臣下结党，要坚决取缔。

6. 取缔私朝　春秋时期，大夫之家势力膨胀，大夫效法国君设立家朝，大夫形同国君，这种小朝廷无疑是君主大朝廷的对立物。家朝制一直延续到战国还存在，韩非认为私朝是一种奸邪，应该取缔。

商鞅重法、申不害尚术、慎到任势，在韩非看来，仅侧重于一点都是有失偏颇的，不够尽善尽美，因而主张要使法、术、势三者结合起来。《韩非子·定法》篇说："君无术，则弊于上；臣无法，则乱于下，此不可一无，皆帝王之具也。"法、术、势是不可分割的。韩非在《韩非子·外储说右下》篇中说："故国者君之车也，势者君之马也，无术以御之，身虽劳犹不免乱，有术以御之，身处佚乐之地，又致帝王之功也。"他又批评申不害"徒术而无法"从而导致政治上的失败；商鞅徒法而无术难以辨别忠奸，使得国家的利益受损。韩非认为，法、术、势三者结合起来，才足以维护君主的统治，这对中国历史产生了深远的影响。

五、重视耕战

法家清楚地看到，社会政治关系很大程度上由力量对比所决定，强大就能主宰整个社会，所以主张"以法治国"，富国强兵，并把是否有利于富国强兵作为法律赏罚的依据。商鞅认为，一个国家有上千辆兵车，如果有桀那样的君主，也不会向敌人屈服；反之，一个国家如果进不能攻，退不能守，即使有尧舜那样的圣贤君主，也不得不屈服于强国。儒家认为，力量来源于仁义道德，对此《商君书·靳令》篇做出相反的回答："力生强，强生威，威生德，德生于力。圣君独有之，故能述仁义于天下。"有了力量才能实施仁义。法家主张以霸道治国，而要达到富国强兵的目的，必须重视耕战。商鞅批评当时的一些君主，整日幻想壮大自己的力量，却找不到力量在哪儿，是太糊涂了，力量就在耕战上。《商君书·农战》说："国之所以兴者，农战也。"《商君书·去强》云："国待农战而安，主待农战而尊。"又云："国好生粟于境内，则金粟两生，仓府两实，国强。"农业是当时经济的主体，农业是生财之本，粮食是财富的主要标志，是国家经济的命脉。只有大力发展农业生产，才能解决社会矛盾，确保社会稳定，并有效支援战争。韩非强调用实际效用来衡量人们的言行而摒弃一切空谈。他批评儒墨两家，说他们不重稼穑，使财无所出，不能满足民众的基本生活需要，却大谈仁爱、兼爱，是虚言悦民的无益之见，而驱民于农，使之辛苦劳作，看似严酷，实际上却是关乎国家和个人长远利益的必然之举。

在战争频仍的年代，农业的作用更加明显，因此法家制定了一系列的政策来发展耕战，其主要特点是，抛开了与传统的宗法血缘及道德教化方面的牵连，把是否有利于耕战作为唯一的社会价值标准。《商君书》和《韩非子》提出了详细的发展耕战的措施。

《商君书》提出"利出一孔"原则，即只留出唯一的得利的途径，把其他的利途统统堵死。"利出一孔者，其国无敌。利出二孔者，国半利；利出十孔者，其国不守"（《商君书·靳令》）。"守一者治，守十者乱"（《商君书·弱民》）。他还提出了具体手段，如对于力耕者，要赏以官爵，"民有余粮，使民以粟出官爵，官爵必以其力，则农不息"（《商君书·靳令》）。《韩非子》里提出了很多重农的政策，比如徭役土功不要违背农时，要因地制宜、努力提高农业知识、改进生产工具等。为了确保耕战，必须打击一切不利于耕战的人、事和思想，豪杰、商贾、游士、食客、技艺者等都属非农战之列，要采取政治和经济手段加以限制。也就是说，要重赏耕战者，严惩与抑制有害于耕战者。

其他手段如利用价格和税收鼓励农耕；限制人们从事工商业活动；实行愚民政策，使其安农；取消技艺人员；取消旅店；限制人员流动，不准自由迁徙，不务农则无生路。

为了加强军备，他提出要通过赏罚与宣传，造成全国皆兵和闻战则喜的局面；把壮男、壮女、老弱各编成三个军，使之各有职守，严守岗位；平时宣传要以战争为主题，制造一种人民见到战争好像饿狼见到肉一样，这样才能战无不胜。

大多数法家认为，发展工商业有害于农业生产，而且工商业者不易驯服，因此把工商业称为末业。"仓廪之所以实者，耕农之本务也，而綦组、锦绣、刻画为末作者富"（《韩非子·诡使》）。韩非更把工商之民列于五蠹之一，视为害虫，主张加以扫除。

另外，法家提出富国的观念，但需把富国与富民分开来看。在大多数法家看来，国家与民众是对立的，商鞅提出"弱民"，"民弱国强，国强民弱。故有道之国，务在弱民"（《商君书·弱民》）。韩非也反对爱民、富民，他认为，人的本性是好利的，大多数人的欲望永远没有尽头，而且富则淫，富则懒，所以不应实行富民、爱民的政策。他说："今先王之爱民，不过父母之爱子，子未必不乱也，则民奚遽治哉"（《韩非子·五蠹》）！《商君书》里提到了弱民的具体办法，包括奖励告奸，使人们互相监视，造成人人自危的局面；使人们在贫富之间不停地转换，人恶贫苦，政府要通过耕战之路，使之变富；人富了又会生淫乱，就设法使之再变穷，君主可坐收渔利。

还有一个很重要的方法是从思想上弱民，即愚民政策，"民不贵学问则愚，愚则无外交，无外交国安不殆"（《商君书·农战》）。韩非也说："今世皆曰尊主安国者必以仁义智能，而不知卑主危国者之必以仁义智能也。故有道之主，远仁义，去智能，服之以法"（《韩非子·说疑》）。这种反智的主张一旦实行，它的破坏力是非常大的，但是由于其过于极端，这种思想没有得到普遍的支持。

总之，法家思想是以法、术、势为主要手段来建立君主专制和中央集权国家的，以奖励耕战、发展经济为基础和保障，其中历史进化论和人性好利的哲学观点是上述思想的理论支撑。

第二节　法家价值论

法家所提倡的法治，虽然只是君主意志的体现，是服务于统治阶级的工具，是君主实现富国强兵、统治人民的工具，"法治"越高，"专制"的程度也就越高，但最终跳不出人治的窠臼，与现代社会的法治有着本质的区别。但法家思想中所包含的很多进步、合理的东西，可为实行社会主义法制，建设富强、民主、文明、和谐的社会主义国家提供借鉴。法家革新求变的思想、理性思维、重实用的观念，也可为新时代背景下中医的发展、创新提供借鉴。

一、制定法律体系

法家非常重视立法工作。从李悝著书立说，编撰封建社会第一部成文法典《法经》，到商鞅变法"改法为律"，法家始终把立法作为法治的基础。从内容上看，法家制定新法从奖励耕战到惩罚犯罪，从移风易俗到地方建置，从调控粮价到统一计量，涉及国家军事、政治、经济、社会、风俗等社会生活的各个方面；从形式上看，法家也很注重立法的技巧和体例的科学。《法经》有贼、盗、囚、捕、具、杂六篇，分别对各种性质的犯罪行为和侦察审讯以及量刑加减的原则做了规定，构成了比较完备的法律体系。同时，《法经》一改过去立法"以刑统罪"为"以罪统刑"，使罪刑关系趋于合理，为整个封建社会法治体系的建立奠定了基础。法家主张"法与时移""不慕古，不留今，与时变，与俗化"（《管子·正世》），立法要适应时代的发展和社会的要求。

当今时代已经发生了巨大变化，需要按照现在的具体情况制定适应时代要求的法律，对不适应时代发展的法律要及时修改或废除，这是实现依法治国的基础。

二、树立法律权威

法家提倡法不阿贵、绳不挠曲、刑不避大夫。"法治"与"人治"相对，是法家思想的核心。法家关注社会现实，正视社会矛盾，既不同于儒家追求终极关怀，也不同于道家重视自我超越。法家指出，只有君权支持下的法治才是解决社会问题的唯一正确道路。法律具有客观性、稳定性、公正性，是衡量一切是非功过言行的唯一标准。

法家坚持"垂法而治，一任于法"的立场，为树立法律权威作出了不懈努力。法家认为："明法者强，慢法者弱。"（《韩非子·饰邪》）为了树立法律的权威，法家在信赏必罚的过程中将法律意识牢牢刻进民众的头脑。商鞅在秦国变法之初，为了让群众相信法律的承诺，不惜花重金奖赏"徙木北门"的普通群众，并利用好利恶害的人性特征，通过法律因势利导，奖励农耕，打击犯罪，使广大出身卑微的人也有跻身上层社会的机会。

法家强调规则必须被尊重，进而被遵守。法家虽然拥护君主集权，认为国家最高立法者是君主，但不认为君主就可以任意改变法律或是践踏法律的权威。商鞅曾力劝君主"不可须臾忘法""明主慎法制"。韩非进一步看到，法律应该具有稳定性，一旦执行不能有半点改变，尤其是死刑一律不予赦免，是谓"杀无赦"。"执法必严、违法必究"也是现代法制的要求，今天同样需要树立法律不可替代的权威性。

三、坚持明法原则

法家将明法作为法治的重要内容。为了实现法的"均布"，为天下人所熟悉，商鞅在秦国开展了"一教"运动，以法律来统一人们的思想、舆论和风俗。这次运动虽然带有文化专制主义的色彩，但也包含着培养法律人才、进行全民普法的积极成分。"一教"的推行在秦国形成了浓厚的学习法律的氛围，进一步树立了法律的权威，培养了民众的法律意识。这对于今天法制社会的确立具有一定的积极意义。

倡导法制，首先应该让全民知法，明白如何守法，如何行使法律权利和承担法律义务。法制宣传教育是提高全民法律素质、推进依法治国方略实施的基础性工作，是构建社会主义和谐社会的重要保障。如果全社会形成了良好的"知法"氛围，就会进一步巩固"守法""用法"的成果。

四、严明吏治

法家主张严明吏治，在理论上对职权的划分给予了充分注意。"分职"意味着对君主无端地干预司法进行某些限制。在法家的理论中，官吏的权力义务、身份职责都规定得清清楚楚，不能随便改变和替代，否则将破坏整个法治系统的有序性。官员作为国家法令的具体执行者，其职务行为是保障国家机器正常运转的关键。《韩非子·二柄》中曾记载：韩昭王醉酒而睡，掌帽的侍者怕他着凉，拿来衣服盖在他身上，结果韩昭王同时处罚了掌帽的侍者和掌衣的侍者。韩非认为，臣僚不准超越职守而建立功绩，人应该各司其职，否则名为帮忙做好事，实则是对别人职务的干涉。

法家整顿吏治不仅仅是在条律上加以声明，也注重通过健全政务体制禁绝官吏犯罪。商鞅曾经针对防止官吏贪污舞弊提出过一个建设性的观点："无宿治，则邪官不及为私利于民"（《商君书·农战》）。意即朝廷应杜绝拖延政务，这样奸邪的官员就来不及在人民中间牟取私利。

五、法不阿贵

为了挑战旧势力，为新法贯彻扫清障碍，法家将打击的对象重点指向历来享有法律特权的贵族阶层。李悝曾经提出"食有劳、禄有功"，主张"赏无等级"。商鞅总结历史教训，认为"法之不行，自上犯之"，为尊重法律，就要杜绝法律因适用对象身份的不同而有所迁就，进一步提出"刑无等级"的思想。这种思想的贯彻沉重打击了贵族势力，为贯彻旨在富国强兵的法令扫清了道路。韩非将"刑无等级"思想发挥到了极致，他尖锐地指出，造成"刑有等级"、法外特权的主要因素是特权阶层利用自身的权势干扰法律的制定和实行。所以要实现法治平等，就应该"法不阿贵"，重点打击特权阶层。遗憾的是，后世的统治者未能贯彻法家这一进步思想，而是为了适应儒家倡导的等级社会的特点，实行特权阶层的法律优待政策，典型的有"八议"（八类权贵人物犯罪以后，"大罪必议，小罪必赦"，享受特殊优待，司法部门不得擅做处理。八种人分别是亲、故、贤、能、功、贵、勤、宾）、"官当"（官阶可以冲抵刑罚的制度）等制度。"刑无等级"和"法不阿贵"的思想产生于君主政体的背景下，无法超越"君权下的法治"的历史局限性，与现代民主政体下"法律面前人人平等"的原则并不等同，但毕竟有其进步意义。周礼建立了等级社会的特权原则："刑不上大夫，礼不下庶人"；

孔子突破该传统，宣扬"仁者爱人"的博爱思想，将"礼"下至庶人；商鞅则将"刑"上之大夫，这些在中国思想史上均具有划时代的意义。

在审慎立法的基础上，法家坚持臣民平等守法，执法必公。公平与平等是法家法治精神的集中体现，也是现代法制建设尤其应该重视的方面。

六、重刑思想

法家的重刑思想和实践在中国历史上也产生了深远的影响，自汉代以后实行德治的历代王朝也没有彻底摆脱重刑的思想，不仅对违反行政和民事的行为给予刑事处罚，而且采用乱世用重刑的政策，对违法行为给予严厉的处罚。法家认为，法律的功用就是禁止犯罪，为了达到这个效果，应不惜以酷法来威吓民众。重刑的初衷并非为了杀戮，而是希望"以杀去杀，以刑止刑"。法家并不是像儒家所说的那样刻薄寡恩，以杀为快，而是以严刑为止奸息暴的手段，不得已才用之。若是能轻刑止奸，自无须重刑。在现代法制背景下，"重刑"或"轻刑"都不得违背"罪刑法定"和"罪刑相适应"的原则，应保持法律的权威性和强制力，以震慑犯罪，实现司法公正。

七、富国强兵

法家主张富国强兵的理由主要有三：

其一，"国富者兵强""兵强者战胜"。在法家看来，"国多财，则远者来；地辟举，则民留处"（《管子·牧民》）。换言之，国家富强可以维持人丁兴旺，提供更多的兵源，进而在各国竞争中立于不败之地。

其二，"兵强而主尊"，即"兵强"有利于维护以王权为核心的政府权威。按照法家的逻辑，"主尊"才能确保国家强盛，"兵强"是确保"主尊"的要件之一，而"兵强"又必须以"国富"为基础。

其三，法家认为，"凡治国之道，必先富民。民富则易治也，民贫则难治也"（《管子·治国》）。因为"仓廪实则知礼节，衣食足则知荣辱"。如今与法家所处的时代迥然有异，但国与国之间的实力竞争激烈，各国在为富强而奋斗方面确有相似之处。近代思想家陈启天指出："旧战国时代对于国家的急务是富国强兵，新战国时代对于国家的急务也是富国强兵。运用何种方法以完成富国强兵的急务，新旧两时代固然大有差异，然其趋于富国强兵的途径则无二致。所以在旧战国时代，有军事的及经济的国家主义；在新战国时代，也一样有军事的及经济的国家主义。国家的坚固基础必须建立在富强的实力之上。故旧战国时代尽力谋求富强，新战国时代尤其尽力谋求富强，不富不强的国家，便不能生存于旧或新的战国时代，这也是无二致的。"当前，所面临的国际形势是"经济全球化趋势增强，科技革命迅猛发展，产业结构调整步伐加快，国际竞争更加激烈，发达国家在经济技术上占优势的压力、霸权主义和强权政治的压力将长期存在"。虽然在全球化的背景下世界各国利益的一致性增加了，但其矛盾性并没有因此而减少，追求本国利益的最大化、谋求军事上的优势仍然成为世界各国获得经济利益的保证。

由于时代的发展，现在与法家所处的时代有很大不同。国家实力已不单单指农业、军事，而是包括经济、科技、政治等在内的综合国力。在综合国力竞争中，经济实力是基础，军事实力是保障，知识和科技创新是关键，民族凝聚力则是思想保证和精神动力。这就决定了中国社会主义法制必须坚持科学发展观，推进可持续发展战略的实施，促使国家经济实力、国防实力和民族凝聚力不断增强，促进知识和科技不断创新，进而促进人民物质、文化、生活水平的不断提高和社会的全面进步。

八、实用求变

法家身处剧变的时代，理性看待社会形势的变化，主张随时随势而为，进行适当的、实用的改革，反对保守和复古。中医学术的更新与发展也常常伴随着自然、社会的变化和人类疾病谱的改变而发生。各中医流派的学术主张往往是根据当时的社会背景、医疗现状、时弊、疾病特征而提出的。实用求变的思想是中医学术发展与更新的动力。

1. 理性思想与中医生命观　荀子主张"制天命而用之"，中医学认为个人的努力可以预防疾病的产生，改变疾病的发展方向。"天行有常，不为尧存，不为桀亡。应之以治则吉，应之以乱则凶。强本而节用，则天不能贫；养备而动时，则天不能病；修道而不贰，则天不能祸"（《荀子·天论》）。

韩非子认为，通过保全"神"进而保全形体的完好，"言其神不淫于外也，神不淫于外，则身全"（《韩非子·解老》）。中医对疾病、自然、身体采用理性的看法，虽然早期与巫术相生相伴，但在秦汉之际就明确了医学与巫术的不同，并主张与巫术分道扬镳。面对医生可以救活死人的说法，保持清醒地理性认识。《史记·扁鹊仓公列传》里扁鹊面对他人认为他能救活死人的说法，理性而客观地指出："越人非能生死人也。此自当生者，越人能使之起耳。"并提出："信巫不信医，六不治也。"

中医学认为，人的生命有限，但医学可以改变生命和疾病的进程，通过审因论治、扶正固本、注重养生、机体调摄、适度饮食等方式，可以延缓机体的衰老。中医反对天命论，不认为"死生有命"。明代虞抟驳斥"人之寿夭，各有天命存焉，凡人有生必有死，自古皆然，医何益乎"（《医学正传》）的观念，认为寿夭除了与先天父母精血盛衰有关外，还与后天的调养有很大的关系。医生从事医药研究的目的是"欲扶植乎生民各得尽乎天年也"，通过医学，延长寿命，"是故医者可以通神明而权造化，能使夭者寿而寿者仙"。虞抟反对"鬼胎"的观点，说"非神之惑于女，乃女之惑于神耳"（《医学正传》），反对使用巫术治病，云："邪术惟邪人用之，知理者勿用也。"

2. 实用思想与中医疗效观　法家重实用，主张"赋禄者称其功"（《韩非子·八奸》）。中医学也通过实际的临床疗效考查医师治疗水平并予以相应的报酬。《周礼·天官》记载了西周时期以治病疗效为依据考核医师："岁终则稽其医事以制其食。十全为上，十失一次之，十失二次之，十失三次之，十失四为下。"其后历代的医师考核、管理制度也多以临床疗效为评价标准。《宋史》对太医局的工作人员"岁终则会其全失而定其尝罚"，《明史·职官》则"岁终，会察其功过而殿最之，以凭黜陟"。

对疗效的追求也是促进中医学发展的动力之一。瘟病学家吴瑭面对瘟疫横行，百姓病亡的惨状，指出："生民何辜！不死于病而死于医，是有医不若无医也。学医不精，不若不学医也"（《温病条辨·自序》）。

3. 革新思想与中医学术发展　法家反对保守复古，主张随时势开展适当的改革，提倡"法与时移""不慕古，不留今，与时变，与俗化"（《管子·正世》）。《商君书·壹言》说："故圣人之为国也，不法古，不修今，因世而为之治，度俗而为之法。故法不察民之情而立之，则不成；治宜于时而行之，则不干。故圣王之治也，慎为察务，归心于壹而已矣。"《韩非子·心度》指出："法与时转则治，法与世宜则有。故民朴而禁之以名则治，世知维之以刑则从。时移而治不易者乱，能治众而禁不变者削。故圣人之治民也，法与时移而禁与能变。"历史是进化发展的，人与制度要适应时代的发展和社会的要求。中医学认为，治病须审病知源，不泥古，不泥书。中医讲究辨证论治，"三因制宜"是《黄帝内经》重要的治疗思想，在《素问·五常政大论》《素问·六元正纪大论》《素问·异法方宜论》《灵枢·五变》等篇多有论述，分为因人、因地、因时制宜三个方面。中医在对生命的认知、疾病的认识、治法的制定、补泻原则的确定、方药的选择使用乃至医学理论的发展更新方面，无不体现出"变"。

《素问·上古天真论》论述了人体从幼至老的演变过程："女子七岁，肾气盛，齿更发长。二七而天癸至，任脉通，太冲脉盛，月事以时下，故有子。三七，肾气平均，故真牙生而长极。四七，筋骨坚，发长极，身体盛壮。五七，阳明脉衰，面始焦，发始堕。六七，三阳脉衰于上，面皆焦，发始白。七七，任脉虚，太冲脉衰少，天癸竭，地道不通，故形坏而无子也。"中医学认为，病势变化多端，治法应根据病情的不同和变化灵活应变，选择最适合病情的方法进行治疗。《素问·至真要大论》云："寒者热之，热者寒之，微者逆之，甚者从之，坚者削之，客者除之，劳者温之，结者散之，留者攻之，燥者濡之，急者缓之，散者收之，损者温之，逸者行之，惊者平之，上之下之，摩之浴之，薄之劫之，开之发之，适事为故。"

张仲景的《伤寒杂病论》以"六经"思想阐述伤寒的发展和传变过程，根据疾病之"变"，随病势而采用不同的治疗方法和药物。

金元以来，中医理论的发展也与医家的革新求变精神相关。《太平惠民和剂局方》（以下简称《局方》）在宋代官修之后，盛极一时，医者相率以为《局方》之学，弃《素问》《难经》不学，"《局方》流行，自宋迄今，罔间南北，翕然而成俗"（《格致余论·序》）。且《局方》多选用辛香燥热之物，于病多有偏颇。针对这种情况，当时的医家根据社会与疾病的现实情况，提出了医学理论和治疗方法的革新。

刘河间提出"六气皆从火化"，立火热之论，倡寒凉之法。张从正针对部分医生投病人所好、过用补药的风气，从邪论病，主张以汗、下、吐三法为治病大法。至朱丹溪时，人们依然拘泥地使用《局方》温补辛热的方剂，"官府守之以为法，医门传之以为业，病者恃之以立命，世人习之以为俗"（《局方发挥》）。然当时的天气变化，战局频繁，民多阴虚火旺，已与《局方》成书时代官民乐享太平、体质羸弱的情况有所不同，滥用辛热燥烈药物温补，多造成伤阴劫液之弊。朱丹溪认为，"操古方以治今病，其势不能以尽合"（戴良《丹溪翁传》），"今乃集前人已效之方，应今人无限之病，何异刻舟求剑，按图索骥？冀有偶然中病，难矣"（《局方发挥》），故根据社会现状、疾病、人体的现状，潜心研究，认为"阴常不足，阳常有余"，著《格致余论》《局方发挥》等书，剖析误用辛热燥烈药物对阴虚血少者健康的损伤，并创大补阴丸、二妙散、越鞠丸等卓有疗效的方剂，纠正时弊颇多。至张介宾时，又根据当时的病情和世情，认为时人"阳非有余，元阴元阳不足"，在治法上改丹溪的滋阴为温补，创左归丸、右归丸等方剂。温病学的产生发展也是瘟病学家发现拘泥于前人方剂和理论不能治疗当时的温病。吴有性在目睹疾病后，"以今病简古书，原无明论，是以投剂不效，医者徬徨无错，病者日进危笃，病愈急，投药愈乱"（《瘟疫论》），认为"守古法不合今病"，从而提出了新的学说。

商鞅认为不应拘泥于现状。"圣人不法古，不修今，法古则后于时，修今则塞于势"（《商君书·开塞》）。中医学术史上多次反对在医学理论和治疗方法上的泥古。历代医家都指出要审时审病，随时随势而变。宋代杨士瀛指出，"阴阳之消长，寒暑之更易，或失其常，在智者通其活变，岂可胶柱鼓瑟，按图索骥也耶"（《仁斋直指方论》）？《医学集成》指出："学者要有灵机，救人全凭活法。若胶柱鼓瑟，万难奏效。"王肯堂在《伤寒证治准绳》也指出："若无活法通变，而胶柱鼓瑟，未有不至于杀人者。"医家用法治病也要随症加减，《疯门全书》认为："悟后则随证加减，触手生春，若胶柱鼓瑟，反失制方本意。"

中医学认为，"操古方以治今病，其势不能以尽合"，基于时、势理性地认识疾病，理论上创新求变，治病方法上灵活变通，与韩非子"法与时移而禁与能变"的思想理念有异曲同工之妙。

基于社会现实，大胆革新与创造，是中医学绵延发展并长期富有活力的源头，也是现代中医学发展的有力推动。

【思考题】

1. 简述法家思想的立论依据。

2. 简述商鞅、申不害、慎到、韩非子等法家代表人物的主要观点。

3. 简述法家"法不阿贵"的重要意义。

4. 如何理解"循名责实"。

5. 法家"不法古，不循今"的思想有何现实意义。

【阅读书目】

1. 韩非子（中华经典名著全本全译全注丛书），高华平等译注［M］. 北京：中华书局，2015.

2. 商君书（中华经典名著全本全译全注丛书），石磊译注［M］. 北京：中华书局，2011.

3. 管子（中华经典名著全本全译全注丛书），李山等译注［M］. 北京：中华书局，2019.

4. 许富宏撰. 慎子集校集注［M］. 北京：中华书局，2013.

第九章　杂家文化 ▷▷▷▷

杂家是战国末期至汉初的哲学学派。《汉书·艺文志》云："杂家者流，盖出于议官。兼儒、墨，合名、法，知国体之有此，见王治之无不贯，此其所长也。及荡者为之，则漫羡无所归心。"杂家博采各家之说，思想比较驳杂。杂家的出现是统一的封建国家建立过程中思想文化融合的结果。杂家的典型代表著作是《吕氏春秋》。

《吕氏春秋》又名《吕览》，是战国末期秦国丞相吕不韦（前292—前235年）组织门客辑百家九流之说编撰而成的著作，成书时间在秦始皇八年（前239年）前后。《吕氏春秋》分为十二纪、八览、六论，共26卷，160篇，20余万字。十二纪各有5篇，共60篇；八览各有8篇，共64篇；六论各6篇，共36篇。全书以道家思想为主干，融合诸子学说，荟萃各家之精华，成一家之思想，"于百家之道无不贯通"，反映了道家、儒家、法家、名家、墨家、纵横家、兵家、农家、阴阳家等各家思想，记载了不少古史旧闻、古人遗语、古籍佚文以及古代科学知识，包含了中国古代医药、农业、音乐、军事等方面的重要资料，因此《汉书·艺文志》将其列于杂家。

《吕氏春秋》以"王治"思想为目标，构建了一个汇集先秦各家学派思想的庞大体系。全书有着系统性、完整性的编排结构，明显有别于其他先秦诸子的著作。十二纪按照阴阳家春生、夏长、秋杀、冬藏的思想进行建构，以四季分篇，春、夏、秋、冬又各有孟、仲、季三纪。每一纪以月令开头，记述该月的气候、农事、政令和与之相应的五行、五方、五音、五色、五祀及干支等，形成极为整齐的结构。同时按四季不同的特点，将四组论文（每组四篇）分别安排于四季之下。由春季生万物，联系到养生，而有《本生》《贵生》等篇；夏季主长，类比于人类成长时期需教学，所以夏纪里的论文多讲教学和音乐的道理；秋季肃杀，所属论文大都与对外用兵、对内施刑有关；冬季主藏，在人事上引申出死葬之义，又从岁寒松柏之常青联系到人品的贞洁、简廉。八览的内容从开天辟地说起，一直到做人务本之道、治国之道以及如何认识、分辨事物、如何用民、为君等。六论的内容是杂论各家学说。《吕氏春秋》在编排上虽然未能完全避免重叠、杂合、牵强等缺点，但是有一个大致严整的系统，其中各部分都有相对突出的重点论题。作者编撰此书的用意是综合诸子百家思想，总结历史经验，为即将形成的中央集权的大秦帝国提供一套长治久安的治国方案。

一、《吕氏春秋》的思想渊源

战国末年，经过多年的兼并战争，逐渐形成了以七个国家为主体的鼎力局面。秦国经过商鞅变法后，国力越来越强盛，其他六国势力则日渐衰败，结束分裂局面、完成统一的任务明显地落到秦国身上。在文化上，各家为了宣传自己的主张，互相攻讦、水火不容的百家争鸣局面也在向汇合方向演变，出现了诸子百家彼此互相吸收融合的现象。例如《荀子》就带有总结性质，虽为儒家学派著作，但主张隆礼而重法，反对神鬼，热心辩察，可以说是兼儒法、合道儒的。《韩非子》是法家思想之集大成者，融法、术、势于一炉，同时也吸收了老子的思想。

秦国丞相吕不韦作为大政治家，在执政期间，一改秦国讲求武功、不重文治的传统，汇集了大批各色各样的文人，《吕氏春秋》就是在这种环境下编撰成书的。对于诸子百家各种不同甚至对立的思想，《吕氏春秋》采取一种平等对待与兼容并蓄的态度，有意识地破除学派间的门户成见。正如《吕氏春秋·不二》所说："老聃贵柔，孔子贵仁，墨翟贵廉，关尹贵清，子列子贵虚，陈骈贵齐，阳生贵己，孙膑贵势，王廖贵先，儿良贵后。此十人者，皆天下之豪士也。"《吕氏春秋》认为，以上十家学说虽不能单独治国，但各有优点。至于如何实现诸家思想的统一，《吕氏春秋·用众》说："天下无粹白之狐，而有粹白之裘，取之众白也。夫取于众，此三皇五帝之所以立大功名也。"通过取众家之长的方式集腋成裘，从而将诸子百家思想融合为一，形成以"王治"为旨归的思想体系。正如东汉高诱在《吕氏春秋序》中所说："然此书所尚，以道德为标的，以无为为纲纪，以忠义为品式，以公方为检格，与孟轲、孙卿、淮南、扬雄相表里也。是以著在《录》《略》。诱正《孟子》章句，作《淮南》《孝经》解毕讫，家有此书，寻绎案省，大出诸子之右。"

在具体内容上，道家的自然、无为、养生思想，墨家的尚贤、兼爱、节葬思想，法家的法治、通变思想，儒家的仁义、孝悌、民本思想，阴阳家的月令时宪、五德终始与天人感应，名家的正名审分、循名责实，兵家的治军、利战，农家的重农、岁时等思想在《吕氏春秋》中都以取众家之长的方式而获得了较多的吸纳和融汇。

1. 道家的影响　对《吕氏春秋》影响较大者首推道家。《吕氏春秋》在哲学上的最高概念是"道"，又称作"太一"或"一"。老子认为，天道自然无为："万物作焉而不辞，生而不有，为而不恃，功成而弗居"（《老子》）。《吕氏春秋》也认为天道至公，"天无私覆也，地无私载也，日月无私烛也，四时无私行也"（《吕氏春秋·去私》）。老子提出："人法地，地法天，天法道，道法自然。"（《老子》）《吕氏春秋》也提出"法天地"的思想。

《吕氏春秋》对《庄子》也多有借鉴，很多仅是文字上的出入。例如，《吕氏春秋》强调万物本性不能改变、无为的关键在于使万物各安天性、君无为臣有为、先治身后治国、轻外物重自身等观点都是继承于庄子。《吕氏春秋》继承了道家的某些思想，又对其有所扬弃，比如接受了老子尊重自然规律、重视事物发展和矛盾转化的思想，剔除了其消极避世、寡欲去知的主张。

2. 墨家的影响　墨家思想在《吕氏春秋》中也多次出现。墨家提倡兼爱、尚贤、节葬、辩察等思想。《吕氏春秋》多篇文章也讲究爱利之道，认为人君不能虚谈礼教，要"以民为务，忧民利，除民害"（《吕氏春秋·爱类》），这就纠正了某些儒者离开民利而奢谈爱人的偏向。《吕氏春秋》的尚贤观点也接近墨家。墨家尚义，《吕氏春秋》对义也极为推崇。《吕氏春秋》还发挥了墨家的节葬主张，但舍弃了其中的鬼神思想。

3. 儒家的影响 《吕氏春秋》对儒家思想也较为重视，书中多次赞扬孔子及其弟子，往往儒墨并称。它肯定儒家的"三纲五常"思想，宣扬孝道。《吕氏春秋》认为，音乐可以移风易俗，有邪正之分，这与儒家正统的音乐理论是相合的。在教育问题上，提倡尊师，这是对于儒家礼教思想的发挥，但对孔子重视的天命及繁缛之礼却较少涉及。

4. 阴阳五行学说和法家学说的影响 先秦时的阴阳五行学说对于《吕氏春秋》思想体系的形成具有很多影响。从《易传》的阴阳概念，到《管子》的四时配五行、五方、五味、五色等，再到邹衍用阴阳五行解释人类社会的兴衰交替的思想都被《吕氏春秋》继承下来，但它的系统性要大大超过前人。

《吕氏春秋》肯定法的重要性和变法的必要性，这与先秦法家学说是一致的，但扬弃了法家专恃威势、法术治国、绝对尊君等主张。此外，《吕氏春秋》很多兵家思想与孙武、孙膑兵法相应。

总之，《吕氏春秋》对于诸子的思想都有所吸收，对各家思想进行加工改造而不是原封不动地照抄，从而形成了一种新的理论体系。由于时代和学术思想自身发展规律的限制，虽然《吕氏春秋》的思想融汇与综合还难免内容的驳杂，但它对秦汉大一统封建王朝确立以后的思想文化融合发展有着重要的导向和示范作用。

二、《吕氏春秋》的宇宙观和天人关系学说

先秦时期的宇宙论思想主要有道家的"道"生万物说、《易传》的"太极"化生说、《管子》的"精气"说以及阴阳家的阴阳五行学说等几种图式，《吕氏春秋》正是在综合吸收这些思想的基础上，形成了自己更为成熟与系统的宇宙自然观和天人关系学说。

1.《吕氏春秋》的宇宙观 如何看待天、怎样处理天人关系是诸子讨论的一个重大问题，也是哲学思想中的根本问题之一。《吕氏春秋》在天地万物的生成问题上，继承了道家老子的道论，并用《庄子·天下》篇的"太一"观念，把"太一"与"道"等同起来，将其作为宇宙万物生化的总根源，认为万物生于"太一"，从"太一"到天、地、人是个依次生成的过程。《吕氏春秋·大乐》记述了天道的变化过程："太一出两仪，两仪出阴阳。阴阳变化，一上一下，合而成章。浑浑沌沌，离则复合，合则复离，是谓天常。天地车轮，终则复始，极则复反，莫不咸当。日月星辰，或疾或徐，日月不同，以尽其行。四时代兴，或暑或寒，或短或长，或柔或刚。万物所出，造于太一，化于阴阳。"这里勾勒出一幅由"太一——两仪（天地）—阴阳—万物"层次清晰而具体的宇宙生成论图景。"太一"即天道，指天地形成前的宇宙原始状态，是无始无终的。有了天地，便形成了阴阳这两种最基本的概念，阴阳相互作用则生成万物。

阴阳相互作用，生成万事万物。"凡人物者，阴阳之化也""夫物合而成，离而生（《吕氏春秋·知分》）。合为天地和合，离即一物脱胎他物而自立。万物之生是各种条

件的集合，"凡生非一气之化也，长非一物之任也"（《吕氏春秋·明理》）。万物的发展变化是有规律可循的，万物的发展具有循环性，"天地车轮，终而复始，极则复反，莫不咸当"，天道贯穿于万事万物的运动中。针对这层意思，《吕氏春秋》还提出了"天道圜"的说法："一也齐至贵，莫知其原，莫知其端，莫知其始，莫知其终，而万物以为宗。圣王法之，以令其性，以定其正，以出号令"（《吕氏春秋·圜道》）。"一"即道，作为万物变化发展的普遍规律，不能为人力所改变，万物的生成、发展都离不开它，遵循这个规律，行动就会无往不利。

《吕氏春秋》直接继承了荀子的唯物主义自然观，认为天是自然之天。《吕氏春秋·当赏》说："民无道知天，民以四时寒暑日月星辰之行知天。四时寒暑日月星辰之行当，则诸生有血气之类皆为得其处而安其产。"天指的是天体，季节气象之类的事物，认识了这些事物就等于认识了天。

《吕氏春秋》认为，天地万物的性质及其运动规律具有客观必然性，人不能随意支配它。"性者万物之本也，不可长，不可短，因其固然而然之，此天地之数也"（《吕氏春秋·贵当》）。

《吕氏春秋》的天命观基本上是儒家的，承认命运的存在，甚至认为它有主导性的一面。它举晏子在齐国内乱中不畏死的事例，以为晏子可以称得上是知天命者，认为"命也者，不知所以然而然者也，人事智巧以举错者不得与焉。故命也者，就之未得，去之未失。国士知其若此也，故以义为之决而安处之"（《吕氏春秋·知分》）。《吕氏春秋》认为，命是事物发展过程中的一种必然性，"祸福之所自来，众人以为命焉，不知其所由"（《吕氏春秋·召类》）。这种必然性有时会带来好的结果，有时会带来坏结果，人们不必过分依赖它，也不必向它低头，关键在于能主动把握、利用，以便使人事智巧通行无碍。《吕氏春秋·慎人》篇指出："功名大立，天也，为是故，因不慎其人，不可。"承认有人力不可抗的因素，但也不能否认人为的作用。从这一点上说，《吕氏春秋》对命的定义实际上否定了鬼神，更重视人的主观能动性。

2. 天人关系学说　《吕氏春秋》以"太一"为天地万物的本原，认为包括人在内的天地万物都是由作为宇宙本原的"太一"或"精气"通过阴阳和合而化生出来的，因此天、地、人就构成了一种同源共体的内在关系。在天人关系上，《吕氏春秋》认为，人道与天地自然有内在的统一性和对应关系，人类社会的活动规律与自然相适应，即"法天地"，这种思想在十二纪中得以充分体现，其中逐月对人的活动作了规定，记载了每月的季节、气数、天象、物候、农事、政令，配以五行、五方、五色、五音、五帝、五神等。这是一个在形式上较为严整、内容上科学且与神学相交的世界图式，在一定意义上反映了古代农业生产经验在理论上的升华，要求人类的活动必须与天地相适应。以春纪为例，春天万物复苏，耕作渐忙，在政令上"王布农事"；"修利堤防，导达沟渎"；"省妇使劝茧事"，同时"禁止伐木，无覆巢，无杀孩虫胎夭飞鸟，无麛无卵"；"不可以称兵"。"不称兵"是怕妨碍农事，其他数项都是为了保护动植物的繁育生长，避免在幼小时就被捕伐。这表明，先民很早就懂得保护自然环境的重要性。长期的生产经验凝聚为这样一个大致固定的格式，并无神秘意味，是实实在在的社会生产实践活动的反映。

人法天地的思想，肯定天地的自然属性和自然规律的客观性，强调人类活动必须遵守自然规律无疑是合理的，但是《吕氏春秋》在天与天人关系上存在着唯心论，并受神学的影响，在天人感应上表现得最为明显，其中祥瑞说、灾异说、人事影响天时天命说为汉代董仲舒所继承发扬。例如《吕氏春秋·应同》说："凡帝王者之将兴也，天必先见祥乎下民。"黄帝时出现大蝼，是为土德的标志；禹之时草木秋冬不杀，是为木德的象征；汤之时金刃生于水，是为金德的征兆；文王时火赤鸟衔丹书集于周社，是为火德的预示。《吕氏春秋·明理》认为，国家混乱，自然界就会出现怪异现象，如风雨不适，四时易节，日月星云有异态。《吕氏春秋·制乐》认为，"见祥而为不善则福不至""见妖而为善则祸不至"。祥瑞和妖孽本来是天降的吉兆和凶兆，但天往往不立即赏罚，还要考察人们对警告的反应，再做最后的审判，得吉兆而作恶，上天不再赐福，反之亦然。《吕氏春秋·制乐》举例说，文王八年卧病，国郊又发生地震，祸在人主，由于文王能及时修善政，终于化凶为吉。宋景公时荧惑在心，当宋之分野，祸应于君，景公不忍移祸于臣民和岁收，而请求移祸于自身，于是感动上天，荧惑迁徙，景公延寿。天人感应说就其社会意义来说，是为社会的治乱兴衰和人事的吉凶祸福寻找宗教神学上的理论根据，在当时的时代条件下有一定的积极意义。但是天人感应说又容易陷入神秘主义的末流，比如"类固相召，气同则合，声比则应"的现象在现实生活中确实存在，但《吕氏春秋》却把这种思想无限推演和类比下去就陷入了荒诞，因"鼓宫而宫动，鼓角而角动"这种共鸣现象，引申出了"覆巢毁卵，则凤凰不至；刳兽食胎，则麒麟不来；干泽涸渔，则龟龙不往"，接着又得出"同气贤于同义，同义贤于同力，同力贤于同居，同居贤于同名。帝者同气，王者同义，霸者同力，勤者同居则薄矣，亡者同名则粗矣"的结论，不免牵强附会。

"法天地"就是人要效仿天地去行事，天地是至公无私的，"天无私覆，地无私载"，所以人也应该排除个人私欲的干扰，因而赞同道家的无为。但是道家所提倡的无为，在《吕氏春秋》里，其含义已经与《老子》有所不同。《吕氏春秋·适音》云："无为之道曰胜天"（王念孙注："胜犹任也"）。无为的要求就是按客观规律办事，不违反事物各自的天性，"天道圆，地道方，君道约，臣道劳，养生之道在适欲"。

为了深化法天地和"无为"的概念，《吕氏春秋》着力阐释了"因"这一概念。"因"有效仿、凭借等含义，全书中"因"的概念得到了广泛应用，凡涉及主客观关系的大都以"因"作为人的行为原则。《吕氏春秋·知度》云："有道之主，因而不为，责而不诏，去想去意，静虚以待。不伐之言，不夺之事。督名审实，官使自司。"说君之道在任贤而不自劳。《吕氏春秋·决胜》以"因"论军事："凡兵贵其因也，因也者，因敌之险以为己固，因敌之谋以为己事。能审因而加胜则不可穷矣。"用兵之道，要善于使敌人各方面为我所用，即人应认识、尊重、服从规律，顺应事物的趋势而发挥人的主观能动性，利用客观事物的规律，因势利导，达到目的。

《吕氏春秋》"造于太一，化于阴阳"的宇宙生成论突出了道家关于"天道自然"的思想，它在天、地、人合一中描述的天人感应思想强调了墨家关于天的神性主宰、儒家关于天的道德义理内涵，从而将先秦以来各家关于天的不同认识融合为更具包容和开放的特征。它以"法天地"和"察阴阳之宜"思想为标志的天人关系学说，一方面继承了道家"道法自然"的思想，另一方面吸收了儒家注重人事、墨家勇于实践的能动精神，在吸取各家思想之长的基础上，实现了更全面的综合，在处理天人关系问题上达到了更高的理论水平。

三、《吕氏春秋》的政治观

《吕氏春秋》编纂的直接目的是在综合先秦各家思想精华的基础上，形成适合新形势下大一统帝国政治统治所需要的指导思想，以解决所谓"国体"与"王治"的问题，因此，政治思想是《吕氏春秋》最核心的内容。为达到这一目标，《吕氏春秋》从"造于太一，化于阴阳"的宇宙自然观和"法天地""察阴阳之宜"的天人关系等哲学思想出发，综合损益儒、道、墨、法、名等各家政治思想，提出了大一统的王道政治、爱民任贤、德主刑辅、君因臣为、重法通变等一整套治国方略。

1. 反对家天下和君主独裁 《吕氏春秋》实际上是吕不韦治理国家的策略，很大篇幅论述了为君之道。它认为，人类社会必须有君主出现，这是社会进步的表现。人类的争斗是天性，无君的社会会产生许多祸害，无法长期维持。"胜者为长，长则犹不足治之，故立君，君又不足以治之，故立天子"（《吕氏春秋·荡兵》）。无君，则人们以力为尊，长少、贤愚相颠倒，"日夜相残，无时休息，以尽其类"（《吕氏春秋·恃君》）。圣人深知无君之患，所以设立天子与国君，以安定天下国家。有了君，人们形成社会才可相与为利。但《吕氏春秋》明确地把国君个人与国君职位进行区分，认为自有君以来，君可废，"而君道不可废"（《吕氏春秋·恃君》），"废其非君，而立其行君道者"（《吕氏春秋·恃君》）。虽然统治者的权力绝对不能与被统治者共享，但是天子与国君要法天地之公，去私贵公，以天下国家的利益为重，不能实行家天下和君主独裁，这种思想是《吕氏春秋》的发明，是它的可贵之处。"天子之动也，以全天为故者也""天下非一人之天下也，乃天下人之天下也"（《吕氏春秋·贵公》）。这一思想虽然慎到、道家也有过表述，但这样明确、具有民主色彩的口号，是同时代其他思想家所不能比拟的。君主要按治国原则办事，"君虽尊，以白为黑，臣不能听"（《吕氏春秋·应同》），原则高于君父个人意志。《吕氏春秋》提出此观点是要君主正确处理个人与整个阶级长远利益的关系，前者要服从后者，这是贵公、去私的真正含义。

《吕氏春秋》认为，为君治国的根本在于君主反求诸己。"为国之本在于为身，身为而家为，家为而国为，国为而天下为。故曰：以身为家，以家为国，以国为天下"（《吕氏春秋·执一》）。"能养天之所生而勿撄之谓天子。天子之动也，以全天为故者也"（《吕氏春秋·本生》）。天子的行为首先要保存天性，"适耳目，节嗜欲，释智谋，去巧故，而游意乎无穷之次，事心乎自然之涂"（《吕氏春秋·论人》）。君主能够节制情欲，顺应自然，天下才能大治。这好比制造影子的人，不是专注于影子本身，而是重视形成影子的物质实体，所以帝王治天下，不能只关注天下，而首先要重视自身的性命和道德修养。

《吕氏春秋》对君主提出了很多要求，比如在生活上要"处不重席，食不贰味，琴瑟不张，钟鼓不修"，要去尤、慎大、悔过、重言、贵直、自知等等，甚至还要求君主"子女不饬，亲亲长长，尊贤使能"。君主治其身的一个重要原则在于自知、自罪。《吕氏春秋·自知》说："存亡安危，勿求于外，务在自知。"君主自知，才能反躬自省，有所戒惧，"三代之兴王，以罪为在己，故日功而不衰，以至于王"（《吕氏春秋·论人》）。同时列举了历史上很多君主因不自知而身死国灭的例子。不自知一定会自智、自骄，这是亡国君主的表现。"亡国之主，必自骄，必自智，必轻物。自骄则简士，自智则专独，轻物则无备。无备召祸，专独位危，简士壅塞"（《吕氏春秋·骄恣》）。

2. 提倡无为而治 《吕氏春秋》认为，君主治国的一个重要原则就是君主的无为。君应当因而不为，责而不诏，正名审分，任贤使能；臣应当贤而不愚，公而不私，直而不阿。《吕氏春秋·任数》说："古之王者，其所为少，其所因多。因者，君术也；为者，臣道也。为则扰矣，因则静矣。因冬为寒，因夏为暑，君奚事哉？故曰君道无知无为，而贤于有知有为，则得之矣。"对民事应少干预，"天下时，地生财，不与民谋。有年瘗土，无年瘗土。无失民时，无使之治下"。无为需要君主把自己的心思深藏不露。"君也者，处虚素服而无智，故能使众智也。智反无能，故能使众能也。能执无为，故能使众为也。无智、无能、无为，此君之所执也"（《吕氏春秋·分职》）。无智、无能是让君主不主动任事，不去包揽众事，不流露自己的意向，冷静观察臣下的举动。"凡主有识，言不欲先。人唱我和，人先我随，以其出为之入，以其言为之名，取其实以责其名，则说者不敢妄言，而人主之所执其要矣"（《吕氏春秋·审应》）。只有这样，才能使百官竭尽才智。如果君主事事好胜，不但会造成为臣的清闲，还会培植一批阿谀奉承之徒。"人主好以己为，则守职者舍职而阿主之为矣"（《吕氏春秋·君守》）。总之，《吕氏春秋》的无为政治思想吸收了道、法等学派的有关论述，但没有道家的极端，其成为一种切合实际的政策。

《吕氏春秋》希望在君主专制下使尽可能多的人参政，天子应该听取多方面意见，包括在朝的官吏和在野的学者、侍从、外戚，乃至瞽师与平民，反对一人独断专行，主张实行较为开明的贤人政治。《吕氏春秋》认为，国家兴亡的重要原因在于君王能否用贤。《吕氏春秋·求人》中说："得贤人，国无不安，名无不荣；失贤人，国无不危，名无不辱。"《吕氏春秋·察贤》云："贤者之致功名也，比乎良医……立功名亦然，要在得贤。魏文侯师卜子夏，友田子方，礼段干木，国治身逸。"举贤人必须以德为先，"凡举人之本，太上以志，其次以事，其次以功"。《吕氏春秋》认为，历史上乱世长于治世的原因在于圣贤不世出，虽有幸出生，又可能被埋没。作为国君，必须礼贤下士。只有做到至公，才能与贤者为友，对他们以诚相见，以礼相待，这样才可以求来贤者。《吕氏春秋·下贤》说："尧不以帝见善绻，北面而问焉。尧，天子也；善绻，布衣也。何故礼之若此其甚也？善绻，得道之士也。得道之人，不可骄也。尧论其德行达智而弗若，故北面而问焉。"《吕氏春秋》还以周文王所以能王天下、齐桓公见小臣稷、魏文侯见段干木这些事例来说明贤明的君主对待贤者的诚心和尊重，不能有一点倨傲的态度，这样才能使贤者竭忠尽智，君主可以无为而天下治了。

《吕氏春秋》所指的治世尚贤、乱世去贤部分地反映了历史的真实情况。它不把社会治乱兴衰的原因归结为天命，而是归结为人事，对于人能认识社会发展规律、掌握自己的命运表现出较强的信心。《吕氏春秋》把君道作为万世不变的社会法则，表现出其时代局限性，但是认为从无君到有君是社会的一种进步，这无疑是正确的。它不承认君权神授的宗教观点，坚持用社会的原因说明君权的产生是它的可贵之处。

3. 倡导民本思想　　《吕氏春秋》里也反映了明显的民本思想、仁政德治的治国方略。民本思想通常是指古代政治生活中对于民众的社会地位和民心民意的一种肯定性意识、观念或主张（与西方的"人本主义"完全不同）。当时，社会人口流动异常频繁，封建帝王把能否使人民归附看作建功立业的根本所在。国君能否顺民心、是否行其为君之道而利天下关系到国家的兴亡。民本思想是儒家政治思想的重要组成部分，尤其在孟子的政治思想中占有突出的位置。孟子曾提出"民为贵，社稷次之，君为轻"的思想。这种重民的思想为《吕氏春秋》所吸收，成为其政治理论的重要组成部分。《吕氏春秋·务本》云："主之本在于宗庙，宗庙之本在于民。"《吕氏春秋·爱类》云："人主有能以民为务者，则天下归之矣。"《吕氏春秋》从历史的经验中看到，能否得民心是能否建立功名的决定因素。《吕氏春秋·顺民》云："先王先顺民心，故功名成。夫以德得民心以立大功名者，上世多有之矣。失民心而立功名者，未之曾有也。"周文王拒绝纣赐予的千里之地，而请求免去炮烙之刑，就是为了得民心，而得民心之利远胜过得千里之地的利益。爱民、利民就是要为民众攘除灾祸，创造幸福。《吕氏春秋·适威》云："古之君民者，仁义以治之，爱利以安之，忠信以导之，务除其灾，思致其福。"

4. 主张德治为主、赏罚为辅的治国策略　　基于民本的思想，《吕氏春秋》提出了以德治为主、以赏罚为辅的方针，这是对当时秦国根深蒂固的法家思想的挑战。首先《吕氏春秋》强调德治，它认为实行什么政治就能收到什么结果。《用民》云："夫种麦而得麦，种稷而得稷，人不怪也。用民亦有种，不审其种，而祈民之用，惑莫大焉。""用民之种"即为德政，故《吕氏春秋·爱士》云："行德爱人，则民亲其上，民亲其上，则皆乐为其君死矣。"《吕氏春秋》认为，用德政作为治国的指导思想就通达无阻，无往而不胜。"为天下及国，莫如以德，莫如行义。以德以义，不赏而民劝，不罚而邪止，此神农、黄帝之政也。以德以义，则四海之大，江河之水，不能亢矣；太华之高，会稽之险，不能障矣；阖庐之教，孙吴之兵不能当矣"（《吕氏春秋·上德》）。

《吕氏春秋》认为，在"爱利民"的前提下，赏罚可以作为一种辅助手段。《用民》云："凡用民，太上以义，其次以赏罚。"赏罚的标准应该是义，"其所以加者义，则忠信亲爱之道彰"（《吕氏春秋·义赏》），而不能以君主的好恶，"凡赏非以爱之也，罚非以恶之也，用观归也。所归善，虽恶之，赏；所归不善，虽爱之，罚"（《吕氏春秋·义赏》）。赏罚作为一种辅助手段，不可或缺，也不足专恃，只能适当运用，"威太甚则爱利之心息，爱利之心息，而徒疾行威，身必咎矣"（《吕氏春秋·用民》）。"严罚厚赏，此衰世之政也"（《吕氏春秋·上德》）。

5. 提倡忠孝礼乐　　《吕氏春秋》德治的重要内容之一是提倡忠孝礼乐，这点继承了儒家的思想。《吕氏春秋》认为，孝是修身、治国、平天下的根本。《吕氏春秋·孝行》云："凡为天下，治国家，必务本而后末……务本莫贵于孝……夫孝，三皇五帝之本务，而万事之纪也。夫执一术而百善至、百邪去、天下从者，其惟孝也。"这种以孝为治国之本的思想与秦国的以耕战为治国之本的思想不同，显示出其思想的独立性。

6. 提出贱古贵今 《吕氏春秋》从变化发展的观点出发，指出不同的时代应有不同的治国之法，应随时而变，不能泥古不化。《吕氏春秋·察今》专论变法的必要性，特别突出了贱古贵今的观念，强调"以近知远，以今知古"，不主张一味"法先王"，认为先王之法传之后世都是有损益的，"世易时移"所以应"因时变法"，提出要择"先王之成法而法其所以法"。《吕氏春秋》认为，"治国无法则乱，守法而弗变则悖，悖乱不可以持国"，强调一个国家不能没有法律，法应宜时，这就避免了崇古非今、因循守旧的错误。正如《吕氏春秋·察今》所认为的，先王之法只适用于当时当地的条件，情况发生了变化，旧法便不再适用，所以要撇开先王已成之法，学习其立法的依据。"先王之所以为法者，人也"。立法是为了维护人道，掌握了这一点，便能根据今人之实制定新法。时变而法不变，死守旧法而欲治国，好比楚人刻舟求剑。这点与法家的治国思想是一致的。《吕氏春秋》的法治变革论不仅论证了自秦孝公以来商鞅变法的合理性，而且为行将到来的统一封建帝国的新法的制定作了舆论上的准备。

总体来说，《吕氏春秋》的政治思想综合了先秦各家政治思想的精华，形成了以大一统王道政治为主旨的一整套治国方略，以期为即将到来的大一统的秦帝国的长治久安提供思想指导。但是随着吕不韦的被贬身死，《吕氏春秋》的政治思想并未被秦始皇所采纳。

四、《吕氏春秋》的人性论

自孔子提出"性相近"的人性论思想后，到战国中后期，关于人性思想的探讨成为诸子百家思想论争的重要内容，主要有老庄的自然人性论、告子的性无善恶论、孟子的性善论以及荀子、韩飞的性恶论等四种不同的观点。《吕氏春秋》的人性论是从"太一"为本原的宇宙自然观基础上对各家人性论思想的综合。

1. 肯定人的欲求 战国中期后，在人性善恶上各家各派观点不同，《吕氏春秋》的人性论是在吸收并改造告子、荀子思想某些成分和批判孟子性善说的基础上形成的。《吕氏春秋》与告子、荀子一样，认为情感欲恶是天生的普遍的人性，无论圣凡还是智愚在天性上是一样的。《吕氏春秋·情欲》说："天生人而使有贪有欲……故耳之欲五声，目之欲五色，口之欲五味，情也。此三者，贵贱、愚智、贤不肖欲之若一，虽神农、黄帝，其与桀、纣同。"人有欲求，想使自己生活得好一些，这是合理的人性，圣贤也有这种欲求，但圣贤与普通人的差别在于欲求适度，方法得当。《吕氏春秋·适音》说："人之情，欲寿而恶夭，欲安而恶危，欲荣而恶辱，欲逸而恶劳。四欲得，四恶除，则心适矣。"认为人生而有性，有性则有各种欲恶之情，这是人性的自然表现，也是人生的合理要求。《吕氏春秋》的人性论与荀子、孟子不同。荀子认为，人的欲求是恶的，若顺性而为，人必为恶，国必生乱，所以主张化性起伪，用道德教化改造人性。孟子也认为人的欲求是恶的，会使人丧失为善的本性，把人性降低为动物性。孟子和荀子在贬低人的情感欲望上是一致的。《吕氏春秋》则肯定人的欲求，认为道德与人性并不矛盾，道德是对人性的适当限制和提高。

《吕氏春秋》认为，合理的利己可推及利他，不近人情者也不会有真正的利他品质。在《吕氏春秋·知接》中，齐桓公认为易牙烹子以悦其口、竖刁自宫以侍其身都是忠臣的表现。管仲则不以为然，他说："人之情，非不爱其子也，其子之忍，又将何有于君？"违反人性者可能是伪君子，合乎人性的行为才有可能合乎道德。

《吕氏春秋》认为，人的欲求不仅表现在物质生活方面，还表现在精神生活上，人在不受辱的前提下，以全生为上，受辱而生则不如死。《吕氏春秋》的欲和义并不对立，其最有意义之处是把人的基本生存需求与道德品质统一了起来。

《吕氏春秋》认为，人性如同万物之性一样，是不可改变的，统治者治国不能违背人性，治国之道在于顺人性、从民欲，并以此作为治国施政的出发点，而不要认为民欲与君令有矛盾，需采取压制或教化的方法。《吕氏春秋·为欲》指出，如果民无欲，则赏罚不起作用。"人之欲多者，其可得用亦多"。《吕氏春秋·贵当》说："治物者不于物于人，治人者不于事于君，治君者不于君于天子，治天子者不于天子于欲，治欲者不于欲于性。性者万物之本也，不可长，不可短，因其固然而然之。"治理国家先要了解万物之性，其次要了解人性，君主都要懂得性为万物之本的道理，以顺应人性，国家才能治理好。《吕氏春秋》肯定了一般人情的正当性，主张统治者在利民的前提下用民，反对空洞的说教，或强迫人民服从自己。从历史来看，后来的正统思想越来越贬低一般人的欲望和情感，人的欲求倒成为一种罪恶。

2. 提倡节葬，反对厚葬　《吕氏春秋》吸收了墨子的节葬主张，认为送葬要有礼仪，不是由于人死后有知，而是出于活着的人对死者的感情需要。《吕氏春秋·节丧》说："孝子之重其亲也，慈亲之爱其子也，痛于肌骨，性也。所重所爱，死而弃之沟壑，人之情不忍为也，故有葬死之义。"生者是希望死者不受打扰，因此随葬物必须简朴，如果奢靡厚葬，则难免被人掘墓，扰乱死者，违背了孝子的初衷。《吕氏春秋·节葬》批判了当时上层社会流行的厚葬风气，云："今世俗大乱之主，愈侈其葬，则心非为乎死者虑也，生者以相矜尚也。侈靡者以为荣，节俭者以为陋。不以便死为故，而徒以生者之诽誉为务，此非慈亲孝子之心也。"对于富贵人家，厚葬可以显示其社会地位，炫耀财富，与其说为了死者，不如说为了生者，这是厚葬之风不能止的现实原因。对于死者，厚葬有害而无益，因为厚葬之墓向来难以保持长久。《吕氏春秋·安死》指出："自古及今，未有不亡之国也，无不亡之国者，是无不扣之墓也。"这一批评，除了否定厚葬之外，还可透露出该书作者对社会历史的清醒头脑，也从历史经验中懂得，一国政权不会永存。

《吕氏春秋》的人性论思想一方面继承和发展了老庄道家的自然人性论立场，从"天道自然"的角度探讨人性问题，另一方面又吸收了孟子、荀子等儒家人物强调对于人的自然欲望要予以节制的基本认识。正是通过对儒、道诸家人性论思想的综合论述，形成了《吕氏春秋》独特的人性论思想。

五、《吕氏春秋》的认识论

在认识论方面，《吕氏春秋》强调学习对认知事物的重要性，认为不存在生而知之的人；认知事物是由"观表"到"熟论"的深化过程，需要由表及里，由已知推论出未知；提倡按实审名，听言观行，做到名实相符。

1. 否认生而知之　《吕氏春秋》认为，世上没有天生愚昧而不可教育的人，也不存在生而知之而无需学习的人；认为人生而有耳目口心，具有获得外界知识的能力，但需要后天发挥主观能动性才能成为有学问的人。《吕氏春秋·尊师》说："且天生人也，而使其耳可以闻，不学，其闻不若聋；使其目可以见，不学，其见不若盲；使其口可以言，不学，其言不若爽；使其心可以知，不学，其知不若狂。故凡学非能益也，达天性也。"

2. 强调学习的重要　《吕氏春秋》吸收儒家关于注重教学的思想，强调尊师疾学，认为器官不加使用不如没有，学问之事并非使人增加额外的负担，只不过是把人本来就具有的才性表现得更完美而已。天下无不可教之人，盗、暴、狡等恶人，通过学习也可成为"天下名士显人"。圣贤、名士也要尊师重学。孔、墨是学者之师，也需要有老师，也需要努力学习。《吕氏春秋·博志》云："盖闻孔子、墨翟昼日讽诵习业，夜亲见文王、周公旦而问焉。用志如此其精也，何事而不达？何为而不成？故曰：精而熟之，鬼将告之，非鬼告之也，精而熟之也。"《吕氏春秋》不承认生而知之，强调后天学习的重要性，所以十分重视教育问题，提出了尊师爱生的思想，认为学生不尊师就是背叛，老师要"视徒如己，反己以教"（《吕氏春秋·诬徒》），师生间要做到"师徒同体"（《吕氏春秋·诬徒》），这种理论是十分积极合理的。

3. 强调推理　《吕氏春秋》对不可知论进行了批判，指出"先王所恶，无恶于不可知"；认为一切事物均有"征表"，可以由浅入深地逐步认识"道"；认识的任务在于发挥其预测能力，而不能只满足于了解表面现象。《吕氏春秋·审己》说："凡物之然也，必有故。而不知其故，虽当，与不知同，其卒必困。先王、名士、达师之所以过俗者，以其知也。水出于山而走于海，水非恶山而欲海也，高下使之然也。稼生于野而藏于仓，稼非有欲也，人皆以之也。"《吕氏春秋·知化》认为："凡智之贵也，贵知化也。人主之惑者则不然，化未至则不知；化已至，虽知之，与勿知一贯也。"知其然而不知其所以然不算真知，知已然而不知未然也不算真知，人应能根据已知事物，运用推理，获得规律性，获得新的知识。《吕氏春秋·察今》说："有道之士，贵以近知远，以今知古，以所见知所不见。故审堂下之阴，而知日月之行，阴阳之变；见瓶水之冰，而知天下之寒，鱼鳖之藏也。尝一脔肉，而知一镬之味，一鼎之调。"《吕氏春秋》重视通过思维推理的作用，又认为任何逻辑推理的过程与结果都必须以事实为依据。

《吕氏春秋》承认人的耳目等感官具有认识事物的能力，教导人们如何求知、察物、审人、慎小、察微，极力赞美善察之人通过精微之处得到实情。例如，《吕氏春秋·精谕》叙述齐桓公与管仲密谋伐卫，卫姬不通过语言而察言观色就能得知，但过于贬低语言的作用，是走向另一个极端。

4. 提倡名实相符　"名实"是先秦社会一个重要命题，战国末期，列国争战，百家争鸣，名实之辩更加尖锐。先秦黄老之学提出"以形务名"，墨家提出"以实取名"。《吕氏春秋》发挥前人的观点，紧密联系当时的政治斗争实践，对"名实"也多有论述，《吕氏春秋·正名》《吕氏春秋·离谓》等篇集中探讨了语词、概念、事实之间的关系。辞，即语言。语言是表达心意、交流思想的工具。《吕氏春秋·离谓》云："辞者意之表也，鉴其表而弃其意，悖。""听言者以言观意也，听言而意不可知，其与桥言无择。"反对"言心相离"，主张"言不欺心"。再进一步说，心意要与事实一致，言辞必须达理明实。《吕氏春秋·正名》说："名正则治，名丧则乱。使名丧者，说淫也。说淫则可不可而然不然，是不是而非不非。故君子之说也，足以言贤者之实、不肖者之充而已矣，足以喻治之所勃、乱之所由起而已矣，足以知物之情、人之所获以生而已矣。凡乱者，形名不当也。"言辞、学说必须能够察别贤与不肖，能够说明治乱原因，不得以是为非，以非为是，要名实相当。《吕氏春秋》不反对辩察之学，重视语言与逻辑的运用。但是反对不顾事实单纯玩弄概念，为谬误进行巧言辩解。它列举若干事例批判"淫辞"，论述逻辑思维的运用问题。齐国有事人者，主人有难而不赴死，他的朋友问他："子尚可以见人乎？"其答曰："子以死为顾可以见人乎？"（《吕氏春秋·离谓》）他朋友指责他不能赴死就义，无颜见人，他故意把"见人"的道德含义改为"看得见人"，这是偷换概念。

《吕氏春秋》肯定了语言在认识事物与表达思想中的重要作用，但言辞不能作为判断是非的根据，而言辞本身是否正确，还要看它是否准确地表达心意，在行动中是否得到证实。《吕氏春秋·淫辞》举例秦赵之约："秦之所欲为，赵助之；赵之所欲为，秦助之。"后来秦兴兵伐魏，赵欲救魏，秦国责备赵国背约，赵国公孙龙反过来指责秦国背约，因为赵不助秦是背约，那么秦不助赵也是背约。秦赵之约，没有规定具体相助的条件，论据过宽，对双方有同等效力。宋国的澄子丢了件缁衣，见一妇人穿着缁衣，便要上前索取，妇人说这件缁衣是自己的，澄子说："子不如速与我衣，昔吾所亡者，纺缁也；今子之衣，禅缁也。以禅缁当纺缁，子岂不得哉？"妇人穿着的是禅缁不是纺缁，证明不是澄子丢失的那件，但澄子以禅缁不如纺缁为由，认为自己得到妇人的衣服是便宜了对方，体现了澄子的荒谬性。

《吕氏春秋》重视类比推理的运用，继承了后期墨家《小取》"辞之侔也，有所止而正"的观点，并有所发挥。《吕氏春秋·不屈》记载了匡章在魏王面前诋毁惠施，以蝗螟害稼为比喻，攻击惠施及其随从不耕而食。惠施反驳说，筑城时有人运土指挥，这是分工不同，社会上有出力者亦需有治人者，"圣人化而为农夫，不能治农夫。施而治农夫者也。公何事比施于蝗螟乎"？社会上不能所有的人都直接从事稼穑，不事稼穑与蝗螟乃完全不同类的事物，匡章强行类比推论，是犯了不知类的错误。

《吕氏春秋》指出，"物多类然而不然""似倒而顺""似顺而倒"，事物的性质会发生转化，事物的分类十分复杂，没有一个固定不变的公式，所以在理论上进行类比时绝不能简单从事，要随时用事实加以矫正，否则会推论出荒唐的结论。例如，莘草与蘦草，单独吃就会杀人，合起来吃则会延年益寿；漆与水都有湿性，合之则呈干性。若以个体之性推断合体之性就要犯错误。鲁国的公孙绰吹嘘能起死回生，他的根据是自己能治半身不遂，若加倍用药，则能治全身僵化的死人。《吕氏春秋》认为，公孙绰犯了以偏概全的错误，"物固有可以为小，不可以为大；可以为半，不可以为全者也"。"治偏枯"与"起死人"不是量的相加，而是质的不同，因此不能同类相推。小与大对人的作用也不尽相同，小福与大福对人皆有好处，小祸与大祸对人皆有坏处；射箭射中的预定目标越小越好，打猎射中的野兽越大越好，所以小与大的作用不能仅靠推论来说明。总之，《吕氏春秋》认为推理是必要的，但是逻辑思维的过程及其结果必须符合客观实际。这就要求人们细察事物之理，掌握它的变化规律，慎重推理。

《吕氏春秋》的认识论是从大量现实生活经验教训中得出来的，精彩的评说与事例相结合，使人回味无穷。

六、《吕氏春秋》的军事理论

《吕氏春秋》在继承与吸收前人军事思想的基础上，结合秦代面临统一战争的实际，较为系统地论述了其军事理论。在对待战争的态度上，主张"兵不可偃，用兵行义"；在战争与政治的关系上，重视民心向背对战争胜负的决定作用，主张"行德顺民，用兵有时"；在治军方面，主张"选练精锐，恩威兼施"；在用兵指导思想上，主张"知彼知己，贵速待时"。

1. 提出"义兵"说，反对"偃兵说"　秦国依靠强大的军队，顺利地进行着统一事业。吕不韦作为秦相，肯定了战争的必要性与合理性，《吕氏春秋》对战争问题进行了一番探讨，核心思想就是"义兵说"。首先，批评六国中惠施、公孙龙等辩士所宣扬的"偃兵说"，论证了战争在历史上的必然性。"圣王有义兵，而无偃兵"（《吕氏春秋·荡兵》）。"三王以上，固皆用兵也，乱则用，治则止。治而攻之，不祥莫大焉"。反对一切战争不但不能带来治，反而会招致乱。

《吕氏春秋》认为，一切争斗都是战争，哪怕争斗未发而在心，或仅表现在口角和刑罚皆属于兵，其与三军攻占并无本质区别。为了论证战争的必然性，它还从人性上寻找根据，认为"凡兵也者，威也；威也者，力也。民之有威力，性也，性者所受于天也"（《吕氏春秋·荡兵》）。威力是民的天性，威力引起的争斗即是战争，扩大了战争的外延。但它并不把战争看作目的，认为战争只是达到目的的一种手段，用兵是为了行义。《吕氏春秋·荡兵》云："兵诚义以诛暴君而振苦民。"《吕氏春秋·禁塞》云："赏有义而罚不义。"又云："兵苟义，攻伐亦可，救守亦可；兵不义，攻伐不可，救守不可。"该书明确区别了战争有正义和非正义两种，并使军事隶属于政治。《吕氏春秋·荡兵》指出："夫有以噎死者，欲禁天下之食，悖；有以乘舟死者，欲禁天下之船，悖；有以用兵丧其国者，欲偃天下之兵，悖。夫兵不可偃也，譬之若水火然，善用之则为福，不能用之则为祸；若用药者然，得良药则活人，得恶药则杀人。义兵之为天下良药也亦大矣。"这段话用生动的比喻驳斥了"偃兵说"的荒谬。

2. 提出"至兵"为用兵上策　《吕氏春秋》认为，搞好政治，以政治上优势或手段使敌人不战而服，是用兵的上策。《吕氏春秋·决胜》认为，义、智、勇为兵之"本干"，而义为首。《吕氏春秋·论威》说："凡兵，天下之凶器也；勇，天下之凶德也。举凶器，行凶德，犹不得已也。举凶器必杀，杀所以生之也；行凶德必威，威所以慑之也。敌慑民生，此义兵之所以隆也。故古之至兵，才民未合，而威已谕矣，敌已服矣，岂必用袍鼓干戈哉？故善谕威者，于其未发也，于其未通也。"靠政治的威力不战而胜，称为"至兵"，是最理想的。如果不得已用兵，也不能只顾战术而忽略政治，对于敌国要存恤人民，争取民心。《吕氏春秋·坏宠》说："故兵入于敌之境，则民知所庇矣。黔首知不死矣，至于国邑之郊。不虐五谷，不掘坟墓，不伐树木，不烧积聚，不焚室屋，不取六畜，得民虏奉而题归之，以彰好恶，信与民期，以夺敌资。"兵入敌国要严肃军纪，以安民心，然后向民众说明征讨的目的，既攻克敌国，还要举贤恤贫，散财救助百姓，祭祀以随民俗，使军事胜利得到的成果得以巩固。

吕不韦当政期间，提倡义兵，放弃了秦国自商鞅变法以来所推行的"计首授爵"政策，减少了战争中的大屠杀，从而减少了统一战争中的阻力，加速了秦军事上的胜利。另一方面，在自己内部，强调要鼓励民气与士气，使统一的军令有强大的威力。"凡军欲其众也，心欲其一也。三军一心，则令可使无敌矣。令能无敌者，其兵之于天下也，亦无敌矣"（《吕氏春秋·论威》）。军队的战斗力不在人数众多，主要在于军心整齐，斗志旺盛。

3. 提出灵活的用兵主张　在用兵的策略上，《吕氏春秋》提出了若干灵活的主张。

（1）选士练兵，改进兵器，不图侥幸取胜　《吕氏春秋·简选》说："凡兵势险阻，欲其便也；兵甲器械，欲其利也；选练角材，欲其精也；统率士民，欲其教也。此四者，义兵之助也。"《孙子兵法》中说："昔之善战者，先为不可胜，以待敌之可胜。"《决胜》强调的正是这一点："夫兵贵不可胜。不可胜在己，可胜在彼。圣人必在己者，不必在彼者。故执不可胜之术，以遇不胜之敌，若此则兵无失矣。"利用敌人的弱点是必要的，但不能将自己的胜利寄托在敌人的失误上，而要使自己立于不败之地。

（2）作战要灵活多变，因地制宜　《吕氏春秋·决胜》说："智则知时化，知时化则知虚实盛衰之变，知先后远近纵舍之数。勇则能决断，能决断则能若雷电飘风暴雨，能若崩山破溃、别辨賈坠……凡兵，贵其因也。因也者，因敌之险以为己固，因敌之谋以为己事。能审因而加，胜则不可穷矣。胜不可穷之谓神，神则能不可胜也。"战争千变万化，然而有规律可循，只有智勇双全的指挥者，才能驾驭战争的进程，同时能根据当时的具体条件，化不利为有利，因敌之长为我所用，随机应变。

（3）用兵作战要抓住时机，快速主动出击，又要等待时机　《吕氏春秋·论威》说："凡兵，欲急疾捷先。欲急疾捷先之道，在于知缓徐迟后而急疾捷先之分也。急疾捷先，此所以决义兵之胜也，而不可久处。知其不可久处，则知所兔起凫举，死惜之地矣。虽有江河之险则凌之，虽有大山之塞则陷之，并气抟精，心无有虑。目无有视，耳无有闻，一诸武而已矣。"但是有利时机尚未到来时，就必须耐心等待，以伍子胥"疲楚"方略为例，说明等待时机在战争中的重要性。《吕氏春秋·首时》说："王子光代吴王僚为王，任子胥。子胥乃修法制，下贤良，选练士，习战斗。六年，然后大胜楚于柏举，九战九胜，追北千里，昭王出奔随，遂有郢，亲射王宫，鞭荆平之坟三百。乡之耕，非忘其父之雠也，待时也。"吴楚柏举之战，面对强大的楚国，吴王采纳了伍子胥的"疲楚"建议，致使楚国人力、物力被大量耗费，楚军将士疲于奔命，斗志沮丧。吴国在经过六年的"疲楚"战略后，抓住有利时机，一举战胜多年的强敌楚国，为争霸中原奠定了坚实的基础。

尽管《吕氏春秋》的部分观点仍然未脱《孙子兵法》的窠臼，但它高举"义兵"旗帜，反对"偃兵"论调，批判"非攻"和"救守"思想，重视兵民对战争的决定作用，提出"简选精良，兵械铦利"的军队建设思想，倡导"贵速待时"的战术指导思想，这些不仅很有见地，而且从某些方面弥补了《孙子兵法》的不足。

七、《吕氏春秋》的音乐理论

《吕氏春秋》对于音乐的论述主要见于十二纪，其音乐思想的基本论点来自荀子，但又有所修正。《吕氏春秋》对音乐的产生、发展、性质和作用，以及五音、十二律的形成都有详细论述，是中国古乐史上的重要文献。

1. 关于音乐的起源 《吕氏春秋》认为，音乐法乎自然之和声，生于人心的动荡。《吕氏春秋·大乐》云："凡乐，天地之和，阴阳之调也。"又云："形体有处，莫不有声，声出于和，和出于适，先王定乐，由此而生。"《吕氏春秋·古乐》云："乃效山林溪谷之音以歌，乃以麋革置缶而鼓之，乃拊石击石，以象上帝玉磬之音，以致舞百兽。"意思是说，天地、阴阳、万物都是音乐效法的榜样。《吕氏春秋·音初》说："凡音者，产乎人心者也，感于心则荡乎音，音成于外而化乎内。"内心的感情与外部自然界的和声发生共鸣，于是便有音乐产生。

2. 关于音乐的性质 《吕氏春秋》认为，音乐的基本特征是"平和"。"务乐有术，必由平出，平出于公，公出于道，故惟得道之人，其可与言乐乎"。好的音乐应当和谐平顺，能够调节人心，欢愉人的情绪。音乐如不平和适宜，就不能产生好的效果，所以要反对侈乐。《吕氏春秋·侈乐》云："亡国戮民，非无乐也，其乐不乐。""乐愈侈，而民愈郁，国愈乱，主愈卑，则亦失乐之情矣。"为了保证音乐平和适中，就要对钟磬等乐器的规模加以限制。《吕氏春秋》认为，音乐必须具备和谐的特点，这种观点是正确的，但和谐并不是平稳无奇，音乐的曲调是千变万化的，可以表现各种复杂的情感，可以模仿自然界和社会活动中多种事态，如果表现得真切动人，就不失为好音乐。该书认为乐曲曲调单一才是好音乐，不免有失偏颇。

3. 关于音乐的作用 《吕氏春秋·侈乐》指出："凡音乐通乎政，而移风平俗者也。"认为音乐应当配合道德教化，以改善社会风气，这是中国古代对音乐作用的一种共识。《吕氏春秋·适音》说："先王之制礼乐也，非特以欢耳目、极口腹之欲也，将以教民、平好恶、行理义也。"《吕氏春秋》所论音乐的社会作用，即后来所谓寓教于乐的思想。它揭示了音乐与社会的紧密关系，音乐可以作为一个窗口去认识社会，通过它去洞察政治的清浊。《吕氏春秋·适音》说："故治世之音安以乐，其政平也；乱世之音怨以怒，其政乖也；亡国之音悲以哀，其政险也。"音乐是社会精神生活的重要领域，它受社会政治的影响，部分地反映出社会政局和人们的精神状态，从这一点上说

《吕氏春秋》的观点是合理的，但影响音乐的因素众多，《吕氏春秋》单把它与政治联系在一起是比较狭隘的，实际上儒家的音乐理论也有此类弊病。

值得一提的是，《吕氏春秋》的乐论不仅对律吕相生之说有具体论述，而且用阴阳五行的思想，将十二律与月令和五行相配合，具有创造性的发挥，体现了"天人合一"语境之下的"大乐与天地同和，大礼与天地同节"。

八、《吕氏春秋》的医学文化

《吕氏春秋》记载了大量的医学资料，包含较为丰富的医学文化，集中体现在养生理论和方法上。《吕氏春秋》认为，关于养生的论述，可以作为治国理政者的借鉴。《吕氏春秋·审分》云："治身与治国，一理之术也。"《吕氏春秋·重己》《吕氏春秋·重生》《吕氏春秋·本生》等篇继承了先秦杨朱的"利我""为我"思想，强调人的生命重于一切，是任何外物都不能代替的。

1. 重生养生　《吕氏春秋》倡导"贵生"，即贵重生命。《吕氏春秋·重己》说："今吾生之为我有，而利我亦大矣。论其贵贱，爵为天子，不足以比焉；论其轻重，富有天下，不可以易之；论其安危，一曙失之，终身不复得。此三者，有道者之所慎也。"生命之贵重，即使位高至天子，富有天下，也是不能交换的。因此，对生命必须尊重，要使生命尽可能长而健康地延续下去，理想的状态是"尽天年"，即活到天赋的寿数；"全其天"，即保持天性。

《吕氏春秋·本生》认为："故圣人之制万物也，以全其天也。天全，则神和矣，目明矣，耳聪矣，鼻臭矣，口敏矣，三百六十节皆通利矣。若此人者，不言而信，不谋而当，不虑而得；精通乎天地，神覆乎宇宙；其于物无不受也，无不裹也，若天地然；上为天子而不骄，下为匹夫而不惛。此之谓全德之人。"保持天性，身体和精神就会十分安稳，人的寿命就会长。寿命长不是因为短了把它增长，而是没有夭折，能够尽量活到应有寿数的缘故。

2. 长寿之道　关于长寿的方法与原则，《吕氏春秋》有很多论述。《吕氏春秋·尽数》说："精神安乎形，而年寿得长焉。"指出健康长寿的关键在于不要扰动精神，做到形神合一。又说："今世上卜筮祷祠，故疾病愈来。譬之若射者，射而不中，反修于招，何益于中？夫以汤止沸，沸愈不止，去其火则止矣。故巫医毒药，逐除治之，故古之人贱之也，为其末也。"说明健康养生的根本不在于用"巫医毒药，逐除治之"，而在于养生预防疾病，即所谓"治未病"，这才是古人重视的。长寿之道在于从精神和形体上进行养护。

（1）节劳、去甚　这是中医学反复强调的重要养生方法，节劳和去甚是一个事物的两个方面，人要"啬其大宝"（《吕氏春秋·先己》），"知早啬，则精不竭"；"尊酌者众则速尽"（《吕氏春秋·情欲》），养生一定要固先天之本。在饮食、精神和环境上，要调节得当，轻重适度。饮食要定量，"食能以时，身必无灾；凡食之道，无饥无饱，是之谓五脏之保"（《吕氏春秋·尽数》）。还要去烈性厚味，不食"大甘、大酸、大苦、大辛、大咸"之物。精神上要保持平静、安详，避免过分的刺激，不受"大喜、大怒、大忧、大恐、大哀"的扰乱。居住环境要冷暖、干湿适宜，防止"大寒、大热、大燥、大湿、大风、大霖、大雾"的侵袭。《尽数》还指出，人的生活环境总有利害两面，"天生阴阳寒暑燥湿，四时之化，万物之变，莫不为利，莫不为害。圣人察阴阳之宜，辨万物之利，以便生，故精神安乎形，而寿长焉"。人要趋利避害，才是长寿之道。

（2）适欲　《吕氏春秋》指出，有欲求是人的天性，但是不能纵欲，要"欲有情，情有节"（《吕氏春秋·情欲》）。《吕氏春秋·贵生》认为，耳、目、鼻、口等器官都是为生命服务的，"不得擅行，必有所制"，只有这样，才能有利于健康。人们的生活需要一定的物质条件，但物质与生命的关系是"物也者，所以养性也，非所以性养也"（《吕氏春秋·本性》）。人绝对不能放纵物欲，损害健康而享乐，在物质享受上应当有所节制和选择。"圣人之于声色滋味也，利于性则取之，害于性则舍之，此全性之道也"（《吕氏春秋·本生》）。外物要为人服务，而不要使自身成为外物的奴隶。

（3）运动　《吕氏春秋》认为，精气是人体的精华，生命力的基础，人只有不断积聚精气使之在体内顺畅运动才能健康，疾病之生是由于精气郁滞引起的。《吕氏春秋·尽数》说："流水不腐，户枢不蝼，动也。形气亦然。形不动则精不流，精不流则气郁，郁处头则为肿为风，处耳则为挶为聋，处目则为膜为盲，处鼻则为鼽为窒，处腹则为张为疛，处足则为痿为蹷。"

《吕氏春秋》认为，"郁"是万病之源，人之精气血脉以通利流畅为贵。若抑郁不畅达，则百病由之而生。同时指出，活动形体是使体内精气流通，以保障生命活动正常进行的有效措施。因此，要想祛病健身，就要开塞通窍，使精气血脉畅流不息。《吕氏春秋·达郁》说："凡人之三百六十节，筋骨欲其固也……心志欲其和也，精气欲其行也。若此，则病无所居，而恶无由生矣。"要使精气流动，必先形动，"精气日新，邪气尽去，及其天年"。这种吐故纳新是否为气功的雏形还不够明确。宋明以后，社会风气厌动主静，以文弱为时尚，轻视养生之术，偏重养性之功，《吕氏春秋》主张的形体和精神双修无疑是全面的，应该得到提倡和发扬。

3. 食医与中药　《吕氏春秋》里还保存了先秦的医史资料，比如食医、中药等，是非常有价值的。"是救病而饮之以堇"；"是月也，聚蓄百药，糜草死"；"人或谓菟丝非无根。菟丝非无根也，其根不属也，茯苓是"（《吕氏春秋·季秋纪》）。如此等等，表明在春秋战国时期中医学已取得了较大成就。

《吕氏春秋》还保存了食医的资料。《周礼》就有食医的分类，显然在先秦时期，食医已成为一种专业性的门类。食医主要的责任是调和饮食，并且把饮食与四时相配合。《吕氏春秋·本味》记载了伊尹的食疗经验，指出饮食的"气""味"是由食材生长的客观环境决定的，"三群之虫，水居者腥，肉攫者臊，草食者膻。臭恶犹美，皆有所以"。"味"之本，以水为始，以火为纪，水火配合，食材才能发生变化，它们的腥、臊、膻味才能去掉。食品经过水火调味加工后，最终要达到"久而不弊，熟而不烂，甘而不哝，酸而不酷，咸而不减，辛而不烈，淡而不薄，肥而不腻"的程度。《吕氏春秋·本味》还列举了许多食材的产地、形状等，初步具备了道地药材的观念，比如汉上的石耳、越骆的菌、大夏的盐、不周的粟等。全书还记载了乌头、半夏、艾、菖蒲、姜、桂等药物，给后人留下了宝贵的医学资料。

《吕氏春秋》还记载了不少医药史事。例如，《吕氏春秋·古乐》记载陶唐氏用舞蹈的方法为治疗"民气郁阏而滞著，筋骨瑟缩不达"的疾患；《吕氏春秋·爱士》记述了秦穆公赐酒解马肉毒；《吕氏春秋·至忠》记述了文挚用激怒患者的方法治愈齐湣王的疾病。

九、《吕氏春秋》的经济思想

《吕氏春秋》的经济思想主要体现在对农业、商业的论述。《吕氏春秋》提出废除井田制，主张土地私有制，重视农业亦兼顾末业，这一点与秦国实行的重本抑末有所不同。《吕氏春秋》认为，治国需"先务于农"，理由有三：一是使民务农则民风朴实，易为所用，国家稳定；二是使民情厚重，是非减少；三是农民有了固定财产就不会轻易迁徙而造成人口流失。《吕氏春秋》认为重农是圣人之制。《吕氏春秋·上农》指出："敬时爱日，非老不休，非疾不息，非死不舍。上田夫食九人，下田夫食五人，可以益，不可以损。一人治之，十人食之，六畜皆在其中矣。此大任地之道也。"还规定了五种"野禁"："地未辟易，不操麻，不出粪。齿年未长，不敢为园圃。量力不足，不敢渠地而耕。农不敢行贾，不敢为异事，为害于时也。"还有"安农"一条："苟非同姓，农不出御，女不外嫁。"意思是，除非同姓不能在当地婚配，男女一律不得与外乡通婚，这是在固定农业人口的规定上又特别加上了一条宗法制度的约束。"十二纪"记载的众多活动也多围绕农业进行。

中国以农业立国，《吕氏春秋》反映了春秋战国时期的农学水平，是包含现存最早的有关农业生产知识的著作，包括畎田的耕作，涉及土地的平整、翻耕、畎沟土壤的细作、保湿保墒、对杂草的抑制、庄稼通风、拔节生长、秀穗、结实、米的质量等方面。

在秦国，自商鞅变法以来，工商业一直处于被打击状态，《吕氏春秋》认为工商业不可偏废。《吕氏春秋·上农》说："凡民自七尺以上属诸三官，农攻粟，工攻器，贾攻货。""十二纪"的纪首还记有与季节相适应的手工业和商业活动，建议严格监督产品质量，"物勒工名，以考其诚"。

《吕氏春秋》在后世获得较高评价。司马迁称它为"备天地万物古今之事"，东汉高诱在为该书作注时说它"大出诸子之右"。《四库全书总目提要》评价说："是书较诸子之言独为醇正……其持论颇为不苟。论者鄙其为人，因不甚重其书，非公论也。"这个评价是恰当的。《吕氏春秋》是对诸子百家学说进行的一次巨大的综合整理工作，顺应了社会发展的趋势，标志着战国时期统一的封建文化的开始，具有划时代的意义。其对整个汉代的学术、哲学乃至实际政治生活都产生了很大的影响。

在学术资料上，汉代一些学者直接利用《吕氏春秋》的记载。例如，《礼记·月令》基本抄自《吕氏春秋》十二纪纪首，《礼记·乐记》部分内容也来源于《吕氏春秋》。汉代另一部重要道家著作《淮南子》也在多方面直接继承了《吕氏春秋》。《吕氏春秋》对于两汉经学的产生影响巨大。徐复观《〈吕氏春秋〉及其对汉代学术与政治的影响》指出："两汉人士，许多是在《吕氏春秋》影响之下来把握经学。""两汉思想家几乎没有一个人没有受到十二纪纪首——《月令》的影响。"汉代经学家对十二纪纪首的五行配四时、政令配月令、天人相感等阴阳家思想极为推崇。董仲舒所著的《春秋繁露》以春夏为天德、秋冬为天刑等观念，就来源于十二纪纪首。董仲舒的儒学思想大量糅合阴阳五行学说，其大力阐发的天人感应学说、对灾异的解释与对策、对刑赏的规定和运用都受到《吕氏春秋》的直接影响。

总之，《吕氏春秋》在中国古代思想史上的地位非常重要，它的思想精华仍能为现代社会提供借鉴，值得认真研究。

【思考题】

1. 如何理解"杂家不杂"。
2. 简述《吕氏春秋》在结构上的特点。
3. 简述杂家与道家的关系。
4. 简述《吕氏春秋》的政治思想。
5. 简述《吕氏春秋》的养生思想。

【阅读书目】

1. 张双棣，张万彬，殷国光，等译注. 吕氏春秋 [M]. 北京：中华书局，2007.
2. 王利器. 吕氏春秋注疏 [M]. 成都：巴蜀书社，2002.
3. 陈奇猷. 吕氏春秋新校释 [M]. 上海：上海古籍出版社，2002.
4. 王晓明. 吕氏春秋通诠 [M]. 南昌：江西人民出版社，2010.
5. 王伟. 《吕氏春秋》思想新探 [M]. 天津：天津古籍出版社，2011.
6. 杨汉民. 《吕氏春秋》的政治哲学研究 [M]. 昆明：云南大学出版社，2015.

主要参考书目

[1] 任继愈. 中国哲学史 [M]. 北京：人民出版社，1963.

[2] 冯友兰. 中国哲学史 [M]. 上海：华东师范大学出版社，2000.

[3] 北京大学哲学系中国哲学教研室 [M]. 中国哲学史. 北京：北京大学出版社，2001.

[4] 国学整理社. 诸子集成 [M]. 北京：中华书局，2006.

[5] 汤一介，张耀南. 中国儒学大观 [M]. 北京：北京大学出版社，2001.

[6] 方立天. 中国佛教哲学要义 [M]. 北京：中国人民大学出版社，2002.

[7] 夏剑钦. 十三经今注今译 [M]. 长沙：岳麓书社，1994.

[8] 金元浦，谭好哲，陆学明. 中国文化概论 [M]. 北京：首都师范大学出版社，1999.

[9] 马伯英. 中国医学文化史 [M]. 上海：上海人民出版社，2010.

[10] 张岱年. 中国文化概论 [M]. 北京：北京师范大学出版社，2000.

[11] 孙以楷. 道家与中医哲学 [M]. 北京：人民出版社，2004.

[12] 蔡方鹿. 中华道统思想发展史 [M]. 成都：四川人民出版社，2003.

[13] 李约瑟. 中国古代科学思想史 [M]. 南昌：江西人民出版社，2006.

[14] 张其成. 中医哲学基础 [M]. 北京：中国中医药出版社，2002.

[15] 梁启超. 墨子学案 [M]. 上海：上海书店，1992.

[16] 孙中山. 孙中山全集 [M]. 北京：中华书局，1986.

[17] 汤因比，池田大作. 二十一世纪——汤因比、池田大作对话录 [M]. 北京：国际文化出版公司，1985.